INTELIGÊNCIA ARTIFICIAL E SAÚDE

O QUE SABER? E COMO SE PREPARAR!

INTELIGÊNCIA ARTIFICIAL E SAÚDE

O QUE SABER? E COMO SE PREPARAR!

José Benedito Ramos Valladão Júnior
Lucas Amâncio Barbosa da Silva

Atheneu
Rio de Janeiro • São Paulo
2025

EDITORA ATHENEU

São Paulo	—	Rua Maria Paula, 123 – 13º andar Conjuntos 133 e 134 Tel.: (11) 2858-8750 E-mail: atheneu@atheneu.com.br
Rio de Janeiro	—	Rua Bambina, 74 – lojas A e B Tel.: (21) 3094-1295 E-mail: atheneu@atheneu.com.br

Pré-produção e Produção Gráfica: Equipe Atheneu

Capa: FK Estúdio

Produção editorial: Villa d'Artes

CIP-BRASIL. CATALOGAÇÃO NA PUBLICAÇÃO
SINDICATO NACIONAL DOS EDITORES DE LIVROS, RJ

V271i

Valladão Júnior, José Benedito Ramos

Inteligência artificial e saúde : o que saber? e como se preparar! / José Benedito Ramos Valladão Júnior, Lucas Amâncio Barbosa da Silva. - 1. ed. - Rio de Janeiro : Atheneu, 2025.

24 cm.

Inclui bibliografia e índice

ISBN 978-65-5586-937-8

1. Inteligência artificial. 2. Inteligência artificial - aplicações médicas. 3. Informática na medicina. 4. Sistemas especialistas (Computação). I. Silva, Lucas Amâncio Barbosa da. II. Título.

25-99215.0 CDD: 006.3
CDU: 004.8

Carla Rosa Martins Gonçalves - Bibliotecária - CRB-7/4782

14/07/2025 16/07/2025

Valladão Júnior JBR, Silva LAB.
Inteligência Artificial e Saúde – O Que Saber? E Como se Preparar!

Editores

José Benedito Ramos Valladão Júnior

Doutor em Ciências Médicas pela Faculdade de Medicina da Universidade de São Paulo (USP). Especialista em Medicina de Família e Comunidade com Graduação e Residência Médica pela USP. Médico do Corpo Clínico do Hospital Sírio-Libanês (HSL). Coordenador Médico da Teladoc Health Brazilian Office. Pesquisador Coordenador de Projeto PD&I do Conselho Nacional de Desenvolvimento Científico e Tecnológico (CNPq). Executivo de Honra da Academia Europeia da Alta Gestão.

Lucas Amâncio Barbosa da Silva

Graduado em Medicina pela Faculdade de Medicina da Universidade de São Paulo (USP). Especialista em Medicina de Família e Comunidade pela Sociedade Brasileira de Medicina de Família e Comunidade (SBMFC). Especialista em Ciência de Dados pela Faculdade Israelita de Ciências da Saúde Albert Einstein (FICSAE). Desde 2019 realiza trabalhos com foco em inovação e dados. Atualmente é Gerente de inteligência médica com foco em telemedicina hospitalar e diagnóstico na Hapvida. Especialista em dados e inteligência artificial com objetivo de melhorar a eficiência dos sistemas de saúde.

Colaboradores

Adriele Rosana Marchesini

Mestranda em Educação, IA e Futuro do Trabalho pela Universidade de São Paulo (USP). MBA em Marketing Digital pela Escola Superior de Propaganda e Marketing (ESPM). MBA em Análise Econômica pela Fundação Instituto de Pesquisas Econômicas (Fipe). Jornalista pela Universidade Metodista de São Paulo. Membro do Conselho Consultivo da Associação Brasileira de Inteligência Artificial (Abria), responsável pelos comitês técnicos de Educação e Futuro do Trabalho. Cofundadora da Healthtech VIS Healthcare.

Alexandro Vieira Lopes

Graduado em Estatística pela Faculdade de Ciências e Tecnologia (FCT) da Universidade Estadual Paulista (UNESP). Tem experiência na área de Probabilidade e Estatística, com ênfase em Estatística, atuando principalmente nos seguintes temas: SAS, Minitab, SPSS, R, Power BI, regressão logística, probabilidade, *softwares* estatísticos.

Cesar Biselli Ferreira

Médico pela Universidade de São Paulo (USP). Especialista em Medicina Intensiva e Cuidados Paliativos pelo Hospital Sírio-Libanês (HSL). Mestre em Ciências da Saúde pelo HSL. Implantou o serviço de Telemedicina do HSL (2016-2019). Implantou a Saúde Digital da Alice Saúde (Alice Agora – AA) (2019-2024). Gerente de Produto em IA na AA. Docente do curso de IA para médicos da Afya (2024-atual).

Cheila Portela Silva

Cofundadora e CEO da Prototipe AI. Mestre em Saúde Pública pela Universidade Federal do Ceará. Conduziu a implementação de diversas soluções de inteligência artificial (IA) na saúde, incluindo agentes conversacionais para predição, auditoria e análise de segurança clínica no uso da IA. Atualmente, lidera iniciativas voltadas para a prototipação e o desenvolvimento de agentes de IA generativa em setores regulados, como saúde e seguros.

Daniel Cesar da Silva Nunes

Graduação em Análise e Desenvolvimento de Sistemas pela Faculdade de Tecnologia do Estado de São Paulo. Pós-Graduação em Data Science pela Universidade Nove de Julho.

Especialização em Data Science pela Awari e Data Engineer pela Ada Tech. Empregado Público no Conselho Regional de Enfermagem de São Paulo (Coren-SP) desde 07/2007 e atua com Assessor de Tecnologia pelo Coren-SP desde 11/2021.

Dário Nascimento Ferreira Alves

Médico Residente de Radiologia e Diagnóstico por Imagem no Hospital Sírio-Libanês.

Diandro Marinho Mota

Cardiologista e Ecocardiografista pelo Instituto Dante Pazzanese de Cardiologia e Titulado pela Sociedade Brasileira de Cardiologia (SBC). Doutor em Medicina/ Tecnologia e Intervenção em Cardiologia pela Universidade de São Paulo (USP). Diretor Médico da Neomed Healthtech. Membro do Projeto de Inovação da Sociedade de Cardiologia do Estado de São Paulo (SOCESP).

Fabiano Barcellos Filho

Doutorando em Inteligência Artificial pela Faculdade de Saúde Pública da Universidade de São Paulo (USP). Pós-Graduado em Medicina da Família pelo Hospital Albert Einstein.

Felipe Aristides Simão Neto

Gerente Executivo Bioinformata da DASA. Gestor de Projetos em Bioinformática e Ômicas da Genevia Technologies Oy. Doutor em Bioinformática pela Université de Genève. Mestre em Biologia: Orientação Bioinformática e Análise de Dados Biológicos pela Université de Genève. Bacharel em Farmácia pela Pontifícia Universidade Católica do Paraná (PUCPR).

Felipe Ferré

Farmacêutico, informata em saúde, programador e cientista de dados com atuação na Saúde Pública. Doutor em bioinformática pela Universidade Federal de Minas Gerais (UFMG). Pós-Doutorado em medicamentos e assistência farmacêutica pela UFMG. Especialista em informática em saúde pelo Hospital Sírio-Libanês (HSL). Possui experiência profissional no desenvolvimento de *software* para a área farmacêutica (drogaria, indústria e avaliação de tecnologias em saúde), Pesquisa e Desenvolvimento (P&D) de medicamentos, além de atuar na gerência de controle e garantia da qualidade em indústria farmacêutica. Consultor da Organização Pan-Americana da Saúde (OPAS) e do Ministério da Saúde. Assessor Técnico do Conselho Nacional de Secretários de Saúde (Conass).

Felipe Sahb Furtado

Médico pela Universidade Federal do Rio de Janeiro. Research Fellowship em Radiologia pela Harvard Medical School. Profissional Certificado em Tecnologia da Informação e Comunicação em Saúde (cpTICS) pela Sociedade Brasileira de Informática em Saúde. MBA com ênfase em Gestão em Saúde pela Universidade de Michigan.

Fernando Martin Biscione

Médico pela Universidade de Buenos Aires (UBA) pela Universidade Federal de Minas Gerais (UFMG). Especialista em Doenças Infecciosas e Parasitárias pelo Ministério da Saúde da Argentina. Mestre e Doutor em Medicina pela UFMG. MBA em Ciência de Dados & Analytics pela Universidade de São Paulo (USP). Gerente médico de informações gerenciais no Grupo Amil. Tem 18 anos de experiência como gerente de ciência de dados no sistema Unimed. Autor de publicações acadêmicas e capítulos de livros de saúde. Revisor por pares de periódicos internacionais. Docente de pós-graduação na Faculdade Unimed desde 2022. Participou de bancas examinadoras e orientou alunos de pós-graduação *stricto sensu*. Integrou o Comitê Técnico-Científico do Centro de Inovação e Inteligência Artificial para a Saúde (Departamento de Ciência da Computação – DCC/UFMG) (2022-2024).

Francisco Gilmário Rebouças Júnior

Psicólogo e Mestre em Saúde da Família pela Universidade Federal do Ceará (UFC). Especialista em Psicologia da Saúde pelo Conselho Federal de Psicologia (CFP). Especialista em Educação na Saúde para Preceptores do Sistema Único de Saúde (SUS) pelo Hospital Sírio-Libanês (HSL). Especialista em Ensino a Distância e Pós-Graduado em Ensino a Distância, Ensino Remoto e Metodologias Ativas pela Faculdade Metropolitana do Estado de São Paulo (FAMEESP). Possui experiência na gestão de projetos, tecnologia, inovação e produtos digitais em saúde, desenvolvendo soluções que otimizam o cuidado ao usuário e a eficiência na gestão. Expertise em Psicologia da Saúde, Saúde Mental e Atenção Primária, bem como atua em docência, supervisão e metodologias ágeis para aprimoramento de processos em saúde.

Gregório Victor Rodrigues

Médico, informata em saúde e cientista de dados. Formado em Medicina pela Universidade Federal de Minas Gerais (UFMG). Médico de Família e Comunidade pelo Hospital Odilon Behrens, Belo Horizonte. Mestre em Saúde Pública e Epidemiologia pela UFMG. MBA em Gestão de Saúde pela Fundação Getulio Vargas (FGV). Pós-Graduado em Informática e Ciência de Dados em Saúde pelo Hospital Israelita Albert Einstein (HIAE).

Gustavo de Araújo Porto Landsberg

Médico de família e comunidade. Mestre em Atenção Primária em Saúde. Consultor em saúde digital. Fundador das *startups* Canguru Gravidez, Maria Saúde e Nuvie.

Gustavo Nogueira de Holanda

Neuropediatra, com mais de 10 anos de experiência no diagnóstico e tratamento de crianças com transtornos neurológicos complexos, como autismo e erros inatos do metabolismo. Especialista em Telemedicina e Early adopter, há 5 anos atendendo por esta modalidade famílias do mundo inteiro. Utiliza tecnologias avançadas para ampliar o acesso a cuidados neurológicos especializados. É reconhecido por sua atuação na interseção entre Inteligência Artificial e Medicina, contribuindo para a inovação e excelência no atendimento pediátrico. É médico consultor da Teladoc e médico assistente de healthtechs como TARIC, Tempo, TopMed e Holding SantéCorp/Grupo Fleury. Tem mais de 1.200 avaliações positivas em seu perfil na Doctoralia Brasil.

Gustavo Raime Santos

Cirurgião-dentista pela Faculdade de Odontologia da Universidade de São Paulo (FOUSP). Mestrando em Odontologia Digital pelo Programa de Pós-Graduação Diagnóstico Bucal, Radiologia Odontológica e Imaginologia pela FOUSP. Especializando em Prótese e Reabilitação Oral pela Fundação da Odontologia USP (Fundecto - FFO) e atualização em Implantodontia pela Fundecto - FFO. Possui formação extracurricular em Machine Learning e Deep Learning com Python pelo Massachusetts Institute of Technology (MIT), Inovação em Saúde pela Harvard Business School (HBS), Machine Learning pela Stanford University, Liderança em Processos de Mudanças em Informática em Saúde pela The Johns Hopkins University School of Medicine, Ciência de Dados Clínicos Avançados pela University of Colorado e Qualidade e Governança de Dados em Saúde pela University of California. Atua como clínico, pesquisador, professor e palestrante em todo o Brasil e no exterior.

José Benedito Ramos Valladão Júnior

Doutor em Ciências Médicas pela Faculdade de Medicina da Universidade de São Paulo (USP). Especialista em Medicina de Família e Comunidade com Graduação e Residência Médica pela USP. Médico do Corpo Clínico do Hospital Sírio-Libanês (HSL). Coordenador Médico da Teladoc Health Brazilian Office. Pesquisador Coordenador de Projeto PD&I do Conselho Nacional de Desenvolvimento Científico e Tecnológico (CNPq). Executivo de Honra da Academia Europeia da Alta Gestão.

José de Arimateia Batista Araujo-Filho

Doutor em Radiologia pela Universidade de São Paulo (USP). *Visiting Scholar* do Memorial Sloan Kettering Câncer Center, Nova Iorque, Estados Unidos. Radiologista torácico do Hospital Sírio-Libanês (HSL). Líder de inovação e pesquisa do Grupo Fleury.

Lucas Amâncio Barbosa da Silva

Graduado em Medicina pela Faculdade de Medicina da Universidade de São Paulo (USP). Especialista em Medicina de Família e Comunidade pela Sociedade Brasileira de Medicina de Família e Comunidade (SBMFC). Especialista em Ciência de Dados pela Faculdade Israelita de Ciências da Saúde Albert Einstein (FICSAE). Desde 2019 realiza trabalhos com foco em inovação e dados. Atualmente é Gerente de inteligência médica com foco em telemedicina hospitalar e diagnóstico na Hapvida. Especialista em dados e inteligência artificial com objetivo de melhorar a eficiência dos sistemas de saúde.

Marcio Katsuyoshi Mukai

Professor Doutor do Departamento de Prótese na Faculdade de Odontologia da Universidade de São Paulo (FOUSP). Mestre e Doutor em Prótese Dentária pela FOUSP. Especialista em Prótese Dentária pela Fundação da Odontologia USP (Fundecto) pela Faculdade de Medicina da Universidade de São Paulo (USP). Coordenador do Programa de

Pós-Graduação em Diagnóstico Bucal, Radiologia Odontológica e Imaginologia da FOUSP. Membro da Câmara Técnica de Prótese do Conselho Regional de Odontologia (CRO).

Márcio Luís Moreira de Souza

Professor do Departamento de Ciências Básicas da Vida da Universidade Federal de Juiz de Fora, *campus* avançado de Governador Valadares, Minas Gerais (UFJF/GV). Doutorado sanduíche na Universidade da Califórnia, San Diego (UCSD), Estados Unidos. Seu doutorado em Bioquímica e Biologia Molecular foi realizado em parceria com a UFJF/GV e a UCSD, onde aprimorou seus conhecimentos em uma das principais universidades do mundo. Além disso, tem mestrado em Engenharia Biomédica pelo Instituto Alberto Luiz Coimbra de Pós-Graduação e Pesquisa de Engenharia/Coordenação dos Programas de Pós-Graduação e Pesquisa de Engenharia da Universidade Federal do Rio de Janeiro (COPPE/UFRJ) e graduação em Biologia pela Universidade Federal Rural do Rio de Janeiro (UFRRJ). Com mais de 15 anos de experiência em docência, atua principalmente nas áreas Biomédicas, com ênfase em Estatística, Análise Multivariada e Reconhecimento de Padrões, tendo familiaridade com Big Data. Já desenvolveu trabalhos para o Governo de Minas Gerais (ProAlfa) e para o Fundo das Nações Unidas para a Infância/Organização das Nações Unidas (UNICEF/ONU), e atua em linhas de pesquisa multidisciplinares como analista de dados nos âmbitos computacional, estatístico e das ciências biológicas. Além disso, coordena o grupo de pesquisa "Machine Learning Governador Valadares".

Marcos Henrique Pereira

Presidente da Organização Nacional de Centros de Oncologia e Hematologia (ONCOH). Diretor do Centro de Combate ao Câncer. CCO da Ayya Health Management. CCO da Otawa Health.

Michel Duailibi

Médico de Família e Comunidade pela Faculdade de Ciências Médicas da Santa Casa de São Paulo (FCMSCSP). Residência médica pelo Instituto Israelita de Ensino e Pesquisa (IIEP) do Hospital Israelita Albert Einstein. MBA em Gestão, Inovação e Saúde pela Pontifícia Universidade Católica do Rio Grande do Sul (PUCRS). Atuou como monitor do curso de extensão *Principles and Practice of Clinical Research* da Harvard Medical School. É coordenador da pós-graduação do IIEP. Atua em projetos de transformação digital, inovação em saúde e inteligência artificial aplicada à prática clínica na Alice Agora (AA) Healthtech.

Mônica Pugliese Heleodoro dos Santos

Médica emergencista pelo Hospital Israelita Albert Einstein e preventivista com enfoque em Gestão em Saúde pelo Hospital Sírio-Libanês. Especialista em Informática em Saúde, certificada pela Sociedade Brasileira de Informática em Saúde (cpTICS). Head de Produtos e Informática em Saúde, consultora em Transformação Digital e *advisor* na Hapvida NotreDame Intermédica.

Nárima Juliene Martins Borsato Valverde

Graduada em Enfermagem pela Faculdade de Medicina de Marília (Famema). Pós-Graduada em Oncologia e Tratamento Antineoplásico pela Universidade Estadual de Campinas (Unicamp). Formação Executiva em Inteligência Artificial para Gestores pela Fundação Getúlio Vargas (FGV). É fiscal no Conselho Regional de Enfermagem de São Paulo (Coren-SP) desde 2014. Atuou durante os últimos cinco anos em soluções tecnológicas voltadas para a fiscalização de enfermagem. É coordenadora da área de Ciência de Dados e Inteligência Artificial na Gerência de Tecnologia da Informação do Coren-SP.

Priscila Garcia Maia

Mestrado em Saúde Pública pela Universidade Federal de Minas Gerais (UFMG). Autora da pesquisa "Relação entre creatinina e desfecho de óbitos em pacientes cardiovasculares". Especialização (MBA) em Gestão de Instituições Públicas pelo Instituto Federal de Rondônia (IFRO). Graduação em Gestão de Serviços de Saúde pela UFMG. Apresentação de trabalhos e comunicações em eventos e congressos, como: "Utilização do Google Forms como sistema de gestão documental" (IX Congresso Nacional e VIII Jornada de Extensão do Mercosul, 2021); "Inteligência Artificial na Fisioterapia Gerontológica" (Simpósio CI-IA Saúde da UFMG, 2024); "Development of an Immersive Game for Hospital Audit with Artificial Intelligence: The Role of Elara" (UFMG, 2024). Desenvolvimento de sistemas de gestão documental e ferramentas voltadas à otimização dos processos em saúde (UFMG, 2020–2024). Envolvimento em projetos de extensão voltados à democratização e popularização das produções científicas, especialmente no âmbito do Programa de Pós-Graduação em Saúde Pública da UFMG (2024–2025).

Rafael Conceição da Silva

Graduado em Análise e Desenvolvimento de Sistemas. Atua há 6 anos como Gerente de Tecnologia de Informação no Conselho Regional de Enfermagem de São Paulo (Coren-SP), com ampla experiência em liderança de equipes, análise de negócios e sistemas, gestão de TI, além de habilidades na área de desenvolvimento. Histórico profissional de mais de 18 anos de atuação na área pública, sendo 16 deles na área de Tecnologia da Informação.

Raphael Bruno Amemiya

Graduação em Ciências Biológicas pela Universidade de São Paulo (USP). Graduação tecnológica em Ciência de Dados pela Universidade Cruzeiro do Sul. MBA em Gestão de Projetos pela USP. MBA em Data Science e Analytics pela USP. Mestrado em Bioinformática pela USP. Doutorando em Bioinformática pela USP e MBA em Software Engineering pela USP.

Renato Rodrigues da Silva

Doutorando em Administração, com pesquisa na área de Inteligência Artificial na Saúde. Mestre e Bacharel em Gestão de Serviços de Saúde. Especialista em Gestão de Pessoas, Gestão de Projetos, Redes de Atenção à Saúde e Compliance. Experiência profissional de mais de 12 anos, nos setores público e privado, nas áreas de gestão, governança, projetos, gestão de riscos e qualidade, com foco na área de saúde. Vivência como docente

– exercendo as funções de professor, tutor, orientador e coordenador – há mais de 10 anos em curso técnico, de graduação e pós-graduação, tendo trabalhado em diversas instituições, como Universidade Federal de Minas Gerais (UFMG), Fundação Dom Cabral (FDC), Pontifícia Universidade Católica de Minas Gerais (PUC Minas), Faculdade Santa Casa de Belo Horizonte (FSCBH) e Faculdade Unimed. Atualmente é responsável pelo curso de Pós-Graduação *Latu Sensu* em Saúde Suplementar na PUC Minas e pela área de Governança Corporativa, Qualidade e Informações Estratégicas na Stellantis Saúde.

Ricardo di Lazzaro Filho

Médico pela Faculdade de Medicina da Universidade de São Paulo (USP). Farmacêutico bioquímico pela Faculdade de Ciências Farmacêuticas da USP. Mestre em Aconselhamento Genético e Genômica Humana e Doutor em Genética e Biologia Evolutiva pelo Instituto de Biociências (USP). É cofundador da Genera, o maior laboratório de genômica pessoal da América Latina, além de ser cofundador/investidor anjo de mais de 10 *startups* de saúde, educação e tecnologia. Foi reconhecido pelo MIT Technology Review como um dos *Innovators Under 35 Latam*, e pela Editora Abril e Fundação Estudar como um dos Jovens Inspiradores no Brasil.

Ricardo Diaz Savoldelli

Médico Fisiatra. Título de Especialista pela Sociedade Brasileira de Medicina Física e Reabilitação (ABMFR). Diretor de Inovação Médica da Hamato Órteses e Reabilitação. Diretor de Inovações Médicas e Dados de Saúde da Extremity Rehabilitation (*startup* de tecnologia e reabilitação).

Thiago Liguori Feliciano da Silva

Médico Cardiologista com residência em Cardiologia pelo Hospital Sírio-Libanês (HSL). Doutor em Ciências Médicas na área de Cárdio-oncologia pela Faculdade de Medicina da Universidade de São Paulo (USP). Pós-Graduação em Telemedicina pela USP. Pós-Graduação em Empreendedorismo pela Universidade de Stanford (Ignite Program). Médico assistente no Hospital das Clínicas da Faculdade de Medicina da Universidade de São Paulo (HCFMUSP) e no Instituto do Câncer do Estado de São Paulo (ICESP) de 2013 a 2020. Fundador e CEO da Turi. Diretor Médico na Pipo Saúde (gestão 2020-2024).

Tiago Kietzmann Penalves Rocha

Médico pela Faculdade de Medicina da Universidade de São Paulo (FMUSP). Residência médica em Medicina de Família e Comunidade (MFC), preceptoria dos residentes de MFC e especialização em Acupuntura pela mesma instituição. Mestre em Saúde Coletiva com foco em Machine Learning na Saúde Pública pelo Departamento de Medicina Preventiva da FMUSP. Especialização em Data Science e Informática para Área da Saúde pelo Hospital Israelita Albert Einstein (HIAE). Especialização em Estatística Computacional pelo Departamento de Estatística da Universidade Federal de Minas Gerais (UFMG) em andamento. Atuação ambulatorial como MFC e acupunturista. Participação em projetos de ciência de dados e inovação em saúde no Hospital Sírio-Libanês (HSL) e no Grupo Oncoclínicas. Desenho e participação em pesquisas clínicas. Experiência de 12 anos em projetos de Tecnologia da Informação, com foco em infraestrutura de redes, segurança e colaboração.

Valquíria Campos Alencar

Mestra e Doutora em Biotecnologia pela Universidade de Mogi das Cruzes (UMC). Pós-Doutorado pela Universidade Federal do ABC (UFABC) no programa de Biossistemas. Instrutora de Ciência de Dados e Inteligência Artificial na Alura.

Vinicius Anjos de Almeida

Doutorado pela Faculdade de Medicina da Universidade de São Paulo (USP) envolvendo processamento de linguagem natural, redes neurais profundas e prontuários eletrônicos. Experiência com programação em Python e em Deep Learning com certificação profissional. Especialista em Medicina de Família e Comunidade com graduação e residência médica pela USP.

Dedicatória

Para todos os profissionais, pesquisadores e cientistas que, com paixão e dedicação, buscam incessantemente o avanço da inteligência artificial em benefício da saúde humana.

Continuem a explorar e expandir os limites do que é possível.

O futuro está em suas mãos.

Prefácio

Durante muito tempo, a Inteligência Artificial (IA) habitou o imaginário da ficção científica, das utopias futuristas e das distopias tecnológicas. E, como num passe de mágica, hoje ela habita em nosso dia a dia, sem que possamos perceber nem controlar, desde o supermercado até nossos consultórios, hospitais, laboratórios, relógios, geladeiras etc., e, cada vez mais, nossas decisões clínicas (e políticas) estão sendo elaboradas com base na IA — traídas, muitas vezes, pelos próprios pacientes.

De promessa distante, a IA tornou-se protagonista de uma transformação sem precedentes — silenciosa para alguns, disruptiva para outros, mas inegavelmente presente para todos nós.

Caro leitor, este livro, *Inteligência Artificial e Saúde: O que Saber? E como se Preparar!*, nasce do reconhecimento de que já não basta apenas acompanhar essas mudanças. É preciso compreendê-las em profundidade, dialogar com elas de forma crítica e preparar-nos para seus desdobramentos. Afinal, o futuro da Saúde não é uma linha distante no horizonte — ele já começou e avança em ritmo acelerado. Estarmos preparados é estarmos de braços e mentes abertos a esses novos desafios que se avizinham. Não tratamos apenas dos desafios da compreensão das ferramentas e tecnologias, mas, fundamentalmente, de como somos impactados, como podemos nos apoiar e agir positivamente para melhorar a vida dos nossos pacientes.

A Medicina, por sua natureza intensiva em informação e tomada de decisão, mostrou-se campo fértil para a IA. Os avanços dos algoritmos, a explosão do *big data* biomédico, a popularização do *machine learning* e do *deep learning* e a capacidade de máquinas processarem linguagem, imagens e dados genéticos com velocidade e acurácia impressionantes abriram um novo território — repleto de oportunidades, mas também de dilemas.

Imagine, leitor, que podemos, hoje, nos apoiar em assistentes virtuais que tenham lido (e compreendido) a vasta rede de publicações científicas, artigos, trabalhos, teses nas variadas línguas para nos ajudar a formatar o raciocínio clínico de modo a melhorar sensivelmente os desfechos clínicos dos pacientes. Isso era impensável alguns anos atrás.

O presente livro percorre esse território com coragem, equilíbrio e lucidez. Ao longo de seus capítulos, o leitor encontrará desde os fundamentos da IA até suas aplicações práticas em diagnóstico, tratamento, farmacologia, Saúde Pública, reabilitação e gestão em Saúde.

É uma obra didática, progressiva e acessível — ideal para quem está iniciando no tema, mas também suficientemente densa para quem já busca uma análise mais aprofundada.

O texto não se limita a descrever soluções tecnológicas. Ele interroga os impactos da IA sobre o mercado de trabalho, a formação profissional, a relação médico-paciente e os princípios bioéticos que regem o cuidado. Em um momento em que algoritmos já são capazes de detectar doenças invisíveis ao olho humano e propor tratamentos personalizados com base em dados genômicos, é urgente perguntar: como garantir que esses avanços estejam a serviço da equidade? Como evitar que reproduzam — ou ampliem — desigualdades já existentes?

Mais do que respostas prontas, este livro oferece as perguntas certas e convida-nos a uma nova forma de alfabetização: a alfabetização digital em Saúde. Saber como funcionam os algoritmos, entender seus limites, interpretar suas decisões, participar de sua construção — tudo isso passa a ser parte da competência clínica e da responsabilidade profissional. Não se trata de substituir o saber médico pela máquina, mas de integrar novos saberes em benefício do paciente, com inteligência, sensibilidade e ética.

A mensagem é clara: a IA na Saúde não é um destino inevitável, mas um caminho em construção, e cabe a nós decidir que direção esse caminho vai tomar. A leitura que se segue é um convite à ação — uma provocação para que assumamos nosso papel como protagonistas na construção de um futuro híbrido, no qual pessoas e tecnologias colaborem, e não colidam.

Contudo, o que torna este livro verdadeiramente relevante é sua vocação humanista. Em meio a algoritmos, redes neurais e análises preditivas, não se perde de vista aquilo que é essencial: o cuidado centrado na pessoa. A IA não substitui o toque, a escuta, a empatia — ela potencializa o tempo e a precisão do cuidado humano, quando usada com sabedoria e propósito.

Para os profissionais de Saúde, pesquisadores, gestores, educadores e estudantes, esta obra é bússola e mapa. Que ela sirva como guia para decisões mais informadas, políticas de Saúde mais justas, e práticas clínicas mais humanas — mesmo (ou sobretudo) em tempos de alta tecnologia.

Este prefácio é, portanto, um convite. Um convite à curiosidade, à reflexão e, sobretudo, à preparação. A transformação digital na Saúde não é um fenômeno futuro: ela já começou, silenciosa e irreversível. A escolha que se impõe a cada profissional, gestor, pesquisador ou estudante é clara: ser mero espectador dessa mudança ou se tornar agente ativo dela.

Leia com atenção. Questione com coragem. Prepare-se com entusiasmo.

O futuro da saúde já começou — e ele pode ser extraordinário se soubermos conduzi-lo com inteligência, sensibilidade e visão.

Caio Seixas Soares

Diretor Médico da Teladoc Health. Vice-Presidente da Saúde Digital Brasil (SDB). Médico pela Faculdade de Medicina da Universidade de São Paulo (FMUSP). Especialista em Bioética pela FMUSP. Especialista em Medicina Preventiva e Social pela FMUSP. Especialista em Gestão de Catástrofes pela Harvard Medical School. Pós-Graduado em Administração de Empresas pela Fundação Getulio Vargas (FGV). *Program for Management Development* (PMD) pelo IESE – Barcelona.

Apresentação

Bem-vindo ao futuro da Medicina! O livro *Inteligência Artificial e Saúde: O que Saber? E como se Preparar!* é uma jornada fascinante pelo universo da inteligência artificial (IA) e seu impacto revolucionário na área da Saúde. Com mais de 300 páginas de conteúdo especializado, este livro é um guia indispensável para quem deseja entender as mudanças profundas que a IA está promovendo nos cuidados médicos, desde os diagnósticos até os tratamentos e a administração hospitalar.

Escrito por um time de autores renomados, a obra reúne o conhecimento de especialistas na área oferecendo uma visão abrangente e multifacetada sobre como a IA está transformando a Medicina. Ao longo de seus capítulos bem-estruturados, você encontrará uma análise de cada aspecto da aplicação da IA na Saúde, desde os conceitos fundamentais até as inovações mais avançadas.

O livro começa com uma *Introdução à Inteligência Artificial*, por meio da qual você será guiado pelos fundamentos dessa tecnologia que está revolucionando o mundo. Em seguida, em *Fundamentos da Inteligência Artificial*, são exploradas as bases tecnológicas e científicas que sustentam essa inovação.

A transformação digital na Medicina é desvendada no capítulo *Revolução Digital na Medicina — Como a IA está Transformando a Saúde*, que mostra como hospitais e clínicas estão adotando soluções de IA para otimizar diagnósticos, tratamentos e gestão de recursos. Em *Diagnóstico 4.0: Inteligência Artificial na Identificação Precisa de Doenças*, você descobrirá como algoritmos avançados estão ajudando médicos a identificar doenças com uma precisão nunca antes vista.

Com o capítulo *Imagens Médicas e IA — da Radiografia ao Processamento Neural de Imagens por Inteligência Artificial*, você aprenderá sobre as incríveis capacidades da IA para interpretar imagens médicas de modo a ajudar a detectar problemas que os olhos humanos poderiam facilmente não perceber.

A análise de dados genômicos também ganha um novo capítulo em *Interpretação de Dados Genômicos — A Inteligência Artificial Desvenda o DNA*, que descreve como a tecnologia ajuda a entender as complexidades do genoma humano, abrindo caminho para terapias personalizadas que são verdadeiramente adaptadas às necessidades individuais dos pacientes. Em *Inteligência Artificial e Farmacologia: Desenvolvimento de Medicamentos mais Eficazes*, o livro mostra como a IA ajuda na criação de medicamentos, com a aceleração de pesquisas e testes.

A luta contra o câncer é abordada em *Inteligência Artificial no Combate ao Câncer — Inovações e Esperanças*, capítulo em que são exploradas as ferramentas de IA que estão mudando o jogo no diagnóstico precoce e no tratamento do câncer. *Revolução na Cardiologia — Inteligência Artificial no Diagnóstico e Tratamento de Doenças Cardíacas* revela como a IA está sendo usada para melhorar o cuidado cardiovascular, e *Inteligência Artificial em Emergências Médicas — Salvando Vidas com Algoritmos* mostra a utilização da IA em situações de emergência para tomar decisões rápidas e precisas.

Não faltam capítulos sobre prontuários eletrônicos, telemedicina inteligente, *big data* e até IA aliada à Saúde Pública. Questões éticas e desafios afins também são discutidos em *Desafios e Limitações da Inteligência Artificial na Saúde*.

Este livro é um convite para explorar o futuro da Saúde. É uma leitura obrigatória para profissionais da área médica, pesquisadores, estudantes e qualquer pessoa interessada em entender como a IA está moldando o futuro da Medicina. Prepare-se para descobrir como a IA é utilizada não apenas para melhorar os cuidados de Saúde, mas também salvar vidas e revolucionar o modo como tratamos doenças. O futuro da Medicina está aqui, e este livro é seu guia para entender e preparar-se para ele.

José Benedito Ramos Valladão Júnior
Lucas Amâncio Barbosa da Silva

Sumário

Capítulo 1 ■ Introdução à Inteligência Artificial, 1

José Benedito Ramos Valladão Júnior ■ Lucas Amâncio Barbosa da Silva

Capítulo 2 ■ Fundamentos da Inteligência Artificial, 11

Lucas Amâncio Barbosa da Silva ■ José Benedito Ramos Valladão Júnior

Capítulo 3 ■ Revolução Digital na Medicina – Como a Inteligência Artificial Está Transformando a Saúde, 21

Fernando Martin Biscione ■ Gregório Victor Rodrigues ■ Priscila Garcia Maia ■ Renato Rodrigues da Silva

Capítulo 4 ■ Transformação da Base do Sistema de Saúde – Inteligência Artificial na Atenção Primária, 39

Gregório Victor Rodrigues ■ Renato Rodrigues da Silva

Capítulo 5 ■ Inteligência Artificial e a Nova Era do Cuidado em Enfermagem, 59

Nárima Juliene Martins Borsato Valverde ■ Alexandro Vieira Lopes
Daniel Cesar da Silva Nunes ■ Rafael Conceição da Silva

Capítulo 6 ■ Diagnóstico 4.0 – Inteligência Artificial na Identificação Precoce e Precisa de Doenças, 73

Márcio Luís Moreira de Souza

Capítulo 7 ■ Imagens Médicas e Inteligência Artificial – da Radiografia ao Processamento Neural de Imagens por Inteligência Artificial, 87

Dário Nascimento Ferreira Alves ■ José de Arimateia Batista Araujo-Filho

Capítulo 8 ■ Interpretação de Dados Genômicos – A Inteligência Artificial Desvenda o DNA, 99

Felipe Aristides Simão Neto ■ Raphael Bruno Amemiya ■ Ricardo di Lazzaro Filho

Capítulo 9 ■ Terapias Personalizadas – Tratamentos Sob Medida com Inteligência Artificial, 111

Felipe Ferré

Capítulo 10 ■ Inteligência Artificial e Farmacologia – Desenvolvimento de Medicamentos Mais Eficazes, 133

Felipe Ferré

Capítulo 11 ■ Inteligência Artificial no Combate ao Câncer – Inovações e Esperanças, 147

Marcos Henrique Pereira

Capítulo 12 ■ Revolução na Cardiologia – Inteligência Artificial no Diagnóstico e Tratamento de Doenças Cardíacas, 163

Thiago Liguori Feliciano da Silva ■ Diandro Marinho Mota

Capítulo 13 ■ Inteligência Artificial em Emergências Médicas – Salvando Vidas com Algoritmos, 175

Michel Duailibi ■ Cesar Biselli Ferreira

Capítulo 14 ■ Inteligência Artificial Aplicada na Medicina Física e de Reabilitação, 185

Ricardo Diaz Savoldelli

Capítulo 15 ■ Cuidar do Futuro – Inteligência Artificial e seu Potencial de Aplicação em Pediatria, 203
Gustavo Nogueira de Holanda

Capítulo 16 ■ Odontologia Moderna – O Impacto da Inteligência Artificial, 233
Gustavo Raime Santos ■ Marcio Katsuyoshi Mukai

Capítulo 17 ■ Saúde Mental e Inteligência Artificial, 251
Cheila Portela Silva ■ Francisco Gilmário Rebouças Júnior

Capítulo 18 ■ Prontuários Eletrônicos e Inteligência Artificial – Um Salto para a Experiência do Profissional e Paciente, 263
Vinicius Anjos de Almeida

Capítulo 19 ■ *Big Data* e Inteligência Artificial – A Nova Fronteira da Pesquisa em Saúde, 275
Valquíria Campos Alencar

Capítulo 20 ■ Inteligência Artificial na Validação Clínica – Transformar Descobertas em Desfechos, 289
Fabiano Barcellos Filho ■ José Benedito Ramos Valladão Júnior

Capítulo 21 ■ Modelos Populacionais – A Inteligência Artificial como Aliada da Saúde Pública, 295
Tiago Kietzmann Penalves Rocha

Capítulo 22 ■ Inteligência Artificial na Gestão Hospitalar e Administrativa em Saúde – Otimização de Recursos e de Processos, 319
Felipe Sahb Furtado

Capítulo 23 ■ Desafios e Limitações da Inteligência Artificial na Saúde, 333
Mônica Pugliese Heleodoro dos Santos ■ Gustavo de Araújo Porto Landsberg

Capítulo 24 ■ Impacto da Inteligência Artificial no Mercado de Trabalho em Saúde, 349
Adriele Rosana Marchesini

Índice remissivo, 359

CAPÍTULO

1 Introdução à Inteligência Artificial

José Benedito Ramos Valladão Júnior
Lucas Amâncio Barbosa da Silva

"O medo das máquinas é o medo do desconhecido. Mas, às vezes, o que mais tememos é o que já conhecemos."

O Homem do Castelo Alto

Philip K. Dick

O QUE É INTELIGÊNCIA ARTIFICIAL?

A Inteligência Artificial (IA) é um campo da Ciência da Computação dedicado ao desenvolvimento de sistemas e algoritmos capazes de realizar tarefas que normalmente requerem inteligência humana. Essas tarefas incluem as seguintes, mas não se limitam a elas: aprendizado; raciocínio; percepção; tomada de decisões; e interação em linguagem natural.

De forma ampla, IA pode ser definida como a capacidade de um sistema computacional de interpretar dados externos, aprender a partir deles e usar esse aprendizado para realizar tarefas específicas e alcançar objetivos determinados.

MARCOS HISTÓRICOS NO DESENVOLVIMENTO DA INTELIGÊNCIA ARTIFICIAL

Apesar de ser um tema presente no cotidiano da atualidade, para a IA alcançar a aplicabilidade que vivenciamos e que ainda vivenciaremos, há uma jornada a ser percorrida ao longo de décadas de avanços científicos e técnicos que moldaram o campo.

Contudo, a evolução da IA não é linear. Em certos momentos desse progresso, há intervalos de menor avanço conhecidos por "invernos da IA". Esses momentos de estagnação decorrem das limitações enfrentadas pelas tecnologias computacionais de cada época.

Conceitualmente, a ideia de uma entidade inteligente remonta à Antiguidade. Todavia, o primeiro modelo matemático foi descrito oficialmente, em 1943, por McCulloch e Pitts que propuseram um modelo de neurônio artificial com base em redes neurais. Em 1950, Alan Turing introduziu o famoso teste de Turing, um critério para determinar se uma máquina pode exibir comportamento inteligente indistinguível do humano.

A conferência de Dartmouth, em 1956, é considerada o marco inaugural da IA. Durante o evento, foi cunhado o termo "Inteligência Artificial" e definido o objetivo de construir máquinas inteligentes capazes de resolver problemas de maneira autônoma. A partir de então, houve algumas diferentes fases no desenvolvimento da IA descritas de forma didática no Quadro 1.1.

Quadro 1.1 – Fases do desenvolvimento da IA

Fase de otimismo (1956 a 1970)
▪ **1957:** Frank Rosenblatt desenvolveu o Perceptron, uma das primeiras redes neurais artificiais capazes de aprendizado supervisionado ▪ **1966:** Joseph Weizenbaum criou o programa ELIZA, um dos primeiros sistemas de processamento de linguagem natural (NLP, do inglês *natural language processing*) que simulava um terapeuta
IA simbólica e sistemas especialistas (décadas de 1970 e 1980)
▪ Durante essas décadas, a IA foi dominada por abordagens simbólicas, como os sistemas com base em regras e a manipulação de representações lógicas ▪ Sistemas especialistas, como o MYCIN (diagnóstico médico), demonstraram como regras programadas poderiam ser usadas para resolver problemas específicos com grande eficiência
Redes neurais e ressurgimento do aprendizado de máquina (décadas de 1980 e 1990)
▪ **1986:** a publicação do algoritmo de retropropagação (*backpropagation*) permitiu o treinamento mais eficiente de redes neurais ▪ **1997:** o computador Deep Blue, da IBM, derrotou o campeão mundial de xadrez Garry Kasparov, marcando um momento histórico para a IA. O aumento do poder computacional e a disponibilidade de grandes volumes de dados possibilitaram avanços significativos no aprendizado de máquina. Algoritmos como SVMs e árvores de decisão se tornaram amplamente utilizados em aplicações comerciais
Revolução do aprendizado profundo (2010 em diante)
▪ O surgimento de *frameworks* como TensorFlow e PyTorch impulsionou a adoção de redes neurais profundas em aplicações como visão computacional e reconhecimento de fala

(*Continua*)

Quadro 1.1 – Fases do desenvolvimento da IA (*Continuação*)

Revolução do aprendizado profundo (2010 em diante)
▪ **2016:** o AlphaGo, da DeepMind, venceu um jogador profissional de Go, demonstrando a capacidade de aprendizado de reforço e estratégias complexas ▪ Com a introdução de unidades de processamento gráfico (GPUs) e arquiteturas de redes neurais profundas, como as redes neurais convolucionais (CNNs, do inglês *convolutional neural networks*) e redes neurais recorrentes (RNNs, do inglês *recurrent neural networks*), a IA alcançou avanços impressionantes em visão computacional, NLP e muito mais ▪ A IA se tornou uma ferramenta essencial em vários setores, desde saúde até entretenimento

IA: Inteligência Artificial.

Fonte: Desenvolvido pela autoria.

CLASSIFICAÇÃO DA INTELIGÊNCIA ARTIFICIAL

A IA pode ser categorizada de acordo com sua capacidade e funcionalidade em IA estreita (*ou fraca*), geral (*ou forte*) e superinteligência artificial (*Super AI*). Cada uma delas apresenta características específicas e modalidades de execução (Quadro 1.2). A seguir, também abordaremos alguns exemplos principais de modalidades de IA.

Quadro 1.2 – Tipos de Inteligência Artificial

***Narrow AI* (IA estreita)**
Projetada para realizar uma única tarefa ou um conjunto limitado de tarefas, como assistentes virtuais, *softwares* de reconhecimento facial, sistemas de recomendação e de carros autônomos, *chat-bots* ▪ *Reactive machines* (máquinas reativas): reagem às informações que recebem conforme foram configuradas. Exemplos: DeepBlue, AlphaGo ▪ *Limited memory AI* (IA de memória limitada): aprendem a partir de um histórico de informações, fornecendo respostas personalizadas com base na interação recente. Exemplos: Siri, Alexa
***General AI* (IA geral)**
IA com capacidade cognitiva semelhante à humana, permitindo a execução de qualquer tarefa intelectual que uma pessoa seja capaz de realizar ▪ *Theory of mind AI (teoria da mente):* trata-se de dotar as máquinas de uma forma de "empatia" ou entendimento sobre o que os outros podem estar pensando ou sentindo e usar essa compreensão para tomar decisões mais eficazes em contextos sociais ou interativos ▪ *Self-Aware AI* (IA autoconsciente): além da capacidade de aprender e executar tarefas, a IA teria um nível de consciência reflexiva sobre suas próprias ações e existência
***Super AI* (Superinteligência Artificial)**
Conceito futurístico que descreve uma IA que supera a inteligência humana em todos os aspectos

IA: Inteligência Artificial.

Fonte: Desenvolvido pela autoria.

APRENDIZADO DE MÁQUINA (*MACHINE LEARNING*)

O aprendizado de máquina (ML, do inglês *machine learning*) é uma área da IA focada em desenvolver algoritmos e técnicas que permitem a máquinas aprenderem a partir de dados e a melhorarem seu desempenho em tarefas específicas sem que sejam explicitamente programadas (Quadro 1.3). A ideia central é que um sistema pode identificar padrões nos dados e usá-los para fazer previsões ou tomar decisões.

Quadro 1.3 – Tipos de aprendizado de máquina

Modalidade	Definição	Exemplos	Aplicações
Aprendizado supervisionado	Os algoritmos são treinados com um conjunto de dados rotulados, nos quais cada entrada tem uma saída correspondente	Regressão linear, árvores de decisão e redes neurais artificiais	Classificação de *e-mails* como *spam*, previsão de valores de mercado
Aprendizado não supervisionado	Não existem saídas rotuladas; o algoritmo tenta identificar estruturas ou padrões ocultos nos dados	Algoritmos de *clustering*, como k-means, e técnicas de redução de dimensionalidade, como PCA	Segmentação de clientes, detecção de anomalias
Aprendizado por reforço	Baseia-se na interação do agente com o ambiente, recebendo recompensas ou punições com base em suas ações	Algoritmos Q-learning e Deep Q-Networks (DQN)	Robótica, jogos como xadrez e Go, controle de sistemas autônomos

PCA: análise de componentes principais.

Fonte: Desenvolvido pela autoria.

INTELIGÊNCIA ARTIFICIAL GENERATIVA

A Inteligência Artificial generativa (IA generativa) é uma categoria emergente que se concentra na capacidade dos sistemas de criar conteúdos, como imagens, música, texto e, até mesmo, vídeos. Esses sistemas são treinados em grandes conjuntos de dados e são capazes de gerar conteúdo com base nesse aprendizado.

Redes neurais generativas, como as redes adversariais generativas (GANs), são um exemplo proeminente de IA generativa e têm sido amplamente utilizadas em aplicações criativas, como geração de arte, *design* de produtos e, até mesmo, na criação de roteiros para filmes.

Embora a IA generativa ofereça benefícios e possibilidades criativas, também apresenta pontos negativos, como sua capacidade de refletir os preconceitos presentes nos dados de treinamento, perpetuando estereótipos e desigualdades sociais. Ou, ainda, de manipular informações e disseminar notícias falsas.

PROCESSAMENTO DE LINGUAGEM NATURAL

O processamento de linguagem natural (NLP) é um subcampo da IA que explora como as máquinas podem entender, interpretar e gerar linguagem humana. Essa é uma área interdisciplinar que combina linguística, ciência da computação e estatística (Quadro 1.4).

Quadro 1.4 – Componentes principais do NLP

Análise morfológica	Estudo da estrutura e forma das palavras
Análise sintática	Compreensão da estrutura gramatical das frases
Análise semântica	Interpretação do significado das palavras e frases
Pragmática	Compreensão do contexto e da intenção

NLP: processamento de linguagem natural (do inglês *natural language processing*).

Fonte: Desenvolvido pela autoria.

Entre suas aplicações, há inúmeras funcionalidades disponíveis na atualidade: *chatbots* e assistentes virtuais (Alexa, *Google assistant*); tradução automática (*Google translate*); análise de sentimentos (ferramentas de avaliação de opiniões em redes sociais); geração de texto (modelos como transformadores generativos pré-treinados [GPT, do inglês *generative pre-trained transformer*]).

VISÃO COMPUTACIONAL

Visão computacional é o campo da IA dedicado a capacitar máquinas a interpretar e a entender o mundo visual, processando imagens e vídeos para extrair informações úteis (Quadro 1.5).

Quadro 1.5 – Principais técnicas de visão computacional

Detecção de objetos	Identifica e localiza objetos em imagens
Segmentação de imagens	Divide uma imagem em regiões para análise detalhada
Reconhecimento facial	Identifica rostos em imagens ou vídeos
Reconstrução 3D	Gera modelos tridimensionais a partir de dados bidimensionais

Fonte: Desenvolvido pela autoria.

Têm sido utilizadas aplicações de visão computacional em inúmeras áreas, como na Saúde (detecção de câncer em imagens de tomografia), segurança (sistemas de vigilância com reconhecimento facial), transporte (carros autônomos que usam visão para navegação), entretenimento (realidade aumentada e efeitos visuais em filmes).

ROBÓTICA

A robótica é um subcampo da IA que integra *hardware* e *software* para criar dispositivos físicos que podem executar tarefas no mundo real de forma autônoma ou semiautônoma (Quadro 1.6).

Quadro 1.6 – Componentes essenciais da robótica

Percepção	Sensores para captar informações do ambiente
Planejamento	Algoritmos para decidir o melhor curso de ação
Controle	Execução das ações planejadas por meio de atuadores

Fonte: Desenvolvido pela autoria.

Têm sido utilizadas aplicações de robótica em inúmeras áreas, como na Saúde (cirurgias assistidas por robôs), serviços (robôs em assistência domiciliar ou entrega de mercadorias), exploração (robôs para explorar áreas inacessíveis, como o fundo do mar ou o espaço), manufatura (braços robóticos em linhas de montagem).

RACIOCÍNIO E REPRESENTAÇÃO DE CONHECIMENTO

Esse subcampo se concentra em como representar informações sobre o mundo de forma que máquinas possam entendê-las e usá-las para raciocinar e resolver problemas (Quadro 1.7).

É de especial interesse nas seguintes áreas: Medicina (diagnóstico automatizado); planejamento (sistemas para logística e gerenciamento); assistentes virtuais (modelagem de conhecimento para respostas contextuais).

Quadro 1.7 – Técnicas principais da IA em raciocínio e representação de conhecimento

Lógica	Usa regras e inferências para tomar decisões
Sistemas Especialistas	Com base em conhecimento codificado para resolver problemas em domínios específicos
Ontologias	Estruturas que descrevem relações entre conceitos

IA: Inteligência Artificial.

Fonte: Desenvolvido pela autoria.

A REVOLUÇÃO DA INTELIGÊNCIA ARTIFICIAL NA ÁREA DA SAÚDE

Em específico, a integração da IA na Saúde representa uma das mais importantes transformações no setor nas últimas décadas. A capacidade da IA de analisar vastas quantidades de dados, identificar padrões complexos e tomar decisões informadas está remodelando desde o diagnóstico de doenças até o planejamento de tratamentos personalizados. Essa convergência entre tecnologia e Medicina tem o potencial de melhorar significativamente a qualidade do cuidado, reduzir custos e salvar vidas. Em uma era em que os sistemas de Saúde enfrentam pressões crescentes em decorrência do envelhecimento da população, do aumento de doenças crônicas e das limitações orçamentárias, a IA emerge como uma solução poderosa para enfrentar esses desafios.

CONTEXTO HISTÓRICO DA INTELIGÊNCIA ARTIFICIAL NA SAÚDE

Os primeiros passos da IA na Medicina datam das décadas de 1960 e 1970, com o desenvolvimento de sistemas especialistas como o MYCIN que auxiliava no diagnóstico de infecções bacterianas. Embora promissores, esses sistemas enfrentaram limitações consequentes à capacidade computacional da época e à dificuldade de coletar dados de qualidade. Nas últimas duas décadas, porém, os avanços em ML, *big data* e computação em nuvem impulsionaram a IA a novos patamares, permitindo aplicações mais abrangentes e eficientes (Quadro 1.8).

Quadro 1.8 – Marcos da história da Inteligência Artificial na Saúde

Os primeiros passos da IA na Medicina (1950-1960)
▪ **1960 – Desenvolvimento de sistemas especialistas:** surge a ideia de sistemas que podem auxiliar em tomadas de decisões médicas. Embora rudimentares, esses sistemas já demonstravam potencial para melhorar diagnósticos
A era dos sistemas especialistas (1970-1980)
▪ **1972 – MYCIN:** criado na Universidade de Stanford, o MYCIN foi um sistema especialista desenvolvido para diagnosticar infecções bacterianas e recomendar tratamentos com antibióticos. Foi pioneiro no uso de regras com base em conhecimento ▪ **1975 – DENDRAL:** outro marco, também desenvolvido em Stanford, esse sistema ajudava a identificar estruturas moleculares de compostos químicos, contribuindo para avanços na Farmacologia
Avanços em aprendizado de máquina e Biomedicina (1990-2000)
▪ Sequenciamento do genoma humano: a utilização de IA para analisar vastas quantidades de dados genômicos possibilitou avanços na Medicina personalizada e na identificação de biomarcadores de doenças
***Big data* e diagnósticos automatizados (2000-2010)**
▪ **2005 – Watson da IBM:** inicialmente desenvolvido para competições de *quiz*, o Watson foi posteriormente adaptado para ajudar em diagnósticos médicos, analisando prontuários eletrônicos e recomendando tratamentos ▪ **2008 – Surgimento de aplicações de IA em imagens médicas:** algoritmos começam a ser usados para analisar exames como mamografias e tomografias, ajudando na detecção precoce de cânceres

(*Continua*)

Quadro 1.8 – Marcos da história da Inteligência Artificial na Saúde (*Continuação*)

Aprendizado profundo e expansão da IA na Saúde (2010-2020)
▪ **2012 – Revolução do *deep learning***: a aplicação de redes neurais profundas em dados médicos, como no estudo de Geoffrey Hinton, transformou o campo do diagnóstico por imagem ▪ **2017 – Detecção de retinopatia diabética:** algoritmos certificados pela FDA começam a ser usados para diagnosticar condições específicas de Saúde, como retinopatia diabética, diretamente a partir de imagens de retina
IA durante a pandemia de Covid-19 (2020 em diante)
▪ **2020 – IA no combate à Covid-19:** ferramentas de IA foram amplamente utilizadas para modelar a propagação do vírus, realizar consultas, identificar tratamentos potenciais e otimizar a distribuição de vacinas ▪ **2021 – Modelos generativos na descoberta de fármacos:** redes neurais começam a ser usadas para projetar novos medicamentos com base em simulações moleculares ▪ **2023 – *Chatbots* de IA para suporte psicológico:** com a popularização de modelos como o GPT, a IA passa a oferecer suporte emocional e intervenções em saúde mental

FDA: Food and Drug Administration; GPT: transformadores generativos pré-treinados (do inglês *generative pre-trained transformer*); IA: Inteligência Artificial.

Fonte: Desenvolvido pela autoria.

PRINCIPAIS APLICAÇÕES DE INTELIGÊNCIA ARTIFICIAL NA SAÚDE

1. **Diagnóstico e detecção precoce de doenças:** a IA está sendo utilizada para identificar padrões em exames de imagem, como raios X, tomografias e ressonâncias magnéticas. Algoritmos de aprendizado profundo conseguem detectar condições como câncer e doenças cardiovasculares e pulmonares com precisão equivalente ou superior à de especialistas humanos.
2. **Medicina personalizada:** com a análise de dados genômicos e históricos médicos, a IA permite criar planos de tratamento adaptados às características individuais de cada paciente, aumentando a eficácia terapêutica.
3. **Gestão de dados em Saúde:** ferramentas de IA ajudam a organizar, analisar e extrair informações úteis de grandes volumes de dados, otimizando a gestão hospitalar e auxiliando na tomada de decisões.
4. **Telemedicina e cuidados remotos:** assistentes virtuais e sistemas de monitoramento com IA oferecem suporte a pacientes em suas casas, reduzindo a necessidade de visitas ao hospital e melhorando a adesão ao tratamento.
5. **Pesquisa biomédica:** a IA acelera a descoberta de novos medicamentos ao simular interações moleculares e identificar candidatos promissores para testes clínicos.

TENDÊNCIAS ATUAIS E FUTURO

A IA está transformando o campo da Saúde em um ritmo sem precedentes de progresso contínuo, impulsionado por inovações tecnológicas e necessidades médicas crescentes.

Com avanços futuros, como a integração de IA em dispositivos portáteis e o uso de modelos ainda mais sofisticados, o impacto da IA na Saúde promete se expandir significativamente.

Com o investimento contínuo em pesquisa, infraestrutura e regulação, as barreiras existentes podem ser superadas, permitindo que o pleno potencial da tecnologia seja alcançado para beneficiar a sociedade como um todo.

Bibliografia consultada

- Bishop CM. Pattern recognition and machine learning. Springer; 2006.
- Esteva A, Kuprel B, Novoa R et al. Dermatologist-level classification of skin cancer with deep neural networks. Nature; 2017.
- Goodfellow I, Bengio Y, Courville A. Deep learning. MIT Press; 2016.
- Jurafsky D, Martin JH. Speech and language processing. Pearson; 2023.
- LeCun Y, Bengio Y, Hinton G. Deep learning. Nature; 2015.
- McCarthy J, Minsky ML, Rochester N, Shannon CE. A Proposal for the Dartmouth Summer Research Project on Artificial Intelligence; 1955.
- Obermeyer Z, Emanuel EJ. Predicting the future: big data, machine learning, and clinical medicine. New England Journal of Medicine; 2016.
- Rajkomar A, Dean J, Kohane I. Machine learning in medicine. New England Journal of Medicine; 2019.
- Russell S, Norvig P. Artificial intelligence: a modern approach. Pearson; 2021.
- Topol E. Deep medicine: how artificial intelligence can make healthcare human again. Basic Books; 2019.
- Turing AM. Computing machinery and Intelligence. Mind; 1950.

CAPÍTULO

2 Fundamentos da Inteligência Artificial

Lucas Amâncio Barbosa da Silva
José Benedito Ramos Valladão Júnior

"Quando uma máquina começa a pensar, ela deixa de ser uma máquina?"
Androides sonham com ovelhas elétricas?
Philip K. Dick

Na sugestão de uma compra, na digitação de uma palavra no celular, na escolha de um trajeto para casa, enfim, nas atividades mais corriqueiras, a Inteligência Artificial (IA) já faz parte do nosso cotidiano. Não há consenso sobre o que é IA, mas todos convergem em dizer que se trata da capacidade de executar tarefas ou exibirem comportamentos comparáveis aos humanos.

Podemos dividir a IA em vários subdomínios, cada um com seu foco e metodologias únicos. A compreensão desses torna mais fácil entender sobre IA e suas aplicações em diferentes partes do cotidiano. A IA se divide de acordo com sua capacidade que vai de IA estreita ou restrita, que desempenha uma tarefa específica, em contraste com a IA geral, ou Inteligência Artificial geral que replicaria a inteligência humana para resolver uma gama de tarefas.

A IA pode ser categorizada, segundo a forma de aprendizado, em: supervisionada; não supervisionada; semissupervisionada; e por reforço. O primeiro tipo aprende com dados rotulados, ao contrário do não supervisionado que usa dados sem rótulos. A classificação semissupervisionada necessita de rótulos em apenas uma parte. Já a última categoria usa uma lógica de tentativa e erro até para otimizar seu algoritmo.

Além disso, há outras abordagens que envolvem demais aspectos além do aprendizado. Algoritmos multitarefas, redes neurais e aprendizado profundo (DL, do inglês *deep learning*), treinamento *online*, entre outros, são exemplos dessas abordagens menos convencionais.

DADOS ESTRUTURADOS *VS.* NÃO ESTRUTURADOS

Uma vez que dados normalmente são usados em suas construções, a estruturação de dados é um conceito fundamental no estudo da IA. Dados estruturados são organizados de maneira tabular, geralmente armazenados em planilhas ou bancos de dados relacionais. Eles têm formatos bem-definidos, com valores categorizados por colunas, como nomes, telefones, altura, peso, pressão arterial e resultados de exames laboratoriais. Esse tipo de dado é de fáceis acesso, busca e manipulação.

Por exemplo, no cotidiano, planilhas do Excel com contatos (nome, endereço e telefone) organizados em colunas; bancos de dados de *e-commerce* que armazenam preços, descrições e códigos de produtos. Na área médica, registros eletrônicos de Saúde (RES) com histórico médico, resultados laboratoriais e prescrições; bancos de ensaios clínicos com dados de participantes, intervenções e resultados em formato tabular.

Por sua vez, dados não estruturados não seguem um formato rígido e são de processamento mais complexo. Eles incluem textos livres, imagens, vídeos, áudios e documentos em geral. Como não apresentam uma estrutura fixa, sua análise exige técnicas avançadas, como processamento de linguagem natural (NLP, do inglês *natural language processing*) para textos, visão computacional para imagens e redes neurais profundas (DNNs, do inglês *deep neural networks*) para extrair padrões ocultos nesses dados.

Exemplos de dados não estruturados como registros médicos elaborados por profissionais de Saúde em formato de texto livre são os exames de imagem, como tomografias computadorizadas e ressonâncias magnéticas, transcrições de consultas médicas ou gravações de áudio dos atendimentos, relatórios de atendimentos médicos nos quais a informação encontra-se dispersa e não segue um formato padrão.

A complexidade dos dados não estruturados exige algoritmos de DL, como redes neurais convolucionais (CNNs, do inglês *convolutional neural networks*) para imagens e redes neurais recorrentes (RNNs, do inglês *recurrent neural networks*), ou transformadores para textos. Essas abordagens permitem extrair informações valiosas a partir de grandes volumes de dados brutos, o que é essencial para aplicações avançadas de IA, especialmente na área da Saúde.

Essa distinção entre dados estruturados e não estruturados é essencial para compreender como diferentes abordagens de IA e de ciência de dados podem ser aplicadas para extrair valor dessas informações

TIPOS DE TÉCNICAS PARA A CRIAÇÃO DE INTELIGÊNCIA ARTIFICIAL

Cada IA criada utiliza uma série de técnicas estatísticas avançadas que, após treinadas, são denominadas "modelos". Estes podem ser construídos com base em diferentes tipos de lógica estatística, dependendo do objetivo desejado. Entre essas técnicas, destacam-se:

Regressão logística: usada principalmente para problemas de classificação binária (do tipo sim ou não). O resultado dessa regressão é expresso como uma probabilidade, indicando a chance de um evento ocorrer ou não.

Árvore de decisão: simula caminhos de decisão, estruturados como um fluxograma, para alcançar uma resposta. Pode resolver tanto problemas binários (duas categorias) como multicategóricos (várias categorias possíveis). A facilidade de interpretação é uma de suas grandes vantagens.

Floresta aleatória (random *forest*): técnica de conjunto (*ensemble*) que combina várias árvores de decisão independentes, treinadas separadamente sobre subconjuntos aleatórios dos dados. O resultado é obtido pela combinação das previsões dessas árvores, seja por votação (para problemas de classificação), seja por média (para problemas regressivos). Essa abordagem tende a melhorar a precisão e a estabilidade dos resultados.

Métodos *ensemble*: além das florestas aleatórias, outras técnicas de conjunto incluem *boosting* (p. ex., AdaBoost, Gradient Boosting, XGBoost), que combinam múltiplos modelos mais fracos sequencialmente, ajustando-os de modo interativo para melhorar o desempenho do modelo final. Essas técnicas são amplamente utilizadas em virtude de sua robustez e alta performance.

Máquinas de vetores de suporte (SVM, do inglês *support vector machines*): técnica robusta e versátil para resolver problemas tanto de classificação como de regressão. Funciona identificando o hiperplano que melhor separa os diferentes grupos ou prevê valores com máxima margem de segurança. É particularmente útil em problemas de alta dimensionalidade.

DL é uma categoria avançada de técnicas que emprega redes neurais artificiais profundas (com várias camadas ocultas) para aprender padrões complexos a partir de grandes volumes de dados. Redes neurais podem ser usadas tanto para classificação como para regressão, além de aplicáveis em contextos de aprendizado supervisionado, nos quais o modelo é treinado com dados rotulados; e não supervisionado, no qual o modelo aprende estruturas diretamente dos dados não rotulados.

Aprendizado não supervisionado: técnicas específicas incluem métodos como agrupamento (*clustering*), destacando-se o algoritmo *K-means*, que identifica grupos naturais dentro dos dados não rotulados, e a análise de componentes principais (PCA, do inglês *principal component analysis*) usada para reduzir a dimensionalidade dos dados, facilitando a identificação e a visualização de padrões.

Aprendizado semissupervisionado: combina dados rotulados e não rotulados durante o treinamento para melhorar o desempenho do modelo com menor quantidade de dados rotulados. Técnicas específicas incluem métodos como o *label propagation*, que propagam rótulos de dados rotulados para não rotulados, aproveitando a estrutura subjacente dos dados para maximizar.

REDES NEURAIS E *DEEP LEARNING*

As redes neurais (*neural networks*) são modelos inspirados no funcionamento do cérebro humano, compostas por unidades básicas denominadas "neurônios artificiais". Cada neurônio recebe informações (*inputs*), processa-as utilizando pesos (*weights*) e vieses (*biases*) e gera uma saída (*output*). Os pesos representam a força das conexões entre neurônios, indicando quais informações são mais importantes, enquanto os vieses permitem que neurônios sejam ativados com diferentes limiares.

Esses neurônios são organizados em camadas (*layers*): uma camada inicial de entrada (*input layer*) que recebe os dados iniciais; camadas intermediárias, denominadas "ocultas" (*hidden layers*), que processam as informações em busca de padrões; e, finalmente, uma camada de saída (*output layer*), responsável por entregar o resultado. Para definir se um neurônio será ativado, utilizam-se funções matemáticas denominadas "funções de ativação" (*activation functions*), como *Rectified Linear Unit* (ReLU), que ativa valores positivos; sigmoide (*sigmoid*), que transforma valores entre 0 e 1; ou *tanh*, que gera valores entre -1 e 1.

Para aprender, a rede compara suas previsões com os valores reais usando uma função de perda (*loss function*) que mede o quanto as previsões divergem da realidade. O processo usado para reduzir esses erros e ajustar os pesos e vieses é denominado "retropropagação" (*backpropagation*). Nesse processo, o erro é propagado do fim para o começo da rede, permitindo ajustes nas conexões. O treinamento é efetuado em ciclos denominados "épocas" (*epochs*), e os dados são frequentemente divididos em pequenos grupos denominados lotes (*batches*), tornando o aprendizado mais eficiente.

Por fim, para melhorar continuamente as previsões, a rede utiliza algoritmos de otimização (*optimization algorithms*), como o gradiente descendente (*gradient descent*), que ajustam os pesos e vieses de forma iterativa para minimizar o erro total. Após várias épocas de treinamento e ajustes sucessivos, a rede neural torna-se capaz de realizar previsões precisas, identificando padrões complexos em dados que seriam difíceis para métodos tradicionais.

O QUE SÃO MODELOS DE LINGUAGEM GRANDES?

Os modelos de linguagem grandes (LLMs, do inglês *large language models*) são inteligências artificiais que entendem, interpretam e geram textos humanos de forma coerente. São classificados dentro do campo de DL, mais especificamente em aprendizado não supervisionado ou semissupervisionado, pois aprendem padrões linguísticos diretamente de grandes volumes de texto, sem a necessidade constante de rotulação manual.

Esses modelos são criados com a utilização de técnicas de DNNs denominadas *transformers*, treinados sobre bases enormes de textos, como livros, artigos, páginas da internet e outros documentos escritos. Durante o treinamento, o modelo aprende relações semânticas, estruturas gramaticais e contexto das frases, permitindo-lhe gerar respostas ou textos criativos e informativos.

Exemplos conhecidos de modelos de linguagem grandes modernos são:

- GPT-4 (da OpenAI, usado pelo ChatGPT).
- Gemini (da Google DeepMind).
- Llama 3 (da Meta).
- Claude 3 (da Anthropic).

Esses modelos revolucionaram a capacidade das inteligências artificiais em gerar conteúdos de alta qualidade, compreender perguntas complexas, traduzir idiomas, programar e realizar outras tarefas avançadas com base em texto.

COMO AS INTELIGÊNCIAS ARTIFICIAIS SÃO CRIADAS?

A criação de uma IA depende do seu objetivo e da técnica utilizada. Uma das abordagens mais comuns é o uso de modelos de aprendizado supervisionado, em que a IA aprende a partir de dados previamente rotulados. Esse processo envolve algumas etapas fundamentais:

1. **Coleta e preparação dos dados:** o primeiro passo é obter e organizar um conjunto de dados relevante para o problema da IA, rotulando cada entrada com a resposta correta. Por exemplo, em um sistema de diagnóstico médico com base em IA, as imagens podem ser rotuladas como "saudável" ou "com anomalia".
2. **Divisão dos dados:** para garantir que a IA aprenda corretamente e possa ser avaliada de forma justa, o conjunto de dados é dividido em duas partes principais:
   - Dados de treinamento (geralmente entre 70% e 80% do total): usados para ensinar o modelo a reconhecer padrões e realizar previsões.
   - Dados de teste (os 20% a 30% restantes): usados para avaliar a capacidade do modelo de fazer previsões corretas a partir de dados que ele nunca viu antes.

3. **Treinamento do modelo:** nessa etapa, o modelo de IA é exposto aos dados de treinamento e aprende a identificar padrões e relações entre as entradas e as saídas esperadas. O processo envolve a otimização de parâmetros internos para minimizar erros e melhorar a precisão das previsões.
4. **Teste e validação:** após o treinamento, o modelo é testado com os dados reservados para essa fase. Isso permite verificar se ele consegue generalizar para novas informações e não apenas memorizar os exemplos do treinamento.
5. **Ajustes e melhorias:** caso o desempenho do modelo não seja satisfatório, ajustes podem ser feitos, como aumentar a quantidade de dados, melhorar a qualidade das informações utilizadas ou alterar a arquitetura do modelo.

Esse processo garante que a IA seja capaz de tomar decisões ou fazer previsões com base em novos dados, tornando-se uma ferramenta útil para diferentes aplicações, como diagnósticos médicos, análise financeira, reconhecimento de imagens, entre outros.

AVALIAÇÃO DE EFICIÊNCIA DE INTELIGÊNCIAS ARTIFICIAIS

A avaliação de um modelo de IA é essencial para garantir que ele produza previsões confiáveis. Dependendo do tipo de problema, utilizam-se diferentes métricas para medir sua eficácia. Em geral, os modelos podem ser categorizados em dois tipos: **classificação**, quando a IA prevê categorias (como "positivo" ou "negativo" para uma doença); e **regressão**, quando prevê valores contínuos (como a glicemia de um paciente no próximo exame). Cada tipo de problema exige métricas específicas para avaliar se o modelo realmente está aprendendo e se suas previsões são úteis na prática.

Nos problemas de **classificação**, o modelo toma uma decisão sobre à qual categoria uma nova entrada pertence. A métrica mais intuitiva para avaliar esse tipo de modelo é a **acurácia** que mede a proporção de previsões corretas sobre o total de previsões feitas. No entanto, a acurácia pode ser enganosa se as classes estiverem desbalanceadas. Por exemplo, se 95% dos pacientes de um hospital não têm determinada doença e um modelo simplesmente prevê que todos são saudáveis, ele terá 95% de acurácia, mas falhará completamente na identificação dos casos positivos. Para resolver esse problema, outras métricas mais detalhadas são usadas.

A **precisão** mede quantas das previsões positivas realmente estavam corretas. Isso é especialmente importante quando um resultado falso-positivo tem consequências graves, como prescrever um tratamento agressivo para um paciente que não precisa. Já a revocação ou *recall* mede a proporção de casos positivos que o modelo conseguiu identificar corretamente. Essa métrica é crucial em diagnósticos médicos, pois um falso-negativo pode significar que um paciente doente não receberá tratamento. O *F1-score* equilibra a precisão e a revocação, sendo útil quando ambas as métricas são importantes. Além disso, a **matriz de confusão** ajuda a visualizar onde o modelo está errando, separando os erros em falso-positivos e falso-negativos.

Para modelos de **regressão**, que preveem valores numéricos contínuos, as métricas se concentram na diferença entre as previsões e os valores reais. O **erro absoluto médio (MAE)** mede o desvio médio entre os valores previstos e os reais, sendo uma métrica simples e intuitiva. Já o **erro quadrático médio (MSE)** penaliza erros grandes de forma mais acentuada, sendo útil quando desvios maiores são mais prejudiciais. A **raiz do erro quadrático médio (RMSE)** transforma o MSE em uma unidade mais compreensível, ajudando a interpretar melhor os resultados. O **coeficiente de determinação (R^2)** indica quanto do comportamento da variável-alvo pode ser explicado pelo modelo, variando de 0 a 1, em que valores mais altos indicam melhor desempenho.

A escolha da métrica ideal depende do contexto. Em diagnósticos médicos, o *recall* pode ser mais importante do que a precisão, pois é mais crítico errar por omissão do que por excesso. Já em modelos financeiros, minimizar grandes erros pode ser mais essencial, tornando o RMSE uma métrica mais útil. Independentemente da métrica escolhida, o objetivo final é garantir que o modelo seja confiável e útil para a aplicação desejada.

O DESAFIO DA "CAIXA-PRETA" EM INTELIGÊNCIA ARTIFICIAL

Os modelos de IA com base em DL são frequentemente descritos como sistemas "caixa-preta". Eles exibem alta capacidade de previsão e classificação, mas não fornecem uma visão clara de como chegam a suas conclusões. Esse cenário gera dúvidas quanto à confiabilidade, transparência e responsabilidade em aplicações sensíveis, como Medicina, Justiça e finanças.

Por que são considerados "caixa-preta"?

Complexidade das redes neurais: redes neurais profundas têm múltiplas camadas, cada uma processa informações de maneira distribuída. Isso resulta em representações internas complexas e de difícil interpretação, pois não há um mapeamento direto e simples entre a entrada e a decisão final.

Falta de explicitação do raciocínio: diferentemente de sistemas com base em regras ou algoritmos lineares, em que cada etapa da tomada de decisão é rastreável, os modelos de aprendizagem profunda identificam padrões em grandes volumes de dados sem produzir uma "trilha de raciocínio" claramente explícita.

LLMs: em modelos como o de transformadores generativos pré-treinados (GPT, do inglês *generative pre-trained transformer*), a geração de texto é feita por meio de probabilidades estatísticas em *tokens* sucessivos. Embora frequentemente produzam conteúdo coerente, esses modelos não fornecem diretamente uma justificativa clara ou uma "linha de pensamento" que possa ser analisada de forma simples.

Estratégias para mitigar o problema de caixa-preta

Apesar desses desafios, diversas abordagens estão sendo desenvolvidas para aumentar a confiabilidade e a explicabilidade dos modelos de IA:

1. Técnicas de IA explicável (XAI, do inglês *explainable AI*)
   - *Local Interpretable Model-agnostic Explanations* (LIME) e *Shapley Additive Explanations* (SHAP): ferramentas que mostram quais atributos de entrada foram mais importantes para a decisão final, ajudando a entender "em partes" o que ocorreu internamente.
   - *Grad-CAM*: Em CNNs (usadas em visão computacional), o *Grad-CAM* permite visualizar quais regiões de uma imagem influenciam a previsão.
2. Modelos e arquiteturas híbridos
   - Combinar redes neurais com métodos mais interpretáveis (p. ex., árvores de decisão, regras lógicas) pode fornecer um equilíbrio entre desempenho e transparência.
   - Usar conhecimento especializado (regras médicas, jurídicas etc.) em conjunto com o DL para guiar ou restringir as decisões do modelo.
3. Auditoria e monitoramento contínuos
   - Em áreas sensíveis, submeter os modelos a auditorias independentes e revisões constantes ajuda a identificar comportamentos inesperados ou enviesados.
   - Monitoramento em tempo real para garantir que, à medida que os dados ou o contexto mudam, a IA mantenha previsões confiáveis.
4. Engenharia de *prompt* e documentação de raciocínio
   - Em modelos de linguagem, técnicas de *prompting* estruturado podem ajudar a extrair explicações em linguagem natural, ainda que não sejam equivalentes ao verdadeiro raciocínio interno.
   - A prática de documentar hipóteses, fontes de dados e validações humanas cria um histórico que melhora a transparência do processo de desenvolvimento do modelo.

Embora os modelos de IA, em especial as DNNs e os grandes modelos de linguagem, tenham revolucionado diversas áreas, a característica de serem "caixa-preta" ainda representa um desafio fundamental. A busca por maior explicabilidade e transparência não visa apenas aumentar a confiança dos usuários, mas também possibilitar correções, evitar vieses e garantir responsabilidade em setores críticos.

As iniciativas atuais – como as técnicas de XAI, a adoção de modelos híbridos e o monitoramento contínuo – mostram que é possível avançar rumo a sistemas de IA mais **inteligíveis** e confiáveis. Embora não haja uma solução única ou definitiva, o desenvolvimento de métodos que aumentem a compreensão do "pensamento" das IAs, mesmo que de forma aproximada, é um passo essencial para alinhar a tecnologia com os valores e necessidades da sociedade.

Bibliografia consultada

- Dridi S. Unsupervised learning – a systematic literature review. Open Science Framework, 2024. doi: 10.31219/osf.io/mpkht.
- Eckhardt CM, Madjarova SJ, Williams RJ, Ollivier M, Karlsson J, Pareek A et al. Unsupervised machine learning methods and emerging applications in healthcare. Knee Surgery Sports Traumatology Arthroscopy. 2023;31(2):376-81. doi: 10.1007/s00167-022-07233-7.
- Khezeli K, Siegel S, Shickel B, Ozrazgat-Baslanti T, Bihorac A et al. Reinforcement learning for clinical applications. Clinical Journal of the American Society of Nephrology. 2023;18(4):521-23. doi: 10.2215/CJN.0000000000000084.
- Ma Q. Research on the application of health big data based on semi-supervised learning algorithm. In: 2024 3rd International Conference for Innovation in Technology. INOCON: 1-4,2024. doi: 10.1109/INOCON60754.2024.10512045.
- Pennachin C, Goertzel B. Contemporary approaches to artificial general intelligence. In: Goertzel B, Pennachin C. Artificial general intelligence. Cognitive technologies. Berlin, Heidelberg: Springer, 2007. doi: 10.1007/978-3-540-68677-4_1.
- Sah S. Machine learning: a review of learning types. Mathematics & Computer Science, 2020. doi: 10.20944/preprints202007.0230.v1.
- Schrumpf F, Serdack PR, Fuchs M. Regression or classification? Reflection on BP prediction from PPG data using deep neural networks in the scope of practical applications. In: 2022 IEEE/CVF Conference on Computer Vision and Pattern Recognition Workshops. CVPRW: 2171-80,2022. doi: 10.1109/CVPRW56347.2022.00236.
- Sheikh H, Prins C, Schrijvers E. Artificial intelligence: definition and background. In: Sheikh H, Prins C, Schrijvers E. Mission AI: 15-41,2023. Springer International Publishing. doi: 10.1007/978-3-031-21448-6_2.
- Srivastava R, Kumar S, Kumar B. Classification model of machine learning for medical data analysis. In: Statistical Modeling in Machine Learning. Elsevier: 111-32,2023. doi: 10.1016/B978-0-323-91776-6.00017-8.
- Thakre N, Sahu R, Soni K, Bisen DC, Sahu A. Evaluating transparency and explainability in ai-driven planning and scheduling: a comprehensive literature review. International Journal of Innovative Research in Science, Engineering and Technology, 2023;12(06):9008-14. doi: 10.15680/ijirset.2023.1206155.

CAPÍTULO

3 Revolução Digital na Medicina – Como a Inteligência Artificial Está Transformando a Saúde

Fernando Martin Biscione
Gregório Victor Rodrigues
Priscila Garcia Maia
Renato Rodrigues da Silva

"A maior tragédia da inteligência artificial será quando ela perceber que nós não somos tão inteligentes quanto pensamos."

O Guia do Mochileiro das Galáxias

Douglas Adams

INTRODUÇÃO

O poder transformador dos dados no mundo contemporâneo é inegável. Nos últimos anos, avanços tecnológicos possibilitaram o uso massivo de dados em diferentes setores, especialmente na Saúde, em que a Inteligência Artificial (IA) tem desempenhado um papel crucial na transformação de práticas e resultados médicos. Essa evolução está diretamente ligada à capacidade de processar e interpretar dados brutos, convertendo-os em *insights* valiosos para a tomada de decisão.[1]

Assim como o petróleo é refinado para se tornar combustível, os dados são tratados e analisados para gerar conhecimento prático. No contexto da Saúde, essa analogia pode ser exemplificada por sistemas de IA que utilizam dados de dispositivos vestíveis, prontuários eletrônicos e padrões de consumo para prever doenças, personalizar tratamentos e melhorar os desfechos clínicos.[2] As ferramentas com base em aprendizado de máquina (ML, do inglês *machine learning*) não apenas aumentaram a eficiência na análise de dados, mas também permitiram a identificação de padrões mais complexos do que os alcançados por métodos estatísticos tradicionais.[3,4]

A crescente capacidade de captura e interpretação de dados não se restringe ao interesse corporativo, mas tem implicações diretas sobre pacientes e profissionais de saúde. Atualmente, quase todas as atividades diárias podem ser convertidas em dados estruturados, impactando desde a personalização do atendimento médico até a alocação eficiente de recursos hospitalares. O monitoramento de deslocamentos por meio de sensores e dispositivos móveis fornece informações valiosas sobre padrões de mobilidade e acesso aos serviços de Saúde, enquanto registros de compras em supermercados e farmácias podem indicar hábitos alimentares e padrões de consumo de medicamentos, permitindo inferências sobre fatores de risco e prevalência de doenças.[1]

Além disso, dispositivos vestíveis e sensores biométricos capturam continuamente variáveis fisiológicas como frequência cardíaca, saturação de oxigênio e níveis de glicose, possibilitando o acompanhamento remoto de pacientes com condições crônicas e a identificação precoce de alterações clínicas relevantes.[2,5] Essas informações, quando integradas a sistemas de suporte à decisão clínica, podem aprimorar a acurácia diagnóstica e otimizar a conduta terapêutica, reduzindo a variabilidade entre profissionais e promovendo uma prática médica com base em evidências.

Apesar dos avanços impressionantes da IA, essas tecnologias são adotadas na Medicina de maneira heterogênea. Enquanto algumas especialidades já incorporam modelos avançados de ML para otimizar diagnósticos e prognósticos, outras ainda operam majoritariamente dentro de paradigmas tradicionais.[3,6,7] Estudos demonstram que áreas como Diagnóstico por Imagem, Anatomia Patológica e Dermatologia têm se beneficiado da IA para aprimorar a precisão diagnóstica e reduzir variabilidades, enquanto especialidades que demandam maior interação humana e julgamento clínico complexo apresentam barreiras adicionais para a adoção dessas tecnologias.[2,6]

A incorporação da IA na Saúde já demonstra impactos significativos em especialidades que se baseiam em padrões, como Anatomia Patológica, Diagnóstico por Imagem e Dermatologia.[6] No entanto, mesmo áreas que exigem habilidades manuais ou raciocínio clínico complexo começam a ser influenciadas, com algoritmos sendo utilizados para predição de desfechos, personalização de tratamentos e suporte à triagem de pacientes.[2,8]

Embora a IA tenha o potencial de transformar significativamente a prática médica, sua implementação exige uma abordagem cautelosa, que considere diferenças estruturais entre especialidades, desafios éticos e a necessidade de validação contínua. A continuação deste capítulo explora, de maneira mais concreta, como essas tecnologias estão sendo aplicadas na Saúde.

A Figura 3.1 demonstra o potencial de uso da IA na prática clínica.

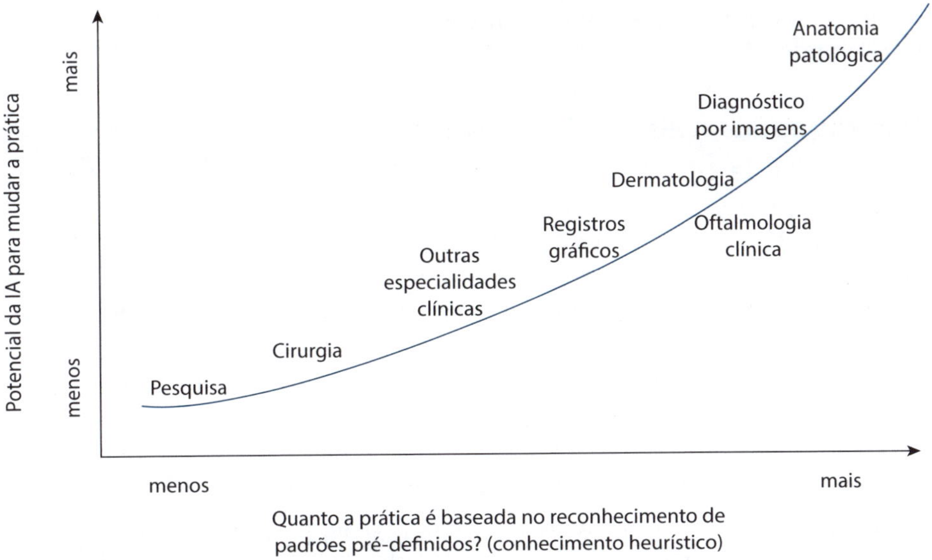

Figura 3.1 – Quanto a IA pode mudar a prática clínica?

IA: Inteligência Artificial.

Fonte: Adaptada de Topol E. Deep medicine: how artificial intelligence can make healthcare human again. Hachette UK, 2019.

EVOLUÇÃO E IMPACTOS DA MEDICINA: PRINCIPAIS ÁREAS

Administração em saúde

A IA na administração de organizações de Saúde tem avançado de forma significativa, impulsionando melhorias tanto na eficiência operacional como na qualidade do atendimento ao paciente. A IA contribui para a otimização de diversos processos gerenciais e financeiros, tornando o fluxo de trabalho mais ágil, confiável e seguro. A seguir, destacamos algumas áreas-chave em que a IA tem atuado de forma decisiva.

Autorização prévia

Softwares com soluções tecnológicas específicas para agilizar a liberação de exames e procedimentos têm sido amplamente utilizados na administração em Saúde, especialmente no âmbito da regulação. Esses sistemas atuam como "pontes" entre o médico solicitante e a equipe de regulação do plano de saúde, processando automaticamente as informações recebidas e verificando a compatibilidade dos pedidos com as regras contratuais e protocolos clínicos.

Dessa forma, a IA integrada aos sistemas tem potencial de identificar e filtrar solicitações atípicas, categorizá-las conforme sua complexidade (alta ou baixa) e até gerar respostas automáticas, o que agiliza o atendimento e minimiza o retrabalho das equipes médicas. Assim, a utilização de *softwares* de autorização tem se mostrado útil para diminuir custos operacionais, padronizar fluxos internos e, principalmente, oferecer um retorno mais rápido e preciso ao paciente.[9]

■ Detecção de anomalias em faturamento

A auditoria de contas hospitalares é um processo notoriamente caro e demorado. Operadoras de planos de saúde frequentemente processam um volume de contas hospitalares muito superior a sua capacidade de auditoria. Como consequência, precisam recorrer a regras operacionais para identificar contas com alta probabilidade de desvios ou erros de faturamento. No entanto, se essas regras não forem suficientemente eficientes, criam-se lacunas que resultam em um custo de oportunidade significativo - ou seja, muitas guias hospitalares que deveriam ser analisadas pela auditoria médica não o são, quer por limitações de tempo da equipe, quer pela ausência de métodos mais eficientes para priorizar as guias que exigem maior atenção.[10]

Nesse contexto, algoritmos de *machine learning* têm demonstrado grande potencial para identificar automaticamente guias com maior propensão a desvios de faturamento. Esses algoritmos podem não apenas ajustar ou glosar automaticamente itens inadequados, mas também direcionar as contas de maior risco para auditoria humana. Dessa forma, promovem um aumento na recuperação de valores indevidos, o que otimiza o processo de auditoria e reduz ineficiências no sistema.[10,11]

■ Análise automática de manifestações do usuário

A análise de textos livres gerados por usuários oferece um conteúdo extremamente rico, mas sua extração manual é trabalhosa, sujeita à subjetividade e à variabilidade. Algoritmos de *machine learning* permitem transformar essas manifestações em informações estruturadas e acionáveis, identificando motivos de satisfação, insatisfação e o sentimento predominante - positivo ou negativo - em relação aos serviços de Saúde.

Com o avanço da IA, ferramentas de processamento de linguagem natural (NLP, do inglês *natural language processing*) vêm sendo utilizadas para categorizar e priorizar automaticamente reclamações, dúvidas e sugestões de pacientes.[5] Esses sistemas inteligentes, além de identificar palavras-chave e classificá-las por assuntos, utilizam análises de sentimentos para organizar as informações em relação aos serviços ofertados pelo sistema de Saúde, contribuindo para melhorias neste.[5]

■ Faturamento automático

Faturamento automático é a prática de utilizar sistemas informatizados, apoiados por IA, para faturar procedimentos, materiais e medicamentos utilizados em atendimentos de forma quase imediata. Em vez de depender exclusivamente de *input* manual e posterior conferência pela equipe de *backoffice*, a automação cruza dados clínicos e administrativos em tempo real, prevenindo erros de registro que possam gerar glosas ou perdas financeiras. Assim, quando o procedimento termina, o *software* registra, de forma imediata, todos os itens a serem faturados e emite uma guia de atendimento para auditoria, o que reduz prazos e minimiza divergências.

Para garantir a eficiência, esses sistemas costumam empregar algoritmos de verificação de consistência que confrontam dados do prontuário do paciente (Classificação Internacional de Doenças [CID], prescrição médica e laudos) com regras de faturamento estabelecidas pelas operadoras.[12] Em casos de inconformidade, o sistema emite alertas, solicitando revisão antes de prosseguir. Dessa forma, a equipe de faturamento assume um papel mais consultivo e menos operacional, mantendo o foco nas eventuais exceções e deixando as rotinas de conferência de dados ao encargo da IA.

Predição de demanda e sazonalidade

A predição de demanda e sazonalidade apoia-se em algoritmos de IA e modelos de séries temporais para prever como e quando a procura por serviços de saúde vai aumentar ou diminuir. Com base em dados históricos, informações epidemiológicas e, até mesmo, em variáveis climáticas, a IA analisa tendências que apontam períodos de maior incidência de determinadas enfermidades. Isso permite que gestores de hospitais e clínicas planejem estoques, recursos humanos e investimentos com maior precisão, evitando tanto a falta de insumos como a ociosidade de equipes.[13]

Além de otimizar o planejamento orçamentário, a predição de demanda tem impacto direto na satisfação dos pacientes. Quando há projeções confiáveis sobre picos de demanda de atendimento, é possível adaptar escalas de profissionais e reservar recursos com antecedência, reduzindo o tempo de espera e o risco de sobrecarga. Em última instância, essa visibilidade gera economia de custos, pois minimiza a compra de materiais em excesso e diminui as chances de desabastecimento, tornando o sistema de Saúde mais eficiente e preparado para responder às variações do cenário clínico ou epidemiológico.[13]

Otimização de logística

A otimização de logística em Saúde emprega algoritmos de IA para coordenar estoques, transporte de pacientes e a gestão de equipes de forma integrada.[14] Por meio de monitoramento constante do nível de suprimentos, o sistema emite alertas automáticos de reposição e evita perdas por vencimento de produtos. Essa abordagem reduz falhas no abastecimento, garantindo que unidades de Saúde operem com eficiência e continuidade.

Além disso, ferramentas de roteirização contribuem para o deslocamento mais ágil de ambulâncias, de forma a reduzir o tempo de resposta em situações de emergência e aliviar a pressão sobre centros urbanos congestionados. Esse gerenciamento inteligente melhora a alocação de recursos e contribui para a eficiência operacional dos serviços de Saúde.[5]

Assistência à Saúde

A IA tem potencial para impactar significativamente o campo da assistência à Saúde, transformando a forma como os profissionais de Saúde previnem, diagnosticam e tratam doenças.[36,42] Este capítulo aborda as principais aplicações da IA na assistência à Saúde, destacando as áreas de suporte à decisão clínica, predição de eventos e desfechos, reconhecimento e classificação de imagens médicas, Medicina de precisão, cirurgia assistida e a gestão do registro e da recuperação de informações em prontuários eletrônicos.

■ Suporte à decisão clínica

Algoritmos de *machine learning* podem analisar grandes volumes de dados clínicos para fornecer recomendações com base em evidências e ajudar médicos a tomarem decisões mais informadas.[38,40] Esses sistemas podem sugerir diagnósticos diferenciais, identificar padrões de deterioração clínica e alertar sobre interações medicamentosas.[2,5,8]

■ Predição de eventos e desfechos

A predição de eventos clínicos adversos ou desfechos de tratamento é outra aplicação central da IA na assistência à Saúde (Figura 3.2).

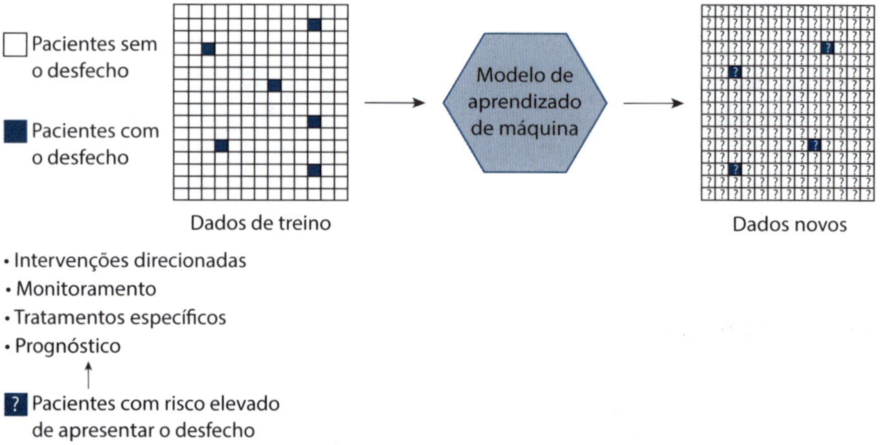

Figura 3.2 – Aplicação do modelo de aprendizado de máquina na predição de desfechos.

Fonte: Desenvolvida pela autoria.

Utilizando históricos médicos e dados demográficos, algoritmos de *machine learning* conseguem identificar pacientes em risco para condições como readmissão hospitalar, complicações pós-operatórias e falência de órgãos.[3,15]

Por exemplo, em hospitais que adotam esses sistemas, é comum a utilização de alertas inteligentes para notificar profissionais de Saúde sobre potenciais riscos de deterioração clínica, como sepse ou insuficiência respiratória iminente.[35] Estudos apontam que a combinação da análise humana com as recomendações automatizadas reduz erros e melhora a segurança do paciente.[2,3,15]

Reconhecimento e classificação de imagens médicas

A capacidade de reconhecer padrões é uma das forças da IA, tornando-a importante aliada na interpretação de imagens médicas. Algoritmos treinados em grandes conjuntos de dados podem detectar anomalias com precisão comparável à de especialistas humanos e gerar laudos automaticamente. Exemplos incluem:

- Detecção de anomalias em registros gráficos, como eletrocardiograma.
- Diagnóstico em imagens médicas, como radiografia, ressonância magnética (RM) e tomografia computadorizada (TC).
- Classificação de padrões em lâminas histopatológicas.

Estudos mostram que a integração entre IA e especialistas humanos reduz erros diagnósticos. Por exemplo, sistemas que revisam imagens após a avaliação médica oferecem "segundas opiniões" que aumentam a segurança.[2,6]

Medicina de precisão

A Medicina de precisão consiste em personalizar tratamentos com base em características individuais e únicas das pessoas, como seu perfil genético, proteômico e metabolômico, sua demografia, seu microbioma e seu histórico clínico. A IA permite correlacionar respostas a terapias com esses fatores, ajudando na criação de protocolos mais eficazes.[2,16,18]

Por exemplo, algoritmos podem identificar biomarcadores que predizem a resposta de um paciente a determinados tratamentos quimioterápicos. Isso não apenas pode aumentar a eficácia terapêutica, como também reduzir os efeitos colaterais.[18]

Cirurgia assistida

Sistemas de IA já apoiam cirurgias assistidas por robôs, o que aumenta a precisão e reduz complicações. Cirurgias guiadas por IA utilizam dados intraoperatórios e do histórico clínico para orientar a conduta durante o procedimento operatório, com a possibilidade de melhorar a segurança e os resultados.[2,16,19]

Outras aplicações incluem sistemas que ajudam cirurgiões a planejar intervenções complexas, criando simulações precisas antes do procedimento.[39] Além disso, dispositivos como o Da Vinci Surgical System, alimentados por IA, permitem movimentos mais controlados e precisos em procedimentos minimamente invasivos.[19]

■ Gestão do registro e da recuperação de informações de prontuários eletrônicos

A digitalização dos prontuários eletrônicos trouxe avanços significativos, mas também desafios operacionais. A documentação médica consome grande parte da rotina clínica, desviando a atenção dos profissionais de Saúde para tarefas burocráticas, o que pode impactar a qualidade do atendimento ao paciente.[8]

A IA pode ser aplicada para mitigar esse problema ao interpretar e estruturar automaticamente informações médicas, de modo a otimizar a recuperação de dados clínicos e auxiliar na tomada de decisão.[7] Modelos de *machine learning* podem melhorar a precisão diagnóstica e a previsão de desfechos clínicos.[7,8,20]

As aplicações da IA na assistência à Saúde poderão transformar a forma como os cuidados são prestados, oferecendo soluções inovadoras para desafios clássicos da Medicina.[37] Além das abordagens baseadas em *machine learning*, a Inteligência Artificial generativa (IA generativa) tem ganhado destaque na produção e análise de informações médicas. Modelos generativos, como os modelos de linguagem grandes (LLMs, do inglês *large language models*), são capazes de interpretar prontuários eletrônicos, sintetizar informações clínicas e gerar relatórios médicos automatizados com base em registros estruturados e não estruturados (Figura 3.3).[41] Esses sistemas têm sido aplicados para resumir diagnósticos, gerar recomendações terapêuticas e auxiliar na formulação de hipóteses clínicas.[7,8,20]

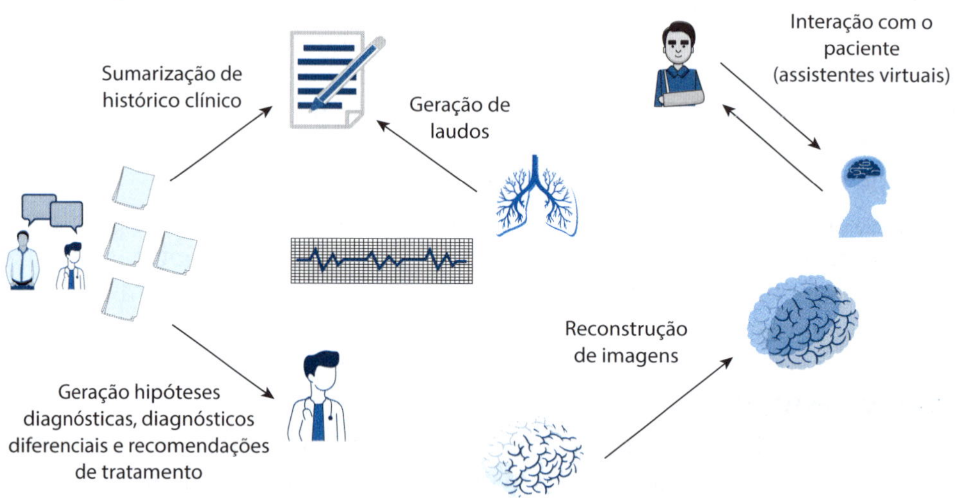

Figura 3.3 – Principais aplicações de Inteligência Artificial generativa na Saúde.

Fonte: Desenvolvida pela autoria.

Pesquisa

O uso da IA em pesquisa médica tem proporcionado avanços significativos, revolucionando o desenvolvimento de tratamentos, o entendimento de doenças e a realização de estudos clínicos. Esta seção explora como a IA tem sido aplicada em quatro frentes principais: o desenvolvimento de novos alvos terapêuticos; a criação de moléculas terapêuticas; o recrutamento de participantes para estudos clínicos; e a descoberta de biomarcadores por meio de tecnologias "ômicas".

■ Desenvolvimento de novos alvos terapêuticos

A descoberta de novos alvos terapêuticos é um dos pilares da pesquisa biomédica. A IA tem transformado esse campo ao analisar grandes volumes de dados genômicos, transcriptômicos e proteômicos para identificar padrões que indicam o potencial de um gene ou proteína como alvo terapêutico.[2,16]

Por exemplo, redes neurais profundas podem explorar dados genéticos para identificar variações associadas a determinadas doenças. Esses modelos também ajudam a mapear interações moleculares e prever como certos genes influenciam o desenvolvimento de condições crônicas ou agudas. Além disso, a IA tem sido utilizada para correlacionar mutações genéticas com respostas a tratamentos, permitindo avanços na Medicina de precisão.

■ Desenvolvimento de novas moléculas terapêuticas

O desenvolvimento de fármacos é um processo caro e demorado, mas que pode se beneficiar de recursos que se baseiam em *machine learning*. Algoritmos podem ser usados para projetar moléculas que atendam a requisitos específicos, como afinidade com alvos biológicos, estabilidade e baixa toxicidade.[16,21]

Por exemplo, o uso de IA em triagens virtuais permite que milhares de compostos sejam analisados rapidamente, identificando aqueles mais promissores para ensaios laboratoriais. Redes neurais profundas também podem modelar interações entre moléculas e seus alvos, otimizando estruturas químicas para melhorar a eficácia terapêutica.

Um caso notável é o da utilização de IA para projetar medicamentos personalizados para doenças raras cujos dados limitados tornam difícil a aplicação de abordagens tradicionais.[21]

■ Recrutamento de participantes para estudos clínicos

O recrutamento de participantes para estudos clínicos é um dos maiores desafios na pesquisa médica. A IA pode ser empregada com esse propósito, analisando bancos de dados médicos e eletrônicos para identificar candidatos potenciais com base em critérios como histórico médico, demografia e perfil genético.[2,16] Por exemplo, plataformas digitais com IA podem avaliar prontuários eletrônicos para identificar pacientes que atendam aos critérios de inclusão e exclusão, gerando listas de candidatos potenciais. Isso não apenas acelera o processo de recrutamento, mas também aumenta a probabilidade de sucesso dos estudos.

Esses algoritmos ajudam a selecionar participantes mais rapidamente e com maior precisão, o que garante que os estudos clínicos incluam populações representativas e reduz o tempo necessário para o recrutamento. Além disso, sistemas com base em IA podem prever o comprometimento de potenciais voluntários, melhorando a taxa de retenção ao longo do estudo.[16]

Descoberta de biomarcadores ("ômica")

Estudos de genômica, proteômica, transcriptômica e metabolômica podem identificar biomarcadores que orientam o diagnóstico e o tratamento de doenças. A IA tem sido uma ferramenta promissora nessa área, processando grandes conjuntos de dados para encontrar padrões "ômicos" relevantes.

Algoritmos de *machine learning* são usados para correlacionar alterações moleculares com o prognóstico de pacientes. Por exemplo, redes neurais podem identificar combinações de biomarcadores que predizem a resposta a um tratamento específico. Esses biomarcadores também são usados para estratificar pacientes em subgrupos, permitindo uma abordagem terapêutica mais personalizada.[2,16]

Além disso, técnicas de IA têm permitido avanços na integração de diferentes camadas de dados "ômicos", revelando interações que antes eram desconhecidas. Isso tem potencial para abrir novos caminhos na pesquisa de tratamentos e diagnósticos.

Pacientes e familiares

A IA está otimizando a experiência dos pacientes e de suas famílias no cuidado à Saúde, promovendo maior autonomia, monitoramento contínuo e intervenções personalizadas. Este capítulo explora as principais aplicações de IA para pacientes e familiares, incluindo assistentes virtuais, ambientes inteligentes, sensores, monitoramento de parâmetros clínicos e biológicos e intervenções adaptativas.

Assistentes virtuais

Os assistentes virtuais impulsionados por IA são projetados para interagir com pacientes, oferecendo suporte em atividades como gerenciamento de medicamentos, agendamento de consultas e respostas a dúvidas sobre saúde. Soluções de IA têm sido desenvolvidas como primeira abordagem de pacientes que procuram atendimento médico, fazendo a triagem de sinais e sintomas para direcionar o usuário ao atendimento mais adequado a suas necessidades.

Pacientes com doenças crônicas podem utilizar assistentes virtuais para monitorar seus parâmetros vitais ou biológicos, receber recomendações personalizadas e obter lembretes ou recomendações para aplicação de medicação.

Assistentes virtuais também podem ser utilizados como uma fonte de apoio emocional, promovendo maior engajamento dos pacientes em seus cuidados de saúde.[22,23]

Ambientes inteligentes

Ambientes inteligentes integram dispositivos conectados e sensores para monitorar e responder às necessidades dos pacientes em tempo real. Em residências de idosos ou pessoas com mobilidade reduzida, sensores podem detectar quedas, monitorar padrões de atividade e acionar assistência imediatamente.[5,23,24]

Esses sistemas também podem ajustar o ambiente para promover o bem-estar, como controlar a iluminação, temperatura e acesso a áreas seguras da casa. Com a integração da IA, esses ambientes se tornam responsivos e proativos, melhorando a qualidade de vida e a segurança dos pacientes (Figura 3.4).

Sensores biomédicos e monitoramento contínuo

Dispositivos vestíveis, *smartwatches* e biossensores podem coletar dados sobre frequência cardíaca, saturação de oxigênio, níveis de glicose e outros parâmetros clínicos e biológicos em tempo real (Figura 3.5). A integração desses dados por meio de recursos de IA permite o monitoramento contínuo, proativo e preditivo, fornecendo informações essenciais para o gerenciamento de saúde.[14]

Por exemplo, um biossensor pode identificar padrões anormais de batimentos cardíacos, alertando pacientes e profissionais de Saúde para possíveis complicações, como arritmias. Esses dispositivos também facilitam a comunicação entre pacientes e cuidadores, garantindo uma resposta rápida em situações de risco.[2,14]

A integração de IA a sensores biomédicos permite a elaboração de relatórios diários sobre a saúde de uma pessoa, incluindo níveis de atividade, padrões de sono e adesão ao tratamento, melhorando a colaboração entre familiares e profissionais de Saúde.[16,17]

Intervenções personalizadas e adaptativas

Sistemas de IA são capazes de oferecer intervenções adaptativas e dinâmicas, ajustadas às necessidades individuais dos pacientes. Esses sistemas utilizam dados coletados em tempo real para determinar o momento e a forma ideais de intervenção.

Por exemplo, sensores que detectam aumento nos níveis de estresse podem acionar o envio de mensagens com sugestões de técnicas de relaxamento ou recomendações de atividade física. Em situações mais críticas, esses sistemas podem notificar automaticamente um cuidador ou profissional de Saúde.[2,16]

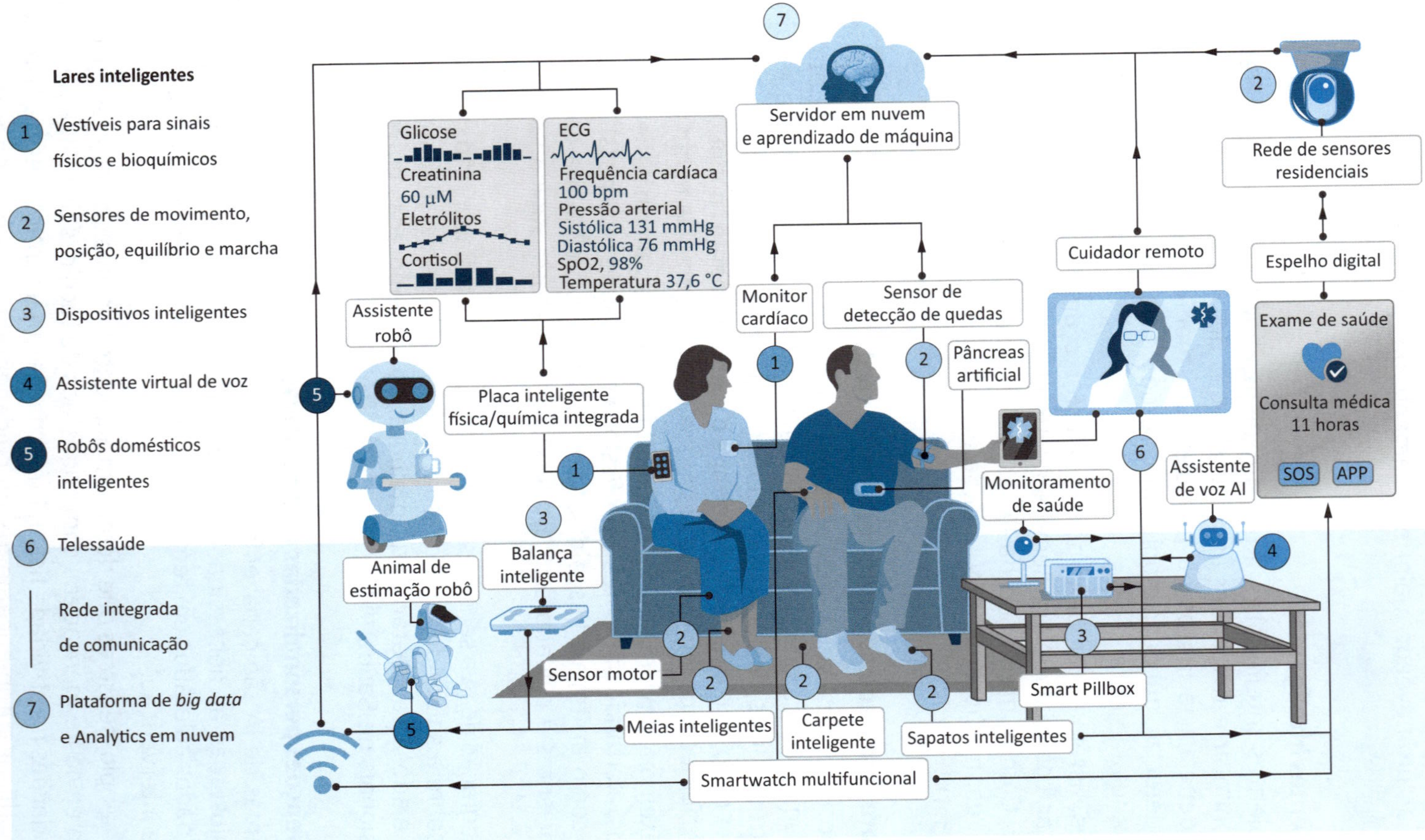

Figura 3.4 – Representação de lares inteligentes com equipamentos e recursos voltados para a saúde.

ECG: eletrocardiogramas; SPO_2: saturação de oxigênio.

Fonte: Adaptada de Chen C, Ding S, Wang J. Digital health for aging populations. Nature medicine. 2023;29(7):1623-30.

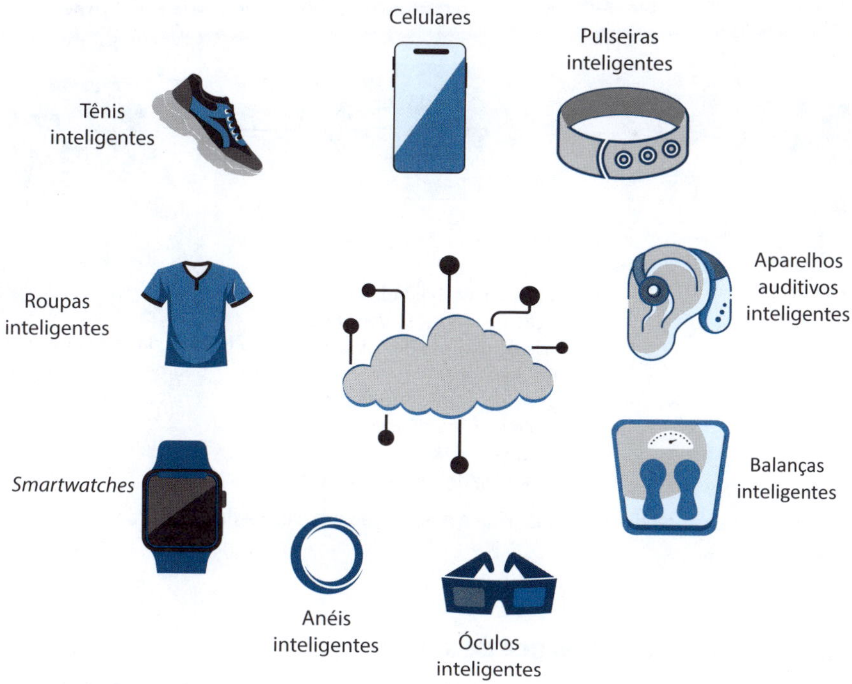

Figura 3.5 – Exemplos de equipamentos para monitoramento contínuo na Saúde.

Fonte: Desenvolvida pela autoria.

Saúde Pública e gestão de saúde populacional

A IA tem o potencial de transformar a Saúde Pública e a Gestão de Saúde Populacional, oferecendo soluções inovadoras para prevenir doenças, monitorar surtos, melhorar a eficiência do sistema de Saúde e promover o bem-estar da população. Este capítulo examina aplicações-chave da IA nessas áreas, destacando a estratificação de populações, predição ou detecção precoce de surtos, infodemiologia e infovigilância.

■ Estratificação e segmentação de populações

A estratificação populacional otimiza a alocação de recursos e direciona intervenções de saúde de forma eficiente (Figura 3.6). Modelos de *machine learning* podem ser aplicados com esse propósito, analisando dados clínicos, epidemiológicos e comportamentais para identificar grupos de risco e direcionar estratégias populacionais preventivas e terapêuticas.[25]

No Brasil, a IA tem sido aplicada para aprimorar a tomada de decisão em Saúde Pública. Durante a pandemia de Covid-19, Goiás utilizou a plataforma FLINK, com base em *big data* e NLP, para otimizar campanhas de vacinação.[26] No Pará, modelos preditivos auxiliaram na geolocalização de populações vulneráveis, garantindo distribuição equitativa de vacinas.[27]

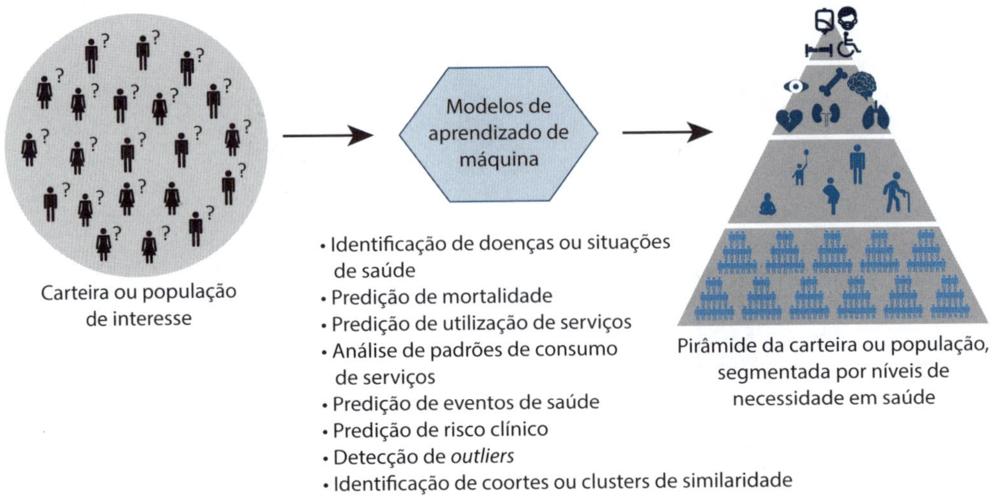

Figura 3.6 – Modelo de aprendizado de máquina e a aplicação em análise de populações.

Fonte: Desenvolvida pela autoria.

■ Predição ou detecção precoce de surtos

A IA pode ser usada para detectar surtos de doenças a partir de dados clínicos, ambientais e de utilização de serviços de Saúde. Modelos de *machine learning* podem analisar padrões de internações, prescrições de medicamentos e exames laboratoriais para identificar aumentos anormais na incidência de doenças infecciosas, permitindo respostas mais rápidas.[28,29]

Hospitais e órgãos de Saúde já utilizam esses modelos para prever surtos de dengue, influenza e sepse, acelerando a implementação de medidas preventivas. Algoritmos de IA também foram aplicados na vigilância de doenças transmitidas por alimentos, identificando padrões em registros hospitalares que indicam possíveis contaminações antes mesmo de notificações oficiais.[28]

■ Infodemiologia e infovigilância

A infodemiologia analisa a disseminação de informações sobre Saúde em ambientes digitais, enquanto a infovigilância monitora esses dados para apoiar a vigilância sindrômica de doenças. Técnicas de IA analisam buscas na internet, redes sociais e interações *online* para prever surtos, rastrear preocupações da população e combater desinformação[29,30](Eysenbach, 2020).

Aplicações incluem:

- Monitoramento de pesquisas *online* para prever surtos, como na Covid-19 (Eysenbach, 2020).
- Análise de redes sociais para rastrear sintomas emergentes e direcionar campanhas de Saúde.[31,32]

- Identificação de desinformação, ajudando na regulação de conteúdos e na promoção de fontes confiáveis.[43]

Estudos também demonstram que algoritmos de IA identificam padrões de disseminação de informações sobre vacinas, auxiliando na mitigação da desinformação e na efetividade das campanhas de imunização.[32]

A IA generativa também vem sendo testada para automatizar relatórios epidemiológicos por meio do cruzamento de dados digitais e registros clínicos para previsões mais precisas.[14] Essas abordagens complementam a vigilância tradicional, tornando as respostas a surtos mais rápidas e com base em dados.

PRÓXIMOS PASSOS

A aplicação de IA no setor de Saúde é uma realidade em franca expansão, trazendo benefícios que vão desde a redução de burocracias em processos de autorização até a melhoria de procedimentos administrativos, como faturamento e logística. Os modelos de IA tornam possível analisar grandes volumes de dados de maneira ágil, com a detecção de anomalias financeiras, a triagem de solicitações e a antecipação de demandas. Dessa forma, não apenas se garante um atendimento mais rápido e confiável aos pacientes, como também se fortalece a sustentabilidade das instituições de Saúde.

A adoção dessas tecnologias, aliada à integração de sistemas e ao trabalho multidisciplinar das equipes, pode resultar em maior eficiência operacional e em serviços mais seguros e humanizados. Processos que antes exigiam alto envolvimento manual podem, agora, ser automatizados ou semiautomatizados, liberando tempo para profissionais se dedicarem a atividades de maior relevância clínica. Além disso, a possibilidade de prever sazonalidades e otimizar recursos logísticos fornece bases sólidas para tomadas de decisão mais precisas.

A crescente digitalização dos dados de Saúde tem impulsionado avanços significativos na personalização do atendimento, na otimização de recursos e na predição de desfechos clínicos. No entanto, essa ampla coleta e esse processamento de informações também levantam desafios éticos, regulatórios e técnicos que precisam ser enfrentados. A privacidade dos pacientes, o consentimento informado e o risco de uso indevido de dados sensíveis tornam-se preocupações centrais na implementação de soluções com base em IA.[1,24]

Dessa forma, a implementação da IA na Saúde exige não apenas a adoção de metodologias rigorosas de validação, mas também estratégias para mitigar riscos associados com privacidade, segurança e vieses algorítmicos. O desenvolvimento de diretrizes para a transparência dos dados, auditorias contínuas de modelos e aprimoramento das estratégias de governança algorítmica são passos fundamentais para garantir que essas tecnologias sejam aplicadas de maneira ética, equitativa e segura.[33,34]

Por fim, ressalta-se que são esperadas regulamentações específicas para normatizar o uso de IA na sociedade como um todo, incluindo áreas sensíveis como é a Saúde. Portanto, o assunto segue em debate em diversas esferas e terá contornos mais bem-definidos ao longo dos próximos anos.

Referências bibliográficas

1. Vayena E et al. Policy implications of big data in the health sector. Bulletin of the World Health Organization. 2017;96(1):66.
2. Topol E. Deep medicine: how artificial intelligence can make healthcare human again. Cidade: Hachette UK, 2019.
3. Weng SF et al. Can machine-learning improve cardiovascular risk prediction using routine clinical data? PloS one. 2017;12(4):e0174944.
4. Li L et al. Machine learning prediction of postoperative unplanned 30-day hospital readmission in older adult. Frontiers in Molecular Biosciences. 2022;9:910688.
5. Santos H, Lopes AA. A inteligência artificial nas ciências da saúde: oportunidades, desafios e perspectivas futuras. RevSALUS-Revista Científica Internacional da Rede Académica das Ciências da Saúde da Lusofonia. 2024;6(1):1.
6. Zhou H et al. Chronic disease diagnosis model based on convolutional neural network and ensemble learning method. Digital Health. 2023;9:20552076231198643.
7. Yang Z et al. Clinical assistant diagnosis for electronic medical record based on convolutional neural network. Scientific reports. 2018;8(1):6329.
8. Rajkomar A et al. Scalable and accurate deep learning with electronic health records. NPJ Digital Medicine. 2018;1(1)1-10.
9. Jennings K. Google lança ferramentas de IA para acelerar aprovações de planos de saúde, 2023a. Disponível na Internet: https://forbes.com.br/forbes-tech/2023/05/google-lanca-ferramentas-de-ia-para-acelerar-aprovacoes-de-planos-de-saude/ (20 Abr. 2025).
10. Domashova J, Kripak E. Development of a generalized algorithm for identifying atypical bank transactions using machine learning methods. Procedia Computer Science. 2022;213:101-09.
11. Palvel S. Anomaly detection in healthcare data, 2023a. Disponível na Internet: https://subashpalvel.medium.com/anomaly-detection-in-healthcare-data-ba1dfc4eed73 (20 abr. 2025).
12. Sousa RM. Mineração de dados para predição da dispensação de medicamentos do componente especializado da assistência farmacêutica no Sistema Único de Saúde. Dissertação (Mestrado Profissional em Computação Aplicada). Brasília: Universidade de Brasília, 2019.
13. Capitanio S. Desenvolvimento de algoritmo adaptável utilizando redes neurais artificiais para previsão de demanda. Dissertação (Mestrado em Engenharia de Produção). Universidade de Caxias do Sul. Disponível na Internet: https://repositorio.ucs.br/xmlui/handle/11338/5144 (20 abr. 2025).
14. Fernandes JMF. Otimização das práticas de saúde: integração de big data e inteligência artificial no diagnóstico médico. Dissertação Mestrado em Comunicação, Cultura e Tecnologias da Informação. Lisboa: ISCTE-Instituto Universitário de Lisboa (Portugal), 2024.
15. Heo J et al. Machine learning-based model for prediction of outcomes in acute stroke. Stroke. 2019;50(5):1263-5.
16. Matheny M et al. Artificial intelligence in health care: the hope, the hype, the promise, the peril. Washington, DC: National Academy of Medicine. 2019;10:2019.
17. Chen Y, Esmaeilzadeh P. Generative AI in medical practice: in-depth exploration of privacy and security challenges. Journal of Medical Internet Research. 2024;26:e53008.

18. Topol EJ. Individualized medicine from prewomb to tomb. Cell. 2014;157(1):241-53.
19. Probst P. A review of the role of robotics in surgery: to DaVinci and beyond! Missouri Medicine. 2023;120(5):389.
20. Caruana A et al. Machine learning for administrative health records: a systematic review of techniques and applications. Artificial Intelligence in Medicine. 2023:102642.
21. Zhang P, Kamel B, Maged N. Generative AI in medicine and healthcare: promises, opportunities and challenges. Future Internet. 2023;6;15(9):286.
22. Laranjo L et al. Conversational agents in healthcare: a systematic review. Journal of the American Medical Informatics Association. 2018;25(9):1248-58.
23. PricewaterhouseCoopers (PwC). Agentic AI – the new frontier in GenAI: an executive playbook: 2024a. Disponível na Internet: https://www.pwc.com/m1/en/publications/agentic-ai-the-new-frontier-in-genai.html (20 abr. 2025).
24. Chen C, Ding S, Wang J. Digital health for aging populations. Nature Medicine. 2023;29(7):1623-30.
25. Morgenstern JD et al. Predicting population health with machine learning: a scoping review. BMJ open. 2020;10(10):e037860.
26. Nogueira A. O uso da inteligência artificial como ferramenta de apoio à gestão das ações em saúde na Secretaria de Estado da Saúde de Goiás. Revista Científica da Escola Estadual de Saúde Pública de Goiás; Cândido Santiago. 2022;8:1-15 e80004.
27. Rocha TAH et al. Plano nacional de vacinação contra a Covid-19: uso de inteligência artificial espacial para superação de desafios. Ciência & Saúde Coletiva. 2021;26(5):1885-98.
28. Sadilek Adam et al. Machine-learned epidemiology: real-time detection of foodborne illness at scale. NPJ digital medicine. 2018;1(1):36.
29. Eysenbach G. Infodemiology and infoveillance: tracking online health information and cyberbehavior for public health. American Journal of Preventive Medicine. 2011;40(5):S154-S158.
30. Eysenbach G et al. Infodemiology and infoveillance: framework for an emerging set of public health informatics methods to analyze search, communication and publication behavior on the Internet. Journal of Medical Internet Research. 2009;11(1):e1157.
31. Mavragani A. Infodemiology and infoveillance: scoping review. Journal of Medical Internet Research. 2020;22(4):e16206.
32. Queiroz DLP et al. O discurso e a saúde em redes sociais digitais: análise das campanhas de vacinação contra a Covid-19 das prefeituras de Salvador e Rio de Janeiro no Instagram. Dissertação (Mestrado em Informação e Comunicação em Saúde). Rio de Janeiro: Fundação Oswaldo Cruz, 2023.
33. Singhal K et al. Large language models encode clinical knowledge. Nature. 2023;620(7972):172-80.
34. Alber DA et al. Medical large language models are vulnerable to data-poisoning attacks. Nature Medicine, [s.l.], 2025.
35. Churpek MM et al. Multicenter comparison of machine learning methods and conventional regression for predicting clinical deterioration on the wards. Critical Care Medicine. 2016;44(2):368-74.
36. Gartner. 2025 top strategic technology trends. Gartner, 2024a. Disponível na Internet: https://www.gartner.com/en/articles/top-technology-trends-2025 (20 abr. 2025).
37. Han R et al. Randomised controlled trials evaluating artificial intelligence in clinical practice: a scoping review. The Lancet Digital Health. 2024;6(5):e367-e73.
38. Hilbert K et al. Predicting cognitive behavioral therapy outcome in the outpatient sector based on clinical routine data: a machine learning approach. Behaviour Research and Therapy. 2020;124:103530.

39. Silva HLR et al. Abordagens heurísticas para planejamento e escalonamento de equipes médicas em cirurgias eletivas. Trabalho de Conclusão de Curso. (Engenharia de Produção). Campina Grande: Universidade Federal de Campina Grande, 2023.
40. Walsh CG, Ribeiro JD, Franklin JC. Predicting suicide attempts in adolescents with longitudinal clinical data and machine learning. Journal of child psychology and psychiatry. 2018;59(12):1261-70.
41. Wang Y et al. Mmlu-pro: a more robust and challenging multi-task language understanding benchmark. arXiv preprint arXiv: 2024.
42. Zeraatkar K, Ahmadi M. Trends of infodemiology studies: a scoping review. Health Information & Libraries Journal. 2018;35(2):91-120.
43. Eysenbach G. How to Fight an Infodemic: the four pillars of infodemic management. J Med Internet Res, 2020.

CAPÍTULO

4 Transformação da Base do Sistema de Saúde – Inteligência Artificial na Atenção Primária

Gregório Victor Rodrigues
Renato Rodrigues da Silva

> **"No final, as máquinas podem nos entender melhor do que nós mesmos."**
> *A Máquina do Tempo*
> H.G. Wells

INTRODUÇÃO

Os avanços tecnológicos, especialmente os algoritmos de inteligência artificial (IA), já eram apontados como novos catalisadores de profundas transformações no setor de saúde (Topol, 2012). Essa previsão, antes considerada distante, está se concretizando, diante dos nossos olhos, aqui e agora, anunciando um futuro que já se tornou presente.

Contudo, qualquer proposta abrangente que aspire transformar, de forma tão ambiciosa, a prática da Saúde não poderá ser considerada legítima ou plenamente válida sem colocar a atenção primária à saúde (APS) no centro dessa discussão. A APS ocupa uma posição estratégica em sistemas de Saúde organizados, funcionando como a porta de entrada e o principal elo entre os serviços de Saúde (Starfield, 2006).

Dessa forma, com posicionamento basilar e estrutura capilarizada, os serviços de cuidados primários constituem a plataforma ideal para viabilizar a implementação de soluções tecnológicas em larga escala. Respondendo por até 85% das demandas de saúde de uma população (Starfield, 2012), com ofertas que incluem desde ações preventivas até cuidados de reabilitação, esses serviços oferecem também oportunidades únicas, de leque variado de condições, para a aplicação abrangente da IA direcionada a problemas de saúde altamente prevalentes e incidentes, cuja resolução é de interesse e de maior impacto para a população como um todo.

Além disso, a APS é um espaço privilegiado, de relacionamento profundo e contínuo com os pacientes e comunidades. Essa proximidade posiciona esse nível de cuidado de maneira ideal para identificar desigualdades no acesso às tecnologias e para orientar a criação de ferramentas que atendam às necessidades reais das populações que servem, garantindo que as soluções sejam inclusivas e humanizadas (D'elia *et al*., 2022).

Por esses e outros motivos, afirmar que a atenção primária, assim como o sistema de Saúde, deve liderar o movimento de revolução da IA no setor é uma proposição não apenas lógica, mas estratégica (Lin, 2022). O presente capítulo discorrerá sobre essa temática, com a análise de cenários, a apresentação de evidências e com destaque a aplicações práticas da IA no contexto da atenção primária.

CONSTRUÇÃO DE UMA ATENÇÃO PRIMÁRIA DE ALTA PERFORMANCE ALÉM DO BÁSICO

A defesa do protagonismo da atenção primária na revolução tecnológica em Saúde é inegável, contudo, é preciso reconhecer que nem todos os modelos de atenção primária apresentam a robustez necessária para liderar esse processo transformador.

Ao atribuirmos à atenção primária esse papel central, certamente não estamos nos referindo à atenção primária seletiva (SPHC, do inglês *selective primary health care*) ou a modelos que compartilham de suas limitações. Embora esta até possa ter demonstrado utilidade em contextos históricos de restrições econômicas e em sistemas de Saúde incipientes de países de baixa e média renda.

Warren (1988) afirma que essa abordagem fragmentada, voltada para intervenções pontuais de baixo custo e estruturada por ações programáticas específicas, apresenta deficiências substanciais que a tornam insuficiente para atender às grandes expectativas depositadas em uma atenção primária verdadeiramente robusta que figure como eixo estruturante de todo um sistema de Saúde (Cueto, 2004). Dessa forma, aporte tecnológico, capacitação profissional permanente e integração sistêmica – iniciativas sustentáveis apenas por investimentos consistentes – são indispensáveis para habilitar os serviços de Saúde a enfrentarem os problemas complexos e interconectados que definem os tempos atuais.

O envelhecimento populacional, resultado da transição demográfica, juntamente com o aumento das cargas de doenças crônicas e múltiplas comorbidades, impulsionado pela transição epidemiológica, impõe pressões sem precedentes aos sistemas de Saúde, até então não moldados para esse enfrentamento (Mendes, 2019). Esses desafios foram amplamente agravados pela pandemia de Covid-19, que escancarou lacunas críticas, reforçando a necessidade de soluções inovadoras (Rosenthal; Waitzberg, 2022).

Nesse contexto, repensar e reestruturar as práticas de Saúde para alinhá-las às demandas do século XXI é uma realidade que exige ações concretas no âmbito da atenção primária. É nesse sentido que o conceito de atenção primária de alta performance (HPPC, do inglês *high performing primary care*) emerge como uma possível resposta ao imperativo de modernização, combinando inovações tecnológicas e práticas operacionais enxutas (Wellman; Jeffries; Hagan, 2010), em busca de atender ao objetivo quádruplo (Figura 4.1) de aprimorar os resultados clínicos e administrativos ao mesmo tempo que proporciona, a pacientes e prestadores, melhor experiência ao longo da jornada de cuidado (Sikka; Morath; Leape, 2015).

Para tanto, serviços de cuidados primários reconhecidos por seu alto desempenho foram observados e analisados a fim de identificar os elementos comuns que contribuíram decisivamente para seus resultados excepcionais. Apesar das variações em tamanho, localização e configuração, foram identificadas características-chave, as quais, tomadas em conjunto, deram origem a um *framework* que serve de guia prático para facilitar a transição de serviços tradicionais para a alta performance (Bodenheimer *et al.*, 2014).

Não surpreendentemente, os chamados *10 Building Blocks* (Figura 4.2) estão alicerçados nos mesmos atributos essenciais definidos por Barbara Starfield, em 1992, que expressam os ideais mais elevados de uma atenção primária abrangente (CPHC, do inglês *comprehensive primary health care*), a saber: acesso; longitudinalidade; integralidade; e coordenação (Starfield, 1992). No entanto, a diferença reside na forma como esses atributos são operacionalizados. Enquanto os pilares de Starfield fornecem a base teórica sólida, os blocos construtivos oferecem uma estrutura detalhada e funcional, projetada para traduzir os conceitos em ações práticas e concretas, viabilizando sua aplicação efetiva nos sistemas de Saúde contemporâneos.

Naturalmente, todos os blocos listados têm sua devida importância na transformação da atenção primária, cada qual contribuindo de maneira única para o desenvolvimento de serviços mais efetivos. Contudo, a melhoria contínua dirigida por dados se destaca, pois, na prática, ela permeia todas as outras iniciativas. Por exemplo, no que diz respeito ao acesso, como garantir um atendimento oportuno e adequado para os pacientes adscritos sem o suporte de cálculos que permitam equilibrar, com precisão, a demanda e a capacidade instalada?

Figura 4.1 – Objetivo quádruplo.

Fonte: Adaptada de Agency for Healthcare Research And Quality. AHRQ ACTS – Advancing Clinical Decision Support. Disponível na Internet: https://digital.ahrq.gov/acts. Acesso: (21 maio 2025).

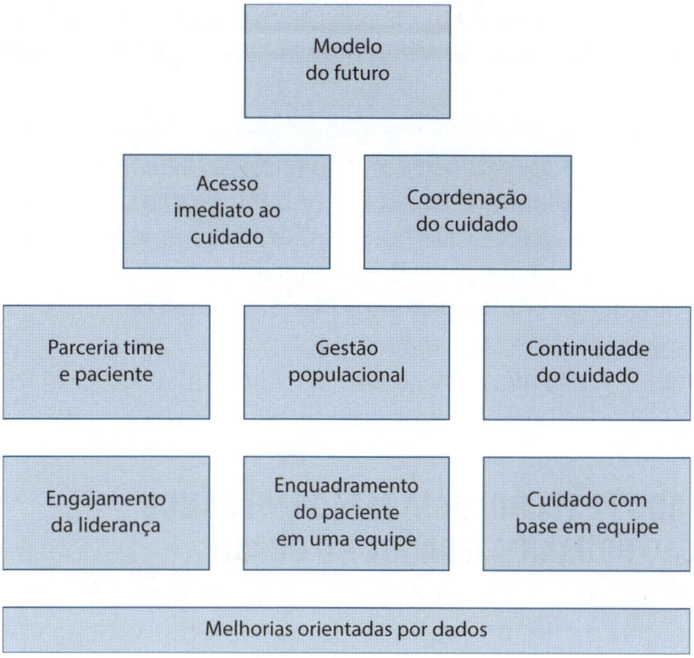

Figura 4.2 – Dez componentes da alta performance da atenção primária.

Fonte: Adaptada de Bodenheimer T, Ghorob A, Willard-Grace R, Grumbach K. The 10 building blocks of high-performing primary care. The Annals of Family Medicine. 2014:12(2):166-71.

Como demonstrado por Murray e Tantau (2000), uma gestão racional de agendas na atenção primária se faz sobre o monitoramento contínuo de informações relacionadas ao padrão de utilização e à carga de trabalho das equipes para ajustar finamente os recursos disponíveis.

De igual modo, quando se trata da gestão populacional, como seria possível estabelecer uma estratificação objetiva e ofertar cuidados proporcionais e equitativos a cada grupo sem o apoio de dados que estabeleçam graus de risco e alertem para *gaps* de cuidado? As evidências indicam que, frequentemente, é a tecnologia de dados que torna essas boas práticas viáveis em escala, fornecendo a base essencial para decisões informadas e eficazes (Reynolds, 2018). Assim, conclusões semelhantes sobre a importância dos dados podem ser estendidas às demais dimensões, seja de forma direta, seja indireta, incluindo aquelas menos óbvias.

Não por outro motivo, o primeiro e mais básico passo notado nas práticas de alta performance foi justamente a utilização de sistemas de dados que permitissem compreender a população atendida e promover, gradativamente, melhorias na qualidade do cuidado nos vários aspectos. Mais do que a simples adoção de tecnologias avançadas, trata-se de estabelecer uma cultura organizacional favorável à postura *data-driven*, em que informações são criteriosamente coletadas, prontamente analisadas e regularmente compartilhadas entre os membros das equipes para identificar oportunidades com rapidez e monitorar impactos de maneira contínua e fundamentada.

Portanto, é nesse modelo de atenção primária, que já valoriza o uso estratégico de dados, que a IA encontra terreno fértil para expandir seu impacto. Por meio de técnicas como aprendizado de máquina, processamento de linguagem natural e mineração de dados, a IA pode explorar de maneira avançada os vastos volumes de dados de saúde já disponíveis, com a identificação de padrões, a previsão de desfechos e a geração de *insights* valiosos. Essa abordagem de *advanced analytics*, como será evidenciado por cases de sucesso, transcende as análises meramente descritivas, abrindo caminho para uma transformação profunda na forma de prestação de cuidado primário à saúde.

COMO DADOS E TECNOLOGIA ESTÃO MOLDANDO A ATENÇÃO PRIMÁRIA À SAÚDE NO BRASIL

Em consonância com os conceitos de alta performance para serviços de atenção primária, o cenário brasileiro também tem avançado no redesenho para esse nível de atenção, com destaque para o uso estratégico de dados e tecnologias digitais de informação e comunicação (TDICs).

O Ministério da Saúde, por exemplo, há tempos tem demonstrado esforços contínuos para modernizar os serviços públicos de atenção primária, reconhecendo a necessidade de integrar tecnologias digitais para otimizar a gestão e qualificação do cuidado oferecido à população. Um dos principais marcos nesse sentido foi o lançamento da Estratégia do Sistema Único de Saúde (e-SUS) APS, em 2013, que trouxe avanços significativos na eficiência do registro e monitoramento das informações assistenciais (Brasil, 2013). Resultado dessa movimentação foi a substituição do antigo sistema de informação da atenção básica (SIAB), implantado em 1998 e já obsoleto para as demandas atuais da gestão em Saúde Pública, pelo Sistema de Informação em Saúde para a Atenção Básica (SISAB), que se consolidou como a principal ferramenta de coleta, armazenamento e análise de dados na atenção primária.

Adicionalmente, foi criado o Prontuário Eletrônico do Cidadão (PEC) que digitaliza o registro das informações clínicas e administrativas, facilitando o acompanhamento contínuo dos pacientes e o planejamento das ações pelas equipes de Saúde da Família (Brasil, 2018). Sempre em evolução, o sistema continua se aprimorando, com inclusão de mais módulos específicos para atender demandas da APS, como o e-SUS Atividade Coletiva, que registra ações comunitárias realizadas pelas equipes de saúde, e o e-SUS Vacinação, que facilita o registro das imunizações diretamente no PEC.

Todas essas inovações, além de fortalecerem a APS, estão alinhadas às estratégias globais do Sistema Único de Saúde (SUS). A integração dos dados à

Rede Nacional de Dados em Saúde (RNDS) permite que as informações estejam disponíveis no Conecte SUS, garantindo aos cidadãos acesso prático e seguro a seu histórico de saúde. Ou seja, há uma governança digital em constante expansão, reforçada pelo lançamento da Estratégia de Saúde Digital para o Brasil (ESD28) e do Programa SUS Conectado em 2024, que visa consolidar um sistema de Saúde cada vez mais integrado e eficiente (Quadro 4.1).

Quadro 4.1 – Marcos históricos da Saúde Digital na APS

Marcos da transformação	O que mudou?
2013 – Estratégia e-SUS APS	Iniciativa para reorganizar o fluxo de informações da APS em âmbito nacional, substituindo o antigo SIAB pelo Sistema de Informação em Saúde para a Atenção Básica (SISAB). O foco principal é a informatização das Unidas Básicas de Saúde (UBS) por meio do Prontuário Eletrônico do Cidadão (PEC), possibilitando o registro digital de dados clínicos e administrativos (Brasil, 2013)
2016 – e-SUS Território	Aplicativo voltado para o registro das visitas domiciliares realizadas pelos Agentes Comunitários de Saúde (ACS) e pelos Agentes de Combate às Endemias (ACE). Facilita o cadastramento individual e domiciliar dos usuários do SUS e permite o registro rápido das informações de campo, otimizando o trabalho das equipes em territórios (Brasil, 2016)
2017 – e-Gestor AB	Plataforma que reúne os dados gerenciais da APS, permitindo que os gestores monitorem o desempenho das equipes de Saúde da Família. Possibilita o acompanhamento de indicadores de saúde e de gestão de metas e a avaliação do desempenho assistencial por meio de relatórios gerenciais (Brasil, 2017)
2018 – Aplicativo e-SUS Atividade Coletiva	Ferramenta que permite registrar ações comunitárias realizadas pelas equipes de Saúde da Família, como atividades educativas, campanhas de prevenção e palestras em escolas ou comunidades. Os dados coletados ajudam a planejar e monitorar as ações realizadas no território, garantindo um acompanhamento mais completo das intervenções locais (Brasil, 2018)
2019 – Informatiza APS	Programa que incentiva a informatização das UBS em todo o Brasil Oferece suporte técnico e financeiro para a aquisição de equipamentos e contratação de internet, garantindo a adesão ao PEC e a qualificação do registro de informações clínicas e administrativas (Brasil, 2019)
2019 – Previne Brasil	Novo modelo de financiamento da APS que valoriza a estratificação de risco da população e o desempenho das equipes de Saúde da Família com base em indicadores de saúde. O programa estabelece incentivos financeiros conforme a adesão aos critérios de qualidade, como o acompanhamento de gestantes, controle de doenças crônicas e cobertura vacinal (Brasil, 2019)
2020 – Estratégia de Saúde Digital para o Brasil (ESD28)	Lançada para estabelecer os fundamentos da Saúde Digital no país, a ESD28 reforça o uso de tecnologias digitais no SUS, incluindo o fortalecimento de plataformas como o Conecte SUS. Promove a transformação digital nos serviços de Saúde, garantindo a interoperabilidade entre os sistemas e a segurança das informações (Brasil, 2020)

(*Continua*)

Quadro 4.1 – Marcos históricos da Saúde Digital na APS (*Continuação*)

Marcos da transformação	O que mudou?
2020 – Rede Nacional de Dados em Saúde (RNDS)	Estrutura criada para possibilitar a troca segura de informações de saúde entre diferentes sistemas, garantindo a continuidade do cuidado em diversos níveis de atenção. A RNDS permite que dados de vacinação, exames e atendimentos estejam disponíveis em tempo real para profissionais e cidadãos por meio do Conecte SUS (Brasil, 2020)
2021 – Programa Conecte SUS	Plataforma digital que oferece ao cidadão e aos profissionais de Saúde o acesso ao histórico de saúde do paciente, incluindo dados de vacinação, internações, exames e medicamentos prescritos. O programa busca facilitar a continuidade do cuidado, permitindo que as informações de saúde acompanhem o paciente em todos os níveis do SUS (Brasil, 2021)
2022 – Aplicativo Gestão e-SUS APS	Ferramenta que oferece relatórios e indicadores de desempenho das equipes de Saúde da Família. Auxilia os gestores na análise de dados populacionais e no planejamento de ações, otimizando a tomada de decisão em relação às metas estabelecidas pelo Previne Brasil (Brasil, 2022)
2022 – Aplicativo e-SUS Vacinação	Aplicativo desenvolvido para registrar campanhas de vacinação e garantir que as informações sejam automaticamente integradas ao PEC. Permite ao cidadão acompanhar suas vacinas pelo Conecte SUS, facilitando o controle das doses aplicadas e a emissão de certificados digitais (Brasil, 2022)
2023 – Secretaria de Saúde Digital	Instituição criada para integrar e coordenar as políticas de Saúde Digital no SUS, incluindo a implementação de soluções tecnológicas, segurança da informação, interoperabilidade e uso ético de dados. A Secretaria busca fortalecer a transformação digital no sistema de Saúde (Brasil, 2023)
2023 – eMulti	Ferramenta que reforça as diretrizes da Política Nacional de Atenção Básica (PNAB), facilitando a gestão das atividades coletivas, o atendimento remoto e o trabalho interdisciplinar. Também viabiliza a oferta de teleconsultas e a discussão de casos clínicos à distância, ampliando o acesso a serviços de Saúde (Brasil, 2023)
2024 – Programa SUS Digital	Programa que visa consolidar a transformação digital no SUS, garantindo que a população tenha acesso facilitado aos serviços de Saúde por meio de plataformas digitais. O programa busca promover a integralidade e resolubilidade do cuidado, melhorando a eficiência do sistema e a experiência dos usuários (Brasil, 2024)

APS: atenção primária à saúde; e-SUS: estratégia do sistema único de saúde; PEC: Prontuário Eletrônico do Cidadão; SIAB: sistema de informação da atenção básica; SUS: Sistema Único de Saúde.

Fonte: Adaptado de Brasil Educa e-SUS APS – Cursos de Educação Permanente. Secretaria de Atenção Primária à Saúde.

A Saúde Suplementar, por sua vez, também direciona seus olhares para o fortalecimento de uma APS cada vez mais baseada em dados (Van Dijck, 2014) e digitalmente robusta. Em 2018, por exemplo, foi instituído pela Resolução Normativa nº 440 o Programa de Certificação de Boas Práticas em Atenção Primária à Saúde. Por meio dessa iniciativa, a princípio de adesão voluntária, a Agência Nacional de Saúde Suplementar (ANS) estabelece critérios claros para a qualificação dos serviços, tornando-se um marco regulatório que já serve como referência para as operadoras aprimorarem seus modelos de atenção e organização do cuidado.

Notavelmente, no manual que acompanha e descreve o Programa, é possível perceber que, entre os 63 critérios avaliados, muitos têm, direta ou indiretamente, uma conexão com o uso estratégico de dados. Uma ilustração relevante é o item 5.3, que exige que as operadoras utilizem tecnologias de informação para validar, analisar e avaliar os dados coletados. O material, assim, reforça uma abordagem moderna em que a gestão inteligente da informação é fundamental para atender aos padrões estabelecidos pela regulamentação.

A IA NO COTIDIANO DA ATENÇÃO PRIMÁRIA À SAÚDE

Como fica evidente, todos esses anúncios e iniciativas voltadas para a digitalização e modernização dos serviços de Saúde primária, internacional e nacionalmente, convergem para o entendimento maior de que passamos a viver em uma sociedade da informação. Sobre essa constatação, o Livro Verde do Ministério da Ciência e Tecnologia inclusive reafirma:

"A sociedade da informação não é um modismo. Representa uma profunda mudança na organização da sociedade e da economia, havendo quem a considere um novo paradigma técnico-econômico." (Brasil, Ministério da Ciência e Tecnologia, 2000)

As instituições que compreendem essa mudança logo adotam novas posturas técnicas e econômicas, valorizando os dados como principal ativo estratégico e a IA como principal ferramenta. Esse movimento, amplamente observado em outras indústrias (Porter, 1979), como vimos, também tem despertado o setor da Saúde.

Até este ponto do presente texto, discutimos como essa mudança de perspectiva tem se concentrado no nível macro, moldando direcionamentos futuros por meio de políticas, diretrizes, recomendações e conceitos voltados à gestão panorâmica da atenção primária. No entanto, o grande desafio é traduzir essas orientações em ações práticas no nível micro, no chamado *point of care* – o espaço no qual, de fato, a prática clínica acontece. É nesse microcosmo, na interação direta entre pacientes e profissionais de Saúde, que as decisões ganham impacto vívido, influenciando diretamente a experiência do usuário e os desfechos clínicos.

Para adentrarmos nesse nível e trazer exemplos palpáveis, é preciso, primeiro, reconhecer que conceitos amplos e abstratos, como acesso, são materializados no cotidiano dos serviços de Saúde em fluxos de trabalho (Figura 4.3). Esses fluxos são compostos por uma série de processos, etapas e tarefas encadeados e interligados de modo que, quando funcionalmente executadas, culminam nos desfechos desejáveis extensivamente atribuídos à atenção primária, conforme evidenciado por um vasto corpo de literatura (Starfield, 2005). Tomando de exemplo novamente o acesso, ele se concretiza em processos específicos como o de adscrição de pacientes, o de agendamento de consultas, entre outros que definem como e quando as pessoas ingressam no atendimento.

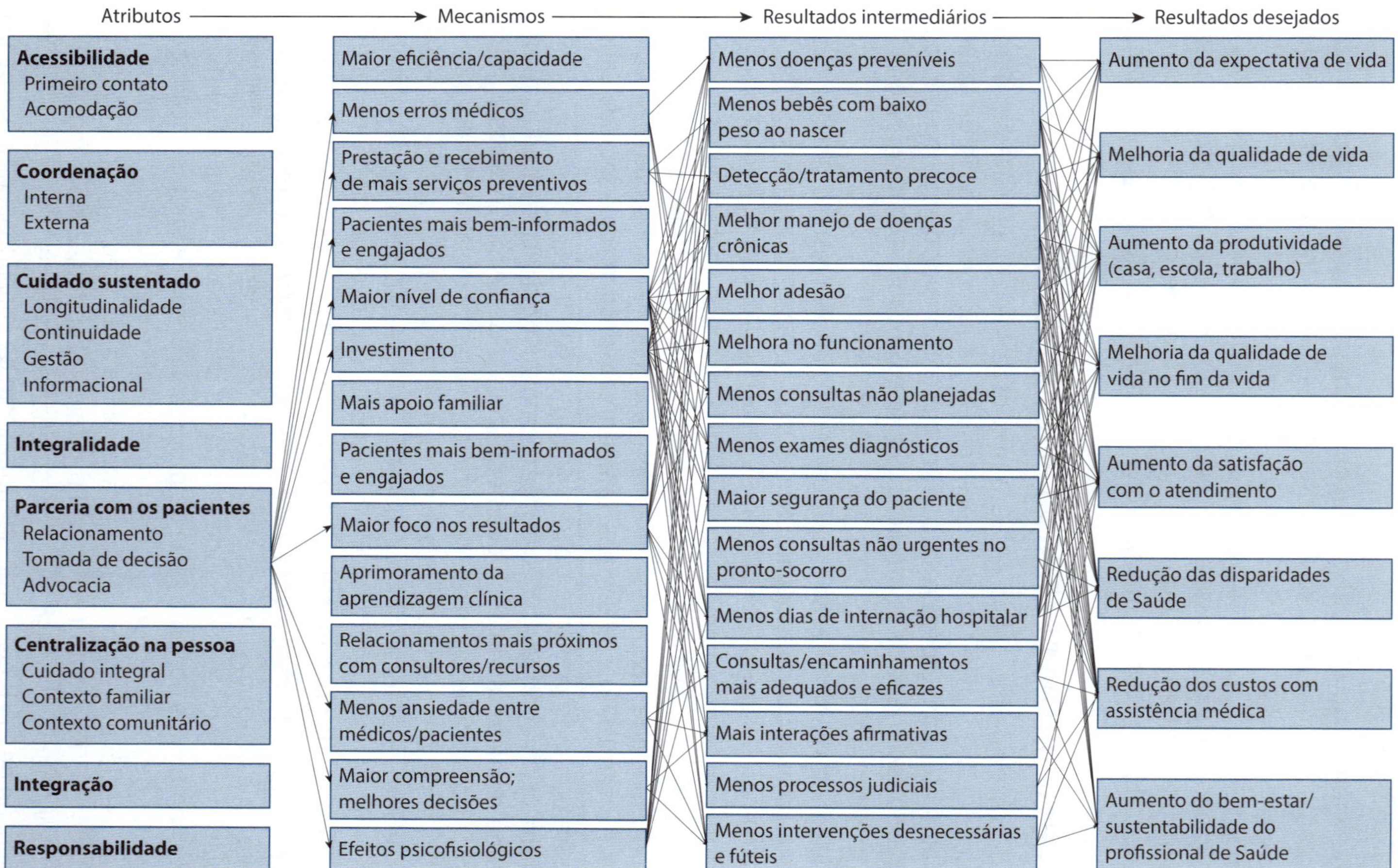

Figura 4.3 – APS – Dos atributos aos desfechos desejados.

Fonte: Adaptada de Mold JW. How primary care produces better outcomes: a logic model. Annals of Family Medicine. 2014;12(5):483-84. https://www.napcrg.org/resources/primary-care-logic-model/ (02 jun. 2025).

Ocorre, contudo, que para um serviço específico, cada um desses processos pode enfrentar gargalos e ineficiências que comprometem o desempenho geral ou, ao menos, o coloca abaixo dos *benchmarks* estabelecidos ou metas definidas. Problemas como falhas operacionais, erros sistêmicos ou desperdícios de recursos seja, por exemplo, seja no processo de adscrição, seja no de agendamento, são exemplos que podem ser identificados mediante sinais como aumento no tempo de terceira consulta ou no nível de atividade, se uma vez metrificados.

É a partir desse ponto que a Ciência de Dados assume seu verdadeiro propósito: resolver problemas que podem ser tratados com conhecimento; e incrementar processos com alavancas puxadas por *insights* acionáveis. A IA amplifica ainda mais essa capacidade ao possibilitar a identificação de padrões não perceptíveis ou até contraintuitivos que passariam despercebidos por olhos humanos desarmados.

Ainda com o exemplo do acesso em mente, um *case* interessante dessa abordagem é a predição de *no show* - ou seja, a ausência de pacientes em consultas agendadas. Com base em padrões históricos e variáveis contextuais, como perfil do paciente, histórico de comparecimento, dia e horário da consulta, um modelo preditivo pode estimar a probabilidade de um paciente faltar à consulta com seu o médico de família (Salazar, 2021). A partir dessa previsão, é possível tomar ações preventivas, como reforçar lembretes, oferecer alternativas de horários, priorizar a lista de espera ou mesmo realocar recursos humanos.

Se considerarmos o contexto do SUS, em que o absenteísmo em consultas é um problema crítico, chegando a representar até 30% dos agendamentos em algumas regiões (Beltrame, 2019), encontramos um cenário ideal para a aplicação da Ciência de Dados e IA. Esse tipo de problema - relevante, recorrente e já amplamente documentado - tem dados disponíveis que permitem uma análise aprofundada do processo. A partir dessa análise, torna-se possível identificar padrões ocultos e compreender os fatores subjacentes que ocasiona as faltas, propondo intervenções criativas e inovadoras, muitas vezes inexploradas justamente pela ausência de uma conexão mais profunda entre a Ciência de Dados e as Ciências da Saúde.

Assim como o problema do absenteísmo, diversos outros desafios críticos permeiam os serviços de atenção primária, manifestando-se em processos e etapas que, frequentemente, carecem de otimizações. Ao se observar o funcionamento cotidiano, é possível identificar vários erros, gargalos e ineficiências que persistem justamente porque nenhuma solução ideal foi ainda aplicada. Muitos desses problemas são enfrentados de forma reativa e fragmentada, prejudicando, sobretudo, a experiência dos pacientes e dos profissionais (Sinsky, 2013), quando poderiam ser abordados de maneira proativa, com base em dados e evidências, possibilitando soluções mais assertivas e sustentáveis. A Ciência de Dados junto da IA oferece um caminho promissor para transformar essas lacunas em oportunidades de melhoria, com a identificação de padrões não óbvios e a proposta de intervenções inovadoras que ainda não foram tentadas justamente porque faltava o componente analítico necessário para desvendar a complexidade dos processos em questão (Figura 4.4).

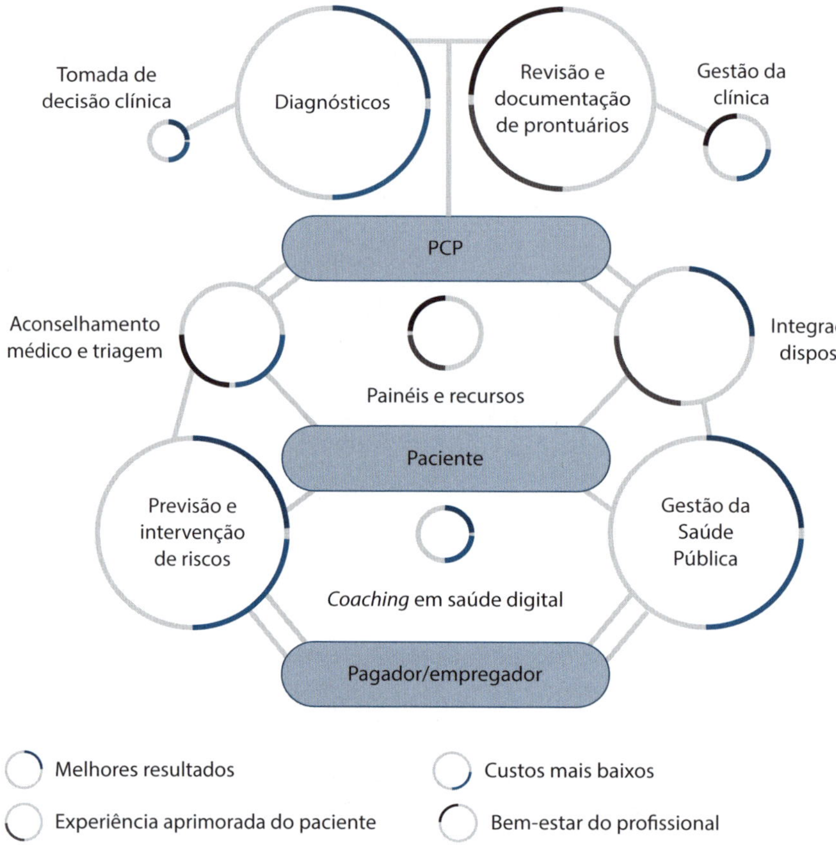

Figura 4.4 – **As dez principais maneiras pelas quais a Inteligência Artificial (IA) impactará a atenção primária.**

Cada espaço problemático é representado por um círculo; quadrantes coloridos indicam os objetivos quádruplos que são mais impactados. O tamanho dos círculos é a estimativa do valor de mercado de cada espaço problemático em bilhões de dólares (USD)/ano nos Estados Unidos: previsão de risco e intervenção, US$ 100 bilhões; gestão da saúde populacional, US$ 89 bilhões; aconselhamento médico/triagem; US$ 27 bilhões; painéis/recursos ajustados ao risco, US$ 17 bilhões; integração de dispositivos, US$ 52 bilhões; *coaching* de Saúde Digital, US$ 6 bilhões; revisão e documentação de prontuários, US$ 90 bilhões; diagnósticos, US$ 100 bilhões; tomada de decisão clínica, US$ 1 a 2 bilhões; gestão de práticas, US$ 10 bilhões.

PCP: médico de atenção primária.

Fonte: Adaptada de Lin SY, Mahoney MR, Sinsky CA. Ten ways artificial intelligence will transform primary care. Journal of General Internal Medicine. 2019;34:1626-30 (02 jun. 2025).

É dessa forma que, para enfrentar esses desafios, um número crescente de soluções inovadoras tem sido desenvolvido por meio da Ciência de Dados e da IA. Essas tecnologias têm permitido transformar dados em *insights* práticos, ajudando os serviços de Saúde a anteciparem problemas, otimizar processos e tomar decisões mais assertivas. O Quadro 4.2 apresenta uma síntese não exaustiva de exemplos colhidos na literatura sobre a aplicação da IA para problemas ou questões relevantes na APS. Para realizar a pesquisa bibliográfica, foi utilizada a estratégia de busca com termos MeSH (*Medical Subject Headings*) no PubMed, combinando aditivamente os descritores *Artificial Intelligence* [MeSH] e *Primary Health Care* [MeSH]. Com base na pesquisa realizada no PubMed, no dia 27 de dezembro de 2024, foram retornados 867 artigos, refletindo o crescente interesse acadêmico em explorar a integração da IA com a APS.

Quadro 4.2 – Exemplos de aplicação de IA na APS

Processo	Abordagem tradicional	Abordagem por IA
Registro clínico	Estudos mostram que médicos de família em práticas ambulatoriais gastam apenas 27% do tempo em interação direta com os pacientes Em contrapartida, 49,2% do tempo é consumido com registros eletrônicos de saúde (EHR) e tarefas administrativas, como preenchimento de formulários e gestão de prontuário (Sinsky, 2017)	Os algoritmos de reconhecimento de fala e geração de texto podem contribuir para a simplificação e desburocratização das consultas, por exemplo, auxiliando no registro de encontros clínicos em prontuários de forma sincronizada durante a consulta e na escrita de relatórios médicos (Thirunavukarasu, 2023)
Adscrição populacional	Delimitação de número máximo de pessoas independentemente de quem sejam elas (Grumbach *et al.*, 2015) A Política Nacional de Atenção Básica (PNAB), em sua versão de 2017, por exemplo, mantém a recomendação de que cada equipe deve ser responsável por, no máximo, 4 mil pessoas, independentemente das características das pessoas (Brasil, 2017)	*Machine Learning* utilizada para estimar o tamanho ideal dos painéis de pacientes em serviços de atenção primária por meio de fatores como comorbidades e histórico de utilização dos serviços de Saúde, de modo a equilibrar a distribuição dos pacientes entre os profissionais, garantindo que cada equipe tenha um número adequado de pacientes (Rajkomar, 2016)
Estratificação de risco	Evidências apontam que uma parte substancial das internações hospitalares e visitas ao pronto-socorro são potencialmente evitáveis, caso houvesse acesso e resolutividade adequada na atenção primária à saúde. Estudos indicam que muitas dessas internações poderiam ser prevenidas com acompanhamento precoce e contínuo de condições crônicas e agudas em nível ambulatorial, evitando que o quadro dos pacientes se agravasse a ponto de requerer hospitalização ou atendimento emergencial desnecessário (Fingar, 2016)	Para além de métodos tradicionais de estratificação de risco com escalas clínicas (Girwar, 2021), modelos preditivos de risco utilizando combinações de dados têm surgido e sido empregados para estratificar imediatamente toda a população e identificar pacientes sob maior risco e reduzir as visitas evitáveis ao serviço de urgência e as hospitalizações mediante intervenções de cuidados primários (Khanna, 2019)

(*Continua*)

Quadro 4.2 – Exemplos de aplicação de IA na APS (*Continuação*)

Processo	Abordagem tradicional	Abordagem por IA
Densidade assistencial (Pollack, 2015)	A Lei dos Cuidados Inversos, proposta por Julian Tudor Hart em 1971, afirma que "a disponibilidade de bons cuidados médicos tende a variar inversamente com a necessidade da população que serve". Na prática da APS, isso pode significar que os pacientes que mais necessitam de cuidados médicos, muitas vezes, são os que menos os recebem, enquanto os pacientes que têm menor necessidade acabam utilizando mais o serviço	Pacientes de alta necessidade e alto custo (*high need, high cost patients*), geralmente, são definidos como aqueles 1%, 5% ou 10% que respondem pelos principais custos anuais de Saúde, utilizando até metade dos custos totais de Saúde (Osawa, 2020). Algoritmos de aprendizagem de máquina têm sido utilizados para predição desse perfil de pacientes em vez de utilizar apenas a definição histórica (Hewner *et al*, 2023; Osawa, 2020)
Manejo de condições crônicas	Para atender adequadamente 2.500 pacientes, os médicos de atenção primária precisariam trabalhar 21,7 horas por dia para cumprir todas as orientações recomendadas para o manejo das 10 principais doenças crônicas (Østbye, 2005)	Empresas de tecnologia e Saúde estão investindo no desenvolvimento de plataformas inteligentes que integram inteligência artificial (IA), ampliando as funcionalidades tradicionais dos prontuários eletrônicos. Essas soluções avançadas oferecem ferramentas adicionais, permitindo que médicos da atenção primária identifiquem lacunas no cuidado e otimizem a qualidade dos serviços de saúde de forma mais eficiente e proativa (Healthcare it news, 2019)
Autocuidado apoiado (Brock, 2005)	Práticas de educação em Saúde por profissionais para abordar a literacia em Saúde e promover capacidade das pessoas de tomar decisões relacionadas a sua própria saúde, como manter hábitos saudáveis e seguir tratamentos recomendados (Brasil, 2023)	Intervenções com base em mensagens de texto, incluindo SMS, têm sido extensivamente documentadas como práticas eficazes para apoiar o autocuidado de pacientes,(Hall; Cole-Lewis; Bernhardt, 2015). No entanto, recentemente, aplicações com funcionalidade de *coaching* de saúde têm sido otimizadas com IA conversacional (Stein *et al.*, 2017)
Acurácia diagnóstica	Estratégias como telecardiologia e teledermatologia como apoio matricial para atenção primária têm sido utilizadas há bastante tempo (Marcolino, 2017)	Algoritmos alimentados por IA para diagnosticar doenças, agora, estão superando os médicos na acurácia diagnóstica (Haenssle, 2018). A colocação desses algoritmos como suporte para atenção primária tem potencial de reduzir, com eficiência, a necessidade de encaminhamentos desnecessários (Escalé-Besa, 2024)

APS: atenção primária à saúde.

Fonte: Pesquisa bibliográfica realizada pelos autores em 27 dez. 2024 no PubMed.

Os exemplos e resultados discutidos comprovam, portanto, a relevância global que a IA aplicada à APS tem adquirido, com uma ampla gama de aplicações práticas que vão desde melhorias nos processos de triagem até a personalização de tratamentos e suporte à decisão clínica. No entanto, além dessas inovações tecnológicas, é essencial ressaltar que as evidências que fundamentam práticas na APS precisam ser validadas localmente, e não apenas ter base em estudos realizados em contextos diferentes ou na literatura global. Isso é ainda mais relevante quando se trata da incorporação de tecnologias emergentes, como as soluções com base em IA (Oddy *et al.*, 2024).

Para essa necessidade, mais uma vez a aproximação da Ciência de Dados pode ser profícua. Sua aplicação permite transformar Real-World Data (RWD) em Real-World Evidence (RWE), ou seja, converter dados provenientes da prática clínica cotidiana local em evidências concretas e acionáveis que podem orientar políticas, validar intervenções e comprovar a efetividade e, principalmente, a custo-efetividade de soluções em contextos reais e específicos (Sherman, 2016).

DESAFIOS E PERSPECTIVAS FINAIS PARA ATENÇÃO PRIMÁRIA À SAÚDE NA ERA DA INTELIGÊNCIA ARTIFICIAL

Diante de tantas notícias e avanços recentes, pode parecer que a integração entre IA e APS surgiu há pouco tempo. No entanto, essa impressão não corresponde à realidade. Nem a IA é tão nova quanto se imagina (Metz, 2022), nem sua aplicação na APS é inédita: uma revisão conduzida por Kueper *et al.* identificou uma coleção de 405 artigos publicados desde 1986 que exploram a aplicação da IA na APS, o que demonstra que essa convergência vem sendo construída há décadas, ainda que muitas dessas evidências tenham passado despercebidas ao longo do tempo (Liaw; Kakadiaris, 2020). Em todo caso, a seguir esse ritmo cada vez mais acelerado, a atenção primária deve avançar continuamente na incorporação de tecnologias com base em IA, consolidando-se como mais um espaço da Saúde em que dados e aplicações de dados utilizados de forma natural e, em tempo, podem, inclusive, se tornar não perceptíveis. No entanto, apesar do otimismo em torno das inovações trazidas pela aproximação do mundo da Ciência de Dados e da atenção primária, não podemos encerrar este capítulo sem uma reflexão crítica sobre os desafios que ainda precisam ser superados. A adoção de tecnologias com base em dados não está isenta de riscos e limitações, especialmente em relação à qualidade dos dados utilizados, à ética no manejo das informações, à validação das evidências no mundo real e ao treinamento adequado do corpo clínico para a incorporação dessas ferramentas na prática diária.

Desse modo, uma primeira barreira a ser superada para o uso eficaz de dados em saúde é a interoperabilidade. Dados mal-organizados, incorretos ou difíceis de acessar rapidamente perdem seu valor, e o grande entrave nos Sistemas de Informação em Saúde (SIS) está na multiplicidade de padrões que dificulta a integração e o uso eficiente das informações. Conforme destacam Teixeira e Almeida (2020, p. 197), "o sucesso dos sistemas de informação em Saúde é comprometido não pela falta de padrões, mas pela multiplicidade deles", criando fragmentação e inconsistências que impactam negativamente.

Por sua vez, a ética no uso da IA na Saúde é um tema central para garantir que essas tecnologias sejam aplicadas de forma segura, justa e responsável. Diferentemente de setores como o comércio, em que o uso da IA envolve menores riscos, na Saúde há um impacto direto na vida e no bem-estar dos pacientes, o que torna a cautela ética indispensável. Nesse sentido, a Organização Mundial de Saúde (OMS), em seu relatório *Ethics and Governance of Artificial Intelligence for Health* (2021), propõe princípios orientadores que incluem privacidade, transparência, não discriminação e responsabilidade como forma de nortear a adoção de IA pelos países. No Brasil, esse debate avançou com a aprovação do Marco Regulatório da Inteligência Artificial, pelo Senado Federal, por meio do Projeto de Lei n. 2.338/2023 que estabelece regras para a transparência, segurança e governança dos sistemas de IA em diversos setores, incluindo a Saúde.

Por fim, é preciso reconhecer que, em última instância, a adoção de quaisquer ferramentas, inclusive ferramentas de IA na atenção primária, depende fortemente da anuência e do treinamento do corpo clínico, sem o qual essas tecnologias não são devidamente implementadas. Conforme alerta o *British Journal of General Practice* (2019) , o desenvolvimento de IA precisa ser feito em colaboração com os profissionais de Saúde, desde a concepção até a utilização prática, para garantir que as ferramentas atendam às necessidades reais e sejam aceitas pelos usuários.

Em todo caso, como destacado por Orad (2020), em breve, "toda organização será, essencialmente, uma organização de dados", e os serviços de APS não serão exceção. Essa transformação implica que os sistemas de Saúde deverão ser capazes de coletar, processar e utilizar dados de forma contínua e eficiente, integrando essas informações a decisões clínicas e operacionais, no que tem sido conceituado como *learning health system* (LHS) (Friedman; Wong; Blostein, 2017). Tudo isso deve culminar em um ponto de inflexão que revolucionará o cuidado em saúde, marcando o início de um novo capítulo do sistema de Saúde, agora com sua base ainda mais forte para conseguir, enfim, melhor sustentá-lo.

Bibliografia consultada

- Agência Nacional De Saúde Suplementar (ANS). Manual de certificação de boas práticas em Atenção Primária à Saúde de operadoras de planos privados de assistência à saúde. Rio de Janeiro: ANS; 2019.
- Agency for Healthcare Research And Quality. AHRQ ACTS – Advancing Clinical Decision Support. Disponível na Internet: https://digital.ahrq.gov/acts (21 abr. 2025).
- Beltrame SM, et al. Absenteísmo de usuários como fator de desperdício: desafio para sustentabilidade em sistema universal de saúde. Saúde em Debate. 2019;43(123):1015-30.

- Better R. Revolution will create: creative destruction of medicine: how the digital revolution will create better health care. Nova York: Basic Books; 2012.
- Bodenheimer T, Ghorob A, Willard-Grace R, Grumbach K. The 10 building blocks of high-performing primary care. The Annals of Family Medicine. 2014:12(2):166-71.
- Brasil Educa e-SUS APS – Cursos de Educação Permanente. Secretaria de Atenção Primária à Saúde, 2025.
- Brasil. Aplicativo conecte SUS e-SUS vacinação: guia para profissionais de saúde. Brasília: Ministério da Saúde; 2023.
- Brasil. Estratégia de Saúde Digital para o Brasil 2020-2028 [recurso eletrônico]. Brasília: Ministério da Saúde, 2020a. Disponível na Internet: https://www.unasus.gov.br (21 abr. 2025).
- Brasil. e-SUS Atenção básica: manual do sistema com prontuário eletrônico do cidadão PEC – Versão 3.1 [recurso eletrônico]/Ministério da Saúde, Secretaria de Atenção à Saúde, Secretaria-Executiva – Brasília: Ministério da Saúde, 2018.
- Brasil. Informatiza APS: página inicial. 2024a. Disponível na Internet: https://www.gov.br/saude/pt-br/composicao/saps/informatiza-aps (21 abr. 2025).
- Brasil. Manual do Sistema de Informação em Saúde para a Atenção Básica (SISAB). Brasília: Ministério da Saúde; 2018.
- Brasil. Portaria no 1.434, de 28 de maio de 2020.
- Brasil. Portaria no 1.861, de 4 de setembro de 2013.
- Brasil. Portaria no 2.436, de 21 de setembro de 2017.
- Brasil. Portaria nº 2.983, de 11 de novembro de 2019.
- Brasil. Resolução nº 07, de 24 de novembro de 2016.
- Brasil. Sociedade da informação no Brasil : livro verde/organizado por Tadao Takahashi – Brasília : Ministério da Ciência e Tecnologia, 2000.
- Brock C, Dost A. Self care – a real choice. London: Department of Health, 2005.
- Cueto M. The origins of primary health care and selective primary health care. American Journal of Public Health, 2004.
- D'Elia A. et al. Artificial intelligence and health inequities in primary care: a systematic scoping review and framework. Family Medicine and Community Health; 2022;10(1).
- Escalé-Besa A, et al. The use of artificial intelligence for skin disease diagnosis in primary care settings: a systematic review. In: Healthcare. Basel, MDPI: 1192,2024.
- Fingar KR, et al. Trends in potentially preventable inpatient hospital admissions and emergency department visits. Washington, DC: U.S. Department of Health & Human Services; 2016.
- Friedman CP, Wong AK, Blostein P. Toward a learning health system: the promise of big data and the role of artificial intelligence. New England Journal of Medicine. 2017;379(12):1205-14.
- Girwar SAM, et al. A systematic review of risk stratification tools internationally used in primary care settings. Health Science Reports. 2021;4(3):e329.
- Guidance WHO. Ethics and governance of artificial intelligence for health. Geneva: World Health Organization; 2021.
- Haenssle HÁ, et al. Man against machine: diagnostic performance of a deep learning convolutional neural network for dermoscopic melanoma recognition in comparison to 58 dermatologists. Annals of Oncology. 2018;29(8):1836-42.
- Hall AK, Cole-Lewis H, Bernhardt JM. Mobile text messaging for health: a systematic review of reviews. Annual Review of Public Health. 2015;36(1):393-415.
- Healthcare IT News. How Epic is using AI to change the way EHRs work. Disponível na Internet: https://www.healthcareitnews.com/news/how-epic-using-ai-change-way-ehrs-work (21 abr. 2025).

- Hewner S, Smith E, Sullivan SS. Identifying high-need primary care patients using nursing knowledge and machine learning methods. Applied Clinical Informatics. 2023;14(3):408-17.
- Javaid M, Haleem A, Singh RP. Health informatics to enhance the healthcare industry's culture: an extensive analysis of its features, contributions, applications and limitations. Informatics and Health; 2024.
- Khanna S, et al. A risk stratification tool for hospitalisation in Australia using primary care data. Scientific Reports. 2019;9(1):5011.
- Kueper JK, et al. Artificial intelligence and primary care research: a scoping review. The Annals of Family Medicine. 2020;18(3):250-8.
- Liaw W, Kakadiaris IA. Primary care artificial intelligence: a branch hiding in plain sight. Annals of Family Medicine. 2020;18(3):194.
- Lin S, Mahoney MR, Sinsky CA. Ten ways artificial intelligence will transform primary care. Journal of general internal medicine. 2019;34:1626-30.
- Lin S. A Clinician's guide to artificial intelligence (AI): why and how primary care should lead the health care AI revolution. The Journal of the American Board of Family Medicine. 2022;35(1):175-84.
- Marcolino MS, et al. A telessaúde como ferramenta de apoio à Atenção Primária em Saúde: a experiência da Rede de Teleassistência de Minas Gerais. Revista Médica de Minas Gerais. 2017;27:13-19.
- Mendes EV. Desafios do SUS. Conselho Nacional de Secretários de Saúde, CONASS, 2019.
- Metz C. Criadores de gênios. Rio de Janeiro: Alta Books; 2022.
- Mistry P. Artificial intelligence in primary care. British Journal of General Practice, 2019.
- Mold JW. How primary care produces better outcomes: a logic model. Annals of Family Medicine. 2014;12(5):483-84. Disponível na Internet: https://www.napcrg.org/resources/primary-care-logic-model/ (21 abr. 2025).
- Murray M, Tantau C. Same-day appointments: exploding the access paradigm. Fam Pract Manag, 2000.
- Oddy C, et al. Promising algorithms to perilous applications: a systematic review of risk stratification tools for predicting healthcare utilisation. BMJ Health & Care Informatics. 2024;31(1):e101065.
- Orad A. Why every company is a data company. Forbes Technology Council; 2020.
- Osawa I, et al. Machine-learning-based prediction models for high-need high-cost patients using nationwide clinical and claims data. NPJ Digital Medicine. 2020;3(1):148.
- Porter ME. How competitive forces shape strategy. Harvard Business Review, 1979.
- Rajkomar A, Yim JW, Grumbach K, Parekh A. Weighting primary care patient panel size: a novel electronic health record-derived measure using machine learning. JMIR Med Inform, 2016.
- Rosenthal A, Waitzberg R. The challenges brought by the COVID-19 pandemic to health systems exposed pre-existing gaps. Health Policy OPEN, December, 2022.
- Salazar LHA, Leithardt VRQ, Parreira WD, da Rocha Fernandes AM, Barbosa JLV, Correia SD. Application of machine learning techniques to predict a patient's no-show in the healthcare sector. Future Internet, 2021.
- Sherman RE et al. Real-World evidence – what is it and what can it tell us? N Engl J Med, 2016.
- Sikka R, Morath JM, Leape L. The quadruple aim: care, health, cost and meaning in work. BMJ Quality & Safety, 2015.
- Sinsky C, Tutty M, Colligan L. Allocation of physician time in ambulatory practice. Ann Intern Med, 2017.
- Sinsky CA, Willard-Grace R, Schutzbank AM, Sinsky TA, Margolius D, Bodenheimer T. In search of joy in practice: a report of 23 high-functioning primary care practices. Ann Fam Med, 2013.

- Starfield B, Shi L, Macinko J. Contribution of primary care to health systems and health. Milbank Q. 2005.
- Starfield B. Primary care: an increasingly important contributor to effectiveness, equity, and efficiency of health services. SESPAS report 2012. Gac Sanit, 2012.
- Starfield B. Primary Care: Concept, Evaluation, and Policy. Oxford University Press, 1992.
- Starfield B. Primary care: the filter. Rev. bras. epidemiol. 2006;9(1).
- Teixeira LMD, Almeida MB. Composicionalidade e sobreposição em terminologias biomédicas: alternativas para interoperabilidade em saúde. Em Questão, 2020.
- Thirunavukarasu AJ. Large language models will not replace healthcare professionals: curbing popular fears and hype. J R Soc Med, 2023.
- Topol EJ. The creative destruction of medicine How the digital revolution will create better health care. Basic Books, New York, 2012.
- Van Dijck J. Datafication, dataism and dataveillance: big data between scientific paradigm and ideology. Big Data Surveillance, 2014.
- Warren KS. The evolution of selective primary health care. Soc Sci Med, 1988.
- Wellman J, Jeffries H, Hagan P. Leading the lean healthcare journey: driving culture change to increase value. Productivity Press, 2010.

CAPÍTULO

5 Inteligência Artificial e a Nova Era do Cuidado em Enfermagem

Nárima Juliene Martins Borsato Valverde
Alexandro Vieira Lopes
Daniel Cesar da Silva Nunes
Rafael Conceição da Silva

"Se as máquinas nos superarem, talvez elas possam nos ensinar o que significa ser humano."

Carbono Alterado

Richard K. Morgan

INTRODUÇÃO

A expansão da Inteligência Artificial (IA) tem transformado a área da Saúde em todo o mundo. A Organização Mundial de Saúde (OMS) a reconheceu como uma ferramenta estratégica para o enfrentamento de desafios no setor de Saúde em razão de sua capacidade de otimizar serviços clínico, por meio da automatização de processos complexos de modo a ampliar o acesso à saúde e a reduzir desigualdades assistenciais.[1,2] Essa tecnologia tem apresentado um grande potencial para aumentar a eficiência e proporcionar maiores resultados no setor da Saúde.[3]

No âmbito da Enfermagem, a IA tem demonstrado um impacto significativo na prestação de cuidados aos usuários do Sistema de Saúde. Ela tem se revelado uma importante aliada dos profissionais em diversos países que os auxiliando em suas atividades diárias[4] e contribui para a melhoria da qualidade e da eficiência na prestação de serviços.[1]

A IA é uma ferramenta de suporte capaz de potencializar o julgamento clínico dos profissionais,[2] inserindo-se no contexto de integração entre ciência e tecnologia nas práticas de Enfermagem.

A ciência enriquece os cuidados prestados ao integrar conhecimento às ações assistenciais, o que promove um cuidado holístico, direciona condutas e valida procedimentos com o objetivo de elevar a qualidade do atendimento e alcançar os melhores resultados.[5]

A tecnologia tem avançado nos últimos anos, e isso ampliou as possibilidades assistenciais e contribuiu para aprimorar a qualidade dos serviços oferecidos. Entre as tecnologias existentes, as ferramentas de IA têm se destacado pela rápida progressão e ampla disseminação na área da Saúde. Esse cenário exige que os profissionais de Enfermagem se capacitem para compreender como essas ferramentas funcionam[6] e o potencial que elas têm de agregar valor à prática profissional.

A implementação da IA na assistência em Saúde e nos cuidados de Enfermagem está em expansão. Contudo, ainda existem muitos estudos em andamento em decorrência da diversidade de arquiteturas e aplicações dessa tecnologia, o que resulta em escassez de evidências na literatura sobre o impacto assistencial dessa ferramenta.[7,8] Ainda assim, a Enfermagem é vista como uma área que poderá se beneficiar muito do uso dessa tecnologia.[7]

O objetivo deste capítulo é explorar como as ferramentas de IA podem agregar valor às práticas de Enfermagem em um cenário de avanços tecnológicos com a preservação dos preceitos da profissão e o respeito à primazia das relações humanas.

APLICAÇÕES DE INTELIGÊNCIA ARTIFICIAL NA ENFERMAGEM

A IA pode ser incorporada s diversos equipamentos tecnológicos, desde *softwares* em pequenos dispositivos portáteis até robôs autônomos. Essa ferramenta pode permear todo o cuidado de Enfermagem e estabelecer contato com todos os envolvidos no processo de cuidar.

Existem aplicações voltadas ao suporte dos profissionais de Enfermagem que auxiliam na tomada de decisões e no monitoramento de pacientes, e outras que interagem diretamente com os usuários do sistema de Saúde e fornecem a estes orientações personalizadas. Além disso, as aplicações de IA não se limitam a grandes centros hospitalares, seus benefícios alcançam populações de áreas remotas de modo a favorecer possíveis diagnósticos precoces para pessoas com dificuldades de acesso.[7]

A seguir, são descritas diversas aplicações de IA nos processos assistenciais de Enfermagem que evidenciam a sinergia dessa tecnologia com a prática assistencial.

Auxílio à tomada de decisão

A tomada de decisão de Enfermagem envolve a determinação das respectivas práticas que serão executadas. Essas ações são definidas após identificação dos problemas de saúde, considerando a inserção do indivíduo em seu contexto familiar, social e ambiental, suas questões psíquicas e espirituais.[9] Essa tomada de decisão é materializada por meio da prescrição das intervenções de Enfermagem e é privativa do profissional enfermeiro.[10,11]

Entretanto, as ferramentas de IA podem ser incorporadas aos sistemas de Saúde para fornecer suporte aos profissionais e auxiliar na definição de decisões clínicas.[2,7,9,12] Essas ferramentas de auxílio à tomada de decisão com IA são desenvolvidas especificamente para atender às necessidades locais por meio de configurações que lhes conferem a capacidade de executar diversas ações relacionadas aos cuidados de Enfermagem.[7] Para auxiliar na triagem de pacientes, por exemplo, são projetadas IAs especialistas que apoiam as atividades dos profissionais responsáveis pelo acolhimento.[4]

Uma IA especialista é configurada para resolver problemas complexos, mediante análise de dados obtidos de diversas fontes. Ela é capaz de fornecer resultados precisos rapidamente de forma semelhante à dos especialistas humanos e podem prever tempo de internação, custo do tratamento, risco de readmissão, quedas, sepse e tantas outras situações.[1]

Na assistência de Enfermagem, é preciso lidar com a coleta e análise de grande quantidade de informações. O estado de saúde dos pacientes pode mudar rapidamente e essas alterações dinâmicas conferem algum grau de dificuldade para avaliação precisa e a tomada de decisão segura. Nesse cenário, a IA tem causado uma transformação promissora em razão de sua alta capacidade de processamento de grandes volumes de dados. Ela pode ser integrada ao prontuário eletrônico, por exemplo, para analisar as informações registradas, fazer previsões e sugerir cuidados com alta precisão e especificidade, auxiliando o enfermeiro no processo de tomada de decisão. Ainda nesse contexto, a IA pode auxiliar na identificação de fragilidades no processo de cuidado individualizado de cada paciente,[1] apontando para a necessidade de o enfermeiro reavaliar o plano de cuidados proposto, com o objetivo de prevenir agravos e obter melhores resultados. Nesse sentido, a IA contribui para ampliar o olhar clínico desse profissional.[2]

A IA tem se mostrado eficiente no processo de apoiar os enfermeiros na tomada de decisão em diferentes partes do mundo. Um estudo realizado em Taiwan mostrou que uma IA criada para sugerir diagnósticos de Enfermagem individuais com base no histórico de dados do paciente foi capaz de gerar os mesmos diagnósticos que enfermeiros com uma precisão de 87%. Com o auxílio da IA, o tempo investido para essa atividade diminuiu de 35,5 minutos para 19,8 minutos. Além disso, os enfermeiros afirmaram que a satisfação no trabalho relacionada a essa etapa aumentou de 41,1% para 75%.[13]

Uma pesquisa conduzida no Brasil sobre uma IA desenvolvida especificamente para apoiar os enfermeiros na aplicação das escalas de Braden[i] e Glasgow[ii] revelou a diminuição de 20 para 7 minutos no tempo despendido nas etapas de avaliação e prescrição de cuidados durante o processo de Enfermagem.[16] Esses resultados mostram a efetividade da IA no auxílio à tomada de decisão clínica assertiva, os impactos positivos sobre a satisfação dos enfermeiros, a economia de tempo na execução de atividades e a garantia da segurança na prestação da assistência com auxílio de IA. Essa segurança é gerada pela adequada validação do profissional de Saúde sobre os resultados apresentados pela ferramenta.

A atuação do profissional de Enfermagem na confirmação dos resultados das ferramentas de IA reflete a necessidade de que o profissional de Saúde sempre tome a decisão final a respeito do cuidado com os pacientes. Essa etapa fundamental nunca deve ser delegada à IA, conforme enfatizado pela OMS.[2,17] Assim, a IA deve apoiar os profissionais de Enfermagem em suas atividades, aprimorando a capacidade de julgamento.[2,18] A responsabilidade pelos resultados das práticas assistenciais permanece com os profissionais que executam as ações e não pode ser transferida para a IA.[12,19]

Portanto, as sugestões propostas pela IA devem ser avaliadas de forma crítica, considerando a experiência profissional e o conhecimento clínico, para garantir a devida validação antes de aplicadas. Além da otimização dos processos, o objetivo sempre deverá ser prestar uma assistência efetiva, segura e livre de danos.[9,12]

Gerenciamento do estado de saúde

O gerenciamento do estado de saúde dos indivíduos pode ser aprimorado com a incorporação de IA a dispositivos portáteis, tecnologias vestíveis,[1] equipamentos hospitalares e domiciliares, além de sistemas robóticos. Dessa forma, a IA consegue realizar análises precisas, identificar padrões de risco e prever complicações, aprimorando o acompanhamento e o monitoramento de pacientes.

Análises com precisão

Uma pesquisa conduzida nos Estados Unidos evidenciou que um sistema avançado de algoritmos de aprendizado de máquina foi capaz de prever o risco de queda em pacientes idosos nos primeiros 30 e 60 dias do ano seguinte. O sistema integrava e analisava informações como diagnósticos de doenças, uso de medicamentos e resultados de exames, entre outros dados. Dos pacientes classificados como grupos de risco, 58,01% sofreram uma queda nos primeiros 30 dias do ano seguinte, enquanto 54,93% caíram entre 30 e 60 dias do ano

---

i Escala de Braden: Mensura o risco do desenvolvimento de úlceras por pressão.[14]

ii Escala de Glasgow: Avalia o nível de consciência.[15]

subsequente. Essa previsibilidade em um percentual tão expressivo impacta diretamente os resultados dos tratamentos individuais, permitindo que os profissionais de Enfermagem envolvidos nos cuidados desses idosos tenham um olhar mais atento para realizar intervenções e prevenir quedas.[20]

Outro estudo realizado nos Estados Unidos, em regiões onde médicos e enfermeiros prestavam assistência primária de forma independente, avaliou a precisão de uma ferramenta de IA desenvolvida para auxiliar no diagnóstico de doenças de pele. Os resultados mostraram que os profissionais não especialistas melhoraram a capacidade de identificar doenças de pele com o uso da IA. Entre os enfermeiros, a concordância diagnóstica aumentou em 12 pontos percentuais (p.p.), subindo de 46% para 58%, enquanto, entre os médicos, o aumento foi de 10 p.p., passando de 48% para 58%. Isso representou uma melhora na identificação de doenças. Além disso, os profissionais declararam se sentir mais confiantes para realizar o trabalho com o auxílio da IA.[21] Portanto, a triagem de doenças de pele com o uso de IA assegurou maiores precisão efetividade e proporcionou mais segurança aos profissionais envolvidos.

Em uma utilização da IA voltada para análises clínicas no Brasil, foi empregada uma solução para prever a necessidade de internação em unidade de terapia intensiva (UTI) de pacientes hospitalizados com diagnóstico positivo para Covid-19. A ferramenta processou dados referentes aos sinais e sintomas da doença. Dos 180 casos analisados, a IA acertou a previsão de internação em UTI em 155 deles, alcançando uma precisão de 86,1%.[22]

Além disso, a aplicação de IA com o uso de recursos de reconhecimento visual auxilia na identificação e no diagnóstico de condições obstétricas e ginecológicas. O uso de imagens computadorizadas e vídeos, em conjunto com ferramentas de IA, facilita a avaliação da integridade da pele e de feridas pós-cirúrgicas. Em outra aplicação utilizando recursos visuais, a IA auxilia no reconhecimento de sinais não verbais de dor, ansiedade ou depressão em pacientes,[1] possibilitando intervenções de Enfermagem mais rápidas e assertivas.

Monitoramento e prevenção de complicações

O monitoramento realizado com IA é altamente preciso e reduz discrepâncias decorrentes de diferentes avaliações humanas. Monitores cardíacos fetais com IA integrada auxiliam a equipe de Enfermagem no acompanhamento de parturientes e gestantes de alto risco. Durante o período intraparto, o monitoramento dos batimentos cardíacos fetais é essencial para a definição de condutas. O uso da IA nesse processo elimina a subjetividade humana e confere maior confiabilidade às decisões dos profissionais, contribuindo para a redução de complicações perinatais e maternas. Além disso, as gestantes de alto risco podem utilizar monitores equipados com essa tecnologia em domicílio. A IA analisa os padrões dos batimentos cardíacos fetais, identifica riscos e emite alertas. Diante disso, as pacientes entram em contato com os enfermeiros, responsáveis por avaliar a situação e implementar as condutas necessárias,[1] prevenindo complicações e promovendo o bem-estar da mãe e do filho.

O monitoramento remoto também beneficia pessoas com doenças crônicas. A IA rastreia e registra as variações diárias no estado de saúde dos indivíduos, enviando essas informações aos profissionais responsáveis. Isso amplia as possibilidades de cuidado, beneficiando principalmente os residentes em regiões isoladas, onde há escassez de profissionais e carência de recursos.[1]

Uma pesquisa demonstrou que uma IA pode identificar riscos de complicações do diabetes, apoiando os enfermeiros na previsão da progressão da doença e na prescrição de cuidados assertivos. Essa detecção precoce aumenta a qualidade de vida e autonomia dos doentes com a prevenção do desenvolvimento de agravos e com a redução de complicações, custos com tratamentos médicos e de mortalidade.[23]

A inovação traz novas possibilidades para a prática clínica com o intuito de facilitar o manuseio de sistemas de imagem pelos usuários. Um estudo documentou a existência de um aplicativo móvel com IA, em Cingapura, utilizado para avaliar e monitorar úlceras nos pés de pacientes diabéticos. O sistema captura imagens, mensura as dimensões, identifica o leito das feridas e classifica-as em úlceras por pressão, úlceras diabéticas ou venosas. O aplicativo também destaca problemas de cicatrização ao identificar a presença de tecidos de epitelização, granulação, necrose e esfacelo, padronizando o monitoramento das lesões. Todas as informações registradas nessa ferramenta são documentadas em tempo real e podem ser acessadas remotamente. O estudo mostrou que esse aplicativo é capaz de realizar as mesmas mensurações feitas por um enfermeiro especialista em feridas treinada, apresentando excelente confiabilidade, com uma correlação superior a 90%. Isso o torna uma ferramenta de apoio poderosa no dia a dia dos profissionais responsáveis por essas atividades. Essa tecnologia confere exatidão e uniformidade à avaliação de feridas, além de aprimorar o gerenciamento de saúde do paciente por meio do monitoramento remoto.[24]

Robótica na Enfermagem

Nos últimos anos, a robótica tem demonstrado grande potencial para transformar a assistência em saúde. A incorporação de IA aos robôs confere-lhes a capacidade de detectar quedas, prever agravos e notificar instantaneamente os enfermeiros responsáveis diante da identificação de quaisquer necessidades.[25] A utilização de robótica na Enfermagem visa incorporar a tecnologia à assistência para promover maior eficácia e aumentar a qualidade dos serviços oferecidos.[26]

A implementação de robôs nas equipes de Saúde tem como objetivo apoiar e complementar as ações realizadas.[25,27] Para que a integração de um robô à equipe seja eficaz, é necessário preparar os profissionais para compreender o papel dessa tecnologia e as tarefas que ela executará.[26] Em outras palavras, é fundamental definir a divisão de atividades entre o robô e os demais membros da equipe. A proposta é que o robô execute tarefas repetitivas, demoradas ou que demandam esforço físico[25,28] de modo a permitir que os profissionais sejam liberados para intervenções mais complexas que exigem raciocínio clínico e interação direta com os pacientes.[28] A equipe de Saúde que utiliza a robótica tem a função fundamental de avaliar e fornecer análises sobre a incorporação dessa tecnologia aos serviços a fim de identificar possibilidades de melhoria para o desenvolvimento de novos robôs.[26]

Além dos benefícios para os profissionais de Enfermagem, a introdução de robôs na assistência também apresenta vantagens para os pacientes. Essa tecnologia possibilita um monitoramento mais eficiente das condições de saúde, maiores precisão e detecção precoce de agravos, o que agiliza o tratamento. Isso auxilia o paciente a manter sua independência por mais tempo e contribui para a melhoria da qualidade de vida.[26]

O Japão tem utilizado a robótica para atender a sua população, que é majoritariamente idosa, e suprir o déficit existente de profissionais de Saúde. Alguns modelos de robôs fazem companhia a idosos que vivem sozinhos, o que auxilia no combate à solidão, favorece a comunicação, previne o surgimento de demências e complementa a assistência à saúde.[25]

A seguir, serão apresentados alguns modelos de robôse suas principais funcionalidades e benefícios para ilustrar o impacto positivo na assistência à saúde.

Moxi, ilustrado na Figura 5.1,[29] é um robô projetado para se locomover com segurança e precisão pelas unidades, realizando a entrega de suprimentos, medicamentos e amostras. Ele também auxilia na limpeza, desinfecção de ambientes e no recolhimento de itens, como roupas hospitalares contaminadas.[28,30]

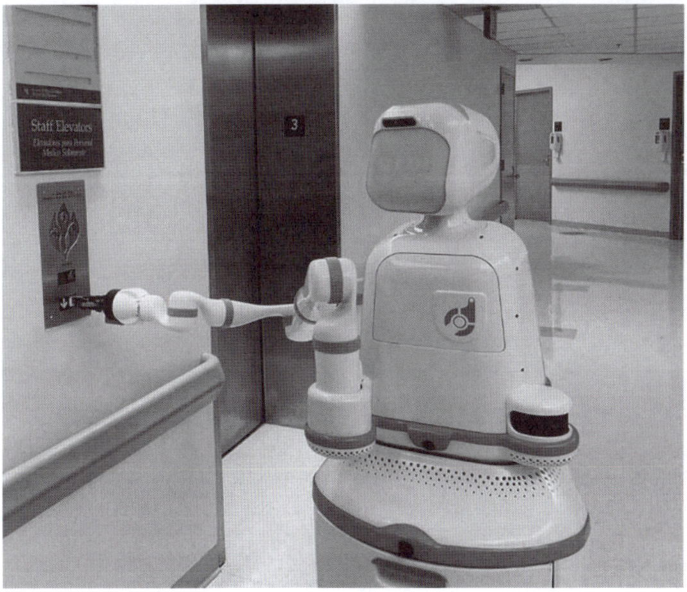

Figura 5.1 – Robô Moxi aciona o botão do elevador.

Fonte: Reproduzida de Diligent Robots. More than automation. Estados Unidos: Diligent Robots, 2024. Disponível na Internet: https://www.diligentrobots.com/moxi (25 abri. 2025).

Os itens transportados são armazenados em compartimentos com controle de acesso, garantindo proteção. Uma pesquisa conduzida em uma instituição de Saúde que utiliza o robô Moxi revelou que ele realizava entregas em uma média de 25 minutos. Além disso, ele se mostrou altamente disponível já que as solicitações de tarefas permaneciam na fila por, no máximo, 4 minutos.[30] Os profissionais relataram que, após aprenderem a utilizá-lo, deixaram de ter medo e[28] passaram a confiar na rapidez das entregas, eliminando a demora de até 2 horas que ocorria anteriormente. Desde o início do estudo piloto, Moxi economizou, em média, 15.750 passos por dia,[30] evidenciando a redução da carga de trabalho dos profissionais de Enfermagem e de outras áreas de Saúde que, antes, precisavam se deslocar para realizar essas tarefas.

Robear, o enfermeiro robô com aparência de urso (Figura 5.2),[31] foi projetado para auxiliar na transferência de pacientes da cadeira para o leito, na mudança de decúbito e até mesmo para levantá-los do chão ou movê-los de um ponto a outro.[25] A existência de um robô capaz de carregar peso reduz a exaustão física dos profissionais de Enfermagem e contribui para a preservação de sua integridade física.

Figura 5.2 – Robô Robear auxilia no suporte a uma pessoa.

Fonte: Reproduzida de Wilkinson J. Robear holding a person. Japão: Riken, 2015a. Disponível na Internet: https://www.riken.jp/en/news_pubs/research_news/pr/2015/20150223_2/ (25 abr. 2025).

Pepper, representado na Figura 5.3,[32] é um robô que interage com pacientes no esclarecimento de dúvidas, fornecimento de orientações, como entretenimento, o que facilita a socialização e, até mesmo, propicia apoio emocional. Foi projetado para envolver e acolher seres humanos. Durante a pandemia de Covid-19, foi amplamente utilizado para facilitar a comunicação entre pacientes em isolamento, seus familiares e a equipe de Saúde por meio de videochamadas.

Além disso, desempenhou um papel importante ao orientar visitantes de pacientes hospitalizados e transmitir informações essenciais sobre o acesso ao ambiente hospitalar.[25] Pepper apoia profissionais e usuários do sistema de Saúde ao facilitar a comunicação em situações desafiadoras, assegurar a proteção dos profissionais e viabilizar a transmissão de informações relevantes.

Figura 5.3 – Robô Pepper em interação com uma pessoa.

Fonte: Reproduzida de Soft Bank Robotics. Japão, 2024a. Disponível na Internet: https://us.softbankrobotics.com/pepper (25 abr. 2025).

Paro, conforme ilustrado na Figura 5.4,[33] é um robô em forma de filhote de foca, projetado para se mover, emitir sons que simulam vida e aprender a interagir com o usuário de acordo com as reações recebidas. Quando acariciado após realizar uma determinada ação, repetirá o comportamento para receber carícias novamente. O robô tem sensores táteis, de luz, audição, temperatura e postura. É capaz de perceber a presença de pessoas no ambiente e de qual direção está vem a comunicação dirigida a ele. Paro é extremamente útil para reduzir o estresse de pacientes e cuidadores, promovendo relaxamento e motivação.[34]

Dinsaw (Figura 5.5)[35] é um robô desenvolvido para dar suporte aos cuidados de idosos, que lhes oferece companhia e lembra-os de tomar medicamentos e de aferir a pressão arterial. Ele gera relatórios com informações sobre os sinais vitais, os quais são enviados aos cuidadores e profissionais responsáveis. Equipado com sensores de movimento, o robô detecta a ausência de movimentação ou a tentativa de sair da cama. Tem uma tela acoplada por meio da qual interage

Figura 5.4 – Robôs Paro lado a lado em exibição.

Fonte: Reproduzida de Paro Robots. Paro all over The World. Estados Unidos, 2014a. Disponível na Internet: http://www.parorobots.com/photogallery.asp (25 abr. 2025).

com os pacientes, incentivando-os a ouvir música, jogar jogos que estimulam funções cognitivas e realizar exercícios. Pedidos de socorro podem ser feitos pressionando botões ou por comando de voz. O robô também facilita videochamadas, que podem ser realizadas de forma silenciosa, permitindo que os idosos escolham atendê-las com um toque. Caso necessário, o robô pode atender as chamadas automaticamente.[35] Dinsaw proporciona o monitoramento da saúde, contribui para o aumento do bem-estar, além de facilitar a comunicação com os cuidadores e profissionais de Saúde.

Figura 5.5 – Robô Dinsaw posicionado em um móvel próximo à cama.

Fonte: Reproduzida de Dinsaw mini Elderly Care. Disponível na Internet: https://www.dinsaw.com/en/home-english/ (25 abr. 2025)..

Apresentamos alguns exemplos de robôs, mas existem muitos outros modelos com diferentes funções aplicados à assistência em saúde. Com o passar dos anos, há previsão do aumento do número de aplicações de robótica nesse setor.

Contudo, é fundamental que eles atuem como ferramentas de suporte para os profissionais de Enfermagem no cuidado aos pacientes[27] para que possam ser obtidos os melhores resultados assistenciais. Embora os robôs sejam capazes de executar atividades em alta performance, isso se resume a tarefas isoladas para as quais foram programados.

Assim, o desempenho robótico não supera as competências humanas,[25] que são únicas, complexas e insubstituíveis. Aspectos como empatia, percepção, sensibilidade e raciocínio clínico, essenciais na prática de enfermagem, são exclusivos dos seres humanos. Essas particularidades reforçam que o cuidado em Enfermagem não pode ser substituído e completamente automatizado, pois, por mais promissora que seja uma tecnologia, ela nunca eliminará a necessidade da conexão humana.

PERSPECTIVAS DA INTELIGÊNCIA ARTIFICIAL NA ENFERMAGEM

Os avanços dos últimos anos apontam que a IA estará cada vez mais presente na assistência à saúde, especialmente na Enfermagem. Com seus progressos recentes e sua popularização, a IA já impacta o processo de trabalho, as ações de Enfermagem e a dinâmica entre profissionais e pacientes. Há um entendimento consolidado segundo o qual as ferramentas de Saúde impulsionadas por IA têm o potencial de aumentar a qualidade da assistência.[6]

Nesse contexto, é essencial que os profissionais de Enfermagem aprofundem seu conhecimento sobre essa tecnologia e discutam as melhores estratégias para sua implementação no processo de cuidado.[6] Além disso, cabe aos enfermeiros assumir o papel de coordenadores das aplicações de IA, liderando iniciativas que alinhem o uso da tecnologia às necessidades assistenciais.[36,37]

A participação dos profissionais de Enfermagem na idealização e no desenvolvimento das aplicações em IA é fundamental para garantir que o uso da tecnologia no ambiente da Saúde respeite os valores da profissão e preserve a relação profissional-paciente.[6] Assim, os modelos de IA poderão ser projetados para atender às demandas assistenciais de forma mais seguira[37] e em consonância com os preceitos éticos e legais da profissão.

Em resumo, a IA, além de sua aplicação prática na atualidade, apresentada ao longo desse capítulo, tem imenso potencial a ser explorado. O rápido desenvolvimento dessa tecnologia torna desafiadora sua inserção em diversas áreas do conhecimento e da prática. Cabe, portanto, ao profissional de Enfermagem assumir o protagonismo na relação com essa tecnologia. Apesar dos desafios, a IA oferece oportunidades significativas para aprimorar processos, revolucionar práticas e impactar positivamente o cuidado em saúde, gerando ganhos de qualidade de vida tanto para os pacientes como para os profissionais envolvidos.

Referências bibliográficas

1. Anbuselvi K. Emerging trend of AI in OBG nursing. International Journal of Obstetrics and Gynaecological Nursing. 2022;4(2):75-8.
2. World Health Organization. Ethics and Governance of Artificial Intelligence for health: WHO guidance. Genebra: OMS, 2021.
3. Carneiro H. A inteligência artificial ao serviço da enfermagem. Servir. 2024;2(07):e34356. Disponível na Internet: https://revistas.rcaap.pt/servir/article/view/34356 (22 abr. 2025).
4. Rosa FOO, Filho ERA. Inteligência artificial na enfermagem: aplicações e benefícios para a prática profissional. Rev. Icesp. 2024;3(1).
5. Silva EM. Enfermagem: ciência e espiritualidade ao cuidar. Revista Ibero-Americana de Humanidades, Ciências e Educação – REASE. 2023;9(9):308-21.
6. Buchanan C, Howitt ML, Wilson R, Booth RG, Risling T, Bamford M. Predicted influences of artificial intelligence on the domains. JMIR Nursing. 2020;3(1):1-15.
7. Ortigosa AM, Granados AM, Hernández EG, Arrastia MR, Padilla CR, Roman P. Applications of artificial intelligence in nursing care: a systematic review. Journal of Nursing Management. 2023;2023(1):1-12.
8. Seibert K, Domhoff D, Bruch D, Althoff MS, Fürstenau D, Biessmann F et al. Application scenarios for artificial intelligence in nursing care: rapid review. J Med Internet Res. 2021;23(11):1-32.
9. Pancho R. The role of AI in modern nursing practice. Australian College of Nursing. Disponível na Internet: https://www.acn.edu.au/nurseclick/the-role-of-ai-in-modern-nursing-practice (22 abr. 2025).
10. Cofen. Resolução Cofen n. 736/2024. Dispõe sobre a implementação do Processo de Enfermagem em todo contexto socioambiental onde ocorre o cuidado de enfermagem, 2024a. Disponível na Internet: https://www.cofen.gov.br/resolucao-cofen-no-736-de-17-de-janeiro-de-2024/ (22 abr. 2025).
11. Brasil. Presidência da República. Lei n. 7.498, de 25 de junho de 1986. Dispõe sobre a regulamentação do exercício da enfermagem e dá outras providências, 1986a. Disponível na Internet: https://www.planalto.gov.br/ccivil_03/leis/l7498.htm (22 abr. 2025).
12. Vitorino LM, Yoshinari Jr GH. A inteligência artificial como aliada na enfermagem brasileira: desafios, oportunidades e responsabilidade profissional. Rev Bras Enferm. 2023;76(3):e760301.
13. Liao P-H, Hsu P-T, Chu W, Chu W-C. Applying artificial intelligence technology to support decision-making in nursing: a case study in Taiwan. Health Informatics Journal. 2015;21(2):137-48.
14. Pereira MO, Ludvich AC, Omizzolo JAE. Segurança do paciente: prevenção de úlcera por pressão em unidade de terapia intensiva. Rev. Inova Saúde. 2016;5(2):29-44.
15. Ghelichkhani P, Esmaeili M, Hosseini M, Khatereh Seylani K. Glasgow Coma scale and FOUR Score in predicting the mortality of trauma patients; a diagnostic accuracy study. Emerg (Tehran). 2018;6(1):e42.
16. Farias EBP, Gatto DDO, Romero M, Moura MLAO, Sassi RJ. Nursing process supported by expert system in the application of the glasgow and braden scales in a Brazilian Public Hospital. Navus. 2021;11:1-16.
17. Sociedade Brasileira de Medicina Tropical. Revolução da inteligência artificial: uso na saúde traz novas possibilidades, 2023a. Disponível na Internet: https://sbmt.org.br/revolucao-da-inteligencia-artificial-uso-na-saude-traz-novas-possibilidades/ (22 abr. 2025).
18. Nogueira AR, Tibiriça CAG, Moura PMRL, Marques WS. O uso da Inteligência Artificial como ferramenta de apoio à gestão das ações em Saúde na Secretaria de Estado da Saúde de Goiás. Rev Cient Esc Estadual Saúde Pública Goiás. 2022;8(e80004):1-15.

19. Rechmann IL. Reflexões acerca do uso da inteligência artificial na assistência ao paciente oncológico. Direito UNIFACS – Debate virtual: 285, 2024. Disponível na Internet: https://revistas.unifacs.br/index.php/redu/article/view/8710 (22 abr. 2025).
20. Ye C, Li J, Hao S, Liu M, Jin H, Zheng Le et al. Identification of elders at higher risk for fall with statewide electronic health records and a machine learning algorithm. 2020;137:1-7.
21. Jain A, Way D, Gupta V, Gao Y, Marinho GO, Hartford J et al. Development and assessment of an artificial intelligence-based tool for skin condition diagnosis by primary care physicians and nurse practitioners in teledermatology practices. JAMA Netw Open. 2021;4(4):e217249.
22. Fabrizzio GC. Enfermagem de precisão e inteligência artificial: variáveis preditoras e modelos de decisão da internação de pacientes infectados pela COVID-19 em Unidade de Terapia Intensiva, 2023a. Disponível na Internet: https://repositorio.ufsc.br/handle/123456789/251579 (22 abr. 2025).
23. Gosak L. Artificial intelligence based prediction models for individuals at risk of multiple diabetic complications: a systematic review of the literature. Journal of Nursing Management. 2022;30(8):3765-76.
24. Chan KS, Chan YM, Tan AHM, Liang S, Cho YT, Hong Q et al. Clinical validation of an artificial intelligence-enabled wound imaging mobile application in diabetic foot ulcers. International Wound Journal. 2021;19(1):114-24.
25. Falcone S. 6 Nurse IA robots that are changing healthcare in 2024. Nurse.Org; 2024a. Disponível na Internet: https://nurse.org/articles/nurse-robots/ (22 abr. 2025).
26. Soriano GP, Yasuhara Y, Ito H, Matsumoto K, Osaka K, Kai Y et al. Robots and robotics in nursing. Healthcare. 2022;10(8),1571.
27. Lamonge AS, Amatus YI. Can human nurses be replaced by humanoids robots? A qualitative research. Proceeding 2 ed. Manado Health Polytechnic International Conference, 2020a. Disponível na Internet: https://ejurnal.poltekkes-manado.ac.id/index.php/PMHP2nd/article/view/942/718 (22 abr. 2025).
28. Duquesne University. Robotics in Nursing, 2020a. Disponível na Internet: https://onlinenursing.duq.edu/blog/robotics-in-nursing/ (22 abr. 2025).
29. Diligent Robots. More than automation. Estados Unidos: Diligent Robots, 2024.
30. Marshall D. Using our moxi: implementing robotics to remove staff delivery tasks. Voice of Nursing Leadership; 14-16, 2022.
31. Wilkinson J. Robear holding a person. Japão: Riken, 2015.
32. Soft Bank Robotics. Japão, 2024.
33. PARO Robots. PARO all over the world. Estados Unidos, 2014.
34. PARO Therapeutic Robot, 2014a. Disponível na Internet: http://www.parorobots.com/ (22 abr. 2025).
35. CT Ásia Robótica Co., Ltd. Dinsaw mini elderly care. AI for home health care for the elderly, patients, and infants – Tailândia, 2025a. Disponível na Internet: https://www.dinsaw.com/en/elderly-care-eng/ (22 abr. 2025).
36. Aydogdu ALF. Inteligência artificial e enfermagem: reflexão sobre o uso de tecnologias no processo de cuidar. Rev. Enf. UFJF. 2024;6(2). Disponível na Internet: https://periodicos.ufjf.br/index.php/enfermagem/article/view/37017 (22 abr. 2025).
37. Scherer JS, Pereira JS, Debastiani MS, Bica CG. Beyond technology: can artificial intelligence support clinical decisions in the prediction of sepsis? Rev. Bras. Enferm. 2022;75(5):e20210586.

CAPÍTULO

6 Diagnóstico 4.0 – Inteligência Artificial na Identificação Precoce e Precisa de Doenças

Márcio Luís Moreira de Souza

"A tecnologia tem todas as respostas, só não sabemos as perguntas."

O Salmão da Dúvida

Douglas Adams

INTRODUÇÃO

A Medicina tem evoluído constantemente ao longo dos séculos impulsionada pela busca por métodos mais precisos e eficazes para o diagnóstico de doenças. Desde os primórdios da prática médica, quando o diagnóstico se baseava principalmente na observação clínica e na experiência empírica dos médicos, até os dias atuais, em que a tecnologia desempenha um papel central, o campo do diagnóstico médico passou por transformações profundas. A introdução de técnicas como a radiografia no final do século XIX e a tomografia computadorizada (TC) na década de 1970 marcou o início de uma nova era, na qual a tecnologia se tornou uma aliada indispensável na identificação de patologias. No entanto, foi com o advento da Inteligência Artificial (IA) que o diagnóstico médico atingiu novo patamar, permitindo não apenas a análise mais rápida e precisa de dados, mas também a detecção de padrões que antes eram invisíveis ao olho humano.

A evolução do diagnóstico médico pode ser dividida em três grandes fases: a era pré-tecnológica, em que o diagnóstico se baseava em sintomas clínicos e exames físicos; a era tecnológica, marcada pela introdução de equipamentos de imagem e exames laboratoriais; e, finalmente, a era digital, na qual a IA e o processamento de grandes volumes de dados estão revolucionando a forma como as doenças são identificadas e tratadas. Nesse contexto, a IA emerge como uma ferramenta poderosa, capaz de analisar milhões de dados em segundos, identificar padrões complexos e fornecer *insights* que podem salvar vidas. A capacidade de processar informações de forma rápida e precisa tem permitido que médicos e profissionais de Saúde tomem decisões mais informadas, o que reduz erros diagnósticos e melhora os resultados para os pacientes.

O impacto da IA na Medicina tem sido particularmente significativo no campo do diagnóstico. Algoritmos de aprendizado de máquina (ML, do inglês *machine learning*) estão sendo usados para analisar imagens médicas, como radiografias, tomografias e ressonâncias magnéticas, com uma precisão que rivaliza e, em alguns casos, supera a de especialistas humanos. Além disso, a IA está sendo aplicada na análise de biomarcadores[i] e em exames laboratoriais, o que permite a detecção precoce de doenças, como câncer e sepse, antes mesmo que os sintomas se manifestem.

A integração da IA no diagnóstico médico também está transformando a forma como os sistemas de Saúde operam. Plataformas como a *IBM Watson Health* e a *Google DeepMind* estão sendo usadas para interpretar prontuários eletrônicos e sugerir diagnósticos com base em grandes volumes de dados clínicos. Dispositivos portáteis, como o *Butterfly iQ*, estão levando o diagnóstico por imagem a regiões remotas e com poucos recursos, democratizando o acesso a tecnologias avançadas. Esses avanços não apenas melhoram a eficiência dos sistemas de Saúde, mas também reduzem custos e ampliam o acesso a cuidados médicos de qualidade.

No entanto, a incorporação da IA no diagnóstico médico não está isenta de desafios. Questões como a privacidade dos dados, a transparência dos algoritmos e a necessidade de validação clínica exigem atenção e discussão.[1] Além disso, a rápida evolução da tecnologia traz consigo questões éticas e regulatórias que precisam ser abordadas para garantir que a IA seja usada de forma responsável e benéfica para a sociedade.[2]

Neste capítulo, exploraremos como a IA está sendo aplicada no diagnóstico médico, discutindo as principais ferramentas e técnicas, casos de sucesso que demonstram o potencial da IA e os desafios que precisam ser superados para que essa tecnologia seja amplamente adotada. Além disso, abordaremos as tendências emergentes, como a IA explicável (XAI, do inglês *explainable AI*), que busca

---

i Indicadores biológicos mensuráveis, como proteínas, genes ou metabólitos, que podem ser utilizados para avaliar processos fisiológicos ou patológicos.

tornar os algoritmos mais transparentes e confiáveis, e a integração da IA com outras tecnologias, como o *big data*, a internet das coisas (IoT) e a computação biológica, que prometem revolucionar ainda mais o campo do diagnóstico médico.

INTELIGÊNCIA ARTIFICIAL APLICADA AO DIAGNÓSTICO MÉDICO

A IA tem se mostrado uma ferramenta transformadora no campo do diagnóstico médico, oferecendo novas possibilidades para a identificação precisa e precoce de doenças. A IA abrange diversas subáreas, cada uma com suas próprias técnicas e aplicações, que vão desde a análise de dados clínicos até a interpretação de imagens médicas e a extração de informações de prontuários eletrônicos. Nesta seção, exploraremos as principais subáreas da IA no diagnóstico médico destacando como elas estão sendo aplicadas na prática clínica e os avanços que estão revolucionando a Medicina.

Aprendizado de máquina

ML é uma das subáreas mais importantes da IA e amplamente utilizada no diagnóstico médico. Ele envolve o treinamento de algoritmos para reconhecer padrões em grandes volumes de dados, permitindo que esses algoritmos façam previsões ou classificações com base em informações históricas. Existem três principais tipos de ML: supervisionado; não supervisionado; e por reforço.

- **Aprendizado supervisionado:** nesse tipo de aprendizado, os algoritmos são treinados com dados rotulados, ou seja, dados que já têm uma classificação conhecida. Por exemplo, um algoritmo pode ser treinado para prever doenças cardiovasculares com base em dados clínicos como idade, pressão arterial, níveis de colesterol e histórico familiar. Um estudo recente demonstrou que algoritmos de aprendizado supervisionado podem prever o risco de infarto com uma precisão superior a 90% utilizando dados de milhares de pacientes.[3]
- **Aprendizado não supervisionado:** diferentemente do aprendizado supervisionado, o aprendizado não supervisionado lida com dados não rotulados dos quais o algoritmo deve identificar padrões e agrupamentos por conta própria. Essa técnica é frequentemente usada para explorar grandes conjuntos de dados clínicos e descobrir relações entre variáveis que podem não ser óbvias.
- **Aprendizado por reforço:** nesse tipo de aprendizado, o algoritmo aprende por meio de tentativa e erro, recebendo recompensas ou penalidades com base em suas ações. Embora menos comum no diagnóstico médico, o aprendizado por reforço tem sido explorado em áreas como a otimização de protocolos de tratamento.[4]

Aprendizado profundo

O aprendizado profundo (DL, do inglês *deep learning*) é uma subárea do ML que utiliza redes neurais artificiais (ANN, do inglês *artificial neural network*) para simular o funcionamento do cérebro humano. Essas redes são compostas por múltiplas camadas de neurônios artificiais,[ii] que permitem a análise de dados complexos, como imagens médicas, com uma precisão impressionante.

Funcionamento das redes neurais profundas:[iii] as redes neurais profundas (DNNs, do inglês *deep neural networks*) são sistemas de ML treinados com grandes volumes de dados, como imagens médicas de raios X, tomografias computadorizadas ou ressonâncias magnéticas. Durante o processo de treinamento, a rede neural aprende a identificar padrões e características relevantes para o diagnóstico médico, como a presença de tumores, fraturas ósseas ou anomalias vasculares. Essa capacidade de reconhecimento de padrões é fundamental para auxiliar profissionais de Saúde na interpretação de exames de imagem com maior precisão e eficiência. A Figura 6.1 ilustra como os sistemas computacionais processam e "enxergam" as imagens médicas. Para isso, utilizam-se displays de *true color* de 24 bits, sistemas de exibição capazes de representar até 16,7 milhões de cores distintas. Essa profundidade de cor permite uma reprodução extremamente fiel e detalhada das imagens e é amplamente empregada em monitores de alta qualidade, fotografia digital e gráficos computacionais. No contexto médico, a fidelidade na representação das cores é essencial para a análise precisa de imagens que, frequentemente, depende de nuances sutis para o diagnóstico. Do ponto de vista computacional, as cores são interpretadas como três matrizes correspondentes aos canais RGB (vermelho, verde e azul). Cada matriz é composta por milhares de linhas e colunas, preenchidas com valores numéricos padronizados que variam entre 0 e 1. Esses valores representam a intensidade de cada cor em um pixel específico, permitindo que a rede neural processe e analise as imagens de forma eficiente.

Aplicações em radiologia, patologia e oftalmologia: o DL tem sido particularmente eficaz na análise de imagens médicas. Na radiologia, algoritmos de DL são usados para detectar câncer de mama em mamografias com uma precisão que rivaliza com a de radiologistas humanos.[6] Na Patologia, redes neurais profundas estão sendo usadas para analisar lâminas de biópsia e identificar células cancerígenas, reduzindo o tempo de diagnóstico de dias para horas.[7] Na Oftalmologia, algoritmos de DL têm sido aplicados para diagnosticar retinopatia diabética a partir de imagens de fundo de olho, com uma precisão de até 98%.[8]

---

ii Neurônios artificiais são unidades computacionais básicas que compõem as redes neurais artificiais. Eles recebem entradas (*inputs*), processam-nas por meio de funções matemáticas (como a soma ponderada e funções de ativação) e produzem uma saída (*output*).

iii Tipo de modelo de aprendizagem automática que imita a forma como o cérebro humano processa a informação.

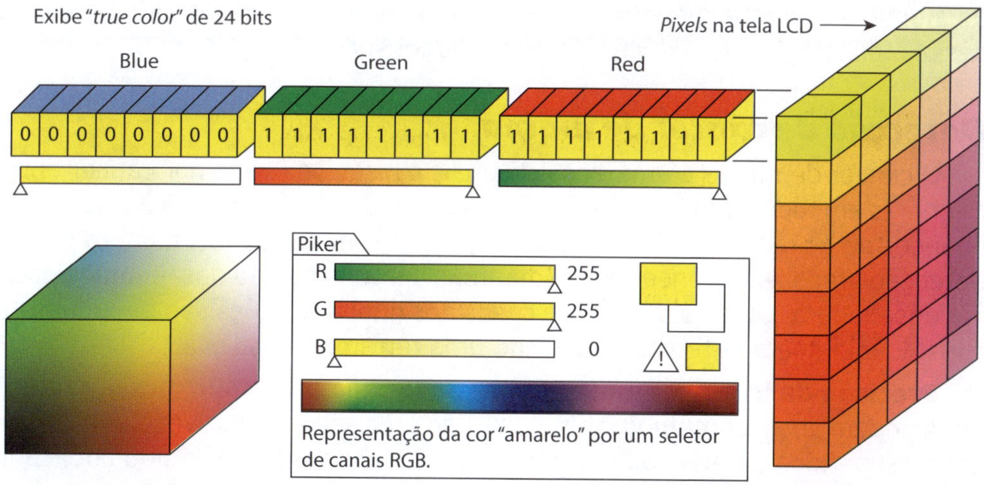

Figura 6.1 – Ilustração de Displays de *true color* de 24 bits que utilizam 8 bits para cada um dos três canais de cores primárias: vermelho; verde; e azul (RGB). Com 8 bits por canal, há 256 tonalidades possíveis para cada cor, resultando em 256^3 combinações de cores.

Fonte: Adaptada de Elshoush HT, Mahmoud MM, Altigani A. A new high capacity and secure image realization steganography based on ASCII code matching. Multimedia Tools and Applications. 2022:1-47.[5]

Processamento de linguagem natural

O processamento de linguagem natural (NLP, do inglês *natural language processing*) é uma subárea da IA que se concentra na análise e interpretação de textos. No contexto do diagnóstico médico, o NLP é usado para extrair informações relevantes de prontuários eletrônicos, relatórios médicos e artigos científicos.

Aplicações no diagnóstico médico: o NLP permite que sistemas de IA analisem grandes volumes de dados textuais, identificando padrões e informações que podem ser usadas para sugerir diagnósticos ou tratamentos.

Integração com prontuários eletrônicos: o NLP também está sendo usado para integrar sistemas de IA aos prontuários eletrônicos, permitindo que os médicos recebam *insights* em tempo real sobre as condições de seus pacientes.[9]

EXEMPLOS DE DIAGNÓSTICOS MELHORADOS PELA INTELIGÊNCIA ARTIFICIAL

A IA tem demonstrado um impacto significativo no diagnóstico médico, especialmente em áreas como Oncologia, Oftalmologia e Patologia. Por intermédio da análise de grandes volumes de dados e da identificação de padrões complexos, a IA está ajudando a melhorar a precisão, a velocidade e a eficiência dos diagnósticos. Nesta seção, exploraremos exemplos concretos de como a IA está sendo aplicada para aprimorar o diagnóstico de doenças como câncer de mama, retinopatia diabética e outras patologias, além de discutir o impacto dessas tecnologias na redução de erros diagnósticos.

Detecção de câncer de mama

O câncer de mama é uma das principais causas de morte por câncer entre mulheres em todo o mundo, e o diagnóstico precoce é crucial para aumentar as chances de tratamento eficaz. A mamografia é o método mais comum para a detecção precoce do câncer de mama, mas a interpretação das imagens pode ser desafiadora, especialmente em casos nos quais as lesões são pequenas ou sutis. É aqui que a IA tem se mostrado uma ferramenta valiosa.

Precisão da IA em mamografias: estudos demonstraram que algoritmos de IA podem analisar mamografias com uma precisão comparável e, em alguns casos, superior à de radiologistas humanos. Por exemplo, um estudo publicado na revista *Nature*, em 2020, avaliou um sistema de IA desenvolvido pelo *Google Health* para a detecção de câncer de mama.[6] O algoritmo alcançou uma precisão de 96% na identificação de câncer a partir de mamografias, enquanto a média dos radiologistas foi de 92%.

Velocidade e eficiência: além da precisão, a IA também oferece ganhos significativos em termos de velocidade. Enquanto um radiologista pode levar vários minutos para analisar uma mamografia, os algoritmos de IA podem processar a mesma imagem em questão de segundos.

Retinopatia diabética

A retinopatia diabética é uma complicação comum do diabetes que pode culminar em cegueira se não for diagnosticada e tratada a tempo. O diagnóstico tradicional envolve a análise de imagens de fundo de olho por oftalmologistas, um processo que pode ser demorado e sujeito a variações na interpretação.

Precisão da IA na detecção de retinopatia diabética: a IA tem se mostrado extremamente eficaz na identificação de retinopatia diabética a partir de imagens de fundo de olho. Um estudo publicado no JAMA, em 2016, avaliou um algoritmo de DL desenvolvido pelo *Google DeepMind*. O algoritmo alcançou uma precisão de 98% na detecção da doença comparável à de oftalmologistas experientes.[10]

Acesso a diagnósticos em regiões remotas: a IA também está ajudando a democratizar o acesso ao diagnóstico de retinopatia diabética, especialmente em regiões com poucos recursos. Por exemplo, na Índia, onde há uma escassez de oftalmologistas, sistemas de IA estão sendo usados para analisar imagens de fundo de olho em clínicas rurais.

Análise de patologias

A análise de patologias, especialmente a identificação de células cancerígenas em biópsias, é uma área na qual a IA está trazendo avanços significativos.

Tradicionalmente, o diagnóstico de câncer a partir de biópsias envolve a análise manual de lâminas por patologistas, um processo que pode levar dias e está sujeito a variações na interpretação.

Aceleração do diagnóstico: algoritmos de IA estão sendo usados para analisar lâminas de biópsia e identificar células cancerígenas com uma precisão impressionante. Por exemplo, um estudo realizado pelo Memorial Sloan Kettering Cancer Center demonstrou que um sistema de IA pode reduzir o tempo de análise de biópsias de dias para horas.[7]

Redução de erros: a IA também está ajudando a reduzir erros diagnósticos na patologia. Um estudo publicado na revista *The Lancet* mostrou que algoritmos de IA podem identificar erros em diagnósticos de câncer de mama que passaram despercebidos por patologistas humanos.[11]

Experimente você mesmo

Neste ponto do livro, espero que já tenha motivação e entusiasmo para começar a imaginar soluções de ML em sua vida profissional. Uma pergunta comum que surge é: "Por onde começar?". Pensando nisso, preparamos uma breve atividade prática e bastante simples para você colocar a mão na massa imediatamente.

Ferramentas como a *Teachable Machine* democratizam o acesso a esse tipo de tecnologia, permitindo que até mesmo pessoas sem experiência em programação criem modelos de predição com qualidade bastante satisfatória. A *Teachable Machine* é uma plataforma desenvolvida pelo *Google* que permite a criação de modelos de ML de forma simples e intuitiva. Ela suporta três tipos de projetos: classificação de imagens; de sons; e de poses. Para o nosso exemplo, focaremos na classificação de imagens, que pode ser usada para criar um modelo de apoio ao diagnóstico médico, identificando lesões de pele ou anomalias em radiografias.

■ *Passo a passo: criação de um modelo de apoio ao diagnóstico com imagens*

1. Acesse a plataforma: entre no site <https://teachablemachine.withgoogle.com/>.
2. Clique em *Get Started* e selecione a opção *Image Project*.
3. Prepare os dados: colete imagens relacionadas ao diagnóstico que deseja realizar. Se desejar, use bancos de dados disponíveis na plataforma *kaggle.com*, como o "Skin Cancer MNIST: HAM10000".[iv]
4. Organize as imagens em pastas separadas por classe (p. ex., "Lesão Benigna" e "Lesão Maligna").

---

iv https://www.kaggle.com/datasets/kmader/skin-cancer-mnist-ham 10000? select=HAM10000_images_part_1

5. Crie as classes: na interface da *Teachable Machine*, adicione uma classe para cada categoria de diagnóstico (p. ex., "Benigna" e "Maligna").
6. Faça o *upload* das imagens correspondentes a cada classe. Você pode arrastar e soltar as pastas ou selecionar as imagens manualmente.
7. Treine o modelo: após adicionar as imagens, clique em *Train Model*.
8. A plataforma usará uma rede neural pré-treinada para aprender a diferenciar as classes com base nas imagens fornecidas.
9. Teste o modelo: após o treinamento, você poderá testar o modelo usando novas imagens. Basta clicar em *Preview* e fazer o *upload* de uma imagem para ver a predição. A *Teachable Machine* exibirá a probabilidade de a imagem pertencer a cada classe.
10. Exporte o modelo: se estiver satisfeito com o desempenho, e desejar, clique em *Export Model*. Escolha o formato de exportação (p. ex., TensorFlow.js, TensorFlow Lite ou um *link* compartilhável). Você pode integrar esse modelo a um aplicativo, *site* ou sistema de diagnóstico.

DIAGNÓSTICO LABORATORIAL, SINAIS VITAIS E BIOMARCADORES

A IA está revolucionando não apenas a análise de imagens médicas, mas também o campo do diagnóstico laboratorial e o monitoramento de sinais vitais. Mediante a análise de grandes volumes de dados de exames laboratoriais e a identificação de biomarcadores preditivos, a IA está permitindo a detecção precoce de doenças e a personalização do tratamento. Além disso, dispositivos vestíveis,[v] como *smartwatches*, estão utilizando IA para monitorar sinais vitais em tempo real, oferecendo alertas precoces para possíveis anomalias.

Análise de exames laboratoriais

Os exames laboratoriais, como hemogramas, exames de urina e análises de fluídos corporais, são ferramentas essenciais para o diagnóstico de uma ampla gama de doenças. No entanto, a interpretação desses exames pode ser complexa, especialmente quando envolve a análise de múltiplos parâmetros e a identificação de padrões sutis que podem indicar doenças em estágios iniciais. A IA está sendo usada para analisar grandes volumes de dados laboratoriais, identificando padrões que podem passar despercebidos pelos métodos tradicionais.

Identificação de doenças em estágios iniciais: algoritmos de IA estão sendo treinados para analisar dados de exames de sangue e urina, identificando padrões que podem indicar doenças como diabetes, doenças renais e até câncer. Por exemplo, a empresa Freenome utiliza IA para analisar exames de sangue e detectar biomarcadores associados ao câncer colorretal em estágios iniciais.

---

v Dispositivos eletrônicos que podem ser usados como acessórios ou roupas. Eles podem coletar dados em tempo real.

Análise de grandes conjuntos de dados: a IA é particularmente útil na análise de grandes conjuntos de dados laboratoriais, como os gerados em hospitais e laboratórios de referência. Algoritmos de ML podem processar milhares de exames em questão de minutos, identificando tendências e anomalias que podem indicar surtos de doenças ou a necessidade de intervenções médicas.

Monitoramento de sinais vitais

O monitoramento contínuo de sinais vitais, como frequência cardíaca, pressão arterial e oxigenação do sangue, é crucial para a detecção precoce de condições médicas graves. Dispositivos vestíveis, como *smartwatches* e monitores de saúde, estão utilizando IA para monitorar esses sinais em tempo real e alertar os usuários e profissionais de Saúde sobre possíveis anomalias.

Smartwatches e dispositivos vestíveis: empresas como Apple, Fitbit e Garmin estão incorporando algoritmos de IA em seus dispositivos para monitorar sinais vitais e detectar condições como arritmias cardíacas, apneia do sono e até sinais precoces de infecções.

Monitoramento em tempo real: a IA também está sendo usada para monitorar sinais vitais em tempo real em ambientes hospitalares. Por exemplo, sistemas de IA podem analisar dados de monitores cardíacos e alertar os médicos sobre mudanças significativas na frequência cardíaca ou pressão arterial de um paciente.

Biomarcadores preditivos

Biomarcadores são substâncias ou características biológicas que podem ser medidas para indicar a presença de uma doença ou o risco de desenvolver uma condição médica. A IA está sendo usada para identificar biomarcadores preditivos, permitindo a detecção precoce de doenças e a personalização do tratamento.

Identificação de biomarcadores para sepse: a sepse é uma condição médica grave que pode causar falência de múltiplos órgãos e morte se não for tratada rapidamente. A IA está sendo usada para identificar biomarcadores preditivos de sepse, como níveis elevados de lactato e proteína C-reativa a partir de exames de sangue. Um exemplo notável dessa aplicação é o robô Laura,[vi] um sistema de IA desenvolvido no Brasil que monitora continuamente dados clínicos de pacientes, como sinais vitais e resultados laboratoriais para detectar precocemente sinais de sepse. O Laura utiliza algoritmos de ML para analisar esses dados em tempo real, enviando alertas automáticos à equipe médica quando identifica padrões associados à sepse.

Biomarcadores para câncer: a IA também está sendo usada para identificar biomarcadores associados ao câncer, permitindo a detecção precoce da

vi https://institutolaura.org

doença. Por exemplo, a empresa Grail utiliza IA para analisar exames de sangue e detectar biomarcadores de câncer em estágios iniciais.

PERSPECTIVAS ATUAIS E FUTURAS

A IA está rapidamente se tornando uma das tecnologias mais transformadoras na Medicina, especialmente no campo do diagnóstico. À medida que a IA continua a evoluir, novas tendências e desafios emergem, moldando o futuro do diagnóstico médico. Nesta seção, exploraremos as tendências atuais, como a XAI e a integração com *big data* e IoT, além de discutir os desafios éticos e regulatórios que precisam ser enfrentados. Por fim, refletiremos sobre o futuro da IA no diagnóstico médico, incluindo o potencial para diagnósticos preditivos e a personalização do tratamento.

IA explicável

Um dos maiores desafios no uso da IA na Medicina é a falta de transparência em como os algoritmos tomam decisões. Muitos modelos de IA, especialmente aqueles com base em DL, funcionam como "caixas pretas", e é difícil entender como chegaram a determinada conclusão. Isso pode ser problemático em um campo como a Medicina, no qual a confiança e a transparência são essenciais.

Importância da XAI: a XAI busca tornar os algoritmos de IA mais transparentes de forma a permitir que médicos e pacientes entendam como as decisões foram tomadas. Por exemplo, em um diagnóstico de câncer de mama a partir de uma mamografia, a XAI pode destacar as áreas da imagem que levaram o algoritmo a suspeitar de um tumor.

Aplicações práticas: a XAI já está sendo usada em várias áreas da Medicina. Por exemplo, sistemas de IA para diagnóstico de retinopatia diabética estão incorporando ferramentas de XAI para mostrar quais partes da imagem de fundo de olho foram usadas para chegar ao diagnóstico.

Integração com big data *e internet das coisas*

A integração da IA com *big data* e IoT está abrindo novas possibilidades para o diagnóstico médico. *Big data* refere-se à análise de grandes volumes de dados, enquanto IoT envolve a conexão de dispositivos médicos à internet para coleta e análise de dados em tempo real.

***Big data* na Medicina:** a IA está sendo usada para analisar grandes conjuntos de dados clínicos, como prontuários eletrônicos, exames de imagem e dados genéticos para identificar padrões que podem indicar doenças.

IoT e monitoramento em tempo real: dispositivos IoT, como monitores cardíacos e *smartwatches*, estão sendo usados para coletar dados de sinais vitais em tempo real. Esses dados são analisados por algoritmos de IA para detectar anomalias e alertar os médicos sobre possíveis problemas.

Desafios éticos e regulatórios

■ *Privacidade dos dados*

Um dos maiores desafios no uso da IA na Medicina é a proteção da privacidade dos dados dos pacientes. A IA depende de grandes volumes de dados para funcionar, mas o uso desses dados pode gerar preocupações sobre segurança e privacidade.

Desafios: o uso de dados médicos sensíveis, como prontuários eletrônicos e exames genéticos, pode expor os pacientes a riscos de violação de privacidade. Além disso, a coleta e o compartilhamento de dados entre instituições podem ser complicados por questões regulatórias, como o Regulamento Geral de Proteção de Dados (GDPR) na Europa.

Soluções: para enfrentar esses desafios, estão sendo desenvolvidas técnicas de anonimização de dados, que removem informações identificáveis dos conjuntos de dados. Além disso, tecnologias como *blockchain* estão sendo exploradas para garantir a segurança e a integridade dos dados médicos.

■ *Vieses algorítmicos*

Outro desafio significativo é a presença de vieses nos algoritmos de IA, que podem resultar em diagnósticos imprecisos ou injustos.

Origem dos vieses: os vieses podem surgir de conjuntos de dados desbalanceados, nos quais certos grupos populacionais estão sub-representados. Por exemplo, se um algoritmo de IA for treinado principalmente com dados de pacientes caucasianos, ele pode não ser tão preciso ao diagnosticar doenças em pacientes de outras etnias.

Mitigação de vieses: para reduzir os vieses, estão sendo desenvolvidas técnicas como rebalanceamento de dados e auditoria algorítmica que visam garantir que os algoritmos sejam justos e precisos para todos os grupos populacionais.

FUTURO DA INTELIGÊNCIA ARTIFICIAL NO DIAGNÓSTICO MÉDICO

Diagnósticos preditivos

No futuro, a IA poderá ser usada para identificar doenças antes mesmo do aparecimento de sintomas. Isso será possível por meio da análise de biomarcadores preditivos e da integração de dados de diversas fontes, como exames laboratoriais, imagens médicas e dispositivos IoT. Empresas como Grail já estão desenvolvendo exames de sangue que usam IA para detectar câncer em estágios iniciais, antes que os sintomas se manifestem. Essa abordagem tem o potencial de revolucionar a Medicina preventiva.

Personalização do tratamento

A IA também está abrindo caminho para a Medicina personalizada, em que os tratamentos são adaptados ao perfil genético e clínico de cada paciente. Algoritmos de IA podem analisar dados genéticos e sugerir tratamentos específicos com base nas características individuais do paciente. Em Oncologia, a IA está sendo usada para identificar mutações genéticas que podem responder a determinados medicamentos, permitindo tratamentos mais eficazes e com menos efeitos colaterais.

Computação biológica

Em 2025, a empresa australiana Cortical Labs marcou um avanço revolucionário na interseção entre biologia e tecnologia com o lançamento do CL1, o primeiro computador que utiliza neurônios humanos. Esse sistema híbrido combina células cerebrais cultivadas em laboratório com *hardware* especializado, permitindo um processamento dinâmico e adaptável que supera os modelos tradicionais de IA. O CL1 emprega *biochips* equipados com microeletrodos para estimular e monitorar a atividade neural, mantendo as células viáveis por até 6 meses graças a uma unidade de suporte que regula temperatura, nutrientes e trocas gasosas (Figura 6.2).

Figura 6.2 – Captura da imagem 3D interativa do equipamento CL1, disponível no site da Cortical Labs, com o *slogan Silicon Meets Neuron* ("silício encontra neurônio"), simbolizando a integração pioneira entre neurônios biológicos e circuitos eletrônicos computacionais.

Fonte: Reproduzida de corticallabs.com.

Essa inovação abre novas possibilidades para a Medicina, incluindo pesquisas em doenças neurológicas, desenvolvimento de medicamentos e Medicina personalizada. Além disso, o CL1 representa uma alternativa mais sustentável à computação de alto desempenho, com menor consumo de energia em comparação às unidades de processamento gráfico (GPUs) convencionais. Com investimentos superiores a 25 milhões de dólares, a Cortical Labs está na vanguarda de uma nova era da computação biológica, que promete transformar não apenas a tecnologia, mas também a pesquisa científica e a prática médica.

CONCLUSÃO

A IA está revolucionando o diagnóstico médico, oferecendo ferramentas poderosas para a identificação precisa e precoce de doenças. Desde a análise de imagens médicas até a interpretação de biomarcadores, a IA tem demonstrado potencial para melhorar a precisão, a velocidade e a eficiência dos diagnósticos. No entanto, é essencial abordar desafios como a privacidade dos dados, a transparência dos algoritmos e os vieses algorítmicos para garantir que essas tecnologias sejam implementadas de forma ética e eficaz.

À medida que a IA continua a evoluir, seu impacto no diagnóstico médico promete transformar a prática clínica e melhorar os resultados para os pacientes. A integração com *big data* e IoT, o desenvolvimento de diagnósticos preditivos e a personalização do tratamento são apenas algumas das tendências que moldarão o futuro da Medicina. A IA não é mais uma promessa distante; ela já está aqui, transformando a Medicina e oferecendo novas possibilidades para o diagnóstico preciso e precoce de doenças.

No futuro, a IA poderá ser usada não apenas para diagnosticar doenças, mas também para prever e prevenir condições médicas antes que elas se manifestem. Essa visão otimista do futuro da Medicina, impulsionada pela IA, nos permite imaginar um mundo onde os diagnósticos são mais rápidos, precisos e acessíveis, e onde os tratamentos são personalizados para atender às necessidades individuais de cada paciente. A IA está, sem dúvida, se tornando uma das grandes singularidades tecnológicas da humanidade, e seu impacto na medicina será sentido por gerações.

Referências bibliográficas

1. General Data Protection Regulation (GDPR). Regulation (EU) 2016/679 of the European Parliament and of the Council, 2016.
2. Salerno J, Coughlin SS, Goodman KW, Hlaing WM. Current ethical and social issues in epidemiology. Annals of epidemiology. 2023;80:37-42.
3. Weng SF, Reps J, Kai J, Garibaldi JM, Qureshi N. Can machine-learning improve cardiovascular risk prediction using routine clinical data? PLoS One. 2017;12(4):e0174944.
4. Mnih V, Kavukcuoglu K, Silver D, Rusu AA, Veness J, Bellemare MG, et al. Human-level control through deep reinforcement learning. Nature. 2015;518(7540):529-33.
5. Elshoush HT, Mahmoud MM, Altigani A. A new high capacity and secure image realization steganography based on ASCII code matching. Multimedia Tools and Applications, 1-47, 2022.
6. McKinney SM, Sieniek M, Godbole V, Godwin J, Antropova N, Ashrafian H et al. International evaluation of an AI system for breast cancer screening. Nature. 2020;577(7788):89-94.
7. Campanella G, Hanna MG, Geneslaw L, Miraflor A, Werneck KSV, Busam KJ et al. Clinical-grade computational pathology using weakly supervised deep learning on whole slide images. Nat Med. 2019;25(8):1301-9.
8. Gulshan V, Peng L, Coram M, Stumpe MC, Wu D, Narayanaswamy A et al. Development and validation of a deep learning algorithm for detection of Diabetic retinopathy in retinal fundus photographs. JAMA. 2016;316(22):2402-10.
9. Jiang F, Jiang Y, Zhi H, Dong Y, Li H, Ma S et al. Artificial intelligence in healthcare: past, present and future. Stroke Vasc Neurol. 2017;2(4):230-43.

10. Gulshan V, Peng L, Coram M, Stumpe MC, Wu D, Narayanaswamy A et al. Development and validation of a deep learning algorithm for detection of diabetic retinopathy in retinal fundus photographs. JAMA. 2016;316(22):2402-10.
11. Hernström V et al. Screening performance and characteristics of breast cancer detected in the mammography screening with artificial intelligence trial (MASAI): a randomised, controlled, parallel-group, non-inferiority, single-blinded, screening accuracy study. The Lancet Digital Health, 2025.

CAPÍTULO

7 Imagens Médicas e Inteligência Artificial – da Radiografia ao Processamento Neural de Imagens por Inteligência Artificial

Dário Nascimento Ferreira Alves
José de Arimateia Batista Araujo-Filho

"Nós não podemos nos deixar ser controlados pelas máquinas que criamos, mas elas farão exatamente o que projetamos para fazer."

Neuromancer

William Gibson

INTRODUÇÃO

A Inteligência Artificial (IA) tem despertado um interesse vertiginosamente crescente no campo da Radiologia nas últimas décadas. Na nova era da Medicina de precisão, os diferentes métodos de imagem têm sido amplamente utilizados para uma abordagem individualizada e integrada dos pacientes. Além disso, ferramentas de IA têm sido amplamente testadas como uma promissora estratégia para lidar com os bancos de dados complexos (*big data*) gerados pela crescente quantidade de imagens, informações e conhecimentos produzidos. Esse avanço é impulsionado, sobretudo, pela necessidade de alcançarmos maiores disponibilidade, eficácia e eficiência dos métodos de imagem na assistência clínica, desde a radiografia até as técnicas avançadas de tomografia computadorizada (TC), ressonância magnética (RM) e Medicina Nuclear (MN).

No entanto, apesar de seu potencial promissor para transformar o diagnóstico por imagem e aprimorar os cuidados em saúde, os sistemas de IA têm sido treinados com base em conjuntos de dados selecionados que podem conter vieses e imprecisões, limitando a reprodutibilidade e a generalização de muitos dos dados até aqui publicados. Esses fatores são atualmente grandes desafios que limitam a implementação de muitas dessas ferramentas na nossa prática clínica. Nesse cenário, é fundamental que os médicos compreendam as aplicações e limitações dessas tecnologias e mantenham-se engajados no desenvolvimento e aprimoramento dessas ferramentas para maximizar seus benefícios e minimizar consequências indesejadas.

Este capítulo aborda o significado e o potencial da IA para a Radiologia moderna, com foco nas oportunidades e desafios que essas ferramentas oferecem para seu desenvolvimento sob a luz de três pilares centrais: prática clínica; educação; e pesquisa.

APLICAÇÕES E OPORTUNIDADES DA INTELIGÊNCIA ARTIFICIAL EM RADIOLOGIA – PRÁTICA CLÍNICA

Gerenciamento de fluxos de trabalho e aquisição de imagens

Ferramentas de IA têm o potencial de auxiliar médicos, particularmente radiologistas, a lidar com a crescente carga de trabalho, otimizando etapas como a definição de protocolos de aquisição e a priorização de exames em listas de trabalho.[1] Essas tarefas e esses processos não diagnósticos compõem os fluxos de trabalho radiológico e são importantes aplicações potenciais da IA para aumentar a agilidade e eficiência da prática clínica diária; em última análise, melhorando o cuidado com os pacientes.

A definição de protocolos de aquisição refere-se à seleção do exame diagnóstico e dos parâmetros técnicos específicos que são ideais para responder à questão diagnóstica em questão. Essa tarefa pode ser demorada, repetitiva e suscetível a erros, sendo atualmente reconhecida como um alvo passível de automação do fluxo de trabalho por meio da aplicação de IA. Técnicas como o processamento de linguagem natural (NLP, do inglês *natural language processing*) e algoritmos de aprendizado profundo (DL, do inglês *deep learning*) têm demonstrado grande eficácia na automatização de protocolos de aquisição de exames, inclusive com potencial na redução de tempo de aquisição, como nos protocolos abreviados de RM, sem comprometer a qualidade diagnóstica das imagens.[2] Mais recentemente, os chamados "modelos de linguagem grandes" (LLMs, do inglês *large language models*) também têm sido testados como uma ferramenta para auxiliar radiologistas na seleção de protocolos de imagem apropriados em diferentes contextos clínicos.[3]

Além disso, algoritmos de IA têm sido aplicados para priorizar estudos com achados críticos ou emergenciais nas listas de trabalho. Por exemplo, sistemas com base em IA demonstraram a capacidade de detectar embolias pulmonares em angiotomografias de tórax e hemorragias intracranianas em tomografias de crânio sem contraste, agilizando a revisão desses casos pelos médicos radiologistas.[4]

Ferramentas com base em modelos semelhantes têm sido também utilizadas para a detectação automatizada de nódulos pulmonares em radiografias e tomografias de tórax no rastreamento de câncer de pulmão (Figura 7.1).

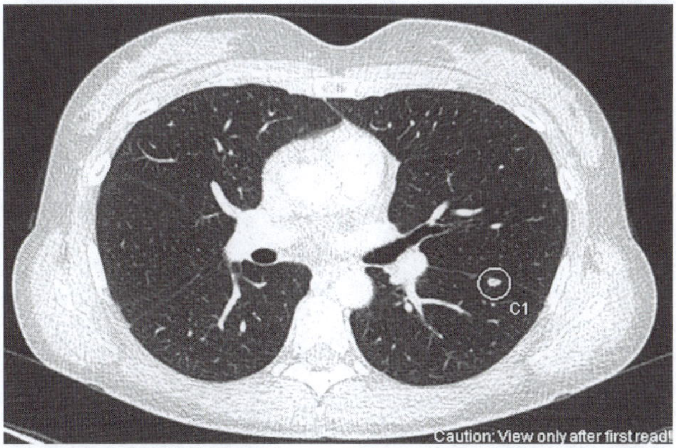

Figura 7.1 – *Software* de detecção assistida por computador (CAD, do inglês *computed-aided detection*) de nódulos pulmonares em uma tomografia de tórax realizada para rastreamento de câncer de pulmão.

Fonte: Acervo da autoria.

Reconstrução e qualidade das imagens

Ferramentas de IA também têm sido utilizadas para o pós-processamento de exames a fim de melhorar a qualidade das imagens e, assim, reduzir as taxas de reconvocação. Vários algoritmos de IA foram desenvolvidos para reduzir artefatos nas imagens, a exemplo dos causados por metal e movimento, assim como para reconstruir imagens diagnósticas de melhor qualidade a partir de imagens de qualidade inferior (Figura 7.2).[1]

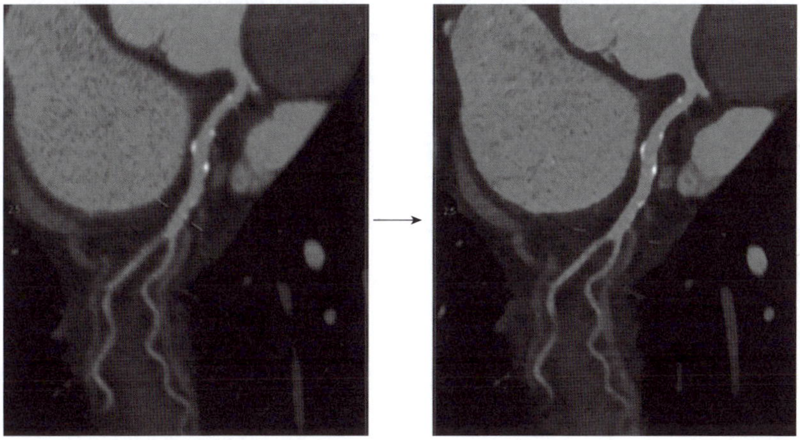

Figura 7.2 – Exemplo de reconstrução de imagem de angiotomografia cardiovascular por *software* de inteligência artificial, melhorando a resolução das imagens.

Fonte: Acervo da autoria.

Nas imagens de TC, a qualidade da imagem e a dose de radiação estão frequentemente inter-relacionadas, e a aplicação de IA na reconstrução de imagens tem o potencial de reduzir a exposição à radiação do paciente ao mesmo tempo que preserva ou aprimora a qualidade diagnóstica das imagens (Figura 7.3). Modelos de aprendizado de máquina (ML, do inglês *machine learning*), como redes neurais convolucionais (CNNs, do inglês *convolutional neural networks*), têm demonstrado eficácia na remoção de ruído em TCs de baixa dose.[4]

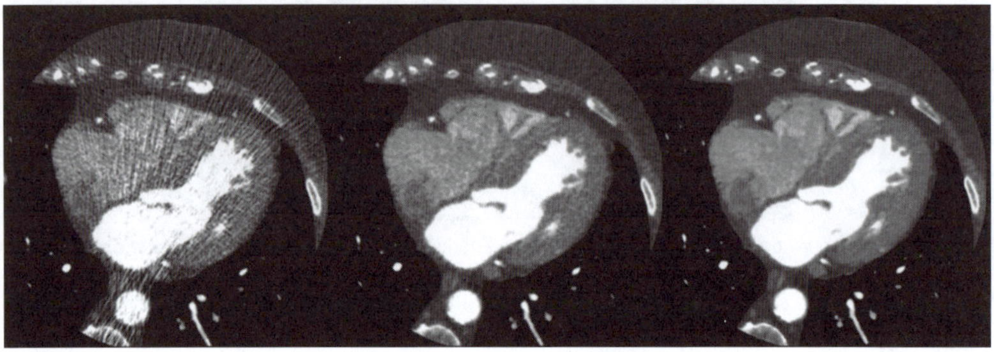

Figura 7.3 – Exemplo de reconstrução de imagem de angiotomografia cardiovascular por *software* de inteligência artificial, com redução de ruídos e artefatos em exame adquirido com baixa radiação.

Fonte: Acervo da autoria.

Em RM, diversos estudos relacionaram o uso de IA a melhorias na velocidade de aquisição das imagens e na preservação de sua qualidade por meio de técnicas como *denoising*, correção de movimento, supressão de artefatos e reconstrução de imagens subamostradas.[4] Essas abordagens têm o potencial de não apenas otimizar os tempos de exame, mas também o de contribuir para a redução de custos e para o aumento da eficiência no fluxo de trabalho.

Interpretação de imagens e relatórios

Nas últimas décadas, vários estudos descreveram como diferentes ferramentas de IA são capazes de não apenas acelerar a interpretação de imagens complexas, mas também de melhorar a detecção precoce de doenças mediante estratégias de detecção ou diagnóstico assistido por computador (CAD, do inglês *computed-aided diagnosis or detection*).

Nesse contexto, essas tecnologias são usadas como uma ferramenta auxiliar para o radiologista na realização de um diagnóstico, tanto na marcação de áreas anormais para minimizar perdas de achados de interesse como na ajuda ao radiologista para avaliar (incluindo medidas adicionais - Figura 7.4) ou classificar determinado achado.

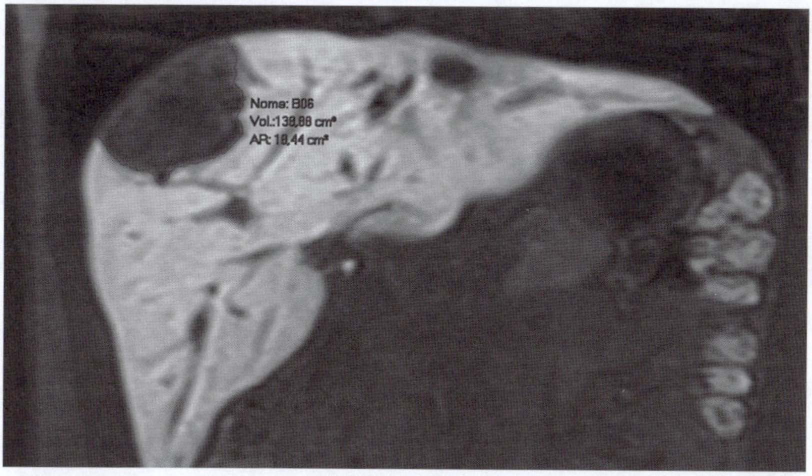

Figura 7.4 – Exemplo de aplicação de *software* de IA para segmentação de imagem, com estimativa automatizada do volume de um nódulo hepático em ressonância magnética abdominal.

Fonte: Acervo da autoria.

Essas aplicações são especialmente úteis em imagem oncológica, em que diversos estudos descreveram excelentes resultados com a segmentação e classificação de diferentes lesões e incluíram, ainda, a predição de fatores prognósticos e de resposta terapêutica.[5]

Radiomics (ou radiômica, em português) corresponde à extração e análise de inúmeras características quantitativas aferidas por uma das modalidades convencionais de imagem (sobretudo TC ou RM) e sua correlação com distintos desfechos clínicos, dados anatomopatológicos ou de resposta terapêutica, por exemplo.[6] Em termos básicos, *radiomics* se fundamenta na análise textural das imagens, avaliando a heterogeneidade de uma área de interesse e a distribuição de pixels ou níveis de cinza de cada imagem, muitas vezes de difícil caracterização pela análise visual convencional. Para esse fim, *radiomics* tem um fluxo de trabalho predeterminado (Figura 7.5), o qual inicia-se com a delimitação de uma área de interesse segmentada (de forma manual, automática ou semiautomática) dentro da imagem da qual um programa de computador extrai inúmeros dados quantitativos, os quais serão processados a partir de modelos estatísticos preditivos e prognósticos. Essa miríade de dados é, então, analisada a partir de uma questão clínica específica como a histologia de um tumor ou a avaliação de uma resposta terapêutica. As informações quantitativas derivadas das imagens são denominadas *features* e podem ser avaliadas e agrupadas de maneiras diferentes, incluindo desde caracteres morfológicos (como forma, localização das lesões, vascularização e presença de necrose) até dados matemáticos mais complexos como construção de histogramas (representação gráfica em colunas ou em barras de determinada distribuição de frequências) e conceitos mais abstratos como aleatoriedade e entropia (Figura 7.6).[6]

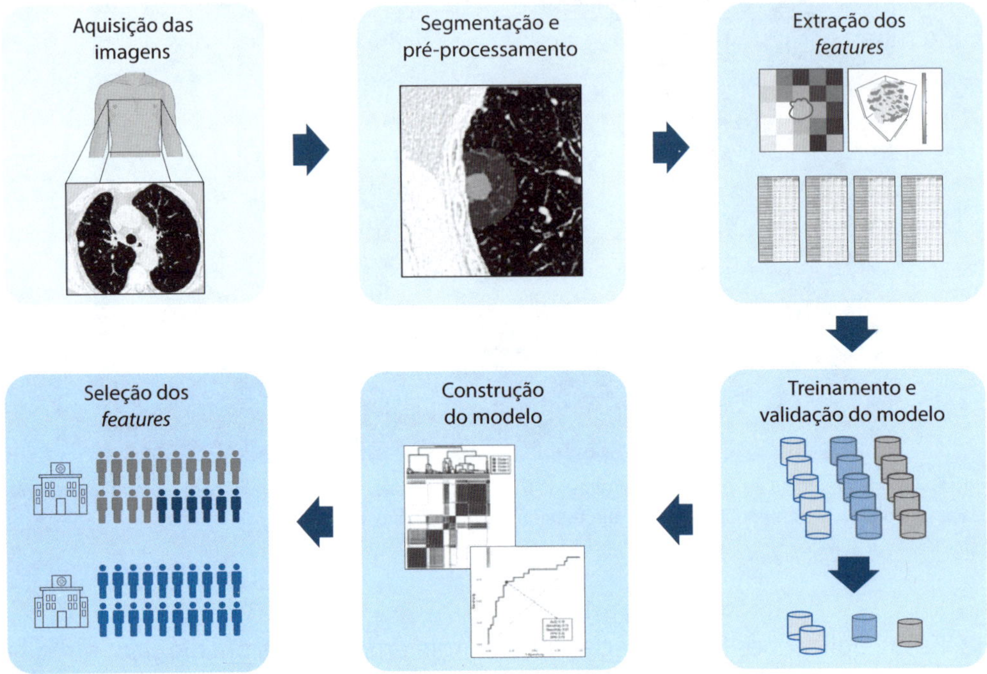

Figura 7.5 – Fluxo de trabalho básico em *radiomics*.

Fonte: Acervo da autoria.

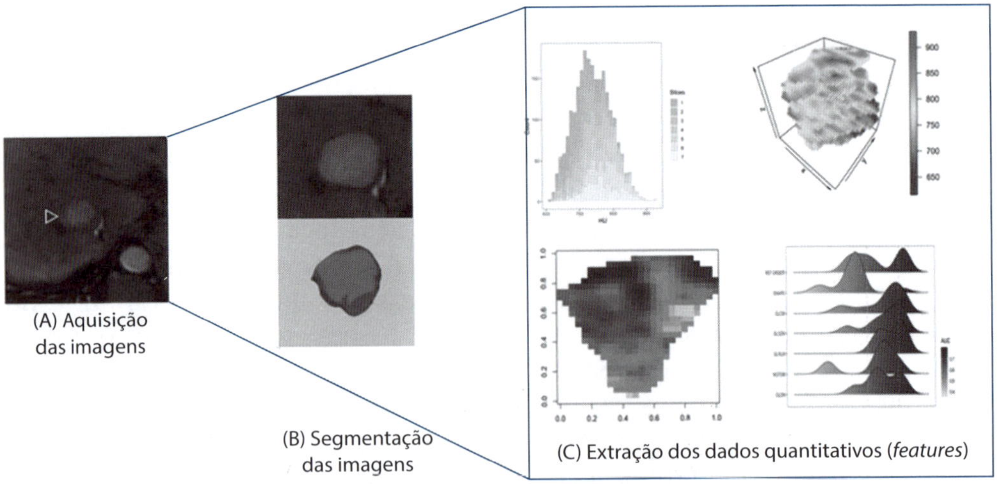

Figura 7.6 – Extração de diferentes dados quantitativos (*features*) por análise textural (*radiomics*) das imagens de ressonância magnética de um tumor hepático [cabeça de seta em (A)]. Note que alguns *features* não têm necessariamente correlação visual.

Fonte: Acervo da autoria.

O conceito de *radiogenomics* (ou radiogenômica, em português) emergiu como uma tentativa de explorar a correlação entre características de imagem e a expressão gênica dessas amostras, utilizando padrões de imagem (ou fenótipos) qualitativos e ou quantitativos para predizer seu perfil genético (o qual ainda tem um alto custo e disponibilidade limitada pelos testes genéticos e moleculares atuais).[7] Para esse fim, características de imagem quantitativas são extraídas (*features* por *radiomics*) e correlacionadas aos perfis genéticos do tecido analisado. O desenvolvimento de ferramentas de perfil radiogenômico de alta qualidade e reprodutibilidade tem grande potencial para incrementar o papel dos biomarcadores de imagem, particularmente em Oncologia. É importante salientar, aqui, que *radiomics* e *radiogenomics* não são sinônimos ou termos intercambiáveis e que, no contexto diagnóstico, *radiogenomics* apenas propõe correlações entre características radiológicas e a expressão molecular dos tumores, não necessariamente causais, e não deve substituir a análise genômica tecidual feita pelos métodos convencionais.[8] No entanto, como análise adicional, *radiogenomics* pode complementar os achados histopatológicos em um futuro próximo, minimizando erros relacionados à amostragem ou à variabilidade interobservador desses achados.

Avanços recentes no NLP e nos LLMs têm o potencial de melhorar ainda mais a qualidade e a eficiência na geração de laudos. Nesse contexto, grandes modelos de linguagem multimodais (Multimodal LLMs) são capazes de processar dados em diferentes modalidades, como texto e imagens, integrando informações de forma semelhante à cognição humana, inclusive gerando relatórios radiológicos semelhantes aos elaborados por radiologistas.[3] Essa abordagem seria capaz de refletir os fluxos diagnósticos convencionais com base em achados clínicos e de imagem para a tomada de decisão. Os LLMs também têm demonstrado alto desempenho na extração e classificação de informações em laudos radiológicos elaborados por humanos, assim como tem sido usado para resumir e simplificar achados de prontuário em uma linguagem mais clara e acessível para os pacientes.[9]

Nos próximos anos, é provável que esses sistemas estejam cada vez mais integrados a ações no visualizador de imagens ou a componentes analíticos de imagens, tornando a tarefa de interpretação mais fluida e eficiente, inclusive com a geração de relatórios automatizados. No entanto, embora esse potencial seja empolgante, é necessária uma validação extensiva para cada caso de uso antes de sua implementação. O limite para um desempenho aceitável depende de vários fatores, incluindo a natureza da aplicação específica, seu uso pretendido e o impacto potencial de erros.[3] É importante salientar que a maioria das aplicações em Radiologia provavelmente exigirá supervisão humana no futuro próximo.

APLICAÇÕES E OPORTUNIDADES DA IA EM RADIOLOGIA: ENSINO E PESQUISA

As ferramentas de IA, sobretudo os LLMs, têm se mostrado ferramentas valiosas para a pesquisa e ensino em Radiologia, atuando como facilitadores em diversas etapas do processo científico e educacional.

Na pesquisa, os LLMs têm se mostrado ferramentas poderosas na realização de tarefas repetitivas e demoradas, como na extração e sumarização de informações, na análise de dados e mesmo na redação científica. Embora não sejam entidades autônomas, esses modelos aumentam significativamente a eficiência desses processos.

O uso de *chatbots* na elaboração de artigos de revisão de literatura radiológica pode ser fundamentado na capacidade avançada dos LLMs na extração e sumarização de dados, mas apresenta limitações pelo risco de informações imprecisas ou inverídicas, incluindo as chamadas alucinações. No entanto, esse risco é minimizado quando essas ferramentas são conectadas a bases de dados científicas previamente curadas e fundamentadas em informações verificadas de forma a ajudar na triagem inicial de artigos e a liberar mais tempo para que os pesquisadores concentrem seus esforços na análise crítica da informação.[3] Além disso, os LLMs podem transformar a análise de dados clínicos e radiológicos com a extração de informações de laudos e prontuários médicos e sua classificação de forma rápida e precisa. Essa automação possibilita uma triagem eficiente dos dados e facilita a identificação de padrões, a exploração de dados e a visualização de informações em análises preliminares, tornando o processo investigativo mais ágil e acessível.

No ensino em Radiologia, os LLMs representam uma ferramenta promissora para aprimorar o aprendizado com o oferecimento de suporte personalizado a estudantes e professores, inclusive com a revisão de conteúdos e o fornecimento de resumos estruturados de artigos científicos e a ajuda na elaboração de apresentações.

A incorporação dessas ferramentas ao ensino e à pesquisa não substitui a *expertise* humana, mas amplia a capacidade analítica e otimiza o tempo dedicado a atividades intelectualmente mais sofisticadas. Dessa forma, os LLMs emergem como aliados estratégicos na produção e disseminação do conhecimento científico em Radiologia.

LIMITAÇÕES E DESAFIOS

Apesar da grande quantidade de publicações científicas acumuladas nas últimas décadas, ainda há um longo caminho a se percorrer antes que muitas das ferramentas de IA aqui descritas sejam implementadas na prática clínica.

Alguns estudos iniciais utilizaram metodologias questionáveis e correções matemáticas que resultaram em resultados excessivamente otimistas, sem validação consistente. Outras limitações foram relacionadas às frequentes variações de protocolos de aquisição de imagens, bem como a diversidade das metodologias utilizadas para extração de *features*, na interpretação dos modelos estatísticos e nas estratégias de validação. Até o presente momento, poucos modelos de IA foram clinicamente validados em grandes bases de dados multi-institucionais, o que limita sua reprodutibilidade e generalização no mundo real. Os algoritmos de ML geralmente requerem grandes volumes de dados rotulados para treinamento, validação e teste. Esse processo demanda tempo e esforço significativo, o que, em certa medida, é desafiador para a construção de grandes bases de dados que representem a diversidade do mundo real (do inglês, *real word data*).

Além disso, desafios técnicos como o *overfitting* e os vieses (*bias*) de treinamento afetam a precisão dos algoritmos.[10] O *overfitting* ocorre quando um modelo identifica padrões irrelevantes como significativos, enquanto o *bias* pode levar a erros quando o algoritmo é aplicado a populações sub-representadas no conjunto de treinamento. A falta de transparência também pode propiciar vieses humanos haja vista que, se os dados de treinamento contiverem distorções, como sub-representação de certos grupos étnicos, esses vieses podem ser reforçados.

Mais recentemente, muito tem se discutido os mecanismos regulatórios e as questões de responsabilidade médico-legal envolvendo IA na assistência médica, inclusive em Radiologia. Vários países propuseram diferentes modelos de regulação do uso de IA na assistência à saúde em diferentes contextos, mas a discussão ainda precisará de tempo, indo além do escopo deste capítulo. Embora ainda estejamos longe de um modelo universal, há um esforço coletivo para que os desenvolvedores de IA forneçam informações claras sobre o propósito de cada ferramenta, os dados utilizados e a lógica por trás das recomendações feitas pelos algoritmos utilizados na área da Saúde.

As responsabilidades médico-legais são também complexas e envolvem questões polêmicas ainda em aberto, especialmente quando relacionadas a diagnósticos equivocados. É preciso lembrar que sistemas de IA são construções matemáticas e, dessa forma, podem eventualmente conter erros. Se a IA for usada apenas para destacar achados para o radiologista, este é responsável pelas decisões tomadas. Entretanto, se a IA atuar como leitor primário, ainda não há legislação clara sobre sua autonomia. Outro dilema é a situação em que o radiologista discorda da IA. Se a IA estiver correta e o radiologista errar, este poderá ser responsabilizado legalmente. Em cenários de alto volume ou de muitos plantões, se a IA for utilizada como leitor primário, o conceito de responsabilidade vicariante pode atribuir os erros do algoritmo ao radiologista supervisor.[10]

Privacidade e propriedade dos dados também são atualmente preocupações críticas uma vez que a implementação da IA na nuvem oferece vantagens operacionais, mas também aumenta o risco de violação de dados. Sabemos que os dados inseridos na maioria dos *chatbots* públicos são coletados e armazenados nos servidores da empresa e podem ser usados para treinar modelos futuros. Dessa maneira, dados sensíveis, especialmente informações pessoais de saúde como imagens radiológicas, nunca devem ser inseridos em bases de dados e ferramentas de IA públicas.

Diante de todos esses desafios, um pronunciamento conjunto de diversas sociedades de Radiologia foi publicado em 2019 e destacou a importância da ética no uso da IA.[11] Segundo esse documento, radiologistas devem compreender os riscos da tecnologia, informar pacientes e outros agentes envolvidos e monitorar continuamente os produtos de IA para evitar danos.

Por fim, parte da publicidade em torno da IA tem desencorajado estudantes de Medicina a seguirem carreira na Radiologia, o que tem contribuído para uma crescente escassez de radiologistas ao redor do mundo. Esse receio foi amplificado por manchetes exageradas, que afirmaram que a IA superaria os radiologistas em certas tarefas, o que ainda não foi comprovado por evidências científicas robustas na imensa maioria de suas aplicações. Para combater esse tipo de desinformação, é essencial que os radiologistas adotem uma abordagem proativa e que a educação em IA seja amplamente incorporada à formação médica.

CONSIDERAÇÕES FINAIS

Na nova era da Medicina de precisão, diferentes abordagens diagnósticas utilizando IA podem, em um futuro próximo, mudar dramaticamente a prática clínica, de ensino e de pesquisa em Radiologia. Embora muitas dessas ferramentas não estejam - ainda - prontas para o uso clínico, professionais de Saúde devem estar conscientes de seus conceitos básicos, potenciais aplicações e limitações para uma análise crítica de seus resultados.

Nesse contexto, a IA não deve ser entendida como um ameaça ou uma estratégia de substituição do trabalho do radiologista, mas sim como uma oportunidade de se incrementar a eficiência e a precisão do papel desses profissionais em uma assistência personalizada aos pacientes, com otimização dos fluxos de trabalho e integração de dados diagnósticos, preditivos e prognósticos. Dessa maneira, o debate das muitas questões em aberto relacionadas a esse tema deve ser extensivamente estimulado em novas publicações científicas, encontros médicos multidisciplinares e, sobretudo, na formação acadêmica de novos profissionais.

Nos próximos anos, a adoção da IA na Radiologia vai, inexoravelmente, enfrentar múltiplas barreiras, incluindo desafios técnicos e éticos. É essencial que a educação em IA seja incorporada à formação médica, que os algoritmos sejam transparentes e equitativos e que a regulação e a legislação acompanhem essa grande revolução tecnológica.

Referências bibliográficas

1. Flory MN, Napel S, Tsai EB. Artificial intelligence in radiology: opportunities and challenges. Semin Ultrasound, CT MRI. 2024;45:152-60. doi: 10.1053/j.sult.2024.02.004.
2. Denck J, Haas O, Guehring J, Maier A, Rothgang E. Automated protocoling for mri exams - challenges and solutions. J Digit Imaging. 2022;35:1293-302. doi: 10.1007/s10278-022-00610-1.
3. Bhayana R. Chatbots and large language models in radiology: a practical primer for clinical and research applications. Radiology. 2024;310:e232756. doi: 10.1148/radiol.232756.
4. Pierre K, Haneberg AG, Kwak S, Peters KR, Hochhegger B, Sananmuang T et al. Applications of artificial intelligence in the radiology roundtrip: process streamlining, workflow optimization, and beyond. Semin Roentgenol. 2023;58:158-69. doi: 10.1053/j.ro.2023.02.003.
5. Koh D-M, Papanikolaou N, Bick U, Illing R, Kahn CE, Kalpathi-Cramer J et al. Artificial intelligence and machine learning in cancer imaging. Commun Med. 2022;2:133. doi: 10.1038/s43856-022-00199-0.
6. Gillies RJ, Kinahan PE, Hricak H. Radiomics: images are more than pictures, they are data. Radiology. 2015;278:563-77. doi: 10.1148/radiol.2015151169.
7. Pinker K, Shitano F, Sala E, Do RK, Young RJ, Wibmer AG et al. Background, current role, and potential applications of radiogenomics. J Magn Reson Imaging. 2018;47:604-20. doi: 10.1002/jmri.25870.
8. Thawani R, McLane M, Beig N, Ghose S, Prasanna P, Velcheti V et al. Radiomics and radiogenomics in lung cancer: a review for the clinician. Lung Cancer; 2018;115:34-41. doi: 10.1016/j.lungcan.2017.10.015.
9. Li H, Moon JT, Iyer D, Balthazar P, Krupinski EA, Bercu ZL et al. Decoding radiology reports: potential application of OpenAI ChatGPT to enhance patient understanding of diagnostic reports. Clin Imaging. 2023;101:137-41. doi: 10.1016/j.clinimag.2023.06.008.
10. Mello-Thoms C, Mello CAB. Clinical applications of artificial intelligence in radiology. Br J Radiol. 2023;96:20221031. doi: 10.1259/bjr.20221031.
11. Geis JR, Brady AP, Wu CC, Spencer J, Ranschaert E, Jaremko JL et al. Ethics of Artificial Intelligence in radiology: summary of the joint European and North American multisociety statement. Can Assoc Radiol J. 2019;70:329-34. doi: 10.1016/j.carj.2019.08.010.

CAPÍTULO

8 Interpretação de Dados Genômicos – A Inteligência Artificial Desvenda o DNA

Felipe Aristides Simão Neto
Raphael Bruno Amemiya
Ricardo di Lazzaro Filho

"O que acontece quando as máquinas aprendem a criar outras máquinas?"
Ghost in the Shell
Masamune Shirow

INTRODUÇÃO

Desde que Watson e Crick descreveram a estrutura do DNA, o estudo do genoma evoluiu significativamente, culminando no Projeto Genoma Humano, que publicou seus primeiros resultados em 2001. Esse marco ampliou nosso entendimento sobre o DNA e inaugurou a era da genômica moderna. Nos últimos anos, a revolução genômica, impulsionada pelos avanços nas tecnologias de genotipagem e pela capacidade de gerar grandes volumes de dados, transformou profundamente a Medicina. No início, a análise genômica era um processo trabalhoso e demorado, envolvendo técnicas que podiam levar dias para gerar resultados. Hoje, tecnologias como o sequenciamento de nova geração (NGS) e os microarranjos revolucionaram essa área, tornando as análises muito mais rápidas e precisas.[1-3]

Com a expansão dessas tecnologias, a genômica entrou na era do *big data*, caracterizada por conjuntos de dados volumosos e complexos que desafiam os métodos tradicionais de processamento. O conceito de *big data* é, frequentemente, descrito pelos 5Vs: volume; velocidade; variedade; veracidade; e valor. Esses cinco aspectos destacam os desafios e as oportunidades associados ao gerenciamento e à análise de grandes volumes de dados genômicos. O volume refere-se à quantidade massiva de dados gerados, enquanto a velocidade diz respeito à rapidez com que esses dados são produzidos e devem ser processados. A variedade diz respeito à diversidade dos tipos de dados, como genômica, transcriptômica e proteômica, que precisam ser integrados. A veracidade é crucial para assegurar a qualidade e confiabilidade dos dados e o valor está associado ao potencial de transformar essas informações em avanços práticos, como o desenvolvimento de novas terapias ou de diagnósticos mais precisos.[2,4]

Para superar esses desafios, técnicas avançadas de inteligência artificial (IA) têm desempenhado um papel importante. Ferramentas com base em aprendizado de máquina (ML, do inglês *machine learning*) e redes neurais ajudam a identificar padrões e associações cuja detecção seria impossível com métodos convencionais, e isso permitiu avanços significativos na Medicina e na ciência genômica.[4]

Além dos desafios associados ao *big data*, a IA tem desempenhado um papel crucial na transformação da Medicina personalizada e de precisão. Essa área permite a adaptação de tratamentos médicos com base nas variações genéticas individuais. Ao integrar o perfil genético do paciente nas decisões clínicas, a Medicina personalizada oferece meios mais precisos para prevenção, diagnóstico e tratamento.[5] Durante a pandemia de Covid-19, a IA foi importante para o sequenciamento genômico do SARS-CoV-2 e para a rápida identificação de variantes como a Ômicron. Essa aplicação de IA não só ajudou a entender a evolução do vírus, mas também acelerou o desenvolvimento de vacinas e tratamentos eficazes.[6] A IA também tem sido aplicada com sucesso na interpretação de variantes genéticas em doenças raras e complexas. Ferramentas computacionais possibilitam a priorização de variantes, identificando as alterações genéticas mais relevantes para diagnósticos rápidos e precisos, especialmente em contextos críticos, como nas unidades de terapia intensiva neonatal.[7]

Neste capítulo, exploraremos como a IA está moldando o futuro da Medicina e revolucionando a análise genômica. Combinando poder computacional e técnicas de ML, a IA tem viabilizado avanços sem precedentes na interpretação de dados genéticos, propiciando *insights* aprofundados que estão transformando tanto a prática médica como a pesquisa científica.

INTELIGÊNCIA ARTIFICIAL APLICADA À GENÔMICA

O termo "Inteligência Artificial" foi introduzido em 1956, durante o Projeto de Pesquisa de Verão em Inteligência Artificial de Dartmouth. Em termos gerais, IA refere-se ao desenvolvimento de sistemas capazes de simular aspectos da inteligência humana para executar tarefas que, normalmente, requereriam intervenção humana.[8,9] Dentro desse vasto campo, destaca-se o ML, que se concentra em criar modelos capazes de aprender e melhorar continuamente a partir de dados, dispensando a necessidade de programação explícita para cada tarefa.[8]

No contexto genômico, o ML tem exercido um papel essencial na análise e interpretação de grandes volumes de dados. As aplicações vão desde a identificação de variantes genéticas associadas a doenças até a previsão de características fenotípicas ou predisposição a condições complexas. Para entender como esses modelos funcionam, é importante explorar os principais tipos de ML: aprendizado supervisionado; e não supervisionado.

No aprendizado supervisionado, os algoritmos são treinados com dados de entrada que têm saídas conhecidas. O modelo aprende a identificar padrões que conectam essas entradas às saídas, o que permite a predição de novos dados. Esse tipo de aprendizado se divide em dois métodos principais: classificação; e regressão.[10]

Os modelos de classificação são utilizados para prever categorias dos dados de entrada. Por exemplo, no setor de Saúde, eles são usados para classificar tumores como malignos ou benignos a partir de imagens de ressonância magnética. Além disso, os algoritmos também podem aprender, a partir de exemplos rotulados, a identificar os padrões característicos de cada tipo de tumor. Outro exemplo prático é a triagem de pacientes para condições como diabetes ou hipertensão, em que o modelo pode classificar os pacientes, com base em suas características clínicas, como propensos ou não a desenvolver essas doenças. Os modelos de regressão, por sua vez, são usados para fazer previsões de valores contínuos a partir de uma ou mais variáveis.[10] Na genômica, esses modelos são aplicados para prever níveis de expressão gênica ou outras características contínuas, ajudando na compreensão das relações entre variações genéticas e fenotípicas.[10]

O aprendizado não supervisionado difere do aprendizado supervisionado por trabalhar com dados que não têm rótulos ou valores de saída predefinidos. Nessa abordagem, os modelos buscam identificar padrões ou agrupar dados com base em suas características intrínsecas. No setor da Saúde, por exemplo, essa técnica pode ser utilizada para a segmentação de pacientes, agrupando indivíduos com base em sintomas semelhantes, respostas a tratamentos ou padrões genômicos. Esses agrupamentos podem ajudar a identificar novos subtipos de doenças ou personalizar terapias, permitindo que pacientes com genótipos ou fenótipos semelhantes tenham tratamentos mais eficazes.[10]

Redes neurais são um tipo de modelo de ML que se inspira na estrutura e no funcionamento do cérebro humano, sendo compostas por camadas de unidades interconectadas que processam informações e fazem previsões. O aprendizado profundo (DL, do inglês *deep learning*) é uma abordagem que utiliza redes neurais profundas, ou seja, com múltiplas camadas ocultas para modelar e entender padrões complexos em grandes volumes de dados.[11,12] Mais recentemente, a IA tem evoluído para incluir técnicas avançadas como a IA generativa e os modelos de linguagem de grande escala. A IA generativa é projetada para criar dados ou conteúdos, como texto, imagens ou música, com base em padrões aprendidos a partir de grandes volumes de dados. Enquanto os modelos de linguagem de grande escala, como transformadores generativos pré-treinados (GPT, do inglês *generative pre-trained transformer*), são especializados em gerar texto coerente e contextualmente relevante, além de realizar diversas tarefas como tradução, resumo e questionamento, com base em grandes volumes de dados textuais.[13]

A IA tornou-se uma ferramenta essencial na resolução de problemas complexos, possibilitando o processamento, a análise e a interpretação de grandes volumes de dados na genômica, com aplicações que vão desde a descoberta de biomarcadores até a anotação de elementos em sequências genômicas.[9]

Um exemplo da aplicabilidade dessas técnicas está na análise do genoma humano que contém cerca de 3 bilhões de pares de bases, apesar de aproximadamente 99,9% dessa sequência ser idêntica entre os indivíduos, os cerca de 0,1% restantes são responsáveis pelas variações genéticas que tornam cada pessoa única. Existem diversos tipos de variações do DNA, sendo os mais comuns as variantes de nucleotídeo único (SNVs), os *short tandem repeats* (STRs), inserções/deleções (InDels) e a variação no número de cópias (CNVs). Quando uma alteração ocorre na região codificadora de um gene, ela pode modificar a sequência de aminoácidos e, potencialmente, a função da proteína. No entanto, como nem todas as alterações causam doenças ou ocorrem em genes, o termo "variante" é preferido ao termo "mutação".[3]

Os SNVs são variantes nas quais ocorre a troca de uma única base no DNA. Cada SNV reflete uma diferença em uma única base (ou "letra") no DNA, podendo, por exemplo, apresentar um C em uma pessoa e um T em outra em uma posição específica do genoma. Embora existam quatro bases possíveis (A, T, C e G), para cada SNV, geralmente, são observadas duas variações principais. Essas variações, conhecidas como "alelos", representam diferentes formas de uma variante do DNA. O genótipo descreve a combinação de alelos que um indivíduo tem para uma variante específica, sendo um alelo herdado de cada progenitor. Um subtipo de SNVs é conhecido como "polimorfismo de nucleotídeo único" (SNP, do inglês *single nucleotide polymorphisms*). Para que um SNV seja considerado um SNP, ele deve estar presente em pelo menos 1% da população.[3]

Avanços significativos na aplicação de ML à genômica estão na genotipagem dos indivíduos. Na análise de NGS, ferramentas avançadas, conhecidas como *variant calling tools*, são utilizadas para identificar milhares ou até milhões de variantes ao comparar sequências alinhadas com um genoma de referência. Ferramentas como o *Genome Analysis Toolkit* (GATK) e o *DeepVariant* têm sido amplamente utilizadas.[11]

Na tecnologia de arranjo de SNP, são empregados modelos para determinar os genótipos das amostras com base nos sinais capturados pelos equipamentos. Empresas como Thermo Fisher Scientific e Illumina têm suas próprias metodologias de analisar esses sinais para identificar os genótipos. Em geral, o processo de genotipagem de SNP usa a tecnologia de hibridização para detectar as variantes alélicas. Para cada SNP, são sintetizados dois oligonucleotídeos (sondas), que capturam variantes denominadas "alelo A" e "alelo B". Os genótipos possíveis para um SNP são AA, AB e BB, representando as combinações de alelos herdados de ambos os pais. A hibridização fluorescente permite que as amostras de DNA se liguem às sondas, e a intensidade da fluorescência gerada indica a quantidade de cada alelo presente. Por fim, um algoritmo de agrupamento organiza os sinais fluorescentes em grupos distintos para determinar o genótipo de SNP analisado.[14]

A genotipagem é amplamente utilizada pela academia e por empresas para diversas finalidades, como ancestralidade genética, análise de parentesco, estudos de associação genética e avaliação de riscos e causas de doenças. No contexto clínico, um profissional de Saúde pode prescrever um teste para um paciente com uma condição médica específica ou histórico familiar. Após a coleta da amostra, a análise laboratorial e bioinformática é realizada, e o médico recebe um relatório detalhado, que auxilia na tomada de decisões informadas sobre os cuidados médicos.[15]

Paralelamente, os avanços tecnológicos e o crescente interesse dos consumidores deram origem às empresas de testes genéticos Direct-to-Consumer (DTC). Essas empresas, como 23andMe, AncestryDNA e a brasileira Genera, oferecem testes genéticos diretamente ao consumidor, eliminando a necessidade de intermediação de um profissional de Saúde. O consumidor coleta a amostra usando um *kit* de autocoleta e a envia para a empresa. Após o processamento laboratorial e análise dos dados, os resultados são disponibilizados diretamente ao cliente. Esses testes genéticos DTC atendem a diferentes finalidades, incluindo análise de ancestralidade e parentesco, bem-estar e estilo de vida, além de avaliações de risco de doenças e outras condições de saúde.[15]

No Brasil, a Genera se consolidou como pioneira no segmento de testes genéticos DTC, tendo analisado mais de 350 mil clientes. Em 2024, a empresa publicou um estudo intitulado *Motivations, perceptions and impacts of direct-to-consumer genetic testing among users in Brazil*, no qual avaliou as motivações e os impactos desses testes entre os consumidores brasileiros. As principais motivações para a realização dos testes foram a análise de predisposições genéticas a doenças (87,2%) e a ancestralidade biogeográfica (86,2%). Além disso, 64% dos participantes relataram mudanças positivas em seus hábitos de vida, incluindo ajustes na dieta (38,7%), a realização de *check-ups* regulares (24,2%) e o aumento da atividade física (16,5%). O estudo destaca o potencial desses testes em promover hábitos saudáveis, gerando um impacto positivo na saúde dos consumidores.[16]

A bioinformática desempenha um papel fundamental na análise de dados genéticos, especialmente para entender quais variantes genéticas podem ter impacto na saúde ou em características biológicas. Para isso, os cientistas utilizam ferramentas específicas que ajudam a interpretar e classificar essas variantes, avaliando quais delas podem estar associadas a doenças ou outras condições importantes. Embora essas ferramentas não forneçam diagnósticos sozinhas, elas são muito úteis quando combinadas com outras informações clínicas e laboratoriais, ajudando os profissionais de Saúde a tomarem decisões mais informadas.[17]

Um dos critérios usados pelas ferramentas envolve o estudo de regiões conservadas do DNA, ou seja, partes da sequência genética que se mantiveram praticamente inalteradas ao longo da evolução. Essas regiões, muitas vezes, desempenham funções cruciais no organismo. Quando ocorre uma alteração nessas áreas, ela pode afetar a função de proteínas importantes, contribuindo para o surgimento de doenças. Um exemplo de ferramenta utilizada para avaliar o impacto dessas alterações é o *Sorts Intolerant from Tolerant* (SIFT). Essa ferramenta ajuda a prever se uma mudança em um aminoácido é tolerável ou se pode prejudicar a função da proteína.[17]

Mudanças em regiões não conservadas também podem alterar a estrutura tridimensional da proteína e comprometer sua atividade. Por exemplo, ferramentas como *PolyPhen-2*, desenvolvida pela Universidade de Harvard, avaliam o impacto das variantes genéticas na forma e função das proteínas. Essa ferramenta considera informações como a posição da variante, características químicas e a estabilidade estrutural da proteína para classificá-la como benigna ou possivelmente patogênica.[17]

Além disso, o processo de *splicing*, responsável pela remoção de íntrons e pela junção de éxons, também pode ser afetado por variantes genéticas. Ferramentas como o SpliceAI, com base em rede neural profunda, foram criadas para prever o impacto de variantes no *splicing*. Essa ferramenta gera uma pontuação que indica a probabilidade de uma variante comprometer esse processo.[17]

Nos testes de ancestralidade genética, a bioinformática também desempenha um papel importante. Diversas abordagens baseadas em ML têm sido propostas para melhorar a precisão e eficiência dessas análises. Esses métodos treinam algoritmos com dados genéticos de diferentes populações para estimar as origens ancestrais de outros indivíduos. Um exemplo é o Neural ADMIXTURE, que utiliza redes neurais para expandir a abordagem tradicional usada no programa ADMIXTURE, reduzindo significativamente o tempo de processamento. Isso é crucial considerando-se o aumento de tamanho dos conjuntos de dados genéticos.[18]

Na análise de ancestralidade local, quando o interesse é determinar a ancestralidade ao longo dos cromossomos, ferramentas avançadas como o RFMix,[19] o Loter[20] e os modelos com base em redes neurais LAI-Net[21] e SALAI-Net[22] têm demonstrado resultados robustos em estudos populacionais.

Além da ancestralidade, outra aplicação fundamental da bioinformática e do ML é a predição de riscos genéticos. Tradicionalmente, Escores Genéticos são calculados a partir da somatória dos efeitos genéticos de variantes em relação a um fenótipo específico. Esses efeitos, obtidos de Estudos de Associação Ampla do Genoma (GWAS, do inglês *Genome-wide Association Study*), indicam a contribuição de cada variável para a predição da condição analisada. Atualmente, modelos de ML têm sido propostos para realizar predições de risco com base no perfil genético de indivíduos, utilizando modelos como redes neurais, regressões, modelos com base em árvores ou combinações de vários modelos. Além disso, para lidar com desafios como a alta dimensionalidade dos dados e evitar o sobreajuste, técnicas de regularização, como Lasso e Ridge Regression, têm sido amplamente utilizadas. Essas técnicas ajudam a selecionar as variáveis mais relevantes, reduzindo o impacto de informações menos informativas, permitindo que os modelos lidem com um número maior de variantes genéticas e com interações complexas, aprimorando a precisão das predições de risco genético.[23,24]

LIMITAÇÕES

Desafio operacional

Um dos principais desafios técnicos é a interoperabilidade insuficiente dos dados clínicos e genômicos. A variabilidade nos formatos de dados e falta de padronização entre sistemas tornam difícil integrar informações de diferentes fontes, como registros eletrônicos de saúde e bancos de dados genômicos. Isso pode limitar a capacidade de obter *insights* significativos e de aplicar descobertas genômicas em ambientes clínicos. Além disso, é necessária a capacitação dos profissionais da Saúde para interpretação dos resultados.[25]

Representatividade dos dados

Outro desafio importante é a representatividade populacional em conjuntos de dados genéticos, especialmente em análises como imputação genômica, ancestralidade genética e escores poligênicos (PGS, do inglês *polygenic score*). O desempenho de modelos treinados para inferir ancestralidade, por exemplo, depende da diversidade das populações presentes nos dados de treinamento. Ferramentas de imputação genômica, que preenchem lacunas em dados incompletos, também necessitam de conjuntos de referência que representem adequadamente a população-alvo para oferecer inferências precisas e aplicáveis. A falta de diversidade nos dados pode, portanto, limitar a acurácia e a aplicabilidade desses modelos, especialmente em populações sub-representadas, como as africanas e latino-americanas.[26,27]

Os PGS têm grande potencial para avançar a Medicina de Precisão, possibilitando a identificação de indivíduos de alto risco que poderiam se beneficiar de intervenções preventivas específicas. Contudo, mais de 85% dos GWAS realizados até hoje foram conduzidos em populações de ancestralidade europeia. Diferenças na frequência e no efeito dos alelos de risco, bem como variações no padrão de desequilíbrio de ligação entre populações, podem comprometer a precisão dos PGS quando estes são transferidos para populações diferentes daquelas para as quais foram construídos, o que pode agravar as disparidades em saúde. Essa preocupação tem motivado iniciativas para desenvolver bases de dados com maior diversidade populacional e modelos para melhorar a aplicabilidade dos PGS entre diferentes populações.[27]

Interpretabilidade e explicabilidade dos modelos

O uso de modelos de IA na genômica traz receios sobre a interpretação dos resultados, especialmente em métodos de DL, frequentemente tratados como "caixas-pretas" em razão de sua complexidade. Esses modelos oferecem predições precisas, mas, em geral, sem explicar claramente como ou por que uma determinada decisão foi tomada, o que é uma limitação em áreas sensíveis como a Biomedicina, em que é fundamental entender a relação entre dados genômicos e o desenvolvimento de doença.[28]

Para lidar com essa falta de transparência, surgiram abordagens que promovem a explicabilidade e a interpretabilidade dos modelos. Métodos explicáveis permitem, após o treinamento do modelo, verificar quais variáveis influenciam as predições, como é o caso do *Shapley Additive Explanations* (SHAP) e do *DeepLIFT*. Essas técnicas ajudam a identificar quais características genômicas mais influenciaram as predições do modelo, com maior transparência e auxiliando na validação dos resultados.[28]

Além disso, modelos interpretáveis são projetados para serem compreensíveis desde sua concepção com arquiteturas que facilitam a análise de variáveis e parâmetros. Um exemplo são redes neurais parcialmente conectadas que utilizam informações biológicas conhecidas para organizar suas estruturas. Isso facilita a análise e a interpretação dos resultados e permite uma compreensão mais detalhada das interações genômicas e de suas implicações clínicas.[28]

Privacidade dos dados

Há também importantes preocupações sobre a privacidade dos indivíduos que contribuem com seus dados genômicos para pesquisas. Para garantir a proteção dessas informações sensíveis, tanto a indústria como a academia têm investido em técnicas avançadas de preservação da privacidade. Diversas soluções têm sido propostas para a proteção da privacidade em diferentes áreas e podem ser aplicadas na genômica, incluindo técnicas criptográficas, privacidade diferencial, aprendizado federado e abordagens híbridas.[29]

FUTURO DA MEDICINA GENÔMICA

O futuro da Medicina 4Ps (preditiva, preventiva, personalizada e participativa) promete uma transformação profunda com o avanço da IA na genômica. A IA já permite uma análise detalhada do perfil genético individual, identificando variações genômicas e suas relações com doenças complexas, o que possibilita uma Medicina preditiva mais eficaz, capaz de antecipar condições de saúde antes do aparecimento dos sintomas. Na Medicina preventiva, a IA facilita o desenvolvimento de intervenções personalizadas, ajustadas ao perfil genético de cada pessoa, para minimizar riscos e promover um cuidado mais proativo.[30]

Além disso, a Medicina personalizada se beneficia da IA por meio de modelos que ajudam a prever como cada paciente responderá a medicamentos e terapias, permitindo tratamentos mais eficazes e ajustados ao perfil molecular individual. Já na Medicina participativa, ferramentas com base em IA capacitam os pacientes a monitorarem sua saúde em tempo real e participarem ativamente das decisões de tratamento. Esses avanços são impulsionados pelo crescimento de grandes bancos de dados genômicos e fenotípicos, como o UK Biobank e o All of Us Research Program, que oferecem dados massivos para o treinamento e a validação de modelos de IA.[30]

A integração de diferentes tipos de dados, como DNA, RNA, epigenética, registros de saúde, exames de imagens e outros exames clínicos, está no centro dessas novas aplicações, permitindo identificar biomarcadores e padrões cuja detecção seria impossível com métodos tradicionais. No entanto, o sucesso desses avanços depende também da disponibilidade de dados fenotípicos confiáveis e da superação de desafios como a variabilidade de dados e a necessidade de interpretabilidade dos modelos de IA.[30,31] Além disso, o uso de algoritmos explicáveis é essencial para garantir que profissionais de Saúde compreendam e utilizem os resultados de IA com segurança. A regulação e a padronização de modelos de IA para uso clínico são passos fundamentais para assegurar que essas inovações beneficiem diretamente a prática médica, permitindo uma Medicina 4P mais eficiente, direcionada e centrada no indivíduo.

Referência bibliográficas

1. Alharbi WS, Rashid M. A review of deep learning applications in human genomics using next-generation sequencing data. Human Genomics. 2022;16(1):26.
2. Hassan M, Awan FM, Naz A, deAndrés-Galiana EJ, Alvarez O, Cernea A et al. Innovations in genomics and big data analytics for personalized medicine and health care: a review. International journal of molecular Sciences. 2022;23(9):4645.
3. Kockum I, Huang J, Stridh P. Overview of genotyping technologies and methods. Current Protocols. 2023;3(4):e727.
4. He KY, Ge D, He MM. Big data analytics for genomic medicine. International Journal of Molecular Sciences. 2017;18(2):412.

5. Abdelhalim H, Berber A, Lodi M, Jain R, Nair A, Pappu A et al. Artificial intelligence, healthcare, clinical genomics, and pharmacogenomics approaches in precision medicine. Frontiers in Genetics. 2022;13:929736.
6. Bagabir SA, Ibrahim NK, Bagabir HA, Ateeq RH. Covid-19 and artificial intelligence: genome sequencing, drug development and vaccine discovery. Journal of Infection and Public Health. 2022;15(2):289-96.
7. De La Vega FM, Chowdhury S, Moore B, Frise E, McCarthy J, Hernandez EJ et al. Artificial intelligence enables comprehensive genome interpretation and nomination of candidate diagnoses for rare genetic diseases. Genome Medicine. 2021;13:1-9.
8. Aradhya S, Facio FM, Metz H, Manders T, Colavin A, Kobayashi Y et al. Applications of artificial intelligence in clinical laboratory genomics. In: American Journal of Medical Genetics Part C: Seminars in Medical Genetics; Hoboken, USA: John Wiley & Sons, Inc. 2023;193(3):e32057.
9. Guo K, Wu M, Soo Z, Yang Y, Zhang Y, Zhang Q et al. Artificial intelligence-driven biomedical genomics. Knowledge-Based Systems: 110937,2023.
10. Sarker IH. Machine learning: algorithms, real-world applications and research directions. SN computer science. 2021;2(3):160.
11. Gomes B, Ashley EA. Artificial intelligence in molecular medicine. New England Journal of Medicine. 2023;388(26):2456-65.
12. Abass YA, Adeshina SA. Deep learning methodologies for genomic data prediction. Journal of Artificial Intelligence for Medical Sciences. 2021;2(1-2):1-11.
13. Rashidi HH, Pantanowitz J, Chamanzar A, Fennell B, Wang Y, Gullapalli RR et al. Generative artificial intellegence (AI) in pathology and medicine: a deeper dive. Modern Pathology: 100687,2024.
14. Patel H, Lee SH, Breen G, Menzel S, Ojewunmi O, Dobson RJ. The Copilot raw Illumina genotyping QC protocol. Current protocols; 2022;2(4):e373.
15. Oh B. Direct-to-consumer genetic testing: advantages and pitfalls. Genomics & Informatics. 2019;17(3).
16. Penna LS, Amemiya RB, Pires T, Bonasser LS, Carvalheira L, Fridman C et al. Motivations, perceptions and impacts of direct-to-consumer genetic testing among users in Brazil. Journal of Community Genetics: 1-9,2024.
17. Garcia FA, Andrade ES, Palmero EI. Insights on variant analysis in silico tools for pathogenicity prediction. Frontiers in genetics; 2022;13:1010327.
18. Dominguez MA, Mas MD, Bustamante CD, Giró-i-Nieto X, Ioannidis AG. Neural ADMIXTURE for rapid genomic clustering. Nature computational science; 2023;3(7):621-9.
19. Maples BK, Gravel S, Kenny EE, Bustamante CD. RFMix: a discriminative modeling approach for rapid and robust local-ancestry inference. The American Journal of Human Genetics. 2013;93(2):278-88.
20. Dias-Alves T, Mairal J, Blum MG. Loter: a software package to infer local ancestry for a wide range of species. Molecular biology and evolution. 2018;35(9):2318-26.
21. Montserrat DM, Bustamante C, Ioannidis A. Lai-net: local-ancestry inference with neural networks. InICASSP 2020-2020 IEEE International Conference on Acoustics, Speech and Signal Processing, ICASSP: 1314-8,2020.
22. Oriol SB, Mas MD, Giro-i-Nieto X, Ioannidis AG. SALAI-Net: species-agnostic local ancestry inference network. Bioinformatics; 2022;38(2):ii27-33.
23. Choi SW, Mak TS, O'Reilly PF. Tutorial: a guide to performing polygenic risk score analyses. Nature protocols. 2020;15(9):2759-72.
24. Ho DS, Schierding W, Wake M, Saffery R, O'Sullivan J. Machine learning SNP based prediction for precision medicine. Frontiers in genetics. 2019;10:267.
25. Ahmed MI, Spooner B, Isherwood J, Lane M, Orrock E, Dennison A. A systematic review of the barriers to the implementation of artificial intelligence in healthcare. Cureus. 2023;15:(10).

26. Bai WY, Zhu XW, Cong PK, Zhang XJ, Richards JB, Zheng HF. Genotype imputation and reference panel: a systematic evaluation on haplotype size and diversity. Briefings in bioinformatics. 2020;21(5):1806-17.
27. Kachuri L, Chatterjee N, Hirbo J, Schaid DJ, Martin I, Kullo IJ et al. Principles and methods for transferring polygenic risk scores across global populations. Nature Reviews Genetics. 2024;25(1):8-25.
28. Conard AM, DenAdel A, Crawford L. A spectrum of explainable and interpretable machine learning approaches for genomic studies. Wiley Interdisciplinary Reviews: Computational Statistics. 2023;15(5):e1617.
29. Torkzadehmahani R, Nasirigerdeh R, Blumenthal DB, Kacprowski T, List M, Matschinske J et al. Privacy-preserving artificial intelligence techniques in biomedicine. Methods of information in medicine; 2022;61(S01):e12-27.
30. Collatuzzo G, Boffetta P. Application of P4 (predictive, preventive, personalized, participatory) approach to occupational medicine. La Medicina del lavoro. 2022;113(1).
31. Dias R, Torkamani A. Artificial intelligence in clinical and genomic diagnostics. Genome medicine. 2019;11(1):70.

CAPÍTULO

9 Terapias Personalizadas – Tratamentos Sob Medida com Inteligência Artificial

Felipe Ferré

"Nas ciências cognitivas, um outro elo é pesquisado entre o cérebro, órgão biológico, a mente, entidade antropológica, e o computador, inteligência artificial."

A cabeça bem-feita: repensar a reforma, reformar o pensamento

Edgar Morin

A informática em Saúde amplia o ferramental tradicional para o desenvolvimento de novos medicamentos. A Saúde ou Medicina de precisão refere-se à personalização de tratamentos e intervenções com base em características individuais, como perfil genético, ambiental e comportamental. Essa abordagem visa otimizar a eficácia e minimizar os riscos associados às terapias por adaptar as estratégias às particularidades de cada paciente.

A descoberta de medicamentos é o processo que busca identificar, projetar e desenvolver novos agentes terapêuticos para tratar, melhorar ou prevenir doenças. Embora frequentemente descrita como um *pipeline* (fluxo de trabalho) linear, que vai de moléculas iniciais a fármacos comercializados, trata-se de um processo iterativo e multifacetado que envolve etapas como identificação de alvos, pesquisa básica, desenvolvimento de biomarcadores, otimização de compostos, estudos pré-clínicos e clínicos, revisão regulatória e monitoramento pós-comercialização.

Técnicas como modelagem computacional, Química Farmacêutica, triagem em larga escala e ensaios biológicos são usadas para selecionar compostos promissores e avaliar sua segurança, eficácia e propriedades farmacocinéticas, destacando as interdependências e a complexidade desse ciclo.[1]

PESQUISA DE FÁRMACOS E DE MEDICAMENTOS COM O ADVENTO DA INFORMÁTICA

No desenvolvimento de medicamentos, os métodos de pesquisa *in vitro*, *in vivo*, *in populo* e *in silico* oferecem abordagens complementares e todas elas se beneficiam do uso da Bioinformática e Inteligência Artificial.

Ensaios *in vitro* avaliam mecanismos moleculares em ambientes controlados, enquanto estudos *in vivo* validam eficácia e segurança em organismos vivos. Os estudos *in populo* analisam populações humanas para investigar, por exemplo, interações medicamentosas e eventos adversos no mundo real. Os ensaios *in silico* utilizam simulações computacionais para integrar dados e prever toxicidade, eficácia e interações, acelerando e reduzindo custos na descoberta ou invenção de medicamentos.

Um novo medicamento nasce na pesquisa básica, passa pela pesquisa pré-clínica até seu registro sanitário após cumprir a fase III da pesquisa clínica. Na Fase IV, conhecida como "pós-mercado", ocorrem estudos observacionais com o uso por uma população em maior escala. O Quadro 9.1 resume as etapas para um medicamento adquirir força da evidência, identificando-se evidências diretas (ensaios clínicos), mecanicistas (conexões causais) e paralelas (replicabilidade e consistência).

Quadro 9.1 – Modalidades de pesquisa farmacológica para o desenvolvimento de novos medicamentos

- **Pesquisa básica:** explora aspectos farmacológicos, fisiológicos e patológicos para compreender a etiologia das doenças e desenvolver tecnologias inovadoras com estudos experimentais iniciais em ambientes controlados
- **Pesquisa pré-clínica:** realizada em laboratório e em animais, foca na avaliação da segurança, eficácia e nos potenciais efeitos de novos compostos. Ensaios laboratoriais verificam mecanismos moleculares, enquanto estudos em modelos animais simulam condições humanas para viabilizar o planejamento de testes em humanos
- **Pesquisa clínica e epidemiológica:** dividida em quatro fases, testa medicamentos diretamente em humanos:
  - **Fase I:** avalia segurança, metabolismo e efeitos biológicos em voluntários saudáveis
  - **Fase II:** testa a eficácia inicial e define dosagens terapêuticas em pequenas populações
  - **Fase III:** realiza estudos amplos e controlados para aprovar o medicamento, monitorando desfechos clínicos e biomarcadores
  - **Fase IV:** observa usos em larga escala após a comercialização, analisando interações, eventos raros e variações de eficácia

Fonte: Desenvolvido pela autoria.

Os ensaios *in silico* utilizam modelagem computacional e inteligência artificial para simular e prever o comportamento de fármacos em diferentes contextos biológicos e populacionais. Essa abordagem tem revolucionado a descoberta de medicamentos, permitindo a integração de grandes volumes de dados, incluindo dados experimentais, genômicos e populacionais, seja em ambientes controlados para fins de avaliação da eficácia, seja para a efetividade de dados complexos do mundo real ou otimização de tarefas que resultam no acesso eficiente.

Os ensaios *in silico* (*dry lab* ou laboratório seco) são, em geral, mais rápidos do que os tradicionais (*wet lab* ou laboratório molhado), escaláveis e significativamente mais econômicos. Ambos são complementares e, integrados, viabilizam descobertas mais assertivas.

INFORMÁTICA EM SAÚDE E INOVAÇÃO EXPERIMENTAL

Os níveis de pesquisa e controle experimental contam atualmente com a contribuição da informática em Saúde e, dessa forma, requerem políticas de governança, boas práticas e o vocabulário para assegurar a comunicação por mídias digitais. Na governança, são estabelecidas a estratégia de Saúde Digital[2] e a política de informação e informática,[3] bem como o arcabouço normativo para o compartilhamento de dados. Nas boas práticas, são estabelecidos parâmetros de qualidade, bem como monitoramento, avaliação e transparência ativa e padrões de ciência aberta[4] ou fechada. A curadoria da semântica viabiliza a interoperabilidade informacional e, portanto, a interpretação coerente, independentemente do contexto.

Na experimentação *in vitro*, a informática em Saúde contribui na padronização organizando e viabilizando a reutilização de dados laboratoriais produzidos em contextos diferentes. Na *in vivo*, assegura a compatibilidade de dados entre modelos animais e humanos, gerenciando ensaios pré-clínicos e clínicos com rastreabilidade e integridade. Na *in silico*, conecta simulações computacionais a dados biológicos e experimentais, promovendo predições por meio de ontologias e bancos especializados. Por fim, *na in populo*, analisa dados populacionais e epidemiológicos com padrões como SNOMED CT[5] e LOINC[6] para manter a semântica e a reprodutibilidade. Ferramentas como bancos de dados e ontologias, por exemplo, Gene Ontology (GO),[7] garantem a uniformidade e reutilização de informações, enquanto sistemas de Registros Eletrônicos de Saúde (RES) e ferramentas analíticas apoiam ensaios clínicos e pesquisas epidemiológicas.

A informática em Saúde aporta a avaliação de parâmetros farmacológicos sob o acrônimo ADMET (absorção, distribuição, metabolismo, excreção e toxicidade) para determinar a viabilidade e segurança de um candidato a medicamento durante o desenvolvimento deste. Tanto na pesquisa pré-clínica como na clínica, esses parâmetros são analisados por meio de ferramentas que integram dados experimentais, clínicos e computacionais. Bancos de dados especializados, como ChEMBL[8] e PubChem,[9] armazenam informações detalhadas sobre propriedades físico-químicas e farmacocinéticas, facilitando a previsão de absorção e distribuição.

Os conceitos de pesquisa biológica computacional (Bioinformática), fármaco e suas propriedades ADMET, medicamento, aprendizado de máquina e inteligência artificial são pontuados no decorrer do capítulo. O Quadro 9.2 resume os tipos de pesquisa e as contribuições em cada etapa do desenvolvimento de um novo medicamento.

Quadro 9.2 – Tipo de pesquisa e nível de controle experimental

Etapa da pesquisa	*In vitro*	*In vivo*	*In populo*	*In silico*
Pesquisa básica	Avaliação de mecanismos moleculares e biológicos em sistemas laboratoriais	Avaliar veículos e a compatibilidade de excipientes testando a combinação com o princípio ativo para garantir estabilidade e eficácia	Percepção biopsicossocial ao analisar como os usuários e profissionais de Saúde percebem o medicamento, considerando fatores biológicos (eficácia percebida), psicológicos (confiança no tratamento) e sociais (aceitação cultural ou influência de grupos) Estratégias de *marketing* com base em evidências: avaliam como posicionar o medicamento no mercado, analisando respostas populacionais a campanhas publicitárias, preços e acessibilidade, além da disposição de adotar o tratamento	Modelagem preditiva e integração de dados biológicos para compreensão inicial de processos e patologias
Pesquisa pré-clínica	Ensaios laboratoriais para segurança, eficácia inicial e mecanismo de ação	Estudos em modelos animais para simular condições humanas	Não se aplica diretamente.	Simulações de toxicidade, ADMET e interações moleculares para planejamento de estudos laboratoriais e animais
Pesquisa clínica	Validação de biomarcadores e exames laboratoriais	Testes em humanos: segurança (fase I), eficácia inicial (fase II) e ampla (fase III)	Fase IV: monitoramento clínico pós-comercialização.	Planejamento de dosagens, análises preditivas de sucesso clínico, suporte a ensaios randomizados

(*Continua*)

Quadro 9.2 – Tipo de pesquisa e nível de controle experimental (*Continuação*)

Etapa da pesquisa	*In vitro*	*In vivo*	*In populo*	*In silico*
Fase IV (pós-mercado)	Desenvolver novas formulações melhorando solubilidade, estabilidade ou liberação controlada	Explorar bioequivalência comparando a performance de genéricos ou versões modificadas do fármaco	Monitoramento de eventos adversos, interações e eficácia em populações amplas	Análises populacionais, identificação de padrões em larga escala e correlação de dados clínicos e epidemiológicos

ADMET: absorção, distribuição, metabolismo, excreção e toxicidade.

Fonte: Desenvolvido pela autoria.

BIOLOGIA COMPUTACIONAL DE SISTEMAS NO DESENVOLVIMENTO DE MEDICAMENTOS

A Biologia Computacional de Sistemas emerge como uma área interdisciplinar para compreender sistemas biológicos complexos por meio de análises computacionais de rotas metabólicas e farmacológicas em níveis ontológicos diversos, passando pelo atômico, molecular, celular, tecidual e organismos. Kitano (2002) cunhou o termo para descrever o campo que possibilita o entendimento sistêmico por meio de simulações e modelagens computacionais, abrangendo da Taxonomia à Biologia Molecular, Genômica e Fisiômica.[10,11]

A Citômica, como estudo sistemático da organização celular, utiliza ferramentas a exemplo de imagens computacionais e citometria de fluxo para investigar o comportamento celular. Segundo Kriete & Eils (2006),[12] as bases de dados em Biologia de Sistemas agregam informações sobre respostas biológicas a perturbações genéticas ou ambientais. Isso requer a integração de dados experimentais, elementos de biologia sistêmica e modelos matemáticos para previsão e simulação.

A análise e a modelagem de redes bioquímicas identificam padrões sistêmicos para prever comportamentos emergentes. A abordagem *bottom-up* começa pela análise de componentes básicos, como rotas metabólicas, enquanto a *top-down* se inicia no sistema completo, decompondo-o em interações funcionais. Ambas enfrentam desafios de complexidade, especialmente em sistemas multicelulares.

A complexidade dos sistemas biológicos, marcada por interações não lineares e retroalimentações, é abordada com representações multiescalas. Modelos computacionais podem integrar níveis biológicos, como redes genômicas e módulos proteicos, produzindo novas informações sobre fenômenos emergentes. Por exemplo, redes gênicas podem ser combinadas com módulos proteicos para mapear como alterações em um gene ou proteína impactam um sistema maior, como uma via metabólica ou um processo celular.

Assim, a Biologia Computacional de Sistemas viabiliza avanços na descoberta de medicamentos, permitindo identificar alvos terapêuticos e otimizar a formulação de compostos personalizados. Redes de regulação metabólica e cinética oferecem base para compreender a interação entre fármacos e sistemas biológicos, destacando-se em áreas como Farmacogenômica e Farmacodinâmica.

Um exemplo de mapas bioquímicos é o KEGG *pathway*, cujas representações visuais detalhadas de redes moleculares descrevem interações, reações e relações biológicas em diversos contextos consumíveis por humanos e máquinas. Esses mapas, organizados no banco de dados, abrangem áreas como metabolismo, processamento de informações genéticas e ambientais, processos celulares, sistemas biológicos, doenças humanas e desenvolvimento de medicamentos.

Cada mapa é desenhado manualmente, permitindo uma visão abrangente das relações moleculares em diferentes organismos e condições, em que é identificado por um código único composto por um prefixo (como map, ko ou rn) e um número de cinco dígitos que indica o tipo e o contexto do mapa. Por exemplo, mapas globais são marcados com o prefixo 011, enquanto mapas específicos de organismos apresentam o identificador do organismo no prefixo. Esses mapas estão vinculados a módulos do KEGG, como módulos de reações (do inglês, *reaction modules*), redes moleculares (KEGG *networks*) e mapeamentos taxonômicos, que facilitam a análise e integração de dados biológicos e químicos. A Figura 9.1 ilustra um mapa bioquímico da doença de Parkinson.[13] Cada círculo ou retângulo fornece *hiperlinks* para informações detalhadas das substâncias e enzimas.

Ao integrar dados biológicos de diferentes escalas, os modelos computacionais revelam fenômenos emergentes – propriedades ou comportamentos do sistema que não são aparentes quando analisamos os componentes individualmente. Por exemplo, a interação de múltiplas vias metabólicas pode resultar em homeostase celular, enquanto perturbações nessas interações podem ocasionar doenças. Portanto, esses modelos viabilizam que máquinas possam aprender e interpretar cadeias biológicas em uma escala e complexidade superiores ao que tínhamos até então.

O FÁRMACO MODELADO COMO *QUANTUM* DE INFORMAÇÃO OU AUTÔMATO FARMACOLÓGICO

Os fármacos são moléculas com atividade biológica, obtidas de diferentes fontes, como bactérias, fungos, animais, vegetais ou síntese química. Eles apresentam potencial para prevenir ou curar doenças, promovendo melhorias no estado físico ou mental.[14] Essas moléculas visam mimetizar funções biológicas de biomoléculas, buscando corrigir alterações na homeostasia causadas por fatores internos ou externos ao organismo. Além disso, podem alterar processos fisiológicos em tecidos ou organismos.[15]

O autômato farmacológico é um modelo computacional inspirado na teoria de autômatos, no qual o fármaco é representado como um sistema dinâmico que compõe estímulos biológicos ou ambientais de maneira programada. O conceito do fármaco modelado como *quantum* de informação ou autômato farmacológico sugere que o medicamento pode ser representado como uma entidade informacional ou um sistema automatizado capaz de integrar características físicas, químicas, biológicas e sociais em um único modelo. O fármaco não é mera substância química, mas um conjunto de propriedades informacionais vetoriais inter-relacionadas numa matriz (o meio) que governam a ação pretendida ou prevista.

O fármaco, modelado, por exemplo, como um vetor que compõe uma tabela na qual cada registro é um fármaco e cada atributo é uma coluna, oferta aos algoritmos a capacidade de simular o alcance e a ativação de dado sítio de ação. Dessa forma, o modelo identifica quando ocorre a transmissão potencial da informação que desencadeará os efeitos pretendidos. Se um fármaco não é adequadamente absorvido ou é degradado com rapidez no trato gastrointestinal ou no fígado, modificações químicas, como a criação de pró-fármacos, podem ser empregadas para melhorar sua eficácia. Além disso, fatores como quiralidade, polimorfismo e produtos de degradação, muitas vezes negligenciados nas pesquisas, podem ser integrados em modelos computacionais para prever interações medicamentosas e identificar padrões que influenciam sua ação.

Por sua vez, a eficácia terapêutica do medicamento transcende os aspectos puramente farmacológicos. O sucesso de um tratamento depende também de fatores biopsicossociais, incluindo a adesão do paciente, acesso ao medicamento, monitoramento e avaliação dos contatos assistenciais e das políticas públicas. Inclusive, redes sociais, enquanto fontes de parâmetros farmacológicos, se afiguram como promissoras para acompanhar comunidades de usuários e trazer novas questões relacionadas a produtos existentes ou demandas não contempladas.

Muitos tratamentos corretamente indicados falham por causa da falta de adesão ou de barreiras sociais e individuais específicas a subgrupos populacionais. Dessa forma, o modelo de autômato farmacológico, ao integrar dados farmacológicos com características sociais e comportamentais, pode fornecer um sistema inteligente de apoio à decisão, representando, de forma dinâmica, a complexa interação entre Biologia, tecnologia e sociedade. A necessidade, efetividade e segurança, essas duas últimas, dose-dependentes ou não, devem ofertar atributos aos medicamentos para descoberta de conhecimento na utilização pós-mercado.

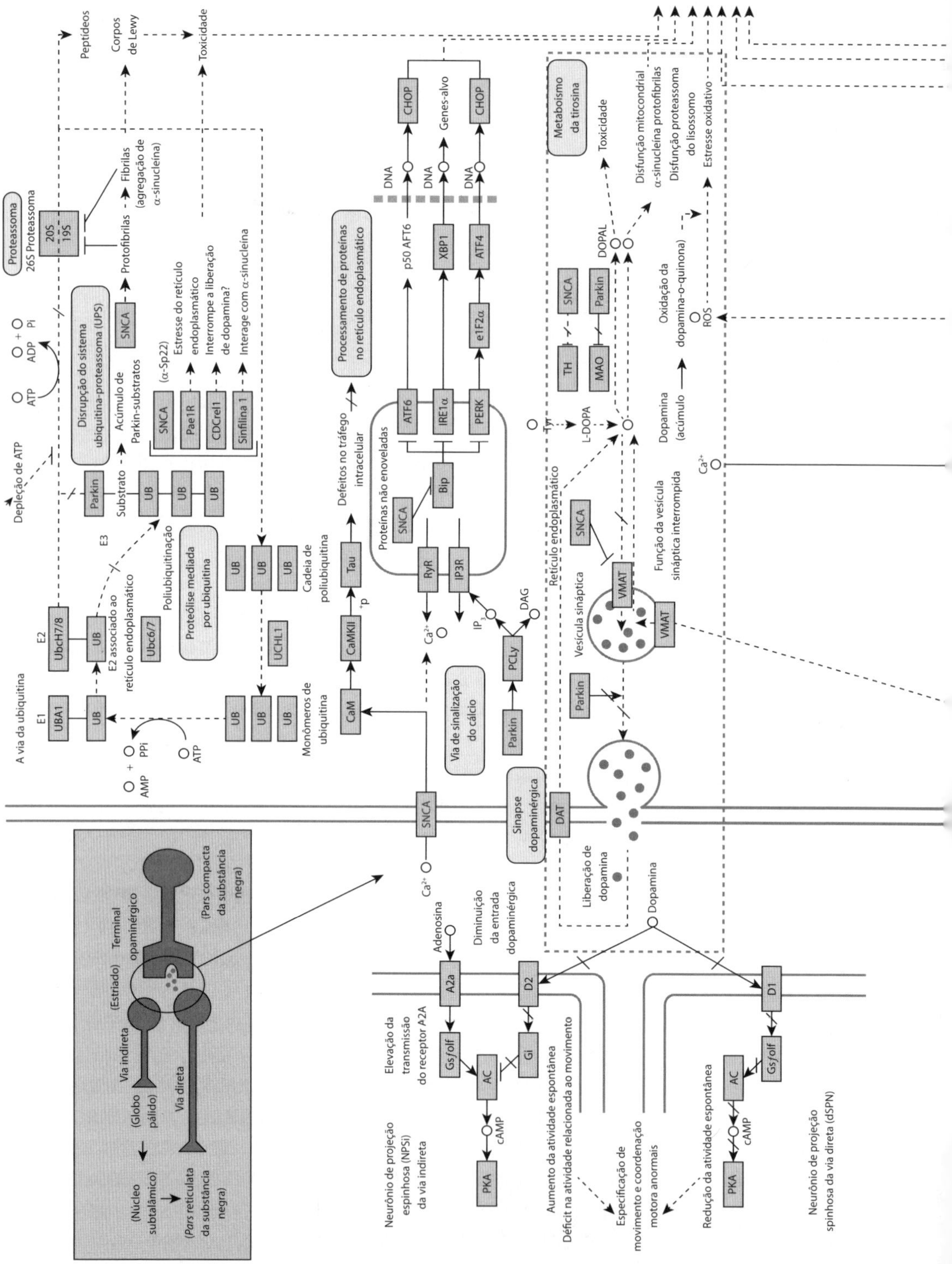

A via da ubiquitina
E1
UBA1
E2
UbcH7/8
E3
Parkin
Substrato
UB
AMP
PPi
ATP
ADP
Pi
Depleção de ATP
E2 associado ao retículo endoplasmático
Ubc6/7
Poliubiquitinação
Proteólise mediada por ubiquitina
Disrupção do sistema ubiquitina-proteassoma (UPS)
Acúmulo de Parkin-substratos
SNCA
Pae1R
CDCrel1
Sinfilina 1
(α-Sp22)
Estresse do retículo endoplasmático
Interrompe a liberação de dopamina?
Interage com α-sinucleína
Proteassoma
26S Proteassoma
20S
19S
Protofibrilas
Fibrilas (agregação de α-sinucleína)
Peptídeos
Corpos de Lewy
Toxicidade
Monômeros de ubiquitina
UCHL1
Cadeia de poliubiquitina
CaM
CaMKII
Tau
Defeitos no tráfego intracelular
Processamento de proteínas no retículo endoplasmático
Proteínas não enoveladas
Bip
ATF6
IRE1α
PERK
RyR
IP3R
p50 AFT6
XBP1
e1F2α
ATF4
DNA
CHOP
Genes-alvo
Via de sinalização do cálcio
PCLγ
DAG
Retículo endoplasmático
Metabolismo da tirosina
TH
MAO
Tyr
L-DOPA
DOPAL
Dopamina (acúmulo)
Oxidação da dopamina-o-quinona)
ROS
Disfunção mitocondrial
α-sinucleína protofibrilas
Disfunção proteassoma do lisossomo
Estresse oxidativo
Vesícula sináptica
VMAT
Função da vesícula sináptica interrompida
Sinapse dopaminérgica
DAT
Liberação de dopamina
Dopamina
Adenosina
A2a
D2
D1
Gs/olf
Gi
AC
cAMP
PKA
Diminuição da entrada dopaminérgica
Elevação da transmissão do receptor A2A
Aumento da atividade espontânea
Déficit na atividade relacionada ao movimento
Especificação de movimento e coordenação motora anormais
Redução da atividade espontânea
Neurônio de projeção espinhosa (NPSi) da via indireta
Neurônio de projeção espinhosa da via direta (dSPN)
Terminal dopaminérgico
(Pars compacta da substância negra)
(Estriado)
Via indireta
Via direta
(Globo pálido)
(Núcleo subtalâmico)
(Pars reticulata da substância negra)

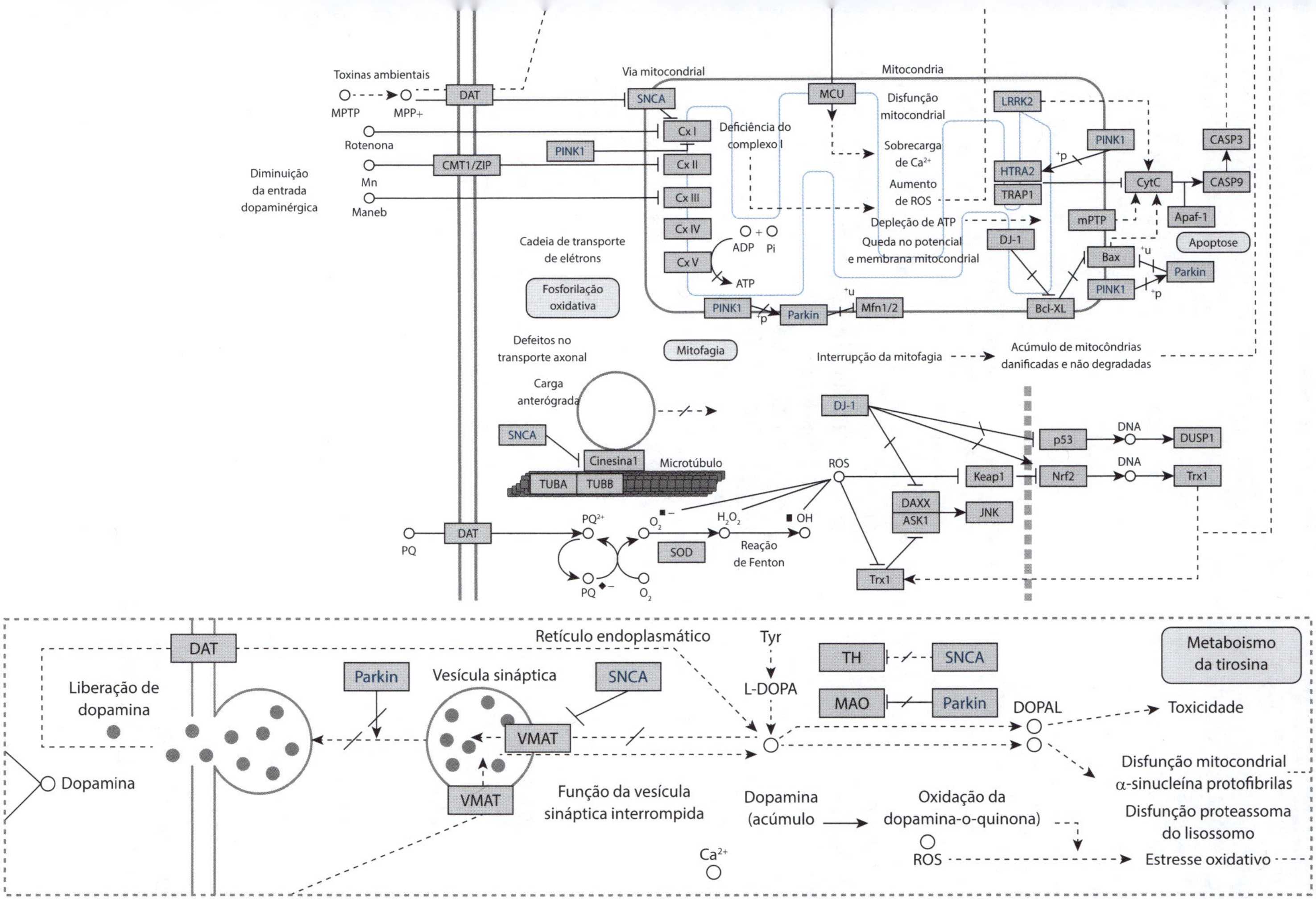

Figura 9.1 – Mapa bioquímico, em formato de ontologia, da doença de Parkinson. Note a presença da mitocôndria enunciado o ambiente intracelular. Em destaque está a conversão do aminoácido tirosina à L-dopa seguida da extrusão no ambiente extracelular da dopamina.

Fonte: Adaptada de Kegg pathway database. Kanehisa Laboratories. Parkinson disease – Homo sapiens (human). Disponível na Internet: HYPERLINK "http://www.genome.jp/pathway/hsa05012"www.genome.jp/pathway/hsa05012. (24 abr. 2025)..

PROPRIEDADES ADMET E BIOINFORMÁTICA

O medicamento pode ser representado como um sistema informacional que conecta propriedades farmacotécnicas às físico-químicas, farmacocinéticas e farmacodinâmicas, interligando eventos biológicos e processos subjetivos e sociais. Esse modelo, ao incorporar dados de ADMET, permite prever de forma eficiente o comportamento do fármaco no paciente, otimizando sua segurança e eficácia antes mesmo de sua progressão para ensaios clínicos e avaliação da efetividade propriamente no uso do mundo real.

O autômato farmacológico agrega variáveis como solubilidade, permeabilidade e estabilidade no trato gastrointestinal. A distribuição, que determina o transporte do composto entre tecidos e órgãos, inclui interações com proteínas plasmáticas e barreiras biológicas, como a barreira hematoencefálica, aspectos que o autômato pode integrar para simular padrões de biodisponibilidade.

O modelo computacional pode prever reações mediadas por enzimas, como as do citocromo P450, e identificar a formação de metabólitos tóxicos ou ativos ou mesmo reações a excipientes, comuns em edulcorantes, por exemplo. A excreção, representada pela eliminação das substâncias e metabólitos via urina ou bile, pode ser simulada com base em parâmetros como meia-vida. A toxicidade é integrada no autômato como um conjunto de potenciais efeitos adversos hepáticos, renais ou cardíacos, possibilitando o estudo antecipado de riscos.

Ao considerar o fármaco como um *quantum* de informação, o autômato farmacológico permite modelar, analisar e otimizar as propriedades ADMET em tempo real, criando um ciclo de retroalimentação que orienta o desenvolvimento de medicamentos não apenas a observações humanas, mas também a sentinelas automatizadas.

Sistemas computacionais permitem consolidar resultados de testes preliminares, como doses terapêuticas, tóxicas e letais, além de estudos enzimáticos envolvendo o citocromo P450, o que facilita análises preditivas para identificar a forma farmacêutica mais indicada conforme o perfil de utilização do paciente. Ferramentas podem modular frequência de aplicação, sabor ou dificuldades de deglutição e impactar a adesão do paciente ao tratamento, permitindo ajustes na formulação para melhorar a aceitação.

Além disso, a informática em Saúde contribui para modelar e monitorar a biodisponibilidade de medicamentos, garantindo que concentrações terapêuticas sejam atingidas para cada um independentemente da via de administração.

DUALIDADE FARMACOLÓGICA ENTRE A ATIVIDADE TERAPÊUTICA E A TÓXICA

Antes de sua aprovação, os fármacos são testados em poucos milhares de pacientes, mas seu uso em milhões revela eventos adversos inesperados. Esses desafios ressaltam a importância de estratégias informatizadas de farmacovigilância atreladas ao prontuário eletrônico integrado com estratégias nacionais de Registro Eletrônico em Saúde para pesquisa contínua e integração de novas evidências para aprimorar a segurança e eficácia no uso de medicamentos, incluindo soluções *in silico* com *big data* e Inteligência Artificial. No Brasil, a Rede Nacional de Dados em Saúde (RNDS)[16] atrelada à Ontologia Brasileira de Medicamentos (OBM)[17] apresenta vocação, não apenas para vigilância ativa, mas também para incorporações de medicamentos novos com compartilhamento de risco com a indústria farmacêutica e os segmentos de atendimentos públicos e privados aos usuários.

VETORES DE ATRIBUTOS DE FÁRMACOS E MEDICAMENTOS

Vamos agregar conceitos da informática para melhor entender, em seguida, como a inteligência artificial lida com toda a caracterização requerida no desenvolvimento de terapias inovadoras.

Atributos numéricos

Esses atributos representam valores quantitativos relacionados às propriedades físicas, químicas e estruturais dos compostos. São utilizados para comparar e caracterizar diferentes moléculas, auxiliando na compreensão de suas propriedades e no *design* de novas moléculas com características desejáveis. Por exemplo, ao comparar a permeabilidade celular de duas moléculas, pode-se avaliar qual delas tem maior probabilidade de atravessar membranas biológicas e alcançar seu alvo terapêutico. Veja outros exemplos na Tabela 9.1.

Tabela 9.1 – Exemplos de atributos numéricos

Atributo	Características do domínio	Exemplo	Descrição
Permeabilidade em células	Coeficiente de partição octanol-água (logP), permeabilidade aparente (Papp)	LogP = 2, Papp = 10^-6 cm/s	Capacidade da molécula de atravessar membranas celulares, influenciando sua biodisponibilidade
Capacidade de doação e aceitação de ligações	Número de doadores de ligação de hidrogênio, número de aceptores de ligação de hidrogênio	3 doadores de H, 2 aceptores de H	Habilidade da molécula de formar ligações de hidrogênio com outras moléculas, afetando interações intermoleculares e solubilidade
Hidrofobicidade	LogP, área de superfície hidrofóbica	LogP = 4	Tendência da molécula de evitar a água e interagir com substâncias apolares, o que influencia sua solubilidade e distribuição no organismo

(Continua)

Tabela 9.1 – Exemplos de atributos numéricos (*Continuação*)

Atributo	Características do domínio	Exemplo	Descrição
Ponto isoelétrico (pI)	Escala de pH	pI = 7	Valor de pH no qual a molécula apresenta carga elétrica líquida zero, o que afeta sua solubilidade e interações com outras moléculas ionizadas
Solubilidade e coeficiente de partição	g/L, logP	Solubilidade em água = 5 g/L, LogP = 3	Capacidade da molécula de se dissolver em diferentes solventes, influenciando sua distribuição e biodisponibilidade
Ponto de fusão	Temperatura em Kelvin ou Celsius	Ponto de fusão = 373 K	Temperatura na qual a substância passa do estado sólido para o líquido, influenciando sua forma física e estabilidade
Carga fisiológica	Carga elétrica líquida a pH fisiológico (7,4)	Carga = +1	Carga elétrica da molécula em condições fisiológicas, afetando suas interações com outras moléculas carregadas e sua distribuição no organismo
Propriedades ácidas e básicas	pKa	pKa = 4,5 (ácido fraco)	Tendência da molécula de doar ou aceitar prótons, o que influencia sua ionização e interações com outras moléculas
Polarizabilidade	Volume molecular polar	Volume polar = 30 $Å^3$	Facilidade com que a distribuição eletrônica da molécula pode ser distorcida por um campo elétrico de modo a influenciar suas interações intermoleculares
Área de superfície polar	$Å^2$	Área polar = 50 $Å^2$	Área da superfície molecular exposta a solventes polares, com influência sobre suas solubilidade e interações
Refratividade	Cm^3/mol	Refratividade molar = 20 cm^3/mol	Medida da capacidade da molécula de refractar a luz, relacionada a suas polarizabilidade e composição atômica
Número de ligações rotativas	Número inteiro	Número de ligações rotativas = 5	Número de ligações simples em torno das quais a molécula pode girar com influência sobre sua flexibilidade conformacional
Massa molecular média e monoisotópica	g/mol	Massa média = 300 g/mol, massa monoisotópica = 298 g/mol	Massa da molécula, considerando-se a média ponderada dos isótopos e a massa da molécula com o isótopo mais abundante de cada elemento, respectivamente

Fonte: Desenvolvida pela autoria.

A caracterização molecular fornece informações para o desenvolvimento de moléculas com propriedades farmacocinéticas e farmacodinâmicas otimizadas. Na química computacional, esses atributos moleculares são, frequentemente, usados como descritores em modelos de relação estrutura-atividade quantitativa (QSAR, do inglês *quantitative structure-activity relationship*), o que permite prever a atividade biológica de compostos. Na Bioinformática, a caracterização molecular facilita a análise de grandes conjuntos de dados de moléculas com a identificação de padrões estruturais

Atributos textuais

Esses atributos descrevem informações categóricas ou qualitativas relacionadas às características funcionais, químicas, biológicas ou classificatórias dos compostos, como ilustrado na Tabela 9.2. Os dados textuais são comuns em bulas e compêndios em linguagem natural, isto é, para serem lidos e interpretados por humanos.

Tabela 9.2 – Exemplos de atributos textuais

Atributo	Domínio	Exemplo	Descrição
Fórmulas químicas e classes de compostos	*String* (cadeias de caracteres com a fórmula molecular), classificação química (sal, éster etc.)	$C_9H_{13}NO_3$ (paracetamol), anti-inflamatório não esteroidal	Representação química da molécula e sua classificação dentro de uma categoria maior de compostos
Grupos químicos e farmacológicos	Grupo funcional (amida, álcool etc.), classe farmacológica (antibiótico, anti-hipertensivo etc.)	Grupo amino, betalactâmico, antibiótico	Características estruturais e mecanismo de ação da droga
Absorção e metabolismo	Biodisponibilidade (porcentagem absorvida), metabolismo hepático, meia-vida	Biodisponibilidade oral: 80%, metabolizado pelo CYP450, meia-vida: 6 horas	Processos de absorção do medicamento pelo organismo, sua transformação no organismo e tempo que leva para metade da dose ser eliminada
Fórmulas químicas e classes de compostos	*String* (fórmula molecular), classificação química (sal, éster etc.)	$C_9H_{13}NO_3$ (paracetamol), anti-inflamatório não esteroidal	Representação química da molécula e sua classificação dentro de uma categoria maior de compostos
Descrições e formas de dosagem	Descrição da ação terapêutica, formas farmacêuticas (comprimido, cápsula, solução)	Analgésico e antipirético, comprimido revestido	Indicações terapêuticas e apresentação do medicamento

(*Continua*)

Tabela 9.2 – Exemplos de atributos textuais (*Continuação*)

Atributo	Domínio	Exemplo	Descrição
Interações medicamentosas e organismos afetados	Lista de medicamentos que interagem, micro-organismos afetados (antibióticos)	Varfarina, bactérias Gram-positivas	Substâncias que podem alterar o efeito do medicamento e organismos-alvo da ação farmacológica
Fabricantes, marcas e misturas comerciais	Nome do fabricante, nome comercial, formulações combinadas	Laboratório XYZ, paracetamol 500 mg, paracetamol + cafeína	Identificação do produtor e diferentes apresentações do medicamento
Informações de segurança	Efeitos colaterais, contraindicações, precauções	Náusea, vômito, alergia, insuficiência renal, gravidez	Riscos associados ao uso do medicamento
Farmacocinética e farmacodinâmica	Processos de absorção, distribuição, metabolismo e excreção (ADME), mecanismo de ação	Absorção intestinal, distribuição ampla, metabolismo hepático, excreção renal, inibição da ciclo-oxigenase	Estudo de como o organismo age sobre o medicamento e como o medicamento age sobre o organismo
Sinônimos, subestruturas e rotas de eliminação	Nomes alternativos, fragmentos moleculares comuns, vias de excreção (urina, fezes)	Acetaminofen, anel aromático, renal	Nomes diferentes para o mesmo medicamento, estruturas químicas menores que compõem a molécula e como o medicamento é eliminado do organismo

Fonte: Desenvolvida pela autoria.

Repositórios de moléculas, com destaque para enzimas, organizados e curados apoiam a pesquisa em Biologia Estrutural, Bioquímica e Bioinformática, fornecendo dados para análises de estruturas proteicas, vias metabólicas e redes de interação, conforme ilustrado na Tabela 9.3.

Dados semiestruturados de rotas bioquímicas combinam informações organizadas e não organizadas, descrevendo interações, reações químicas e fluxos metabólicos em sistemas biológicos. Esses dados incluem elementos estruturados, como nomes de enzimas, substratos e produtos, junto a relações definidas, como "enzima X catalisa a conversão de Y em Z". No entanto, também abrangem informações não estruturadas, como anotações textuais e diagramas que não seguem um formato rígido, mas enriquecem a compreensão das vias metabólicas.

Tabela 9.3 – Exemplos de atributos textuais semiestruturados correlatos a mapas bioquímicos

Atributo	Domínio	Exemplo	Descrição
Classificação enzimática (EC)	Código numérico de quatro dígitos	EC 3.2.1.3	Classificação hierárquica de acordo com a reação catalisada
Nome sistemático	Nome formal da enzima	α-1,4-glucan 4-glucanohydrolase	Nome que descreve a reação catalisada de forma precisa
Nome comum	Nome usual da enzima	Amilase	Nome curto e mais utilizado na literatura
Informações Expasy	Texto livre	"Catalisa a hidrólise de ligações α-1,4-glicosídicas em amido"	Informações detalhadas sobre a enzima, incluindo mecanismo de ação, especificidade de substrato etc.
Dados Textuais do KEGG	Texto livre, IDs de genes, doenças	"Relacionada ao diabetes *mellitus* tipo 2, genes: AMY1A, AMY1B"	Informações sobre a relação da enzima com doenças, vias metabólicas e genes
Estruturas químicas	Código PDB, formato SMILES	1AMY, C12H22O11	Estrutura tridimensional da proteína (PDB) e representação textual da molécula (SMILES)
Bancos de dados	Identificadores únicos	UniProtKB: P00698	Identificadores em outros bancos de dados, como UniProt, BRENDA etc.
Mapas de caminhos metabólicos	Identificadores de vias	KEGG *pathway*: ko00010	Representação gráfica da posição da enzima em vias metabólicas
Alvos terapêuticos	Sim/Não, fármacos associadas	Sim, inibidores da amilase para tratamento da obesidade	Indicação de se a enzima é um alvo para o desenvolvimento de fármacos
Bioinformática	Sequência de aminoácidos, estrutura secundária, domínios proteicos	MKIVDGGGSGGPLG, hélice alfa, domínio catalítico	Dados e análises computacionais da sequência e estrutura da proteína
Ontologia	Termos de ontologia	GO:0003824 (catalase activity)	Classificação da enzima de acordo com ontologias biológicas, como Gene Ontology
Redes de reações bioquímicas	Grafos de interação	Interação com glicogênio fosforilase	Representação visual das interações da enzima com outras moléculas e processos biológicos

Fonte: Desenvolvida pela autoria.

Exemplos de dados semiestruturados incluem reações metabólicas que detalham entradas e saídas de moléculas, mapas de caminhos bioquímicos e conectam vias metabólicas por meio de representações gráficas, com anotações baseadas em ontologias, como a GO. Essas informações, embora parcialmente organizadas, integram elementos textuais livres ou categorias genéricas, fornecendo uma visão abrangente e flexível das rotas bioquímicas.

A principal vantagem dos dados semiestruturados é sua flexibilidade. Eles permitem a integração de diferentes tipos de dados, como sequências gênicas e redes metabólicas, sendo especialmente úteis em pesquisas iniciais ou contextos nos quais os dados estão incompletos. Ferramentas como o KEGG *pathway* utilizam essa abordagem para oferecer representações ricas de vias bioquímicas, que podem ser atualizadas e adaptadas conforme novas descobertas.

Essas características tornam os dados semiestruturados úteis para explorar redes metabólicas e estudar interações moleculares com flexibilidade e profundidade. Apesar de suas vantagens, esses dados apresentam desafios, como falhas na anotação ou padronização, o que pode dificultar a análise automatizada e a integração com sistemas mais estruturados. Além disso, a interoperabilidade exige ferramentas especializadas para interpretar formatos como Extensible Markup Language (XML) e JSON, sobretudo em HL7 FHIR, garantindo que as informações sejam compreensíveis e úteis em estudos bioinformáticos e farmacológicos.

O Quadro 9.3 ilustra um arquivo JSON. Cada componente do JSON contém atributos como o **"tipo"**, que especifica o elemento (p. ex., substrato, proteína, transporte, efeito); o **"nome"**, que identifica o elemento; e o **"conversao"**, aplicável quando há um produto gerado pela transformação. Outros atributos incluem **"enzima"**, que indica a enzima catalisadora da reação; "localizacao", que descreve o local ou função no sistema celular; **"conectado_a"**, que lista os elementos relacionados na rota; e **"efeitos"**, que detalha os impactos biológicos associados, quando aplicável. Esse JSON é considerado semiestruturado porque é flexível e permite a inclusão de novos elementos, conexões e descrições sem um formato rígido como o de um quadro.

Quadro 9.3 – Exemplo de rota bioquímica em formato JSON relativa ao metabolismo da tirosina

```
{
"rota": "Metabolismo da tirosina",
"elementos": [
 {
 "tipo": "substrato", "nome": "tirosina",
 "conversao": "L-DOPA", "enzima": "TH",
 "localizacao": "Retículo endoplasmático",
 "conectado_a": ["L-DOPA"]
 },
 {
 "tipo": "substrato", "nome": "L-DOPA",
 "conversao": "dopamina",
 "enzima": "MAO", "conectado_a": ["dopamina"],
 "efeitos": ["produção de ROS", "estresse oxidativo"]
 },
```

(*Continua*)

Quadro 9.3 – Exemplo de rota bioquímica em formato JSON relativa ao metabolismo da tirosina (*Continuação*)


```
{
"tipo": "substrato", "nome": "dopamina",
"conversao": "DOPAL",
"enzima": "MAO", "conectado_a": ["DOPAL"],
"efeitos": ["disfunção mitocondrial", "disfunção de proteassoma/lisossoma"]
},
{
"tipo": "proteína", "nome": "SNCA",
"funcao": "função da vesícula sináptica",
"conectado_a": ["Parkin", "dopamina"]
},
{
"tipo": "proteína", "nome": "Parkin",
"funcao": "regulação do estresse oxidativo",
"conectado_a": ["SNCA", "VMAT"]
},
{
"tipo": "transporte", "nome": "VMAT",
"funcao": "transporte de dopamina",
"conectado_a": ["liberação de dopamina"]
},
{
"tipo": "efeito", "nome": "estresse oxidativo",
"conectado_a": ["produção de ROS", "toxicidade"]
}
]
}
```


DOPAL: dihidroxifenilalanina; L-DOPA: Levodopa; MAO: Monoamina Oxidase; ROS: Espécies Reativas de Oxigênio; SNCA: alfa-sinucleína; TH: tirosina hidroxilase; VMAT: Transportador vesicular de monoamina.

Fonte: Desenvolvido pela autoria.

TÉCNICAS INTELIGENTES PARA PROBLEMAS BIOLÓGICOS COMPLEXOS

Mineração de dados, aprendizado de máquina e Inteligência Artificial são áreas interconectadas que se complementam no processamento e análise de informações (Quadro 9.4).

Métodos supervisionados são aplicados quando há um conjunto de dados rotulados (diz-se, também, "anotados"), ou seja, com entradas e saídas conhecidas. Em problemas farmacológicos, esses métodos podem ser usados para treinar modelos que classificam compostos como ativos ou inativos em relação a um alvo terapêutico, ou para prever a toxicidade de novas moléculas. Por exemplo, redes neurais supervisionadas podem ser treinadas com dados sobre a interação entre moléculas e receptores biológicos para prever a afinidade de novos compostos.

Quadro 9.4 – Exemplos de tarefas de mineração de dados e algoritmos de aprendizado de máquina

Tarefa	Tipo de algoritmo	Exemplo de algoritmo	Usos
Descritiva	Não supervisionado	Clustering (p. ex., K-Means)	Identificar subgrupos de pacientes com padrões semelhantes de resposta a tratamentos
Descritiva	Não supervisionado	PCA (análise de componentes principais)	Reduzir a dimensionalidade de grandes conjuntos de dados moleculares para encontrar padrões
Preditiva	Supervisionado	Árvores de decisão	Classificar compostos como ativos ou inativos contra um alvo terapêutico
Preditiva	Supervisionado	Redes neurais	Prever toxicidade ou eficácia de novos compostos com base em dados rotulados
Prescritiva	Supervisionado	Regressão linear	Sugerir alterações químicas em compostos para melhorar propriedades farmacológicas
Prescritiva	Não supervisionado	Otimizadores evolutivos (p. ex., algoritmos genéticos)	Encontrar combinações de compostos ou dosagens para maximizar eficácia e segurança

Fonte: Desenvolvido pela autoria.

Os métodos não supervisionados independem de dados rotulados e são usados para descobrir padrões ocultos ou agrupar dados em categorias. Na Farmacologia, esses métodos são úteis para identificar subgrupos de pacientes que respondem de maneira semelhante a tratamentos ou para agrupar compostos com base em características estruturais ou funcionais. Técnicas como análise de agrupamento (*clustering*) ou redução de dimensionalidade, como análise de componentes principais (PCA, do inglês *principal component analysis*), são amplamente usadas para explorar dados moleculares complexos e identificar padrões relevantes. PCA é uma técnica de redução de dimensionalidade que transforma um conjunto de variáveis correlacionadas em um novo conjunto de variáveis não correlacionadas denominadas "componentes principais" que explicam a variância máxima dos dados, preservando as informações mais relevantes.

O aprendizado supervisionado é, muitas vezes, escolhido para tarefas que exigem predições específicas, como a identificação de compostos candidatos a medicamentos com alta probabilidade de sucesso em ensaios clínicos. Por sua vez, o aprendizado não supervisionado é frequentemente usado em estágios iniciais de pesquisa, quando o objetivo é explorar e organizar grandes volumes de dados, como conjuntos de compostos químicos ou perfis genômicos, para identificar relações desconhecidas.

No desenvolvimento de medicamentos, as tarefas descritivas podem ser usadas para mapear as propriedades farmacológicas de compostos, enquanto as preditivas ajudam a selecionar os candidatos mais promissores para testes experimentais. Por outro lado, as tarefas prescritivas podem orientar decisões estratégicas, como quais compostos priorizar ou como ajustar suas propriedades para atender a requisitos específicos.

A técnica de agrupamento ou *clustering* (p. ex., K-Means) é um método não supervisionado que agrupa dados em *clusters* com base em similaridades, útil para identificar padrões ocultos em grandes conjuntos de dados.

A PCA é uma técnica de redução de dimensionalidade que transforma variáveis correlacionadas em componentes independentes, simplificando a análise sem perder informações essenciais.

Árvores de decisão são modelos supervisionados que tomam decisões com base em condições hierárquicas, permitindo classificações claras e interpretáveis quando o número de nós é controlado.

Redes neurais são camadas de neurônios artificiais para aprender padrões complexos com funções matemáticas em tarefas como classificação e regressão. As redes neurais profundas (DNNs, do inglês *deep neural networks*) contêm múltiplas camadas ocultas, permitindo a aprendizagem de padrões complexos e abstratos em grandes volumes de dados, amplamente usadas em tarefas como reconhecimento de imagem e processamento de linguagem natural. As redes neurais convolucionais (CNNs, do inglês *convolutional neural networks*), por sua vez, são especializadas em dados com estrutura espacial, como imagens, cujas operações de convolução (rotação) extraem características locais, como bordas e texturas, tornando-as extremamente eficazes em visão computacional. Outros tipos incluem as redes neurais recorrentes (RNNs, do inglês *recurrent neural networks*), que lidam com sequências temporais, como séries temporais ou texto, e as redes generativas adversariais (GANs) são compostas por uma geradora, que cria novos dados, e uma discriminadora que tenta distinguir os dados gerados dos reais.

A regressão linear é um modelo supervisionado que estabelece relações entre variáveis dependentes e independentes, amplamente usado para fazer predições baseadas em dados históricos.

Por fim, os otimizadores evolutivos (p. ex., algoritmos genéticos) são métodos inspirados na evolução biológica, que iteram por meio de seleção, cruzamento e mutação para encontrar soluções ótimas em problemas complexos e não lineares.

Entre as ferramentas para realizar todas essas tarefas de Bioinformática, apesar de ter sido desenvolvido em 1993, o projeto R ainda é amplamente utilizado por indivíduos oriundos da área de saúde. Trata-se de uma linguagem e ambiente de programação, conjuntamente ao RStudio, voltada para análise de dados, estatística e criação de gráficos, amplamente usada em ciência de dados e pesquisa acadêmica. É um *software* livre e de código aberto, com vasta coleção de pacotes que permite realizar desde manipulação de dados até aprendizado de máquina e visualizações avançadas (Quadro 9.5).

Quadro 9.5 – Exemplos de bibliotecas R úteis

Coleta (Extração) ▪ **rvest:** para coleta de dados da *web* (*web scraping*) ▪ **httr:** para realizar requisições HTTP e acessar APIs ▪ **DBI:** para interagir com bancos de dados ▪ **jsonlite:** para manipular dados em formato JSON
Engenharia (modelagem matemática) ▪ **dplyr:** para manipulação e transformação de dados ▪ **tidyr:** para limpeza e organização de dados ▪ **data.table:** para manipulação eficiente de grandes conjuntos de dados
Processamento (algoritmos de ML) ▪ **caret:** para treinamento e validação de modelos de aprendizado de máquina ▪ **randomForest:** para construção de modelos de florestas aleatórias ▪ **xgboost:** para algoritmos de *boosting* ▪ **e1071:** para métodos como SVM, Naive Bayes e outros
Análise (métricas e visualização) ▪ **ggplot2:** para criação de gráficos e visualizações personalizadas ▪ **shiny:** para criar *dashboards* interativos ▪ **plotly:** para gráficos interativos ▪ **Metrics:** para calcular métricas de desempenho de modelos ▪ **PerformanceAnalytics:** para análise de dados financeiros e métricas

API: *application programming interface* (interface de programação de aplicações); ML: aprendizado de máquina (do inglês machine learning); SVM: máquinas de vetores de suporte (do inglês *support vector machines*).

Fonte: Desenvolvido pela autoria.

Para iniciantes, recomenda-se o ambiente Weka e sua integração com o R. Weka (*Waikato environment for knowledge analysis*) é um *software* de código aberto para mineração de dados e aprendizado de máquina. Oferece uma interface gráfica amigável e uma boa biblioteca de algoritmos. O R Weka é uma interface que conecta o ambiente R à ferramenta de mineração de dados Weka, permitindo o uso de algoritmos de aprendizado de máquina diretamente no R. Ele é implementado pelo pacote **RWeka**. Para os interessados em aprofundar os estudos, outras ferramentas também são listadas na Quadro 9.6

Quadro 9.6 – Universo de ferramentas para tarefas de gestão de dados, mineração de dados e aprendizado de máquina

	Coleta (extração)	Engenharia (modelagem matemática)	Processamento (algoritmos de ML)	Análise (métricas e visualização)
Ferramentas de ETL	Pentaho, Talend, Apache NiFi	dbt, Dataiku, SciLab/MatLab	Apache Spark MLlib, Alteryx	Tableau, Power BI
SGBD Stand Alone	MySQL, PostgreSQL	PostgreSQL com extensões matemáticas	PostgreSQL com suporte a funções de ML	SQL com funções analíticas
SGBD e soluções em nuvem	Google BigQuery, Amazon RDS	Snowflake, Databricks	AWS SageMaker, Azure ML	Looker, Google Data Studio
SGBD Semi-Estruturado	MongoDB, CouchDB	Neo4j (dados em grafos)	ElasticSearch	Kibana, Grafana
Bibliotecas Python	BeautifulSoup, Scrapy	Numpy, Scipy	Scikit-learn, TensorFlow, PyTorch	Matplotlib, Seaborn, Plotly

ETL: extração, transformação e carga (do inglês *extract, transform, load*); ML: aprendizado de máquina (ML, do inglês *machine learning*); SGBD: sistema gerenciador de banco de dados; SQL: structured query language (linguagem de consulta estruturada); *stand alone* refere-se a sistemas ou *softwares* que operam de forma independente, sem a necessidade de integração com outros serviços ou infraestrutura externa.

Fonte: Desenvolvido pela autoria.

O Capítulo 9 evidencia o potencial transformador da informática em saúde e da inteligência artificial para o avanço da saúde de precisão e do desenvolvimento farmacológico. Métodos inovadores, como a modelagem computacional, os ensaios in silico e o uso de dados padronizados, têm revolucionado a descoberta e o reposicionamento de fármacos, tornando o processo mais rápido, econômico e menos dependente apenas de ensaios tradicionais.

A concepção dos medicamentos como "autômatos farmacológicos" ou "quantuns de informação" exemplifica essa nova visão sistêmica, na qual a atuação do fármaco dialoga dinamicamente com o organismo e o ambiente que o cerca, embasando decisões personalizadas e mais seguras. Além disso, a análise informatizada de atributos ADMET e a farmacovigilância inteligente, sustentadas por repositórios e ontologias como a RNDS e a OBM, fornecem a estrutura necessária para a vigilância contínua e a incorporação permanente de novas evidências, ampliando a qualidade e a segurança no ciclo de uso dos medicamentos.

Dessa forma, a integração entre informática, inteligência artificial e ciências farmacêuticas consolida-se como um pilar para a construção de um futuro mais preciso, ético e humanizado para a saúde, sobretudo mediante o uso de ciência aberta voltada para o bem comum visando superar os mecanismos que ampliam artificialmente o tempo translacional da disseminação de cada tecnologia. A inovação deve cumprir seu compromisso geracional servindo a todos.

Referências bibliográficas

1. Hasselgren C, Oprea TI. Artificial intelligence for drug discovery: are we there yet? Annu. Rev. Pharmacol. Toxicol. 2024;64:527-50.
2. Brasil. Ministério da Saúde. Secretaria-Executiva. Departamento de Informática do SUS. Estratégia de Saúde Digital para o Brasil 2020-2028 [recurso eletrônico]/Ministério da Saúde, Secretaria-Executiva, Departamento de Informática do SUS. Brasília; 2020.
3. Brasil. Portaria GM/MS n. 535, de 25 de Março de 2021. Altera a Portaria de Consolidação GM/MS n. 1, de 28 de Setembro de 2017, para Instituir o Comitê Gestor de Saúde Digital (CGSD); Ministério da Saúde, Diário Oficial da União; 2021.
4. Edfeldt K et al. A data science roadmap for open science organizations engaged in early-stage drug discovery. Nat. Commun. 2024;15:5640.
5. SNOMED CT. Disponível na Internet: https://www.snomed.org/ (24 abr. 2025).
6. LOINC: Disponível na Internet: https://loinc.org/ (24 abr. 2025).
7. Gene Ontology. Disponível na Internet: https://geneontology.org/ (24 abr. 2025).
8. ChEMBL. Disponível na Internet: https://www.ebi.ac.uk/chembl/. (24 abr. 2025).
9. PubChem. Disponível na Internet: https://pubchem.ncbi.nlm.nih.gov/ (24 abr. 2025).
10. Kitano H. Computational systems biology. Nature; 2002.
11. Kitano H. Systems biology: a brief overview. Science; 2002.
12. Kriete A, Eils R. Chapter 1 - Introducing computational systems biology. In: Computational systems biology. Academic Press; 2006.
13. Kegg pathway database. Kanehisa Laboratories. Parkinson disease - Homo sapiens (human). Disponível na Internet: www.genome.jp/pathway/hsa05012. (24 abr. 2025).
14. Katzung BG, Masters SB, Trevor AJ. Farmacologia básica e clínica. 12. ed. Lange: AMGH Editora, 2013.
15. ATC/DDD Index 2025a. Disponível na Internet: https://atcddd.fhi.no/atc_ddd_index/ (24 abr. 2025).
16. Rede Nacional de Dados em Saúde (RNDS). Disponível na Internet: https://www.gov.br/saude/pt-br/composicao/seidigi/rnds (24 abr. 2025).
17. 17. Ontologia Brasileira de Medicamentos (OBM). Disponível na Internet: https://portal-obm.saude.gov.br/ (24 abr. 2025).

CAPÍTULO

10 Inteligência Artificial e Farmacologia – Desenvolvimento de Medicamentos Mais Eficazes

Felipe Ferré

"(...) se as lançadeiras tecessem por si mesmas e as cítaras tocassem sozinhas então os senhores não precisariam de servos"

Política" (Livro I, cap. 4)

Aristóteles

EVIDÊNCIAS DA DESCOBERTA DE CONHECIMENTO *IN SILICO*

A temática de Inteligência Artificial (IA) aplicada à Saúde é efervescente no âmbito acadêmico. Em novembro de 2024, a busca no PubMed por IA com o termo MeSH (*Medical Subject Headings*) retornou 215.087 trabalhos. Por sua vez, os termos correlatos ao desenvolvimento de medicamentos retornaram 457.721 publicações. A intersecção dos dois termos totalizou 4.245 referências. Apesar de apenas 1% dos trabalhos de descoberta de medicamentos serem potencialmente relacionados à IA, é notável o crescimento nos últimos anos, conforme ilustrado na Figura 10.1.

Ainda, é possível observar a concentração de 2.481 (59%) publicações em 39 periódicos destacados na Tabela 10.1. Para fins ilustrativos, os periódicos foram classificados em categorias sob a ótica da descoberta de medicamentos com IA.

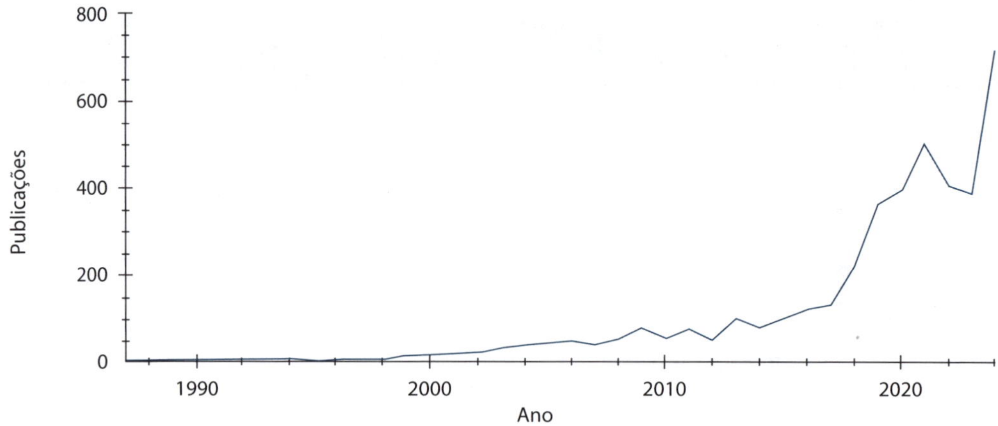

Figura 10.1 – Publicações anuais atribuídas ao desenvolvimento de medicamentos com Inteligência Artificial no PubMed.

Nota: Estratégia de Busca – "Artificial Intelligence" [Mesh] AND ("Drug Development" [Mesh] OR "Drug Approval" [Mesh] OR "Investigational New Drug Application" [Mesh] OR "Compassionate Use Trials"[Mesh] OR "Drug Discovery" [Mesh] OR "Drug Design" [Mesh] OR "Network Pharmacology" [Mesh] OR "Polypharmacology" [Mesh] OR "Drug Evaluation" [Mesh] OR "Drug Evaluation, Preclinical" [Mesh] OR "Drug Repositioning" [Mesh]).

Fonte: Pesquisa realizada pelo autor, em 18/11/2024, na base de dados PubMed.

Tabela 10.1 – Principais periódicos segundo o número de publicações relacionadas ao desenvolvimento de medicamentos com IA no PubMed

Categoria	Periódico	1987 a 2016	2017 a 2020	2021 a 2024	Total	(%)
Descoberta de medicamentos e química farmacêutica	Outros	186	143	242	571	13,5%
	Drug Discovery Today	15	19	72	106	2,5%
	Expert Opinion on Drug Discovery	7	21	52	80	1,9%
	Journal of Medicinal Chemistry	26	19	25	70	1,7%
	Molecular Pharmaceutics	12	24	13	49	1,2%
	Current Topics in Medicinal Chemistry	11	17	11	39	0,9%
	Future Medicinal Chemistry	6	16	12	34	0,8%
	Assay and Drug Development Technologies	27	2	1	30	0,7%
	European Journal of Medicinal Chemistry	12	7	8	27	0,6%
	Current Pharmaceutical Design	11	2	13	26	0,6%
	Bioorganic & Medicinal Chemistry	17	3	3	23	0,5%
Total		330	273	452	1.055	24,9%

(*Continua*)

Tabela 10.1 – Principais periódicos segundo o número de publicações relacionadas ao desenvolvimento de medicamentos com IA no PubMed (*Continuação*)

Categoria	Periódico	1987 a 2016	2017 a 2020	2021 a 2024	Total	(%)
Multiômicas (genômica, epigenômica, transcriptômica, proteômica e metabolômica)	Outros	84	81	126	291	6,9%
	Briefings in Bioinformatics	6	10	136	152	3,6%
	Bioinformatics (Oxford, England)	19	18	56	93	2,2%
	BMC Bioinformatics	21	22	35	78	1,8%
	IEEE/ACM Transactions on Computational Biology and Bioinformatics	8	8	47	63	1,5%
	Computers in Biology and Medicine	4	6	48	58	1,4%
	PLoS Computational Biology	6	14	19	39	0,9%
	Computational Biology and Chemistry	4	9	16	29	0,7%
	Journal of Biomedical Informatics	8	6	11	25	0,6%
	Nucleic Acids Research	7	6	10	23	0,5%
Total		167	180	504	851	20,1%
Biologia Molecular e métodos experimentais	Outros	80	87	120	287	6,8%
	International Journal of Molecular Sciences	9	31	73	113	2,7%
	Molecules (Basel, Switzerland)	8	48	45	101	2,4%
	Methods in Molecular Biology (Clifton, N.J.)	18	29	37	84	2,0%
	Nature Communications	1	8	45	54	1,3%
	Journal of Biomolecular Structure & Dynamics	2	2	20	24	0,6%
	Current Opinion in Structural Biology	0	2	22	24	0,6%
	Biomolecules	0	5	17	22	0,5%
	Methods (San Diego, Calif.)	4	2	15	21	0,5%
Total		122	214	394	730	17,2%
Química combinatória e triagem de alto desempenho	Journal of Chemical Information and Modeling	134	125	161	420	9,9%
	Journal of Computer-Aided Molecular Design	39	33	24	96	2,3%
	Molecular Civersity	15	3	44	62	1,5%
	Combinatorial Chemistry & High Throughput Screening	32	9	8	49	1,2%
	Molecular Informatics	5	24	16	45	1,1%
	Chemical Biology & Drug Design	14	12	8	34	0,8%
	Outros	17	2	0	19	0,4%
Total		256	208	261	725	17,1%

(*Continua*)

Tabela 10.1 – Principais periódicos segundo o número de publicações relacionadas ao desenvolvimento de medicamentos com IA no PubMed (*Continuação*)

Categoria	Periódico	1987 a 2016	2017 a 2020	2021 a 2024	Total	(%)
Publicações multidisciplinares*	Outros	93	112	231	436	10,3%
	Scientific Reports	10	49	66	125	2,9%
	PloS one	16	26	21	63	1,5%
	Nature	8	11	11	30	0,7%
Total		127	198	329	654	15,4%
Química computacional e modelagem molecular	Outros	41	39	75	155	3,7%
	Journal of Molecular Graphics & Modelling	11	4	12	27	0,6%
	Current Computer-Aided Drug Design	11	7	4	22	0,5%
	Journal of Chemical Information and Computer Sciences	21	0	0	21	0,5%
Total		84	50	91	225	5,3%
Total geral		1.086	1.123	2.031	4.240	100,0%

*Disciplinas científicas, incluindo Biologia, Química, Física e Saúde.

Fonte: Pesquisa realizada pelo autor, em 18/11/2024, na base de dados PubMed

MULTIÔMICAS (GENÔMICA, EPIGENÔMICA, TRANSCRIPTÔMICA, PROTEÔMICA E METABOLÔMICA)

Abrangem o desenvolvimento e aplicação de métodos computacionais para analisar dados biológicos, como genômicos, proteômicos e metabólicos. Incluem o uso de aprendizado de máquina (ML, do inglês *machine learning*), modelagem de redes biológicas e algoritmos para explorar relações funcionais e estruturais em sistemas biológicos.

A IA está revolucionando a descoberta e o desenvolvimento de medicamentos para a doença de Alzheimer (DA), um desafio em razão de sua complexa fisiopatologia e de mecanismos moleculares, como destacado na Tabela 10.2.

Métodos guiados por IA, combinados com análises genéticas e multiômicas (genômica, epigenômica, transcriptômica, proteômica e metabolômica), ajudam a compreender a doença e avançar na Saúde de precisão. Estratégias como *design* de novos medicamentos, triagem virtual (VS) e previsão de interações fármaco-alvo mostram-se promissoras. Em especial, o reposicionamento de medicamentos com base em IA destaca-se como uma abordagem eficiente para identificar novas aplicações para fármacos existentes no tratamento de DA. Estudos recentes apontam que a genética humana e tecnologias de IA oferecem da genética humana e tecnologias de IA oferecem novas perspectivas para a descoberta de medicamentos, mesmo diante de desafios e necessidades de avanços futuros.[1]

Tabela 10.2 – Métodos selecionados para descoberta de medicamentos relacionados à doença de Alzheimer

Método	Descrição	Precisão ou métrica	Limitações	Fontes de dados
Relation	Modelo Encoder-Decoder que incorpora características 3D de sítios de ligação em complexos ligante-proteína	Validade: 1 (AKT1), 0,994 (CDK2)	Limitado a alvos únicos; não gera novas entidades químicas	GitHub: micahwang/Relation
DeepTarget	Modelo de IA que combina *embeddings* de sequências de aminoácidos e inferência estrutural para geração molecular	Validade: 0,8083 (DRD2, PARP1)	Diferenças significativas na previsão de afinidade; ausência de dados 3D de proteínas	GitHub: viko-3/TargetGAN
QADD	*Framework* multiobjetivo com avaliação de qualidade molecular usando modelos GNN (*Graph Neural Networks*)	Validade: 1, Precisão: 0,99 (DRD2)	Exploração limitada de modelos de aprendizado por reforço; resultados inconsistentes entre iterações	GitHub: yifang000/QADD
DvinaXGB	IA que incorpora parâmetros explícitos de estabilidade água/ligante	PCC: 0,798, Docking: 92% (CASF-2016)	Dados de treinamento limitados; ausência de comparações com outros modelos	GitHub: jenniening/deltaVinaXGB
ConPLex	Modelos de linguagem de proteínas com aprendizado contrastivo para interações droga-alvo	AUPR: 0,628, PCC: 0,538	Exclui similaridade estrutural e sítios de ligação; não gera moléculas alternativas (decoys)	GitHub: samsledje/ConPLex

As siglas apresentadas referem-se a métricas e alvos comumente utilizados em Bioinformática e modelagem computacional. AKT1, CDK2, DRD2 e PARP1 são genes ou proteínas de interesse em estudos biológicos e farmacológicos. AKT1 está relacionado à via de sinalização celular, enquanto CDK2 é uma quinase envolvida no ciclo celular. DRD2 é um receptor de dopamina importante para o sistema nervoso, e PARP1 é uma enzima de reparo de DNA. O PCC, ou coeficiente de correlação de Pearson, mede a relação linear entre duas variáveis, variando de -1 (correlação negativa perfeita) a 1 (correlação positiva perfeita). Docking refere-se a uma técnica computacional para prever a interação entre uma molécula e uma proteína, com a porcentagem representando a qualidade ou sucesso da interação, frequentemente avaliada com *benchmarks* como o CASF-2016. Esse último é um conjunto de referência para avaliar métodos de *docking* molecular, incluindo parâmetros como força de ligação. AUPR, ou área sob a curva de precisão e revocação, mede o desempenho de classificadores, especialmente em conjuntos de dados desbalanceados, sendo um valor mais alto indicativo de maior eficácia. Por fim, precisão refere-se à proporção de previsões positivas corretas em relação ao total de previsões positivas realizadas.

Fonte: Adaptada de Qiu Y, Cheng F. Artificial intelligence for drug discovery and development in Alzheimer's disease. Curr. Opin. Struct. Biol., 2024.

Genômica, epigenômica, transcriptômica, proteômica e metabolômica são áreas interligadas, mas cada uma se concentra em aspectos distintos da Biologia Molecular.

- Genômica estuda o conjunto completo de genes de um organismo, fornecendo a base estrutural e funcional do DNA.
- Epigenômica, por sua vez, investiga modificações químicas no DNA e nas histonas que regulam a expressão gênica sem alterar a sequência genética, como a metilação.
- Transcriptômica analisa os ácidos ribonucleicos (RNAs) transcritos a partir do DNA, capturando os genes expressos em determinado momento ou condição.
- Proteômica explora as proteínas produzidas a partir desses transcritos, suas funções e interações, enquanto metabolômica tem foco nos metabólitos finais das vias bioquímicas, refletindo a atividade metabólica em resposta a fatores genéticos, ambientais e fisiológicos.

Qiu e Cheng (2024)[2] estabelecem o conceito de interactoma como uma representação detalhada das interações moleculares que ocorrem dentro de um sistema biológico, como aquelas entre proteínas, genes, ligantes e outras biomoléculas. Ele serve como uma rede de dados interconectados que possibilita identificar e priorizar alvos terapêuticos em contextos complexos, como doenças multifatoriais.

Em pesquisas relacionadas ao Alzheimer, por exemplo, o uso de dados de multiômicas em bases como *Alzheimer's Genome-wide Positioning Systems* (AlzGPS)[8] e *The Alzheimer's Cell Atlas* (TACA)[9] permite mapear redes de interação, contribuindo para descobertas de novos medicamentos e compreensão dos mecanismos biológicos subjacentes.[1,2]

Cada abordagem oferece uma camada complementar para compreender os sistemas biológicos de forma integrada. Essas análises possibilitam a identificação de alvos terapêuticos e a compreensão de mecanismos biológicos complexos ao correlacionar padrões genéticos e moleculares com doenças específicas.

A Tabela 10.3 apresenta uma integração entre IA e descoberta de medicamentos, detalhando algoritmos, funções terapêuticas e fontes relevantes. Reflete o impacto crescente da IA na descoberta e otimização de medicamentos para diferentes condições.[3]

BIOLOGIA MOLECULAR E MÉTODOS EXPERIMENTAIS

A integração da IA e da imagem de alto conteúdo (HCI) tem transformando a descoberta de medicamentos, impulsionada pelos avanços em redes neurais profundas. A IA tem otimizado a análise de dados de HCI, permitindo triagens fluorescentes multicanais e sem rótulos, além de melhorar o perfil de compostos.

Tabela 10.3 – Descobertas farmacológicas por Inteligência Artificial

Medicamento	Algoritmo de IA	Função terapêutica	Fonte
DSP-1181	Multi-Objective Optimization (MPO)	Agonista seletivo para o receptor 5-HT1A (ansiedade e depressão)	Hasselgren *et al.* (2024)
DSP-0039	Modelos generativos para *design* de moléculas	Potencial terapêutico em doenças neuropsiquiátricas	Hasselgren *et al.* (2024)
DDR1 Inibidores	Generative Tensorial Reinforcement Learning (GENTRL)	Inibição de DDR1 para controle de fibrose e câncer	Cheng *et al.* (2024)
Moléculas targeting AKT1 e CDK2	Relation (modelo *encoder-decoder* 3D)	Inibição de quinases associadas a cânceres	Qiu *et al.* (2024)
Moléculas-alvo DRD2 e PARP1	DeepTarget (modelo *end-to-end*)	Regulação de receptores para transtornos neuropsiquiátricos	Qiu *et al.* (2024)
Gracilin A	Retrosíntese farmacofórica dirigida	Antitumoral e antimicrobiano	Cheng *et al.* (2024)
Lecanemab	Análise multiômica e aprendizado de máquina	Tratamento da doença de Alzheimer (anticorpo monoclonal)	Cheng *et al.* (2024)

IA: Inteligência Artificial.

Fonte: Desenvolvida pela autoria.

Experimentos com HCI acumulam rapidamente grandes conjuntos de dados para o treinamento de modelos, mas o sucesso da IA depende de dados de alta qualidade, reprodutibilidade experimental e validação robusta. Avanços futuros em interpretabilidade e integração multimodal devem consolidar o papel da IA e HCI na descoberta de fármacos.[4]

HCI combina microscopia automatizada com análise sofisticada de imagem, permitindo a captura e análise de milhares de imagens celulares para avaliar os efeitos de compostos químicos sobre fenótipos celulares. Triagens fluorescentes multicanais e sem rótulos usam múltiplos corantes fluorescentes ou imagens sem rótulos (como campo claro) para detectar padrões fenotípicos e respostas celulares sem perturbar o estado biológico nativo. Redes neurais convolucionais (CNNs, do inglês *convolutional neural networks*) são amplamente empregadas para segmentação de células, análise de padrões fenotípicos complexos e identificação de alterações morfológicas em dados de imagem, ampliando a eficiência e precisão na triagem de compostos. Triagens fenotípicas envolvem o uso de HCI para capturar respostas celulares a compostos químicos com foco em alterações visíveis nos fenótipos como indicativos de eficácia ou toxicidade de potenciais fármacos.

A docagem molecular é outra ferramenta de Biologia Estrutural e Química Farmacêutica que tem avançado. É usada para prever como um composto químico interage com o alvo molecular, a exemplo de proteínas, determinando sua estrutura ligada e energia de ligação, permite a VS de grandes bibliotecas de compostos para identificar novos ligantes, servir como base para otimização de ligantes ou explorar mecanismos de ação. Avanços em métodos computacionais, combinando abordagens baseadas em física e ML, têm aprimorado sua eficácia (Tabela 10.4).

Tabela 10.4 – Métodos e técnicas de *docking* molecular: dados, algoritmos e resultados

Método de *docking*	Dados de entrada	Algoritmos	Validação	Resultados
Docking rígido	Estrutura 3D do alvo, estrutura química do composto	Funções de pontuação empíricas	Comparação com estruturas cristalográficas	Pose de ligação e energia de ligação estimadas
Docking flexível	Estrutura 3D do alvo, possíveis conformações	Algoritmos genéticos, Monte Carlo	*Benchmarks* com dados experimentais	Predição de pose considerando flexibilidade
Ensemble docking	Conjunto de conformações do alvo	*Docking* em múltiplas conformações	Combinação de resultados com base em dados experimentais	Melhora na precisão em alvos dinâmicos
Docking com *machine learning*	Estruturas e poses prévias de ligantes	Redes neurais, modelos supervisionados	Testes cruzados e validação com novos dados	Aprimoramento da pontuação de interação
Docking Com base em dinâmica molecular	Trajetórias moleculares simuladas	Simulações de força molecular	Comparação com medidas experimentais (p. ex., NMR)	Visualização de mudanças conformacionais

Fonte: Adaptada de Paggi JM, Pandit A, Dror RO. The art and science of molecular docking. Annu. Rev. Biochem, 2024.

Apesar de suas limitações atuais, esforços contínuos buscam superar desafios, tornando o *docking* uma ferramenta ainda mais poderosa para descoberta de medicamentos e pesquisa biológica.[5] A docagem molecular tem desempenhado um papel significativo na descoberta de compostos que se tornaram medicamentos de sucesso, como: o imatinibe, inibidor de tirosinaquinase usado no tratamento de leucemia mieloide crônica; o saquinavir, inibidor da protease do vírus da imunodeficiência humana 1 (HIV-1), marcando um avanço no tratamento da síndrome da imunodeficiência adquirida (Aids). Além disso, há o raltitrexedo, agente anticâncer que atua como inibidor da timidilatossintase.

DESCOBERTA DE MEDICAMENTOS E QUÍMICA FARMACÊUTICA

Hasselgren e Oprea (2024) exploraram, em uma revisão, o uso de IA nos pilares da descoberta de doenças, alvos e modalidades terapêuticas, com foco em pequenas moléculas (SMA). Tecnologias como química generativa, ML e otimização multipropriedade (MPO) têm permitido que compostos avancem para ensaios clínicos.[1]

A química generativa é um método no qual algoritmos, que se baseiam especialmente em IA como redes adversárias generativas (GANs), são utilizados para criar novas estruturas químicas com propriedades desejadas. Esses algoritmos exploram bibliotecas químicas amplas para projetar compostos com atividades específicas, como inibidores de enzimas ou agentes terapêuticos.

A MPO é uma abordagem matemática e computacional usada para balancear múltiplas características necessárias em um composto farmacológico, como solubilidade, permeabilidade e atividade biológica. A MPO, frequentemente, utiliza métodos como a otimização de Pareto, permitindo identificar soluções que equilibram propriedades antagônicas, como aumento de permeabilidade, sem comprometer a solubilidade.

Apesar de desafios como a dependência de dados e a limitada interpretabilidade, modelos de IA explicáveis prometem revolucionar a pesquisa e o tratamento do câncer e de outras doenças. A IA tem potencial para reduzir custos, aumentar a eficiência e melhorar a eficácia no desenvolvimento de novas terapias. Em 2023, estima-se que o setor farmacêutico gerou US$ 2,199 bilhões em receitas provenientes de soluções baseadas em IA, com investimentos acima de US$ 7,2 bilhões.

Química combinatória e triagem de alto desempenho

O *design* de medicamentos com base em estruturas (SBDD, do inglês *structure-based drug design*) se tornou uma ferramenta essencial para acelerar a descoberta de medicamentos e reduzir os custos desse processo em comparação aos métodos tradicionais (Figura 10.2). Segue um fluxo iterativo que inclui a identificação de alvos terapêuticos e ligantes ativos, determinação da estrutura 3D das proteínas-alvo, VS de compostos e otimização de *hits* por meio de análises experimentais. As interações ligante-proteína e as características do sítio de ligação, como propriedades eletrostáticas e estéricas, são analisadas para projetar ligantes eficazes. A identificação da proteína-alvo passível de interação com medicamentos (*druggable*) e seu sítio de ligação é seguida do uso de bancos de dados de compostos ativos triados e encaixados (*docked*) na cavidade de ligação da proteína-alvo. Finalmente, é feita a identificação do composto líder potente. Os compostos mais promissores, obtidos como resultado da VS e docagem, são sintetizados e testados *in vitro*. Modificações adicionais podem ser realizadas para a otimização do composto líder.

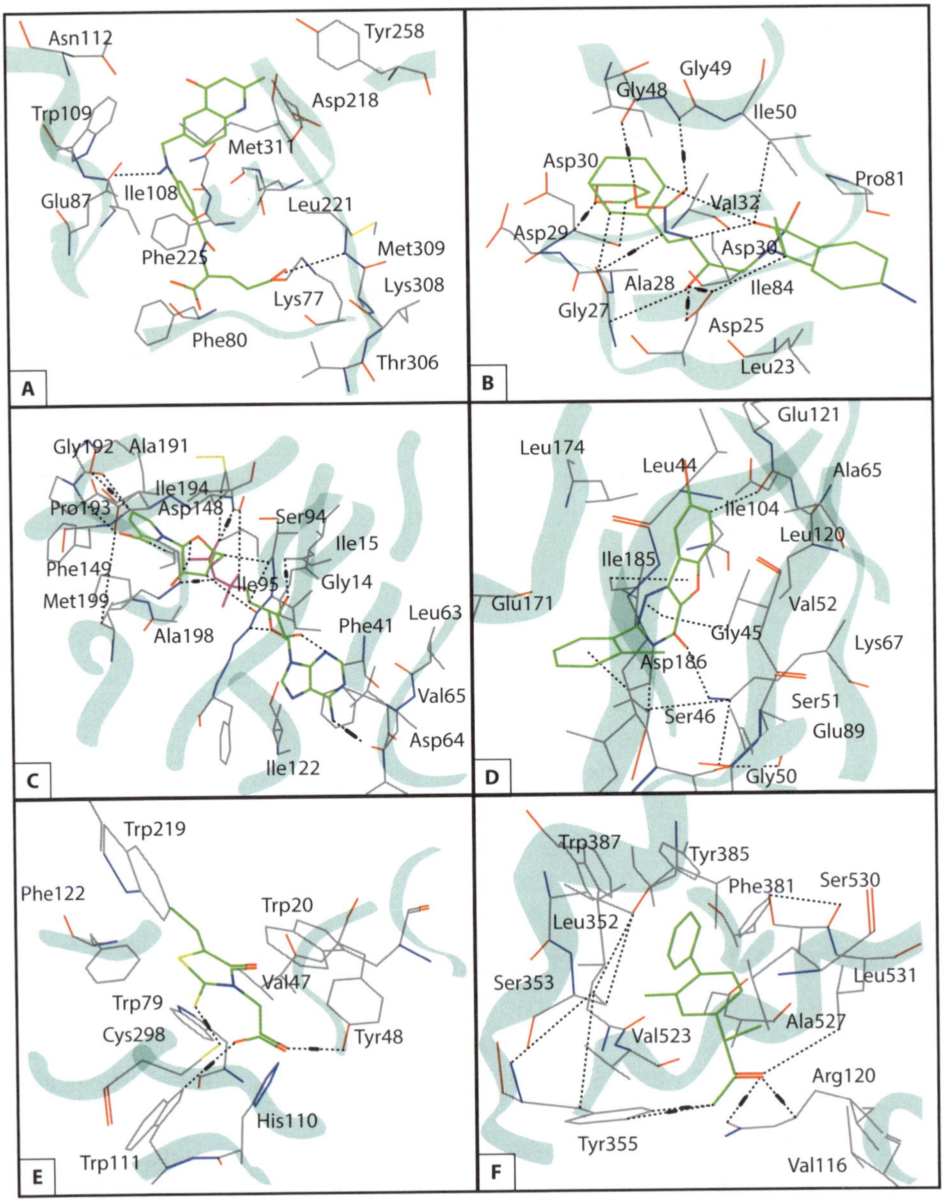

Figura 10.2 – Diagrama de interação dos medicamentos identificados pelos métodos SBDD com seus respectivos alvos terapêuticos

(A) Interação de raltitrexed com a timidilatossintetase (ID do Protein Data Bank (PDB): 5X5Q). (B) Interação de amprenavir com a protease do HIV (PDB ID: 3EKV). (C) Isoniazida, medicamento para tuberculose identificado pelo método SBVS (PDB ID: 1ENY). (D) Inibidor da quinase Pim-1, benzofuropirimidina, para o tratamento de vários tipos de câncer (PDB ID: 4ALU). (E) Epalrestat, um inibidor da aldoserredutase (PDB ID: 4JIR). (F) Flurbiprofeno, um inibidor da ciclo-oxigenase 2 (PDB ID: 3PGH).

SBDD: medicamento baseado em estruturas (do inglês *structure-based drug design*).

Fonte: Adaptada de Batool M, Ahmad B, Choi S. A structure-based drug discovery paradigm. Int J Mol Sci, 2019.[6]

QUÍMICA COMPUTACIONAL E MODELAGEM MOLECULAR

Com foco em simulações e predições computacionais, essa área utiliza ferramentas como dinâmica molecular, relação estrutura-atividade quantitativa (QSAR, do inglês *quantitative structure-activity relationship*) e modelagem 3D para explorar propriedades moleculares e prever interações químicas de novos compostos químicos e fármacos.

O uso de sistemas como o *Simplified Molecular Input Line Entry System* (SMILES) tem revolucionado o *design*, a mineração e o reposicionamento de fármacos, o que permite uma VS e de alto rendimento mais eficiente. Modelos de ML, incluindo redes neurais profundas CNNs e RNNs (do inglês *recurrent neural networks* - redes neurais recorrentes) e GANs, aprimoram a previsão de afinidades de ligação, seletividade e propriedades de fragmentos moleculares (Quadro 10.1), reduzindo a necessidade de triagens experimentais extensivas.[7]

Quadro 10.1 – Algoritmos e classificadores em modelos de aprendizado de máquina para descoberta de medicamentos por abordagem com base em fragmentos

Supervisionado	Não supervisionado
▪ **Modelo:**	▪ **Modelo:**
▪ Regressão	▪ Agrupamento (*clustering*)
▪ Redes neurais gráficas	▪ **Método:**
▪ Máquinas de vetores de suporte (SVMs)	▪ SG/CBOW/t-SNE (Distribuição de palavras) + Modelagem QSAR
▪ **Método:**	▪ **Entrada:**
▪ Regressão logística com redução	▪ Impressões digitais 2D (*2D fingerprints*)
▪ Monte Carlo Dropout	▪ **Saída:**
▪ Vetores	▪ Estruturas de compostos
Entrada:	
▪ Energia livre	
▪ Afinidade de Ligação/energia/entropia	
▪ Estruturas 3D	
Saída:	
▪ Posições de docagem	

QSAR: relação estrutura-atividade quantitativa (do inglês *quantitative structure-activity relationship*).

Fonte: Adaptado de Patne AY *et al.* Drug discovery in the age of artificial intelligence: transformative target-based approaches. Int. J. Mol. Sci., 2024.

A abordagem com base em SMA evoluiu da triagem de alto rendimento (HTS), que realizava testes físicos de vastas bibliotecas de compostos contra alvos biológicos específicos, para métodos de VS computacional. O VS, utilizando cálculos com base em física para prever energia livre de ligação, reduziu custos experimentais e melhorou a eficiência. O ML transformou o cenário ao melhorar a precisão de previsões em VS e no *design* com base em estrutura ou ligante, além de projetar moléculas inovadoras com propriedades desejáveis (Quadro 10.2). Essas ferramentas reduzem significativamente a necessidade de validações experimentais extensivas e ampliam o escopo de descobertas de candidatos promissores.[7]

Quadro 10.2 – Algoritmos e classificadores em modelos de aprendizado de máquina para descoberta de medicamentos com base em pequenas moléculas (SMA)

Supervisionado	**Não supervisionado**
Modelos: ▪ Redes neurais convolucionais ▪ Floresta aleatória ▪ Máquinas de vetores de suporte (SVMs) **Métodos:** ▪ Aprendizado bayesiano ▪ Árvores de decisão ▪ Hiperplano de margem máxima **Entradas:** ▪ Carga pontual, energia de ligação, potencial eletrostático ▪ Interações composto-proteína ▪ Impressões digitais 2D **Saída:** ▪ Posições de docagem	**Modelos:** ▪ *Autoencoders* ▪ Agrupamento (*clustering*) **Métodos:** ▪ *Tensorflow* ▪ *K-means*/divisão recursiva ▪ *K-means* bisectado ▪ Método de Ward **Entradas:** ▪ Biblioteca de compostos **Saídas:** ▪ Leads ▪ Padrões de motivo-interação ▪ Estruturas de compostos

Fonte: Adaptado de Patne AY *et al*. Drug discovery in the age of artificial intelligence: transformative target-based approaches. Int. J. Mol. Sci., 2024.

A abordagem que se baseia em estrutura, por sua vez, utiliza estruturas proteicas de alta resolução para projetar ligantes com alta especificidade. GANs, como o ProteinGAN, preveem dobras proteicas e identificam bolsões de ligação, enquanto máquinas de vetores de suporte (SVMs, do inglês *support vector machines*) classificam modelos estruturais com base em propriedades geométricas e evolutivas. Redes que se baseiam em estrutura preveem interações entre aminoácidos e padrões de dobramento com o uso de mecanismos de atenção, mostrando alta precisão para grandes bases de dados. Modelos não supervisionados, como os de linguagem de proteínas (PLMs) e *clustering* com base em *decoys*, permitem a previsão de funções moleculares e refinamento de estruturas sem necessidade de dados rotulados. Esses métodos tornam a abordagem com base em estrutura mais eficiente para descoberta de medicamentos direcionados. O processamento paralelo é uma técnica que executa várias operações simultaneamente, acelerando cálculos complexos, como predição de dobras proteicas em GANs. Pro-Mod3 é um modelo que utiliza amostragens de Monte Carlo para minimizar energia e selecionar *templates* de alta qualidade para predições estruturais com base em homologia. Mecanismo de atenção é um método que foca em regiões específicas dos dados, como interações entre aminoácidos, para capturar dependências de longo alcance em sequências proteicas. Seleção de *decoys* é um processo que utiliza modelos para identificar e filtrar estruturas irrelevantes (*decoys*), refina a análise de conformações moleculares e melhora predições estruturais. E*mbeddings* é a representação vetorial compacta de dados, como pares de resíduos proteicos, que captura características e relações geométricas para análises estruturais ou predições funcionais (Quadro 10.3).

Quadro 10.3 – Algoritmos e classificadores em modelos de aprendizado de máquina para descoberta de medicamentos por abordagem com baseada em estruturas

Supervisionado	**Não supervisionado**
Modelos: ▪ Redes generativas adversariais (GANs) ▪ Máquinas de vetores de suporte (SVMs) ▪ Redes com base em estrutura **Métodos:** ▪ Processamento paralelo ▪ Pro-Mod3 ▪ Mecanismo de atenção **Entradas:** ▪ Sequências/biblioteca de estruturas 3D ▪ Geometria de interface/entropia de resíduos ▪ Alinhamentos locais **Saídas:** ▪ Confirmações de dobramento ▪ Pontuação de modelos ▪ Estrutura de compostos	**Modelos:** ▪ Agrupamento (*clustering*) ▪ Modelos de linguagem de proteínas **Métodos:** ▪ Seleção de *decoys* ▪ *Embeddings* **Entradas:** ▪ Estruturas 3D ▪ Sequências **Saída:** ▪ Estrutura de compostos

Fonte: Adaptado de Patne AY *et al*. Drug discovery in the age of artificial intelligence: transformative target-based approaches. Int. J. Mol. Sci., 2024.

CONSIDERAÇÕES FINAIS

A ciência é um processo lento de acumulação de saberes. Apesar da aceleração do número de descobertas, ainda persiste o desafio translacional em também reduzir o tempo de sua disseminação. Assim, deve-se favorecer o acesso sob a ótica da necessidade de saúde e racionalidade terapêutica, vencendo mecanismos de penetração de mercado via geração de demandas alheias às evidências.

A pesquisa, o desenvolvimento e a inovação de tecnologias farmacêuticas apresentam problemas semelhantes aos da tecnologia da informação. Da mesma forma, a IA, assim como a racionalidade humana, deve ser devidamente aplicada ao bem comum, pois ambas podem escalar efeitos positivos ou negativos.

O presente capítulo mostrou os primeiros passos para aplicar IA a problemas farmacológicos com aspectos conceituais, caracterizando o estado da arte da literatura e apresentando implementações de IA. Cabe ao leitor diferenciar, no mundo real, os prognósticos terapêuticos que essas novas soluções trarão e suas contribuições para a prática clínica e social.

Referências bibliográficas

1. Cheng F et al. Artificial intelligence and open science in discovery of disease-modifying medicines for Alzheimer's disease. Cell Rep. Med., 2024.
2. Qiu Y, Cheng F. Artificial intelligence for drug discovery and development in Alzheimer's disease. Curr. Opin. Struct. Biol., 2024.
3. Hasselgren C, Oprea TI. Artificial intelligence for drug discovery: are we there yet? Annu. Rev. Pharmacol. Toxicol., 2024.
4. Carreras-Puigvert J, Spjuth O. Artificial intelligence for high content imaging in drug discovery. Curr. Opin. Struct. Biol., 2024.
5. Paggi JM, Pandit A, Dror RO. The art and science of molecular docking. Annu. Rev. Biochem., 2024.
6. Batool M, Ahmad B, Choi S. A Structure-based drug discovery paradigm. Int J Mol Sci, 2019.
7. Patne AY et al. Drug discovery in the age of artificial intelligence: transformative target-based approaches. Int. J. Mol. Sci., 2024.
8. Zhou Y, Fang J, Bekris LM, Kim YH, Pieper AA, Leverenz JB et al. AlzGPS: a genome-wide positioning systems platform to catalyze multi-omics for Alzheimer's drug discovery. Alzheimers Res Ther, 2021.
9. Zhou Y, Xu J, Hou Y, Bekris L, Leverenz JB, Pieper AA et al. The Alzheimer's Cell Atlas (TACA): A single-cell molecular map for translational therapeutics accelerator in Alzheimer's disease. Alzheimers Dement (N Y), 2022.

CAPÍTULO

11 Inteligência Artificial no Combate ao Câncer – Inovações e Esperanças

Marcos Henrique Pereira

"A evolução nunca para, e a tecnologia é apenas o próximo passo."

O Fim da Infância

Arthur C. Clarke

INTRODUÇÃO

No século XXI, a mistura entre Medicina e tecnologia mudou as formas de diagnosticar e tratar doenças complicadas. A Inteligência Artificial (IA) é uma das inovações na Oncologia, área que pode mudar a forma como lidamos com o câncer, que ainda é um grande desafio de saúde mundial.

O câncer é a segunda causa principal de morte no mundo, responsável por cerca de 10 milhões de mortes/ano, conforme dados da Organização Mundial da Saúde (OMS, 2023). Apesar de importantes progressos nas últimas décadas, o diagnóstico tardio continua a ser uma realidade em várias nações, afetando as chances de sobrevivência. A Agência Internacional para Pesquisa em Câncer (IARC) informa que cerca de 30% a 50% dos casos poderiam ser evitados ou detectados cedo, mostrando uma lacuna significativa nos Sistemas de Saúde atuais (Wild *et al.*, 2020).

Nesse desafio, a IA aparece como uma ferramenta útil. O termo "inteligência artificial" engloba várias tecnologias que imitam processos de pensamento humano, como aprendizado e autocorreção. Na Oncologia, essas tecnologias têm mostrado um grande potencial, desde a análise de imagens médicas até a personalização de tratamentos e aceleração de descobertas de novos medicamentos.

A evolução da IA na Saúde não é isolada, mas parte de uma revolução digital mais ampla. O aumento da disponibilidade de dados médicos, combinado com avanços tecnológicos, criou um ambiente propício para desenvolver algoritmos que identificam padrões sutis e correlações que, muitas vezes, não são percebidas pelos humanos.

"Estamos vendo o início de uma nova era na Medicina, na qual algoritmos de aprendizado profundo (DL, do inglês *deep learning*) analisam milhões de imagens e registros médicos rapidamente, identificando padrões que levariam muito tempo para serem descobertos por métodos tradicionais", afirma o Dr. Andrew Ng, conhecido por seus trabalhos em IA (Ng *et al.*, 2023).

APLICAÇÕES DA INTELIGÊNCIA ARTIFICIAL NO COMBATE AO CÂNCER

Diagnóstico e detecção precoce

O diagnóstico precoce é crucial para o sucesso do tratamento do câncer. A IA tem mostrado resultados impressionantes, especialmente na análise de imagens médicas, um campo que se denominada "radiômica" quando usado na Radiologia, e patômica quando aplicado em Patologia Digital.

Análise de imagens médicas

Os algoritmos de DL, especialmente as redes neurais convolucionais (CNNs, do inglês *convolutional neural networks*), mudaram a análise de imagens radiológicas. Um estudo na revista *Nature Medicine* mostrou que um sistema de IA do Google Health conseguiu detectar câncer de mama em mamografias com mais precisão do que radiologistas experientes, reduzindo falso-positivos em 5,7% e falso-negativos em 9,4% (McKinney *et al.*, 2020). A plataforma LungVision, criada pela empresa israelense Body Vision Medical, usa IA para achar nódulos pulmonares em tomografias. Em testes clínicos, teve sensibilidade de 94,8% para detectar câncer, bem melhor que os métodos tradicionais (Cohen *et al.*, 2023).

Na Patologia Digital, a IA também faz diferença. A análise de lâminas digitalizadas ajuda a ver detalhes celulares difíceis de notar a olho nu. O sistema *Paige Prostate*, por exemplo, foi aprovado pela Food and Drug Administration (FDA), em 2021, para auxiliar no diagnóstico de câncer de próstata, com aumento de 7,3% na sensibilidade em estudos multicêntricos (FDA, 2021).

"O valor desses sistemas está não só na precisão, mas também na consistência. Diferentemente dos humanos, os algoritmos não se cansam ou se distraem, mantendo a mesma atenção na milésima imagem", afirma a Dra. Regina Barzilay, especialista do MIT em IA na Oncologia (Barzilay, 2023).

Biomarcadores e assinaturas moleculares

Além da análise de imagens, a IA melhorou a identificação de biomarcadores associados ao câncer. Sistemas como o *Foundation One CDx* usam ML para analisar perfis genômicos tumorais, achando mutações que podem guiar tratamentos personalizados (Frampton *et al.*, 2023).

Na biópsia líquida, que examina material tumoral no sangue, a IA ampliou as possibilidades diagnósticas. A empresa GRAIL criou o teste Galleri, que usa aprendizado de máquina (ML, do inglês *machine learning*) para ver padrões de metilação de DNA circulante, permitindo detectar mais de 50 tipos de câncer a partir de uma amostra sanguínea, muitos em estágios iniciais (Klein *et al.*, 2021).

Um estudo publicado em *The Lancet Oncology* mostrou que o teste Galleri conseguiu identificar câncer em pessoas sem sintomas com 99,5% de especificidade, acertando o tecido de origem em 89% dos casos positivos (Liu *et al.*, 2023). Esses avanços podem mudar como fazemos rastreamento populacional do câncer.

Personalização do tratamento

A diversidade tumoral é um grande desafio no tratamento do câncer. Tumores que parecem semelhantes podem responder diferentemente às mesmas terapias, mostrando a necessidade de abordagens personalizadas. A IA tem promovido avanços na Medicina de precisão oncológica.

Medicina de precisão e algoritmos preditivos

O OncoKB, do Memorial Sloan Kettering Cancer Center, usa algoritmos para interpretar mudanças genômicas em tumores e classificá-las sobre o potencial de resposta a tratamentos direcionados. A plataforma já registrou mais de 5.400 variantes genéticas em 127 genes ligados ao câncer, tornando-se referência global em Oncologia de precisão (Chakravarty *et al.*, 2022).

Previsão de resposta e resistência

A habilidade de prever reações a tratamentos é uma área promissora para usar IA. Algoritmos de aprendizado profundo examinam dados variados como imagens, perfis genômicos e proteômicos, histórico médico e reações a tratamentos passados para calcular as chances de resposta a diferentes tratamentos.

Um estudo no *Journal of Clinical Oncology* mostrou que um modelo com redes neurais recorrentes conseguiu prever resistência à quimioterapia em pacientes com câncer colorretal metastático com 87,3% de precisão, permitindo ajustes antecipados no tratamento (Park *et al.*, 2023).

Da mesma forma, pesquisadores da Universidade de Stanford criaram um algoritmo chamado PRESCIENT, que estuda imagens sequenciais de ressonância magnética para prever a resposta à imunoterapia em pacientes com melanoma metastático. O sistema teve um valor preditivo positivo de 89% em um grupo de validação independente, superando biomarcadores tradicionais como PD-L1 e carga mutacional tumoral (Rubin *et al.*, 2022).

"A verdadeira mudança não está só em prever quais pacientes reagirão a tratamentos, mas também em entender por que isso acontece. A IA ajuda a descobrir padrões que mostram os mecanismos biológicos na resposta ao tratamento", afirma o Dr. James Allison, Nobel de Medicina 2018 por seus estudos em imunoterapia do câncer (entrevista para o Science, 2023).

Criação de novos medicamentos

O processo de desenvolvimento de novos medicamentos para câncer é normalmente demorado, caro e arriscado. O uso de IA nesse setor tem acelerado bastante todas as fases da descoberta e de desenvolvimento de medicamentos, desde a identificação de alvos moleculares até a otimização de candidatos.

■ Aceleração da pesquisa farmacêutica

Plataformas como AlphaFold, da DeepMind (parte do Google), mudaram a predição de estruturas proteicas, um passo-chave na identificação de alvos terapêuticos. Em 2022, o sistema determinou a estrutura tridimensional de quase todas as proteínas humanas conhecidas, disponibilizando-as em um banco de dados aberto que já acelerou vários projetos oncológicos (Jumper *et al.*, 2021).

Além disso, empresas como Recursion Pharmaceuticals aplicam uma abordagem denominada "biologia computacional guiada por IA". Essa plataforma combina microscopia celular automática a algoritmos de DL para detectar mudanças sutis na morfologia causadas por compostos químicos em modelos celulares de câncer, acelerando a descoberta de moléculas promissoras (Heiser *et al.*, 2023).

Um exemplo marcante desse novo modelo foi o desenvolvimento do MRTX849 (adagrasib), inibidor da proteína KRAS G12C frequentemente mutada em câncer de pulmão e colorretal. Usando IA para modelagem molecular, a equipe da Mirati Therapeutics encontrou um composto com propriedades otimizadas em cerca de metade do tempo normalmente necessário e recebeu aprovação rápida da FDA em 2023 (Hallin *et al.*, 2024).

■ *Design* molecular e simulações computacionais

As técnicas de ML mudaram o *design* de novas moléculas, possibilitando a criação de estruturas químicas únicas com propriedades melhoradas. A técnica denominada "química generativa" usa redes adversárias generativas (GANs) para sugerir muitas moléculas que podem atuar em alvos de câncer específicos. A empresa Exscientia, do Reino Unido, aplica esse método em sua plataforma Centaur Chemist, que combina IA com experimentos automatizados de alta precisão. Um anticorpo bispecífico que ataca o receptor do fator de crescimento epidérmico (EGFR), presente em vários tumores sólidos, foi criado em apenas 11 meses com essa tecnologia - cerca de um terço do prazo médio na indústria farmacêutica (Hopkins *et al.*, 2023).

Na área de simulações computacionais, a Inteligência Artificial tem melhorado nossa habilidade de modelar interações entre medicamentos e alvos moleculares em nível atômico. Sistemas como o ATOM (*Accelerating Therapeutics for Opportunities in Medicine*), desenvolvido em colaboração entre o Laboratório Nacional Lawrence Livermore e o Frederick National Laboratory for Cancer Research, combinam modelos preditivos de eficácia e toxicidade, acelerando a identificação de compostos promissores para alvos oncológicos prioritários (ATOM Consortium, 2023).

Em 2023, uma colaboração internacional usando a plataforma ATOM encontrou um inibidor promissor da proteína MYC - um fator de transcrição alterado em cerca de 70% dos cânceres humanos que, antes, eram considerados "difíceis de tratar". O composto ATOM-590 mostrou uma atividade antiproliferativa significativa em modelos de neuroblastoma e está em fase de otimização para estudos clínicos (Zhang *et al.*, 2024).

Suporte à decisão clínica

A complexidade crescente da Oncologia moderna, com aumento de biomarcadores, opções de tratamento e diretrizes clínicas, cria grandes desafios para os profissionais de Saúde. Assim, sistemas de suporte à decisão clínica com IA surgiram como ferramentas importantes na prática oncológica diária.

■ Assistentes inteligentes para oncologistas

O Tempus xT, desenvolvido pela empresa norte-americana Tempus, é um exemplo desse tipo de ferramenta. O sistema junta sequenciamento genômico com análise automatizada de prontuários eletrônicos, literatura científica e ensaios clínicos, produzindo relatórios personalizados que contextualizam as mudanças moleculares em cada paciente (Beaubier *et al.*, 2022).

Um estudo em cinco centros oncológicos mostrou que oncologistas usando o Tempus xT mudaram suas decisões de tratamento em 43% dos casos, muitas vezes encontrando opções experimentais que não tinham sido consideradas antes. Pacientes que receberam tratamentos guiados pela plataforma viveram 5,3 meses a mais sem progressão da doença em comparação ao grupo controle ($p = 0.003$) (Singal *et al.*, 2023).

No Brasil, o Instituto Nacional de Câncer (Inca) iniciou um projeto piloto com o Sistema Oncológico para Facilitação da Informação e Assistência (Sofia), criado junto à Universidade Federal do Rio de Janeiro (UFRJ). A plataforma usa processamento de linguagem natural para tirar informações úteis de prontuários não estruturados, gerando painéis clínicos que ajudam a visualizar

Redução de erros e otimização de protocolos

A segurança do paciente é outra área que se beneficia de sistemas de IA. Algoritmos de ML analisam prescrições oncológicas em tempo real, reconhecendo possíveis erros de dosagem, interações medicamentosas ou desvios de protocolos institucionais.

O sistema SafeRx, utilizado no MD Anderson Cancer Center, usa aprendizado supervisionado para encontrar inconsistências em esquemas de quimioterapia. Numa análise retroativa de mais de 10 mil prescrições, o algoritmo identificou 98,7% dos erros previamente registrados, incluindo 27 que foram classificados como potencialmente graves e que haviam passado despercebidos na revisão farmacêutica habitual.

De maneira parecida, a plataforma OncoLogic AI, criada pela *startup* francesa Sophia Genetics, usa modelos preditivos para calcular riscos de toxicidade grave em pacientes com câncer. O sistema avalia dados clínicos e laboratoriais, sugerindo mudanças preventivas nos tratamentos ao encontrar padrões que possam indicar complicações. Em um estudo multicêntrico, usar a ferramenta diminuiu em 38% as internações por neutropenia febril em quem estava sob tratamento mielossupressor intenso.

"Os sistemas de IA não trocam o julgamento clínico, mas atuam como uma rede de segurança extra, detectando riscos e oportunidades que podem não ser notados em clínicas ocupadas", afirma a Dra. Emily Johnson, chefe de Medicina, no Memorial Sloan Kettering Cancer Center.

Acompanhamento e cuidados paliativos

O monitoramento de pacientes com câncer e a melhora dos cuidados paliativos são áreas, muitas vezes, desconsideradas, mas que afetam bastante a qualidade de vida e, talvez, os resultados clínicos. A IA tem trazido avanços nessas áreas, especialmente com a ajuda de tecnologias vestíveis (*wearables*) e sistemas de monitoramento à distância.

Vestíveis e sensores inteligentes

Dispositivos como o OncoWatch, criado pelo Massachusetts General Hospital junto com a Apple, usam sensores em *smartwatches* para monitorar continuamente sinais fisiológicos de pacientes em tratamento oncológico. Algoritmos de ML observam padrões de batimentos cardíacos, variabilidade eletrodérmica, qualidade do sono e atividade física, detectando sinais iniciais de problemas como infecções, desidratação ou efeitos colaterais de medicamentos (Holländer-Mieritz *et al.*, 2021).

Em um estudo randomizado com 284 pacientes com câncer colorretal metastático, aqueles monitorados pelo OncoWatch tiveram 43% menos visitas não planejadas ao pronto-socorro e um aumento médio de 3,8 meses na manutenção de *performance status* (PS) ≤ 2 em comparação ao grupo com seguimento convencional.

Inteligência Artificial na gestão da dor e da qualidade de vida

O gerenciamento eficaz da dor em pacientes com câncer continua sendo um desafio notável, especialmente em estágios avançados da doença. Sistemas como o PainCare AI, desenvolvido por pesquisadores da Universidade de Stanford, usam processamento de linguagem natural para analisar descrições verbais da dor e expressões faciais, oferecendo estimativas mais precisas do que as escalas tradicionais.

A plataforma junta esses dados com detalhes sobre medicamentos em uso, efeitos adversos relatados e preferências pessoais e sugere mudanças nos tratamentos analgésicos. Em uma avaliação com 175 pacientes em cuidados paliativos, o grupo atendido pelo PainCare AI mostrou uma redução média de 2,3 pontos na escala de dor (0 a 10) e uma queda de 47% no uso de analgésicos de resgate.

Além do controle dos sintomas, a IA tem melhorado intervenções psicossociais na Oncologia. Assistentes virtuais como Neli, desenvolvido pelo Memorial Sloan Kettering Cancer Center, usam processamento de linguagem natural para oferecer suporte emocional adaptativo a pacientes com câncer. O sistema se ajusta continuamente com base nas interações, mudando suas respostas de acordo com as necessidades. necessidades pessoais e gostos de comunicação (Jacobs *et al*., 2023). Em um estudo abrangente, pacientes que usaram o Neli reportaram reduções notáveis em seus níveis de ansiedade ($p = 0.004$) e depressão ($p = 0.007$), além de uma melhor adesão a medicamentos orais e maior índice de comparecimento a consultas (Penedo *et al*., 2023). Esses dados mostram que a IA pode apoiar bastante o atendimento humano, especialmente em locais com poucos recursos.

TENDÊNCIAS E AVANÇOS FUTUROS

Desenvolvimento de modelos de Inteligência Artificial na Oncologia

A evolução dos sistemas de IA na Oncologia mostra que estes estão se tornando modelos mais complexos que podem integrar e analisar dados variados de forma mais precisa. Novas tendências incluem sistemas fundacionais e IA autônoma.

Modelos fundacionais e multimodais

Os "modelos fundacionais" - sistemas de IA treinados com muitos dados diversos e que podem se adaptar a várias tarefas - são uma nova possibilidade na Oncologia Digital. Plataformas como o BioGPT-4, criado por pesquisadores do Broad Institute, combinam conhecimento textual biomédico com dados genômicos, proteômicos e clínicos, mostrando habilidade em raciocinar sobre mecanismos complexos do câncer (Zhang *et al.*, 2023). Em um estudo publicado na *Nature Medicine*, o BioGPT-4 teve precisão parecida com a de especialistas humanos para interpretar variantes genômicas raras em câncer de pâncreas, identificando correlações clinicamente relevantes que não estavam na literatura (Yang *et al.*, 2024).

A capacidade de analisar diferentes tipos de dados – como texto, imagens, sinais fisiológicos, sequências moleculares – é outro progresso importante. O sistema PathGPT, desenvolvido pela PathAI em parceria com o Dana-Farber Cancer Institute, combina imagens histopatológicas com dados genômicos e informações clínicas, gerando análises que conectam mudanças morfológicas ao contexto molecular de cada paciente (Beck *et al.*, 2023).

Inteligência Artificial autodirigida e autônoma

Sistemas que podem melhorar por conta própria e explorar de forma independente representam um grande avanço na IA oncológica. A plataforma AutoDiscovery, feita pela Insilico Medicine, é um exemplo. Essa tecnologia usa algoritmos de aprendizado por reforço para realizar experimentos virtuais em modelos computacionais de câncer, testando e refinando hipóteses continuamente (Zhavoronkov, 2023). Em um projeto piloto sobre resistência ao osimertinibe no câncer de pulmão, o sistema encontrou autonomamente uma via alternativa mediada pela proteína AXL, o que resultou no desenvolvimento de um inibidor dual EGFR/AXL que está em estudos pré-clínicos (Feng *et al.*, 2024).

De forma similar, o RadLearner, criado no laboratório Empower Health, da Universidade de Toronto, é um modelo de "IA radiômica autônoma". O sistema seleciona casos radiológicos difíceis, pede laudos a radiologistas experientes e usa esse retorno para aprimorar seus algoritmos, mostrando melhorias na detecção precoce de carcinomas hepatocelulares (Jahanshahi *et al.*, 2023).

"O futuro da IA na Oncologia não será só sobre sistemas mais precisos, mas também sobre plataformas que podem aprender, se adaptar e evoluir sozinhas, sem a necessidade constante de intervenção humana. Isso se aproxima mais da inteligência natural", afirma a Dra. Fei-Fei Li, diretora do Stanford Institute for Human-Centered Artificial Intelligence (entrevista à MIT Technology Review, 2024).

Integração com tecnologias emergentes

O potencial da IA em Oncologia pode crescer muito mais quando ela se combina a outras tecnologias novas. Essa união tecnológica promete acelerar descobertas científicas e abordagens terapêuticas novas.

Computação quântica e simulações moleculares

A computação quântica é um campo promissor para melhorar algoritmos de IA na Oncologia, especialmente em simulações moleculares. Pesquisadores da Universidade de Toronto, em parceria com a D-Wave Systems, criaram um algoritmo quântico que modela interações entre pequenas moléculas e proteínas que causam câncer, mostrando melhores resultados do que métodos computacionais comuns (McArdle *et al.*, 2022).

O projeto QCURE, que envolve a Roche e a Google Quantum AI, usa processadores quânticos para simular o dobramento de proteínas e interações entre drogas e receptores em nível atômico. Em um estudo recente, o sistema detectou inibidores potenciais da proteína KRAS G12D – uma alteração comum em adenocarcinomas de pâncreas e que costumava ser vista como "indrogável" (Martinez-Rosell *et al.*, 2023).

Biologia sintética e terapias com células por Inteligência Artificial

A combinação de IA e Biologia Sintética está mudando o panorama das terapias celulares personalizadas. O CellArchitect, criado pelo Broad Institute junto com a CRISPR Therapeutics, usa aprendizado profundo para aperfeiçoar o *design* de células CAR-T para tipos específicos de câncer (Fischbach *et al.*, 2023).

A plataforma examina características moleculares do tumor de cada paciente, sugerindo alterações nos receptores de antígeno quimérico para aumentar a afinidade ao alvo e reduzir o risco de resistência tumoral. Em um ensaio clínico de fase I com pacientes que têm linfoma difuso de grandes células B resistente a tratamento, as células CAR-T aprimoradas pelo CellArchitect apresentaram uma taxa de resposta completa de 78%, em comparação a 58% obtidos com produtos comerciais normais (Wagner *et al.*, 2024).

Na imunoterapia personalizada, a *startup* BioNTech, da Alemanha, usa algoritmos de DL em sua plataforma NEOSCAN para identificar neoantígenos tumorais e criar vacinas de mRNA personalizadas. Num ensaio clínico de fase II para melanoma metastático, esse método gerou respostas imunes em 94% dos pacientes, com sobrevida global medianas ainda não chegando após 36 meses de acompanhamento (Sahin *et al.*, 2023).

Nanotecnologia inteligente

Sistemas de nanopartículas guiados por IA são outra área promissora na Oncologia de precisão. A plataforma NanoCure, desenvolvida no MIT, usa algoritmos generativos para criar nanopartículas com características ajustadas para atingir alvos tumorais específicos (Hammond *et al.*, 2023).

Num estudo pré-clínico com câncer de pâncreas, as nanopartículas projetadas por IA mostraram um acúmulo tumoral 3,7 vezes maior do que as formulações habituais, o que propicia eficácia terapêutica mais elevada e menor toxicidade sistêmica (Zhang *et al.*, 2023).

Pesquisadores da Universidade de Toronto também criaram "nanossensores inteligentes" que juntam nanopartículas com algoritmos de IA para monitorar continuamente biomarcadores tumorais. O sistema, denominado

SmartSense, capta mudanças sutis nos perfis de microRNA no sangue e pode detectar a progressão tumoral semanas antes de aparecerem sinais clínicos ou radiológicos (Chan *et al.*, 2024).

Regulação e questões éticas

O rápido avanço da IA na Oncologia traz desafios regulatórios e éticos importantes, exigindo discussões sobre governança, privacidade, equidade e clareza dos algoritmos. Criar regras regulatórias apropriadas é essencial para garantir que essas tecnologias beneficiem os pacientes de forma segura e justa.

■ Mudanças nas regras regulatórias

Agências reguladoras internacionais têm tentado adaptar suas normas para lidar com as especificidades dos sistemas de IA na Saúde. A FDA lançou, em 2023, o *AI/ML-Based Software as a Medical Device Action Plan*, dando orientações para revisar sistemas que continuam a aprender após a implementação (FDA, 2023).

De forma parecida, a EMA divulgou em 2022 o "*egulatory Framework for AI in Healthcare*, separando sistemas de IA médica em quatro categorias de risco, com requisitos crescentes para validação e monitoramento após a comercialização (EMA, 2022).

No Brasil, a Agência Nacional de Vigilância Sanitária (Anvisa) lançou a Resolução da Diretoria Colegiada (RDC) n. 657/2022, que define requisitos básicos para sistemas usados em dispositivos médicos, incluindo aqueles com base em IA. Contudo, a regulamentação ainda não abrange bem as particularidades dos algoritmos que se autoajustam, mostrando a necessidade de contínuas atualizações nas normas (Anvisa, 2022).

Um desafio importante é a validação contínua de sistemas que se modificam com o tempo. O conceito de *total product lifecycle* proposto pela FDA exige o monitoramento constante do desempenho dos algoritmos em condições reais, incluindo mecanismos de detecção precoce de desvios prejudiciais (Sherman *et al.*, 2023).

■ Questões éticas emergentes

Além das considerações regulatórias, a IA na Oncologia levanta questões éticas complicadas que requerem análise de várias disciplinas. A falta de transparência - comum em muitos sistemas de aprendizado profundo - é uma preocupação, especialmente quando decisões críticas dependem de resultados cujas razões não são claras (as *black boxes*).

"Precisamos passar de algoritmos que funcionam para algoritmos que podem ser explicados. Na Oncologia, em que as decisões podem ser vitais, saber que um sistema funciona não é suficiente - precisamos entender como e por que ele chega a suas conclusões", diz a Dra. Cynthia Rudin, especialista em IA interpretável, da Duke University (Rudin, 2023).

Preocupações com a equidade algorítmica também são cada vez mais evidentes. Estudos mostram que sistemas de IA treinados com dados de maioria caucasiana têm pior desempenho com pacientes de outras etnias. Um estudo sobre um algoritmo para detectar melanoma em imagens dermatoscópicas mostrou 96% de sensibilidade em pele clara e apenas 54% em pele negra, mostrando como os vieses nos dados de treino podem reforçar desigualdades existentes (Adamson & Smith, 2022).

Para lidar com esses problemas, iniciativas como o *Algorithmic Bias Observatory*, da Organização Mundial da Saúde, criaram diretrizes para o desenvolvimento e validação de sistemas de IA na Oncologia que atendem a populações diversas. O *framework* "FAIR+CARE" (*findable, accessible, interoperable, reusable + cultural, ancestral, responsible, equitable*) sugere princípios para garantir que essas tecnologias não aumentem as desigualdades em Saúde (OMS, 2023).

Além disso, questões de privacidade e de segurança de dados são preocupações importantes. Desenvolver algoritmos eficazes na Oncologia, muitas vezes, exige o acesso a grandes volumes de dados sensíveis, o que suscita discussões sobre consentimento, anonimização e uso de informações clínicas.

A metodologia de *federated learning* - que permite treinar algoritmos de forma colaborativa sem centralizar dados brutos - está se destacando como uma solução. O consórcio *Swarm Learning for Oncology*, que envolve 17 centros oncológicos na Europa, mostrou que é possível criar modelos preditivos eficazes mantendo a privacidade, já que os dados permanecem nas instituições originais (Warnat-Herresthal *et al.*, 2022).

"Esse desafio ético principal não é técnico, mas sim social: como assegurar que a Inteligência Artificial na área oncológica deve ser disponível para todos, não importa onde estejam, condição financeira ou dados demográficos?", declara o Dr. Ezekiel Emanuel, bioeticista da Universidade da Pensilvânia (Emanuel, 2024).

O futuro do trabalho médico com IA

O uso crescente da IA na Oncologia resulta na consideração sobre o futuro da profissão médica e como as dinâmicas do atendimento estão mudando. Embora algumas histórias alarmantes falem sobre substituição, as evidências mostram mudanças mais sutis em que as habilidades humanas e algorítmicas se complementam.

Colaboração homem-máquina

A nova abordagem na Oncologia Digital não é de troca, mas sim de colaboração entre profissionais humanos e sistemas de computação. Pesquisas que examinam essa interação mostram que trabalhar juntos traz resultados melhores do que cada um separado.

Um estudo abrangendo 15 centros oncológicos analisou a performance de radiologistas, algoritmos de IA e suas colaborações na identificação de lesões em mamas. Os radiologistas sozinhos tiveram uma sensibilidade média de 82,7%, enquanto o melhor algoritmo alcançou 88,6%. Contudo, a parceria entre radiologista e IA elevou a sensibilidade para 94,1%, diminuindo os falso-positivos (McKinney *et al.*, 2023).

De maneira semelhante, uma pesquisa no Memorial Sloan Kettering Cancer Center avaliou a precisão de patologistas, sistemas de IA e abordagens colaborativas para identificar micrometástases em linfonodos em pacientes com câncer de mama. A taxa de detecção foi de 83,4% para patologistas, 91,2% para IA e 97,8% para a opção híbrida (Campanella *et al.*, 2023).

"A verdadeira expectativa da IA não é criar máquinas que pensem como médicos, mas sim sistemas que ajudem as habilidades humanas, dando força onde temos fraquezas e vice-versa", diz o Dr. Abraham Verghese, professor de Medicina da Stanford University e especialista em Humanismo na Medicina (Verghese, 2023).

Evolução da especialização médica

O crescimento da IA oncológica tem impulsionado novas habilidades e áreas de especialização. A "informática oncológica" se tornou um subcampo focado no desenvolvimento, validação e uso de ferramentas digitais na clínica e na pesquisa.

Programas de formação nessa área estão se espalhando globalmente. O Memorial Sloan Kettering Cancer Center criou em 2021 o primeiro *fellowship* em Oncologia Computacional, que combina formação pós-residência nas áreas clínica, Bioinformática e Ciência de Dados. O Dana-Farber Cancer Institute também lançou um mestrado em *Cancer Data Science*, voltado a oncologistas que queiram aplicar técnicas computacionais na pesquisa (Shen *et al.*, 2023).

No Brasil, projetos como o curso de especialização em Medicina de Dados Aplicada à Oncologia, da Universidade de São Paulo, e o curso de extensão em Inteligência Artificial para Oncologistas, do A.C.Camargo Cancer Center, mostram o esforço de qualificação profissional na intersecção entre Medicina e tecnologia (Carvalho *et al.*, 2023).

O FUTURO DA ONCOLOGIA

A inclusão da IA na Oncologia é uma transformação em progresso, mudando as normas diagnósticas, terapêuticas e organizacionais. Como mostrado ao longo deste capítulo, os avanços nessa área têm gerado benefícios práticos para pacientes e profissionais, indo da detecção mais cedo de cânceres até intervenções terapêuticas personalizadas. O maior impacto da IA na Oncologia pode estar na sua habilidade de democratizar conhecimento especializado, acessível fora de grandes cidades e instituições acadêmicas. Em locais com poucos recursos, onde faltam oncologistas experientes, sistemas testados podem melhorar significativamente o atendimento, diminuindo desigualdades históricas no acesso a cuidados.

Contudo, essa transformação digital enfrenta grandes desafios. Questões sobre validação clínica, regulamentação, justiça algorítmica e proteção de dados exigem abordagens variadas que unam visões técnicas, clínicas, éticas e sociais. Criar políticas públicas e institucionais para uma implementação responsável dessas tecnologias é uma prioridade.

Na era da IA oncológica, profissionais e gestores de Saúde precisam se adaptar e aprender constantemente. Mais do que saber usar ferramentas específicas, que mudam rapidamente, é essencial entender princípios que ajudem a avaliar novas tecnologias e incorporá-las à prática clínica.

O futuro aponta para modelos mais avançados que podem combinar dados diversos e gerar *insights* aplicáveis no âmbito individual. A união entre IA e outras novas tecnologias – como computação quântica e biologia sintética – pode aumentar ainda mais esse potencial, possivelmente criando novos paradigmas de tratamento.

"O verdadeiro potencial da inteligência artificial em Oncologia não é substituir o julgamento clínico ou as relações terapêuticas, mas criar espaço para que estes possam se desenvolver. Automatizando aspectos mecânicos da prática médica, a tecnologia pode, de maneira contraditória, humanizar a Medicina, permitindo que os profissionais concentrem mais em aspectos humanos no cuidado com a saúde" (Topol, 2023).

Nesse contexto de mudanças rápidas, a colaboração entre diversas áreas é essencial. O futuro da Oncologia não será moldado apenas por tecnólogos ou médicos, mas também por equipes variadas que combinem conhecimentos clínicos, computacionais, éticos e centrados no paciente. Somente por meio dessa troca de ideias podemos garantir que o crescente poder da IA seja utilizado para o que realmente importa: melhorar a situação e as experiências de pacientes que enfrentam o câncer.

Bibliografia consultada

- Adamson AS, Smith A. Machine learning and health care disparities in dermatology. JAMA Dermatology. 2022;158(5):495-500.
- ANVISA. Resolução da diretoria colegiada - RDC Nº 657, de 24 de março de 2022. Diário Oficial da União; 2022.
- Araújo LH, et al. Implementation of artificial intelligence for breast cancer screening in a Brazilian tertiary cancer center. Brazilian Journal of Oncology. 2023;19(2):1-10.

- Atom Consortium. Accelerating cancer therapeutic discovery through integrated computational-experimental approaches. Nature Reviews Drug Discovery. 2023;22(4):293-311.
- Barzilay R. Artificial intelligence in cancer diagnostics and treatment: progress and challenges. Cell. 2023;186(5):969-89.
- Beaubier N, et al. Integrated genomic profiling expands clinical options for patients with cancer. Nature Biotechnology. 2022;40(8):1250-8.
- Beck AH, et al. PathGPT: A model for examining histopathology images. Nature Medicine. 2023;29(11):2722-32.
- Bertrand D, et al. AI for predicting and stopping severe chemotherapy side effects. The Lancet Digital Health. 2023;5(7):e351-e362.
- Campanella G, et al. Computational pathology with weakly supervised deep learning on whole slide images. Nature Medicine. 2023;29(5):1126-32.
- Carvalho AL, et al. Training in ai for cancer care: experience at A.C.Camargo Cancer Center. Revista Brasileira de Cancerologia. 2023;69(2):1-8.
- Carvalho FM, et al. Wearable remote monitoring system for cancer patients. Journal of Clinical Oncology. 2023;41(16):e13568.
- Chakravarty D, et al. OncoKB: a resource for precision oncology knowledge. JCO Precision Oncology. 2022;6:e2100258.
- Chan WCW, et al. Smart nanosensors for tracking tumor biomarkers. Nature Nanotechnology. 2024;19(3):255-68.
- Cohen JD, et al. LungVision: deep learning for finding and analyzing lung nodules. European Radiology. 2023;33(6):4020-30.
- EMA. Rules for ai in healthcare. European Medicines Agency; 2022.
- Emanuel EJ. Ethics of ai in oncology: more than just technical issues. The Lancet Oncology. 2024;25(2):e78-e86.
- FDA. AI/ML-Based Software as Medical Device Plan. U.S. Food and Drug Administration; 2023.
- FDA. FDA Approves Software for Identifying Prostate Cancer. FDA News Release; 2021.
- Feng S, et al. Finding drug resistance and new treatment in EGFR-mutant lung cancer. Science Translational Medicine. 2024;16(734):eadf1932.
- Fischbach MA, et al. AI-designed chimeric antigen receptors for better cancer treatment. Nature Biotechnology. 2023;41(5):635-46.
- Frampton GM, et al. Foundation One CDx: a detailed genomic test for personalized cancer care. Nature Biotechnology. 2023;41(4):504-15.
- Gawande A, et al. Monitoring cancer patients remotely during chemotherapy with wearable devices. Journal of Clinical Oncology. 2022;40(16):1553.
- Hallin J, et al. Adagrasib (MRTX849) targets KRAS G12C in advanced tumors. New England Journal of Medicine. 2024;390(5):440-51.
- Hammond PT, et al. AI-created nanoparticles for better targeting of tumors. Nature Materials. 2023;22(7):823-35.
- Heiser K, et al. Automated microscopy and deep learning for discovering therapies in oncology. Cell. 2023;186(7):1541-58.e12.
- Hoff PM, et al. AI clinical decision support system for precision oncology in Brazil. Journal of Global Oncology. 2023;9:1-7.
- Holländer-Mieritz C, Vogelius IR, Kristensen CA, Green A, Rindum JL, Pappot H. Using biometric sensor data to monitor cancer patients during radiotherapy: protocol for the OncoWatch Feasibility Study. JMIR Res Protoc, 2021.
- Hopkins AL, et al. Computational techniques in drug discovery for targeted cancer treatments. Nature Reviews Drug Discovery. 2023;22(6):444-61.
- Jacobs M, et al. Conversational ai for psychological help in oncology: development of the neli assistant. JMIR Cancer. 2023;9:e41365.

- Jahanshahi P, et al. Self-directed AI for early liver cancer detection. Radiology. 2023;308(1):e221571.
- Johnson E. Ethical Considerations in AI: Ensuring Fairness and Accountability. International Journal of Holistic Management Perspectives, 2024.
- Johnson KB, et al. Machine learning to prevent errors in chemotherapy prescriptions. JCO Clinical Cancer Informatics. 2023;7:e2200111.
- Jumper J, et al. Accurate protein structure prediction using AlphaFold. Nature. 2021;596(7873):583-9.
- Klein EA, et al. Validation of a multi-cancer early detection test based on methylation. Annals of Oncology. 2021;32(9):1167-77.
- Lin H, et al. Deep learning for automated pain assessment in cancer patients. IEEE Transactions on Medical Imaging. 2022;41(7):1856-66.
- Liu MC, et al. Sensitive detection and finding of multiple cancers using methylation signals in cell-free DNA. The Lancet Oncology. 2023;24(5):537-49.
- Lopes VF, et al. SOFIA: Oncological System for Information and Assistance Facilitation. Brazilian Journal of Clinical Oncology. 2023;19(63):1-9.
- Martinez-Rosell G, et al. Using quantum computing for finding drugs that target KRAS G12D mutation. Nature Computational Science. 2023;3(5):419-29.
- McArdle S, et al. An edge in quantum computation for protein-ligand docking simulations. Physical Review X. 2022;12(3):031049.
- McKinney SM, et al. Teaming up with AI boosts mammography accuracy while cutting down workload. The Lancet Digital Health. 2023;5(8):e465-e474.
- McKinney SM, et al. Worldwide assessment of an AI system for detecting breast cancer. Nature. 2020;577(7788):89-94.
- Ng A, et al. Overview of deep learning in medicine: methods and uses. Artificial Intelligence in Medicine. 2023;136:102471.
- OMS. AI ethics and governance for health. World Health Organization; 2023.
- Park K, et al. RNNs forecast chemotherapy response in advanced colorectal cancer. Journal of Clinical Oncology. 2023;41(16):2815-26.
- Penedo FJ, et al. Digital health tools to lessen anxiety and depression in cancer patients: findings from a multi-center study. Psycho-Oncology. 2023;32(4):742-51.
- Peterson ED, et al. Wearable tech intervention for colorectal cancer patients: a controlled trial. Journal of Clinical Oncology. 2023;41(10):1701-10.
- Rodriguez C, et al. Tailored pain relief for cancer patients via AI: a clinical trial. Supportive Care in Cancer. 2024;32(1):32.
- Rubin DL, et al. PRESCIENT: Predicting immunotherapy response using MRI and deep learning. Journal for ImmunoTherapy of Cancer. 2022;10(5):e004045.
- Rudin C. Avoid explaining complex machine learning models for critical decisions; use clear models instead. Nature Machine Intelligence. 2023;5(1):39-50.
- Sahin U, et al. Customized RNA vaccines for metastatic melanoma: results from phase II trial. Nature. 2023;615(7954):947-53.
- Schrag D. AI as a support system in oncology practice. Journal of Clinical Oncology. 2024;42(3):267-9.
- Shen H, et al. Learning oncology computing: training the future generation. Nature Reviews Clinical Oncology. 2023;20(4):219-31.
- Sherman RE, et al. Rules for AI-based medical devices: The Total Product Lifecycle method. The New England Journal of Medicine. 2023;388(9):785-9.
- Singal G, et al. Link between AI-guided genomic therapy and survival in severe cancer cases. JAMA Oncology. 2023;9(8):1145-53.
- Somashekhar SP, et al. Watson for Oncology and breast cancer treatment: agreement with an expert team. Annals of Oncology. 2021;32(5):661-7.

- Topol E. Deep medicine: ai's role in re-humanizing healthcare. Basic Books; 2023.
- Verghese A. AI and the arts in medicine. JAMA. 2023;329(14):1177-8.
- Wagner DG, et al. AI-enhanced CAR T cells for difficult large B-cell lymphoma. New England Journal of Medicine. 2024;390(7):611-22.
- Warnat-Herresthal S, et al. Collaborative learning for decentralized clinical machine learning. Nature. 2022;594(7864):265-70.
- Wild CP, et al. World cancer report: research for cancer prevention. International Agency for Research on Cancer; 2020.
- Yang H, et al. Correct interpretation of rare genetic variants in pancreatic cancer via large multimodal AI models. Nature Medicine. 2024;30(1):157-66.
- Zhang D, et al. Making smart tumor-targeting nanoparticles using advanced generative networks. ACS Nano. 2023;17(8):7645-58.
- Zhang J, et al. ATOM-590, new MYC blocker found using AI modeling. Cancer Discovery. 2024;14(1):128-45.
- Zhang Y, et al. BioGPT-4: a mixed system for health uses. Nature Biotechnology. 2023;41(12):1754-66.
- Zhavoronkov A. AI systems that work on their own for medicine creation. Nature Machine Intelligence. 2023;5(7):647-56.

CAPÍTULO

12 Revolução na Cardiologia – Inteligência Artificial no Diagnóstico e Tratamento de Doenças Cardíacas

Thiago Liguori Feliciano da Silva
Diandro Marinho Mota

"Os cybersistemas médios podiam manter um coração batendo eternamente, desde que houvesse dinheiro para pagar."

Neuromancer

William Gibson

INTRODUÇÃO

As doenças cardiovasculares são a principal causa de mortalidade no Brasil, representando 26,4% dos óbitos em 2023,[1,2] um impacto direto em quase 400 mil vidas/ano. O advento da inteligência artificial (IA) pode mudar essa realidade por meio de uma transformação digital na prevenção, diagnóstico, tratamento e monitoramento de condições clínicas, como o infarto agudo do miocárdio (IAM), insuficiência cardíaca, hipertensão, arritmias e o acidente vascular cerebral (AVC).

Apesar de a simulação de inteligência humana com o uso de máquinas ter sido iniciada em 1956, essa tecnologia foi acelerada por uma inovação específica nesse campo de estudo em 2022 como resultado da criação de uma nova arquitetura (*transformer*), evolução da computação na nuvem e incremento na capacidade de processamento paralelo das placas gráficas (GPUs). Esses avanços permitiram a criação de modelos cada vez maiores e mais complexos, possibilitando que a IA deixasse de ser uma promessa experimental para se tornar uma ferramenta prática e essencial em diversas áreas, principalmente na Saúde.

No contexto da Cardiologia, sua evolução tem sido mais evidente em seis grandes subáreas (Figura 12.1).

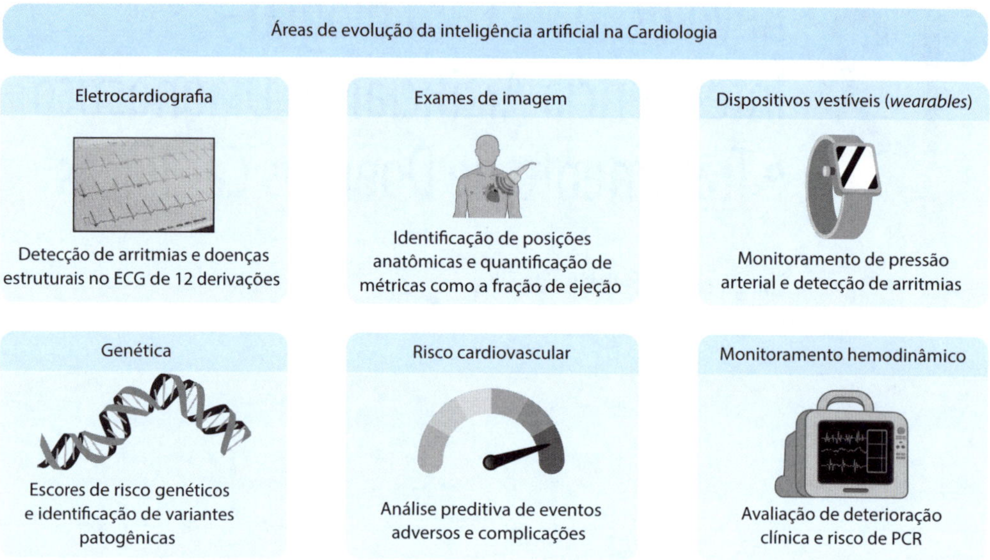

Figura 12.1 – Áreas de evolução da Inteligência Artificial na Cardiologia.

Fonte: Desenvolvida pela autoria.

Uso da Inteligência Artificial em eletrocardiografia

A IA tem transformado a análise de eletrocardiogramas (ECGs), potencializando a precisão diagnóstica e a capacidade preditiva em diversas condições cardíacas. Modelos com base em IA, especialmente redes neurais convolucionais (CNNs, do inglês *convolutional neural networks*), foram desenvolvidos para identificar padrões subclínicos nos ECGs, tornando-os ferramentas poderosas para triagem e previsão de doenças tanto cardíacas como não cardíacas. Por exemplo, uma metanálise demonstrou uma acurácia de 81% na detecção de doenças valvares, como estenose aórtica e regurgitação mitral.[3]

A aplicação da IA no risco de fibrilação atrial (FA) também se destaca, com análises de ECG de 12 derivações mostrando desempenho comparável ao das estratégias clássicas que se baseiam em fatores de risco clínicos.[4] Além disso, modelos automatizados multilabel para diagnóstico de distúrbios de ritmo e condução têm se mostrado eficazes em diversos cenários clínicos.[5] Esses modelos não apenas identificam condições críticas de forma mais rápida, mas também oferecem informações detalhadas que ajudam os médicos a personalizar o tratamento de forma mais precisa.

No contexto de acidente vascular cerebral isquêmico, a IA tem sido usada para avaliar alterações eletrocardiográficas pós-evento, contribuindo para a avaliação sistemática dessas alterações e seus desfechos.[6] Essa tecnologia tem o potencial de identificar padrões que podem passar despercebidos por análises tradicionais, oferecendo uma abordagem mais detalhada e sensível para o manejo clínico. Além disso, índices com base em IA derivados do ECG ajudaram a prever disfunção ventricular esquerda em pacientes com infarto do miocárdio com supradesnivelamento do segmento ST, destacando o papel da IA na estratificação de risco e prognóstico.[7]

Recentemente, avanços significativos foram feitos na integração de IA em sistemas automatizados de triagem em prontos-socorros. Esses sistemas analisam ECGs em tempo real e alertam a equipe médica sobre anormalidades críticas, reduzindo o tempo para intervenções essenciais.[8] Tecnologias com base em IA também estão sendo exploradas para prever riscos futuros, como insuficiência cardíaca e novo infarto, com base na análise preditiva de padrões eletrocardiográficos.[9]

Estudos recentes também destacam a capacidade da IA em identificar padrões ocultos nos ECGs que podem estar associados a fatores genéticos ou epigenéticos de risco cardiovascular. Essa abordagem amplia o escopo de utilização do ECG, transformando-o de uma ferramenta diagnóstica tradicional em um instrumento de estratificação preditiva robusta. Além disso, a IA tem sido incorporada a plataformas de aprendizado de máquina (ML, do inglês *machine learning*) federado, permitindo que os algoritmos aprendam com dados de diferentes instituições sem comprometer a privacidade dos pacientes.[10]

É importante lembrar a existência de desafios significativos, incluindo a necessidade de validação multicêntrica rigorosa para garantir que os modelos de IA sejam generalizáveis em populações diversas. A regulamentação do uso dessas tecnologias também é essencial, especialmente no que diz respeito à confiabilidade e responsabilidade pelos diagnósticos gerados pela IA. Ainda assim, o potencial dessas ferramentas para transformar o manejo clínico é inegável, particularmente em contextos de emergência e cuidados primários nos quais a rapidez e a precisão são cruciais.

USO DA INTELIGÊNCIA ARTIFICIAL EM MÉTODOS DE IMAGEM CARDIOVASCULAR

Estamos passando por uma mudança de paradigma na aquisição e interpretação de imagens em Cardiologia mediante a disponibilização de ferramentas de alta precisão que potencializam o diagnóstico, refinam a análise de imagens e ampliam a acurácia na tomada de decisões clínicas. Modelos de IA, especialmente algoritmos de aprendizado profundo (DL, do inglês *deep learning)*, como CNNs, têm mostrado resultados promissores na análise de imagens de radiografia,[11] ecocardiografia,[12-15] tomografia computadorizada

(TC),[16] ressonância magnética cardíaca (RMC)[17] e cardiologia nuclear.[18] Esses modelos melhoram a qualidade da imagem, automatizam medições e suportam a detecção de patologias, que vão desde a disfunção do ventrículo esquerdo (VE) até o IAM.

Na radiografia de tórax, exame importante para a prática do cardiologista, muitas nuances podem passar despercebidas, o que pode ocasionar na piora dos desfechos clínicos, um tipo de avaliação em que algoritmos de IA têm sido treinados para executar com grande acurácia. Um bom exemplo disso é a solução INSIGHT CXR, da empresa Lunit (Coreia do Sul), uma ferramenta que utiliza DL, uma área da IA, para analisar as imagens. O algoritmo empregado consegue detectar dez achados radiológicos comuns, com uma precisão entre 97% e 99%.[11]

O sistema gera mapas destacando as áreas suspeitas com cores ou contornos distintos (Figura 12.2), além de pontuar anomalias e indicar a probabilidade da presença de condições específicas. Após a avaliação inicial, o sistema oferece interpretações textuais, resumindo os resultados da análise para cada achado. Essa abordagem com base em IA melhora a precisão e a eficiência diagnóstica em ambientes clínicos. Esse tipo de ferramenta já tem sido utilizado em hospitais no Brasil.

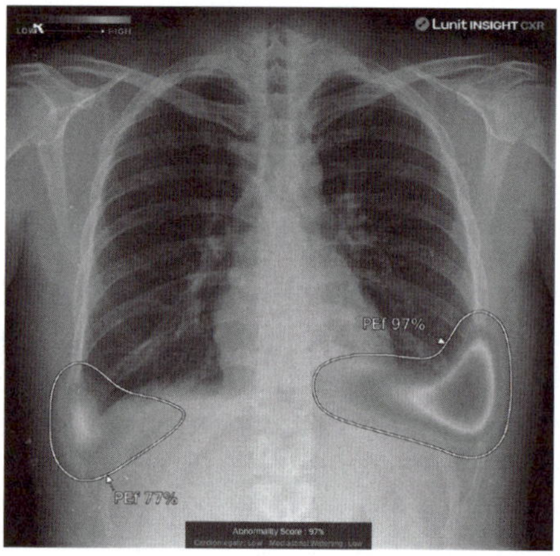

Figura 12.2 – Avaliação com IA de radiografia de tórax (posteroanterior) pela empresa Lunit (Coreia do Sul).

IA: Inteligência Artificial.

Fonte: Reprodução de Lunit Insight CXR. IA Solultion for Chest X-ray. 2025[a]. Disponível na Internet: https://www.lunit.io/en/products/cxr (27 abr. 2025).

Na ecocardiografia, algoritmos de IA podem identificar planos anatômicos e quantificar medidas, como a fração de ejeção e tamanho do septo interventricular, com precisão comparável à de cardiologistas experientes,[12,14] com o objetivo de agilizar a rotina do profissional (Figura 12.3). Esses avanços em medições automatizadas não apenas melhoram a uniformidade diagnóstica, mas também reduzem significativamente o tempo necessário para a interpretação manual.

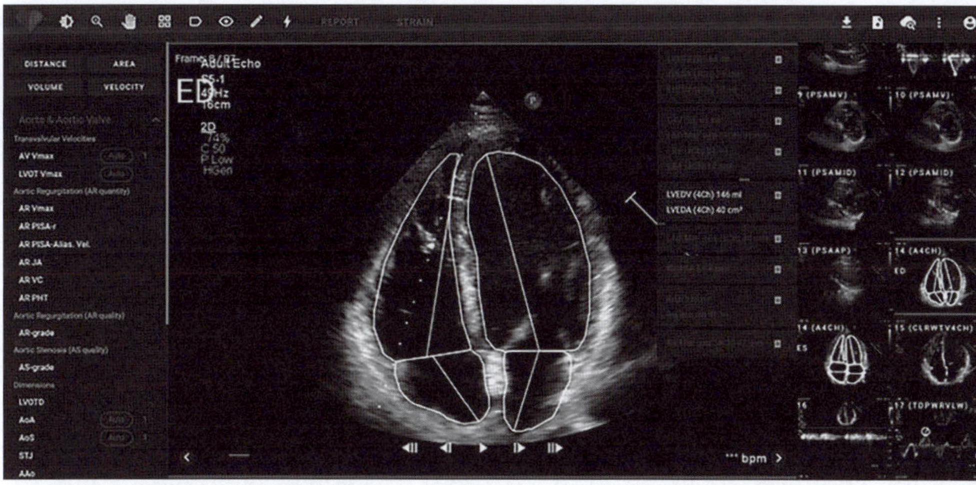

Figura 12.3 – Avaliação de ecocardiografia com visão e medidas realizadas por IA (Lituânia).

Fonte: Reprodução de Lunit Insight CXR. IA Solultion for Chest X-ray. 2025[a]. Disponível na Internet: https://www.lunit.io/en/products/cxr (27 abr. 2025).

A angiotomografia computadorizada das artérias coronárias (ATC) também tem se beneficiado da IA na identificação de estenoses e na melhoria da visualização de placas complexas. No estudo ORFAN trial,[19] 40.091 pacientes foram acompanhados por meio da medida automatizada do coeficiente de gordura perivascular, o qual se mostrou um potencial marcador de risco cardiovascular, além de definir com precisão o local e o nível de inflamação de cada artéria coronária.

Outra importante aplicação das redes neurais se dá na análise estrutural detalhada da RMC, em que a tecnologia auxilia na segmentação precisa das estruturas ventriculares e na detecção de fibrose miocárdica, por meio do realce tardio com gadolínio.[17] Já na Cardiologia Nuclear, ferramentas semelhantes contribuem para reduzir a exposição à radiação e o tempo total do exame ao possibilitar o cancelamento seguro da fase de repouso por meio de uma abordagem baseada em ML.[18]

Por fim, a implementação da IA em cenários reais tem enfrentado desafios relacionados à generalização dos modelos, variabilidade dos dados de treinamento e integração com a infraestrutura hospitalar existente. Estudos em andamento continuam avaliando o impacto clínico da IA na imagem cardiovascular, explorando modelos que possam se adaptar a diferentes técnicas e aparelhos, melhorar a precisão diagnóstica e, em última análise, aprimorar os resultados dos pacientes.

USO DA INTELIGÊNCIA ARTIFICIAL NOS DISPOSITIVOS VESTÍVEIS (*WEARABLES*)

A combinação de IA e dispositivos vestíveis tem revolucionado a monitorização e o manejo de doenças cardiovasculares. Dispositivos como *smartwatches* e *patches* de ECG equipados com algoritmos de IA oferecem monitorização contínua e detecção em tempo real de eventos cardiovasculares, como FA e insuficiência cardíaca.[20] Esses dispositivos estão se tornando aliados essenciais no cuidado personalizado de modo a permitir a intervenção precoce e melhorar os desfechos clínicos.

Estudos mostram que dispositivos vestíveis associados à IA alcançam sensibilidade e especificidade elevadas na detecção de arritmias comparáveis às dos métodos tradicionais. Por exemplo, algoritmos treinados com sinais de fotopletismografia (PPG) demonstraram uma acurácia impressionante na identificação de FA, com sensibilidade de 94,8% e especificidade de 96,9%.[21] Esses dispositivos também têm a capacidade de monitorar a reabilitação cardíaca, acompanhando parâmetros como ritmo cardíaco, pressão arterial e níveis de atividade física.

Outro campo de aplicação é a detecção de condições críticas, como taquiarritmias ventriculares e eventos isquêmicos agudos que podem ser imediatamente sinalizados por dispositivos vestíveis. Essa função não apenas reduz o tempo de resposta em emergências, mas também aumenta a segurança para pacientes de alto risco.[22]

Dispositivos vestíveis também oferecem *insights* sobre aspectos não diretamente ligados ao coração, mas que influenciam a saúde cardiovascular, como qualidade do sono e níveis de estresse. A IA integrada nesses dispositivos pode analisar padrões de sono e monitorar marcadores de estresse, o que ajuda na prevenção de doenças relacionadas ao estresse crônico e contribui para uma abordagem mais holística.[23]

Embora esses avanços sejam promissores, existem desafios significativos. A precisão dos dados capturados por dispositivos vestíveis ainda pode variar dependendo de fatores como posição do dispositivo e condições ambientais. Além disso, a integração desses dispositivos aos fluxos de trabalho clínicos requer infraestruturas tecnológicas robustas e treinamento adequado para os profissionais de Saúde.[24]

Outro aspecto crítico é a privacidade dos dados. Como dispositivos vestíveis geram uma quantidade significativa de informações sensíveis, é fundamental garantir que essas informações sejam protegidas contra usos indevidos ou vazamentos. Regulamentações claras e soluções tecnológicas robustas, como criptografia e anonimização de dados, são cruciais para abordar essas preocupações.[8]

Dispositivos vestíveis com IA têm demonstrado benefícios também na promoção de mudanças comportamentais em pacientes. Relatórios personalizados gerados por esses dispositivos ajudam os pacientes a compreender melhor suas condições e a aderir a tratamentos ou mudanças de estilo de vida, como dietas saudáveis e programas de exercício.[8] Essas tecnologias têm potencial para transformar o cuidado cardiovascular ao torná-lo mais proativo, personalizado e centrado no paciente.

Apesar dos desafios, os dispositivos vestíveis com base em IA representam um avanço significativo na saúde cardiovascular. O desenvolvimento contínuo desses dispositivos, aliado à colaboração entre a indústria e os profissionais de Saúde, promete ampliar ainda mais suas aplicações clínicas e beneficiar uma maior parcela da população.

USO DA INTELIGÊNCIA ARTIFICIAL NA GENÉTICA CARDIOVASCULAR

O desenvolvimento de tecnologias de sequenciamento de DNA na última década e a diminuição do custo para a sua realização possibilitaram a geração de dados genômicos em larga escala, ideais para o uso em IA. São bilhões de nucleotídeos e milhões de indivíduos, com dados organizados de forma única e disponibilizados para pesquisa. Essas iniciativas, integradas a informações fenotípicas longitudinais, como condições clínicas e estilo de vida, forneceram o conjunto de dados de treinamento necessário para prever o risco futuro de diferentes doenças cardiovasculares.

Estudos que buscam identificar associações estatísticas entre variações genéticas específicas, conhecidas como polimorfismo de nucleotídeo único (SNP, do inglês *single nucleotide polymorphisms*), e traços fenotípicos, incluindo doenças ou características de saúde, têm sido desenvolvidos com sucesso, resultando em uma nova era de escores de riscos genéticos em que modelos de DL são treinados com bilhões de nucleotídeos, o que pode aumentar a chance de predizer se uma pessoa tem maior ou menor chance de evoluir com hipertensão arterial sistêmica, por exemplo.

A análise genética impulsionada pela IA em Cardiologia está emergindo como um componente crítico para entender doenças cardiovasculares complexas com raízes poligênicas. Condições cardiovasculares, como a cardiomiopatia hipertrófica, hipercolesterolemia familiar e cardiomiopatia arritmogênica, têm bases genéticas que dificultam as abordagens diagnósticas e terapêuticas tradicionais. A IA facilita a integração de dados genômicos a informações fenotípicas e clínicas, permitindo *insights* mais precisos e personalizados sobre os mecanismos das doenças.

Um dos principais usos da IA na genética é identificar novas associações entre genes e doenças. Ao processar grandes conjuntos de dados com os perfis genéticos de pacientes, algoritmos de IA conseguem detectar associações e padrões sutis que podem contribuir para o surgimento de doenças cardiovasculares.[25]

Da mesma forma, sugere-se que modelos de DL podem apoiar os cardiologistas na detecção da síndrome do QT longo a partir da análise eletrocardiográfica e que, potencialmente, consigam diferenciar entre as causas genéticas mais comuns (LQT1-KCNQ1, LQT2-KCNH2, LQT3-SCN5A).[26]

Esses *insights* permitem que os clínicos avaliem, de forma mais precisa, o risco em pacientes com perfis genéticos específicos.

Os desafios na aplicação da IA incluem privacidade de dados, variabilidade nos conjuntos de dados genéticos e a necessidade de colaborações entre instituições para melhorar a qualidade e a representatividade dos dados.

USO DA INTELIGÊNCIA ARTIFICIAL NA AVALIAÇÃO DE RISCO CARDIOVASCULAR

A IA desempenha um papel cada vez mais importante na avaliação do risco cardiovascular, transformando a maneira como os profissionais de Saúde identificam e gerenciam pacientes em risco de doenças cardiovasculares. Modelos de ML e DL têm se mostrado eficazes na análise de grandes volumes de dados clínicos, imagens diagnósticas e outros biomarcadores, fornecendo uma estratificação de risco mais precisa e personalizada.

Na TC, algoritmos com base em CNNs ajudam na detecção e classificação de placas ateroscleróticas, o que propicia *insights* detalhados sobre características fenotípicas de risco, como composição das placas, calcificação e grau de inflamação.[27] Essas informações podem ser usadas para prever eventos adversos, como infartos e acidentes vasculares cerebrais, com maior precisão do que as abordagens tradicionais.

Outro avanço significativo é o uso de IA na análise de imagens retinianas nas quais modelos de ML analisam alterações vasculares associadas a fatores de risco cardiovascular. Essa abordagem não invasiva permite a identificação precoce de condições como hipertensão arterial e disfunção microvascular.[28] Além disso, a IA tem sido utilizada na quantificação automática de biomarcadores radiológicos, como volumes cardíacos e calcificação coronariana, fornecendo parâmetros mais objetivos e reproduzíveis para estratificação de risco.[29]

A aplicação da IA no ECG também ampliou significativamente as possibilidades na avaliação de risco cardiovascular. Estudos demonstraram que algoritmos baseados em IA conseguem detectar padrões subclínicos que podem indicar disfunção ventricular esquerda, hipertrofia miocárdica e mesmo predisposição à FA, possibilitando intervenções precoces.[8] Essas tecnologias não apenas complementam métodos tradicionais, mas também oferecem uma visão mais abrangente sobre o perfil de risco do paciente.

A IA tem demonstrado potencial na integração de dados de diferentes fontes para melhorar a previsão de eventos adversos. Modelos que combinam dados clínicos, biomarcadores laboratoriais, informações de imagens e histórico familiar fornecem uma estratificação de risco mais precisa e personalizada. Essa abordagem holística permite aos profissionais de Saúde identificar quais pacientes se beneficiariam mais de intervenções agressivas, como terapia medicamentosa ou procedimentos invasivos.[9]

Um aspecto promissor da IA no risco cardiovascular é sua capacidade de identificar padrões atípicos em populações sub-representadas. Estudos mostraram que a IA pode mitigar vieses clínicos ao analisar dados de pacientes que tradicionalmente não recebem a mesma atenção em estudos clínicos convencionais, como mulheres e minorias étnicas.[30] Isso pode gerar melhores resultados e maior equidade no cuidado cardiovascular.

Apesar dos avanços, é necessário citar alguns desafios, como a necessidade de validação clínica rigorosa, regulamentação adequada e integração eficiente no fluxo de trabalho clínico, barreiras que ainda precisam ser superadas para que a IA alcance seu potencial máximo no manejo do risco cardiovascular. Além disso, é essencial garantir a transparência e a interpretabilidade dos modelos de IA para que os médicos possam confiar e utilizar plenamente esses sistemas.

USO DE INTELIGÊNCIA ARTIFICIAL NO MONITORAMENTO HEMODINÂMICO

As aplicações da IA no monitoramento hemodinâmico estão dando início a uma nova era de avaliação contínua e em tempo real da função cardiovascular, ferramenta importante no cuidado ao paciente crítico, que engloba o acompanhamento da pressão arterial, débito cardíaco e resistência vascular, essenciais para o manejo de condições como insuficiência cardíaca, choque, sepse e crise hipertensiva.

Métodos tradicionais dependem de medições intermitentes e interpretação manual, que podem não captar flutuações transitórias, mas clinicamente significativas, enquanto algoritmos de ML analisam dados hemodinâmicos complexos de várias fontes, incluindo acessos arteriais, ecocardiografia e sensores vestíveis. Esses modelos podem detectar padrões anormais, como hipotensão e arritmias, mais cedo do que os métodos convencionais. Essa previsibilidade apoia os profissionais de Saúde na detecção de deterioração clínica e instabilidade hemodinâmica, ajudando a orientar intervenções oportunas e a reduzir desfechos adversos.

O resultado do uso de ferramentas de IA em um grande número de variáveis e indicadores fisiológicos à beira-leito mostrou-se superior à avaliação clínica no risco pré-operatório,[31] na predição de mortalidade por disfunção ventricular[32] e no risco de hipotensão, arritmias e hipóxia,[33] essa última minutos antes de sua ocorrência.

Dentro do contexto hemodinâmico, talvez o impacto mais significativo da IA tenha sido na capacidade de prever uma parada cardiorrespiratória iminente no hospital e possibilitar uma intervenção precoce. Um modelo utilizando dados de frequência cardíaca e respiratória conseguiu prever a taquicardia ventricular (TV) 1 hora antes do início, com sensibilidade e especificidade > 80%.[34] Com o uso do ECG, pressão arterial não invasiva e saturação de oxigênio percutânea (PaO_2), os modelos conseguiram prever a fibrilação ventricular (FV)[35] aproximadamente 5 minutos a 6 horas antes do seu início, com acurácia de 0,83 a 0,94. Embora algoritmos de IA possam prever arritmias ventriculares iminentes em conjuntos de dados de referência, a validação dessas ferramentas de forma prospectiva ainda é necessária.

PRÓXIMOS PASSOS

As características distintas da IA exigem uma validação rigorosa, abrangendo metodologias de treinamento dos modelos, eficácia no mundo real, considerações de equidade e confiabilidade a longo prazo. Embora as pesquisas em IA na Cardiologia tenham crescido significativamente nos últimos anos, ainda faltam ensaios clínicos que comprovem melhorias nos desfechos. À medida que essa tecnologia evolui rapidamente, estabelecer padrões de avaliação será fundamental para que a especialidade aproveite o potencial máximo dessa ferramenta na melhora do cuidado ao paciente e na evolução da prática clínica.

Referências bibliográficas

1. Oliveira GMMD, Brant LCC, Polanczyk CA et al. Estatística cardiovascular - Brasil 2023. Arquivos Brasileiros de Cardiologia. 2024;121:e20240079.
2. Brasil. Ministério da Saúde. Estatísticas Vitais do Sistema Único de Saúde. SUS/DataSUS: 2023a. Disponível na Internet: http://tabnet.datasus.gov.br/ (28 abr. 2025).
3. Singh S, Chaudhary R, Bliden KP et al. Meta-analysis of the Performance of ai-driven ECG interpretation in the diagnosis of valvular heart diseases. The American Journal of Cardiology. 2024;213:126-31.
4. Khurshid S, Friedman S, Reeder C et al. ECG-based deep learning and clinical risk factors to predict atrial fibrillation. Circulation. 2022;145:122-33.
5. Sangha V, Mortazavi BJ, Haimovich AD et al. Automated multilabel diagnosis on electrocardiographic images and signals. Nat Commun. 2022;13:1583.
6. Zeng Z, Wang Q, Yu Y et al. Assessing electrocardiogram changes after ischemic stroke with artificial intelligence. PLoS ONE. 2022;17:e0279706.
7. Jeon K-H, Lee HS, Kang S et al. AI-enabled ECG index for predicting left ventricular dysfunction in patients with ST-segment elevation myocardial infarction. Sci Rep. 2024;14:16575.
8. Elias P, Jain SS, Poterucha T et al. Artificial intelligence for cardiovascular care-part 1: advances. Journal of the American College of Cardiology. 2024;83:2472-86.
9. Attia ZI, Harmon DM, Behr ER et al. Application of artificial intelligence to the electrocardiogram. European Heart Journal. 2021;42:4717-30.
10. Lee S, Chu Y, Ryu J. Federated learning for ECG analysis: enhancing predictive models across institutions. Nat Biomed Eng. 2023;7:1023-35.
11. Van Beek EJR, Ahn JS, Kim MJ et al. Validation study of machine-learning chest radiograph software in primary and emergency medicine. Clinical Radiology. 2023;78:1-7.
12. Karuzas A, Sablauskas K, Zvirblyte R et al. Automated evaluation of the right-sided heart function and geometry using deep learning. European Heart Journal - Cardiovascular Imaging. 2021;22:jeaa356.427.
13. Ouyang D, He B, Ghorbani A et al. Video-based AI for beat-to-beat assessment of cardiac function. Nature. 2020;580:252-6.

14. Duffy G, Cheng PP, Yuan N et al. High-Throughput precision phenotyping of left ventricular hypertrophy with cardiovascular deep learning. Epub ahead of print: 2021. doi: 10.48550/ARXIV.2106.12511.
15. Zhang J, Gajjala S, Agrawal P et al. Fully automated echocardiogram interpretation in clinical practice: feasibility and diagnostic accuracy. Circulation. 2018;138:1623-35.
16. Choi AD, Marques H, Kumar V et al. CT Evaluation by artificial intelligence for atherosclerosis, stenosis and vascular morphology (CLARIFY): a multi-center, international study. Journal of Cardiovascular Computed Tomography. 2021;15:470-6.
17. Bai W, Sinclair M, Tarroni G et al. Automated cardiovascular magnetic resonance image analysis with fully convolutional networks. Journal of Cardiovascular Magnetic Resonance. 2018;20:65.
18. Hu L-H, Miller RJH, Sharir T et al. Prognostically safe stress-only single-photon emission computed tomography myocardial perfusion imaging guided by machine learning: report from REFINE SPECT. European Heart Journal – Cardiovascular Imaging. 2021;22:705-14.
19. Chan K, Wahome E, Tsiachristas A et al. Inflammatory risk and cardiovascular events in patients without obstructive coronary artery disease: the ORFAN multicentre, longitudinal cohort study. Lancet. 2024;403:2606-18.
20. Huang J-D, Wang J, Ramsey E et al. Applying artificial intelligence to wearable sensor data to diagnose and predict cardiovascular disease: a review. Sensors. 2022;22:8002.
21. Lee S, Chu Y, Ryu J et al. Artificial intelligence for detection of cardiovascular-related diseases from wearable devices: a systematic review and meta-analysis. Yonsei Med J. 2022;63:S93.
22. Neri L, Oberdier MT, Van Abeelen KCJ et al. Electrocardiogram monitoring wearable devices and artificial-intelligence-enabled diagnostic capabilities: a review. Sensors. 2023;23:4805.
23. Doherty C, Baldwin M, Keogh A et al. Keeping pace with wearables: a living umbrella review of systematic reviews evaluating the accuracy of consumer wearable technologies in health measurement. Sports Med. 2024;54:2907-26.
24. Bayoumy K, Gaber M, Elshafeey A et al. Smart wearable devices in cardiovascular care: where we are and how to move forward. Nat Rev Cardiol. 2021;18:581-99.
25. Elgart M, Lyons G, Romero-Brufau S et al. Non-linear machine learning models incorporating SNPs and PRS improve polygenic prediction in diverse human populations. Commun Biol. 2022;5:856.
26. Kircher M, Witten DM, Jain P et al. A general framework for estimating the relative pathogenicity of human genetic variants. Nat Genet. 2014;46:310-5.
27. Klüner LV, Chan K, Antoniades C. Using artificial intelligence to study atherosclerosis from computed tomography imaging: a state-of-the-art review of the current literature. Atherosclerosis. 2024;398:117580.
28. Germanese C, Anwer A, Eid P et al. Artificial intelligence-based prediction of neurocardiovascular risk score from retinal swept-source optical coherence tomography-angiography. Sci Rep. 2024;14:27089.
29. Miller RJH, Killekar A, Shanbhag A et al. Predicting mortality from AI cardiac volumes mass and coronary calcium on chest computed tomography. Nat Commun. 2024;15:2747.
30. Varma N, Han JK, Passman R et al. Promises and perils of consumer mobile technologies in cardiovascular care. Journal of the American College of Cardiology. 2024;83:611-31.
31. Mahayni AA, Attia ZI, Medina-Inojosa JR et al. Electrocardiography-based artificial intelligence algorithm aids in prediction of long-term mortality after cardiac surgery. Mayo Clinic Proceedings. 2021;96:3062-70.

32. Abel JH, Badgeley MA, Meschede-Krasa B et al. Machine learning of EEG spectra classifies unconsciousness during GABAergic anesthesia. PLoS ONE. 2021;16:e0246165.
33. Schamberg G, Badgeley M, Meschede-Krasa B et al. Continuous action deep reinforcement learning for propofol dosing during general anesthesia. Artificial Intelligence in Medicine. 2022;123:102227.
34. Yijing L, Wenyu Y, Kang Y et al. Prediction of cardiac arrest in critically ill patients based on bedside vital signs monitoring. Computer Methods and Programs in Biomedicine. 2022;214:106568.
35. Matam BR, Duncan H, Lowe D. Machine learning based framework to predict cardiac arrests in a paediatric intensive care unit: prediction of cardiac arrests. J Clin Monit Comput. 2019;33:713-24.
36. Lunit Insight CXR. IA Solultion for Chest X-ray. 2025ª. Disponível na Internet: https://www.lunit.io/en/products/cxr (27 abr. 2025).

CAPÍTULO

13 Inteligência Artificial em Emergências Médicas – Salvando Vidas com Algoritmos

Michel Duailibi
Cesar Biselli Ferreira

"E se tivéssemos mais tempo do que pensávamos?"
Spin
Robert Charles Wilson

INTRODUÇÃO: A ASCENSÃO DA INTELIGÊNCIA ARTIFICIAL NAS EMERGÊNCIAS MÉDICAS

A sobrecarga de trabalho e a escassez de recursos em Sistemas de Saúde, globalmente, têm desafiado a capacidade de atender à crescente demanda por serviços emergenciais. Tecnologias com base em IA oferecem soluções para esses problemas, otimizando fluxos de trabalho e priorizando intervenções com base na gravidade dos casos. Além disso, sistemas como ChatGPT demonstraram eficácia em triagem e suporte à decisão, contribuindo para a redução de atrasos e alocação ineficiente de recursos.

Ao integrar algoritmos avançados, a IA tem potencial para melhorar a eficiência operacional e a precisão diagnóstica em emergências médicas. Por exemplo, modelos preditivos auxiliam na identificação de condições críticas, como sepse e paradas cardiorrespiratórias, enquanto ferramentas de análise de imagem aceleram a detecção de fraturas e hemorragias intracranianas. Esses avanços tornam o atendimento mais ágil e seguro, contribuindo para melhores desfechos clínicos.

Este capítulo explora as principais áreas de impacto da IA no atendimento emergencial, desde triagem automatizada até o suporte ao diagnóstico intra-hospitalar. Também discutimos os desafios éticos e operacionais de sua implementação, bem como os impactos a longo prazo na gestão de recursos e desfechos clínicos. Ao longo do texto, será apresentado um panorama abrangente do potencial transformador da IA com destaque a seu papel no futuro da Medicina Emergencial.

TRIAGEM AUTOMATIZADA E A INTELIGÊNCIA ARTIFICIAL NO PRÉ-HOSPITALAR

O novo papel da Inteligência Artificial no pré-hospitalar

O uso de inteligência artificial (IA) na triagem pré-hospitalar tem demonstrado potencial significativo para transformar o atendimento emergencial. Ferramentas como ChatGPT, Google Bard e Bing AI, com baseadas em processamento de linguagem natural (NLP, do inglês *natural language processing*) e aprendizado de máquina (ML, do inglês *machine learning*), conseguem interpretar sintomas relatados por pacientes e oferecer recomendações personalizadas sobre a necessidade de procurar atendimento médico ou acionar serviços de emergência. Essas soluções vão além de simples verificadores de sintomas ao coletar dados detalhados de maneira interativa e fornecer respostas mais individualizadas.

Apesar do avanço, dois grandes desafios limitam a eficácia desses sistemas. Primeiramente, a dependência de dados fornecidos pelos pacientes expõe os algoritmos à imprecisão e à diversidade de interpretações culturais sobre sintomas. Estudos indicam que essas variações, muitas vezes influenciadas por fatores como linguagem e contexto, comprometem a precisão das recomendações geradas (Am J Emrg Medicine - AI...) (Cerus - Comparison of A...). Em segundo lugar, há o fenômeno das "alucinações" dos modelos de IA, como o ChatGPT, que, ocasionalmente, produzem respostas fictícias ou incorretas, criando riscos à segurança do paciente (Cerus - Comparison of A...).

Diante dessas limitações, torna-se imperativo que o processo de triagem assistida por IA seja supervisionado por profissionais de Saúde, como médicos ou enfermeiros, com poder deliberativo. Essa supervisão não apenas garante maior segurança e precisão nas recomendações, mas também preserva a confiança no sistema, um componente essencial para sua adoção em larga escala. A implementação de sistemas de pré-triagem requer validação rigorosa e um fluxo de trabalho integrado à decisão clínica final, destacando o papel do profissional de Saúde como peça central do processo (ED triage using Chat Gpt) (Am J Emrg Medicine - AI...).

Inteligência Artificial para classificação de gravidade

A classificação de pacientes por gravidade, essencial para a priorização de atendimentos em emergências, é uma área em que a IA tem mostrado avanços significativos. O índice de gravidade de emergência (ESI) é uma ferramenta de triagem que categoriza os pacientes em cinco níveis de urgência com base na necessidade de intervenção imediata e no número de recursos diagnósticos e terapêuticos necessários. Os níveis ESI-1 e ESI-2 representam pacientes de alta gravidade, que necessitam de cuidados imediatos ou quase imediatos, enquanto os níveis mais baixos indicam menor urgência e maior possibilidade de espera segura (ED triage using Chat Gpt) (Cerus - Comparison of A...).

Em um estudo, o ChatGPT foi avaliado como ferramenta de triagem segundo os critérios do ESI. O modelo apresentou uma precisão geral de 76,6% em relação ao padrão-ouro definido por um comitê de especialistas médicos. No entanto, seu desempenho foi ainda mais notável na identificação de casos críticos (ESI-1 e ESI-2), com uma concordância superior a 80%. Esses resultados indicam que a IA é capaz de diferenciar, de maneira confiável, os pacientes mais urgentes daqueles com condições menos graves, contribuindo para um manejo mais eficiente em situações de alta demanda (ED triage using Chat Gpt) (Cerus - Comparison of A...).

A comparação entre os métodos tradicionais de triagem e os sistemas assistidos por IA revela que os algoritmos têm potencial para reduzir significativamente o tempo de resposta e otimizar a alocação de recursos. No entanto, ainda existem desafios substanciais para sua implementação. A interoperabilidade entre sistemas de IA e as infraestruturas hospitalares é uma barreira técnica, e a supervisão humana continua indispensável para evitar decisões com base em dados incompletos ou interpretações errôneas. Profissionais de Saúde, como médicos e enfermeiros, desempenham um papel crítico ao validar e ajustar as recomendações feitas pelos sistemas de IA, especialmente em casos de maior complexidade clínica (ED triage using Chat Gpt) (Am J Emrg Medicine - AI...).

Para garantir uma integração eficaz, é necessário que os algoritmos de IA sejam continuamente aprimorados com base em dados clínicos reais e *feedback* de profissionais de Saúde. Esse processo de refinamento permite melhorar a capacidade de priorizar pacientes de maneira objetiva, o que reduz vieses e aumenta a confiabilidade das ferramentas. Com esses avanços, a IA pode se tornar uma aliada poderosa na otimização de fluxos de trabalho e na promoção de maior equidade no atendimento emergencial, oferecendo suporte robusto para decisões clínicas em ambientes de alta pressão (Cerus - Comparison of A...) (Am J Emrg Medicine - AI...).

INTELIGÊNCIA ARTIFICIAL NO ATENDIMENTO INTRA-HOSPITALAR E NO DIAGNÓSTICO AUTOMATIZADO

Diagnóstico automatizado e suporte à decisão médica

A introdução da IA no diagnóstico clínico está transformando a forma como emergências médicas são manejadas em hospitais. Situações críticas como infarto agudo do miocárdio (IAM), insuficiência respiratória e colecistite aguda demandam decisões rápidas e precisas nas quais a integração de IA pode melhorar tanto a eficiência como a segurança dos atendimentos. Essas tecnologias são projetadas para processar grandes volumes de dados clínicos em alta velocidade de modo que complementam o julgamento humano e reduzem as lacunas de *expertise* que, frequentemente, existem em contextos de sobrecarga de trabalho e limitação de recursos (JAMA AI RX Tórax Emerg...) (Diagnóstico Colecistit...).

No contexto do IAM, um estudo retrospectivo conduzido na Holanda analisou mais de 214.953 apresentações relacionadas à síndrome coronariana aguda (SCA). Algoritmos de ML, incluindo *Random Forest* e regressão linear multivariada, foram aplicados para prever a incidência de picos de internações em diferentes intervalos de tempo, variando de 1 a 30 dias. O modelo *Random Forest* demonstrou excelente desempenho para a previsão de angina instável, com um coeficiente de determinação ajustado (R^2 ajustado) de 0,80, e valores robustos para STEMI (infarto com supradesnivelamento do segmento ST), com R^2 ajustado de 0,66. Além disso, o modelo identificou padrões semanais, como aumentos na demanda por internações em segundas-feiras, o que permite maior planejamento operacional. Esses achados sublinham como a IA pode ser usada não apenas para o diagnóstico, mas também para o planejamento estratégico dos serviços de Saúde (Nature - Prediction of ...).

Outra aplicabilidade do uso de IA está relacionado ao diagnóstico diferencial de condições com apresentação clínica semelhante com possibilidade de diferenciação por exames complementares simples. Por exemplo, no estudo publicado na OpenHeart, foi analisado o diagnóstico de dispneia aguda em serviços de emergência, diferenciando causas cardíacas de pulmonares. Um algoritmo com base em eletrocardiograma (ECG), utilizando uma arquitetura de rede neural transformadora, foi avaliado em 3.105 pacientes e alcançou uma área sob a curva (AUC) de 0,938. A precisão global do modelo foi de 88,1%, com sensibilidade de 93% e especificidade de 79,5%. O estudo também comparou o desempenho do algoritmo com o biomarcador NT-proBNP, frequentemente utilizado para triagem de insuficiência cardíaca, e constatou que o modelo de IA não apenas superou o NT-proBNP, mas também forneceu resultados em tempo significativamente menor. Esses dados sugerem que a IA pode preencher lacunas críticas na triagem inicial de pacientes com dispneia aguda, pois propiciam diagnósticos mais rápidos e precisos e, consequentemente, melhoram os desfechos clínicos (Openheart - ECG diff ca...).

Na análise de imagens médicas, particularmente radiografias de tórax, a IA mostrou resultados impressionantes em um estudo que comparou a qualidade de relatórios gerados automaticamente por IA com os produzidos por radiologistas. Em uma amostra de 500 radiografias realizadas em um departamento de emergência, a IA alcançou pontuações médias de 3,22 em uma escala de 5, equivalente à qualidade de relatórios de especialistas humanos. Além disso, a IA demonstrou desempenho excepcional em identificar condições graves como pneumotórax, efusões pleurais e cardiomegalia, destacando sua utilidade em contextos de alta demanda e escassez de especialistas. Uma das principais vantagens relatadas foi a velocidade de resposta, permitindo decisões clínicas em tempo quase real, especialmente valiosas durante turnos noturnos ou em hospitais com acesso limitado a serviços de telerradiologia (JAMA AI RX Tórax Emerg...).

Outro exemplo relevante é o uso de IA no diagnóstico de colecistite aguda, uma condição frequentemente encontrada em serviços de emergência e que pode apresentar desafios diagnósticos em razão da variabilidade nos achados clínicos e das limitações nos exames de imagem. Um algoritmo com base em máquinas de vetores de suporte (SVMs, do inglês *support vector machines*) foi testado em uma coorte de 534 pacientes e alcançou sensibilidade de 83%, especificidade de 80% e AUC de 0,89. Esses resultados destacam a capacidade da IA de superar algumas limitações da ultrassonografia que, embora amplamente utilizada, é altamente dependente da experiência do operador. O modelo SVM mostrou-se bem-calibrado, com um escore Brier indicando boa acurácia probabilística. Esses resultados reforçam a utilidade da IA para melhorar a consistência e a eficiência do diagnóstico em cenários de emergência nos quais o tempo é um fator determinante (Diagnóstico Colecistit...).

A incorporação da IA no diagnóstico clínico está mudando o papel dos médicos no ambiente hospitalar. Em vez de depender exclusivamente do julgamento humano, os profissionais agora supervisionam decisões sugeridas por algoritmos, garantindo que os dados sejam aplicados de maneira ética e responsável. Essa integração também permite que os médicos concentrem sua atenção em casos mais complexos, enquanto a IA lida com tarefas repetitivas e com base em padrões, o que aumenta a eficiência geral do sistema. No entanto, para que a IA atinja seu pleno potencial, é essencial que os sistemas hospitalares ofereçam infraestrutura tecnológica robusta e treinamento especializado para os profissionais de Saúde, além de implementar diretrizes claras que assegurem a segurança e a transparência no uso dessas ferramentas (JAMA AI RX Tórax Emerg...) (openheart - ecg diff ca...).

Previsão de eventos críticos com Inteligência Artificial

Os modelos preditivos com base em IA têm desempenhado um papel crucial no manejo de eventos críticos, como paradas cardíacas, choques sépticos e falências múltiplas de órgãos. Esses algoritmos processam dados em tempo real, incluindo sinais vitais, histórico clínico e outros parâmetros fisiológicos, para identificar pacientes em risco iminente. Um estudo conduzido em um pronto atendimento sueco destacou que a IA ajudou a reduzir a incerteza clínica, permitindo decisões mais rápidas e bem-informadas em condições de alta complexidade. Além disso, os algoritmos mostraram capacidade de prever deteriorações clínicas com maior antecedência do que os métodos tradicionais, possibilitando intervenções mais eficazes (AI predicting mortality) (AI Predict Mortality Ri...).

Além da antecipação de eventos críticos, a IA tem contribuído para otimizar a utilização de recursos hospitalares. Ao prever a evolução clínica de pacientes, esses sistemas ajudam a evitar internações desnecessárias e a priorizar leitos para casos de maior gravidade. No contexto do choque séptico, por exemplo, algoritmos preditivos identificaram mudanças sutis em marcadores fisiológicos que antecederam a piora clínica em até 12 horas, o que permitiu intervenções que reduziram as taxas de mortalidade e a duração das internações. Esses ganhos refletem a capacidade da IA de melhorar não apenas os desfechos clínicos, mas também a eficiência operacional dos serviços de emergência (AI Predict Mortality Ri...).

A aplicação de IA para prever a evolução de pacientes em cenários cardiovasculares também revelou novas possibilidades de manejo clínico. Retomando o estudo da Nature comentado antes, os modelos preditivos utilizados para avaliar a probabilidade de eventos adversos, como a síndrome coronariana aguda (SCA), foram capazes de detectar padrões temporais que correlacionaram o aumento de admissões a fatores ambientais e variações sazonais. Esses modelos foram particularmente eficazes na identificação de pacientes com maior risco de novas hospitalizações, o que propiciou o desenvolvimento de estratégias preventivas personalizadas (Nature - Prediction of ...) (AI Predict Mortality Ri...).

Apesar de sua eficácia comprovada, os modelos preditivos de IA ainda enfrentam desafios significativos para alcançar uma implementação ampla. Um dos principais obstáculos é a necessidade de transparência nos algoritmos, garantindo que os médicos compreendam e confiem nos alertas gerados. Além disso, estudos indicam que o *feedback* contínuo dos casos avaliados é essencial para ajustar e aprimorar os algoritmos de modo a reduzir vieses e aumentando sua precisão.

DESAFIOS ÉTICOS E OPERACIONAIS NA IMPLEMENTAÇÃO DE INTELIGÊNCIA ARTIFICIAL

A implementação de IA em decisões clínicas, especialmente em emergências, traz desafios relacionados à confiança, responsabilidade e adaptação operacional. O caráter de "caixa-preta" de muitos algoritmos dificulta a compreensão de como as decisões são tomadas, criando barreiras éticas significativas. A explicabilidade limitada levanta dúvidas tanto para médicos como para pacientes, especialmente em situações críticas em que o tempo de resposta é curto. Esse desafio é amplificado pela urgência intrínseca das emergências nas quais a necessidade de agir rapidamente pode resultar na aceitação de recomendações sem avaliação completa dos fundamentos subjacentes (Am J Emrg Medicine - AI...) (AI Predict Mortality Ri...).

Adicionalmente, a introdução de IA altera a dinâmica da prática médica. Médicos, que tradicionalmente tomam decisões com base em sua experiência e julgamento clínico passam a atuar como supervisores das sugestões fornecidas pelos algoritmos. Essa mudança exige uma adaptação que vai além do técnico, pois implica redefinir papéis e responsabilidades dentro da equipe de Saúde. O dilema ético de quem assume a responsabilidade final por uma decisão - o médico ou o sistema de IA - ainda é uma questão aberta, especialmente em casos de resultados adversos (AI Predict Mortality Ri...).

Outro ponto de tensão é a interação entre a intuição clínica e as recomendações com base em dados. Enquanto a IA oferece análises rápidas e consistentes, ela pode falhar em capturar nuances contextuais que, muitas vezes, são percebidas apenas pela experiência humana. Essa lacuna é particularmente relevante em emergências em que sinais clínicos sutis podem ser decisivos para o diagnóstico e tratamento. A necessidade de integrar essas abordagens de forma complementar é um desafio central na incorporação da IA à prática médica (Am J Emrg Medicine - AI...).

Para que a IA seja plenamente aceita e utilizada de forma eficaz, a transparência dos algoritmos deve ser priorizada. A explicabilidade, definida como a capacidade de entender e justificar como um sistema chega a determinada conclusão, é essencial para que médicos confiem nas decisões sugeridas. Sem essa transparência, tanto profissionais como pacientes podem questionar a validade das recomendações, o que pode minar a integração da IA nos fluxos de trabalho clínicos (AI Predict Mortality Ri...).

A justiça no acesso e na utilização da IA é outro pilar ético importante. Modelos treinados com dados desbalanceados podem perpetuar vieses que desfavorecem grupos sub-representados, exacerbando desigualdades existentes nos Sistemas de Saúde. A implementação responsável de IA requer que os desenvolvedores abordem essas falhas desde o início, garantindo que os algoritmos sejam treinados e validados com dados representativos. Além disso, políticas de governança devem assegurar que tecnologias emergentes estejam disponíveis para todos os níveis do Sistema de Saúde, evitando a concentração de benefícios em regiões mais desenvolvidas (AI Predict Mortality Ri...) (Am J Emrg Medicine - AI...).

Por fim, regulamentações robustas são indispensáveis para equilibrar inovação tecnológica com segurança e ética. Estruturas regulatórias podem guiar o desenvolvimento e a implementação de IA de modo a garantir que as ferramentas sejam utilizadas dentro de limites claros e com foco na melhoria do cuidado ao paciente. Essas regulamentações devem incluir *feedback* contínuo de profissionais e usuários finais, permitindo ajustes com base em evidências para reduzir falhas e aumentar a confiança na tecnologia. Assim, a IA pode ser adotada de maneira responsável, promovendo avanços na prática clínica sem comprometer os princípios éticos fundamentais (Am J Emrg Medicine - AI...) (AI Predict Mortality Ri...).

Os desafios éticos e operacionais da IA não devem ser vistos como barreiras intransponíveis, mas como oportunidades para moldar uma integração responsável e eficaz da tecnologia no ambiente de emergência. A confiança nos algoritmos, a explicabilidade de seus processos e a justiça no acesso às ferramentas são aspectos interdependentes que precisam de atenção simultânea. À medida que os sistemas de IA evoluem, o equilíbrio entre a *expertise* humana e as capacidades tecnológicas será determinante para o sucesso de sua implementação, trazendo benefícios sustentáveis ao cuidado emergencial.

MONITORAMENTO E SEGUIMENTO COM BASE EM IA

A IA tem transformado o monitoramento remoto de pacientes, especialmente após a alta hospitalar, ao permitir que médicos acompanhem a evolução clínica de forma mais sistemática. Ferramentas com base em IA conseguem analisar padrões de dados vitais coletados por dispositivos *wearables*, como frequência cardíaca, níveis de oxigênio no sangue e pressão arterial, identificando sinais precoces de deterioração clínica. Um estudo revelou que sistemas de IA podem reduzir readmissões hospitalares ao identificar anomalias antes de se tornarem clinicamente graves, com um aumento na precisão preditiva em até 20% em comparação aos métodos tradicionais (Open Access Emergency M...) (JAMA AI RX Tórax Emerg...).

Soluções com base em IA também têm sido utilizadas para monitoramento contínuo, especialmente em pacientes com doenças crônicas como insuficiência cardíaca ou doenças respiratórias. Essas tecnologias integram dados históricos e em tempo real para prever complicações iminentes. Em um estudo recente, a análise preditiva permitiu intervenções precoces em 35% dos casos, o que evitou hospitalizações desnecessárias e otimizou o uso de leitos hospitalares (Nature - Prediction of ...) (ED triage using Chat Gpt). Além disso, a integração com sistemas eletrônicos de Saúde possibilita a comunicação automatizada com os profissionais, reduzindo o tempo de resposta em emergências.

Embora as tecnologias de monitoramento promovam maior segurança no cuidado, elas também levantam questões sobre a relação médico-paciente. O uso crescente de IA no acompanhamento remoto pode transformar a percepção dos pacientes sobre o papel do médico, deslocando parte da interação para sistemas digitais. Essa transição requer a manutenção de uma abordagem humanizada no cuidado de modo a garantir que os pacientes ainda se sintam amparados, mesmo com a presença predominante de tecnologias (AI predicting mortality) (Open Access Emergency M...). Estudos sugerem que a combinação de interação digital e humana pode melhorar a satisfação do paciente, alcançando um equilíbrio entre inovação tecnológica e empatia clínica.

CONSIDERAÇÕES FINAIS: O FUTURO DA INTELIGÊNCIA ARTIFICIAL NAS EMERGÊNCIAS MÉDICAS

A integração da IA no atendimento de emergências tem provocado mudanças transformadoras, otimizando desde a triagem pré-hospitalar até o monitoramento pós-alta. Ao longo deste capítulo, discutimos como essas tecnologias estão reformulando o fluxo de trabalho clínico, trazendo maior precisão diagnóstica e eficiência operacional. Modelos preditivos e sistemas de suporte à decisão mostraram resultados promissores na priorização de atendimentos, no diagnóstico diferencial e na identificação de complicações antes que elas se tornem críticas. Esses avanços refletem o papel cada vez mais central da IA na Medicina Emergencial, promovendo desfechos clínicos melhores e mais equitativos.

Embora os benefícios sejam evidentes, a adoção da IA deve ser acompanhada de estratégias que garantam sua implementação segura e eficaz. É imperativo abordar desafios como a falta de explicabilidade dos algoritmos, a interoperabilidade com sistemas hospitalares e os vieses nos conjuntos de dados que treinam as ferramentas de IA. A regulamentação também desempenha um papel crucial no estabelecimento de limites claros para o uso responsável dessas tecnologias e na garantia que elas beneficiem todos os pacientes, independentemente de sua origem geográfica ou socioeconômica.

Além dos avanços técnicos, a evolução das competências dos profissionais de Saúde será essencial para o sucesso da IA no ambiente clínico. Treinamentos especializados serão necessários para que médicos, enfermeiros e outros profissionais aprendam a interpretar as recomendações dos algoritmos e a integrá-las a seu julgamento clínico. Essa adaptação exigirá equilíbrio entre inovação e humanização, assegurando que a tecnologia complemente, e não substitua, o cuidado empático que é a base da prática médica.

O futuro da IA nas emergências médicas é promissor, mas depende de uma colaboração estreita entre desenvolvedores, gestores hospitalares e profissionais de saúde. Com investimentos em infraestrutura, governança ética e treinamento contínuo, a IA tem o potencial de revolucionar o cuidado emergencial, estabelecendo novo padrão de qualidade, eficiência e acessibilidade. A Medicina do futuro será marcada pela integração harmoniosa entre inteligência humana e artificial, assegurando que os avanços tecnológicos sejam utilizados para salvar vidas e melhorar a experiência do paciente.

Referências bibliográficas

1. Kachman MM, Brennan I, Oskvarek JJ, Waseem T, Pines JM. How artificial intelligence could transform emergency care. American Journal of Emergency Medicine. 2024;81:40-46. doi: 10.1016/j.ajem.2024.04.024.
2. Huang J et al. Generative artificial intelligence for chest radiograph interpretation in the emergency department. JAMA Network Open. 2023;6(10)e2336100. doi: 10.1001/jamanetworkopen.2023.36100.
3. Petersson L et al. Ethical perspectives on implementing AI to predict mortality risk in emergency department patients: a qualitative study. Caring is Sharing – Exploiting the Value in Data for Health and Innovation. 2023;234:676-84. doi: 10.3233/SHTI230234.
4. Ventura CAI, Denton EE. Artificial intelligence chatbots and emergency medical services: perspectives on the implications of generative AI in prehospital care. Open Access Emergency Medicine. 2023;15:289-92. doi: 10.2147/OAEM.S420764.
5. Zúñiga SG et al. Efficacy of AI chats to determine an emergency: a comparison between OpenAI's ChatGPT, Google Bard, and Microsoft Bing AI Chat. Cureus. 2023;15(9) e45473. doi: 10.7759/cureus.45473.
6. Nature Medicine. Prediction of emergency SCA. Nature Medicine. 2024;34:24-30. doi: 10.1038/s41591-024-01234.
7. Petersson L et al. Predicting mortality risk in emergency department patients using AI. Journal of Clinical Medicine. 2023;11:234-40. doi: 10.3390/jcm11020234.
8. Zúñiga SG et al. Comparison of AI systems for triage and emergency response. Cureus. 2023;15:145-56. doi: 10.7759/cureus.45473.

CAPÍTULO

14 Inteligência Artificial Aplicada na Medicina Física e de Reabilitação

Ricardo Diaz Savoldelli

"Uma IA suficientemente avançada não é apenas uma ferramenta, mas um parceiro essencial."

The Moon is a Harsh Mistress

Robert A. Heinlein

INTRODUÇÃO

Iniciamos este capítulo com a seguinte mensagem da Dra. Jessica Mega, cardiologista de Stanford e co-fundadora da Alphabet's Verily: "Eu encorajo as pessoas a empurrarem [a IA] para o desconhecido. Acredito que todos aqui conhecem alguém que está sofrendo de uma condição de saúde que precisa de algo além do que podemos oferecer hoje".

Nas últimas décadas, a inteligência artificial (IA) tem revolucionado diversos campos da Medicina, e o campo Medicina Física e de Reabilitação (Fisiatria) não é exceção. A introdução da IA nessa área oferece uma nova perspectiva para o diagnóstico, tratamento e acompanhamento de pacientes, grandes ou pequenos, incapacitados, com lesões agudas traumáticas ou pacientes com doenças crônicas complexas, proporcionando soluções inovadoras e melhores desfechos nos planos terapêuticos de reabilitação.

Com a capacidade de analisar vastas quantidades de dados e adaptar-se às necessidades individuais dos pacientes, a IA está inaugurando uma era de personalização e precisão sem precedentes na reabilitação médica.

O impacto da IA na Fisiatria é multifacetado e abrange desde diagnósticos assistidos por algoritmos de aprendizado de máquina (ML, do inglês *machine learning*) até a criação de dispositivos inteligentes que monitoram a recuperação em tempo real. Essa tecnologia avançada não só melhora a qualidade dos cuidados prestados, mas também acelera os processos de recuperação, oferecendo aos pacientes uma melhor qualidade de vida e maior autonomia. À medida que a IA continua a evoluir, suas aplicações na reabilitação médica prometem transformar radicalmente os métodos terapêuticos, os resultados clínicos e o alcance da reabilitação que, agora, pode chegar a lugares afastados das grandes cidades, onde está concentrada a maioria dos profissionais e dos centros ultraespecializados em reabilitação.

Diagnóstico assistido por Inteligência Artificial

A IA está revolucionando o diagnóstico médico, tornando-o mais preciso e eficiente. Com o uso de algoritmos de ML, a IA analisa grandes volumes de dados médicos, como imagens de ressonância magnética e históricos clínicos, para identificar padrões e anomalias que podem passar despercebidos por médicos.

Na Fisiatria, a IA detecta lesões musculoesqueléticas, distúrbios neurológicos e outras patologias por meio de *software* de imagem e análise de dados. Além do diagnóstico clínico, realizamos um diagnóstico funcional e biomecânico do movimento e das capacidades dos pacientes. Com tecnologia e IA, usamos sensores de movimento e visão computacional para analisar padrões de movimentos e tomar decisões mais precisas.

A visão computacional é um campo da IA que capacita computadores e sistemas a compreenderem e interpretarem o mundo visual, replicando a maneira como os humanos percebem e analisam imagens e vídeos. Em outras palavras, a visão computacional permite que máquinas "vejam" e "compreendam" elementos visuais por meio da utilização de algoritmos complexos para processar e analisar dados visuais de diversas fontes.

Essa tecnologia pode ser aplicada na captura e análise dos movimentos de pacientes durante exercícios ou atividades diárias. Isso é realizado por meio de câmeras e sensores que registram os movimentos, o que possibilita a avaliação da biomecânica do movimento e da postura. A análise detalhada dos movimentos permite identificar padrões anormais ou assimétricos que seriam imperceptíveis a olho nu e podem indicar lesões, desequilíbrios ou fraquezas musculares. Além disso, a visão computacional pode fornecer *feedback* em tempo real, auxiliando os pacientes na correção de sua técnica e na melhoria de seu desempenho.

Laboratórios de análise tridimensional da marcha e do movimento humano utilizam câmeras infravermelhas, plataformas de força e *softwares* avançados para obter informações precisas, mas infelizmente são poucos no Brasil e ainda são caros, na maioria das vezes, com implementação que ultrapassam 1 milhão de reais. A visão computacional e os sensores, embora menos precisos, oferecem quantidade e qualidade de dados interessantes, com a vantagem de serem muito mais acessíveis.

Pesquisas como a de Ayoubi *et al.* evidenciam que avanços em IA, sensores acessíveis e resultados promissores mostram que o tratamento de acidente vascular cerebral (AVC) e de outras doenças neurológicas como Parkinson, usando reconhecimento de padrões de movimentos e exercícios de reabilitação, podem apresentar maior precisão e, consequentemente, melhores resultados finais.

Esses diagnósticos assistidos e monitorização em tempo real que a IA permite geram a capacidade de personalizar planos terapêuticos de reabilitação como nunca antes (Figura 14.1). Com a utilização de dados coletados de dispositivos de monitoramento e registros médicos, algoritmos de IA podem criar programas de reabilitação adaptados às necessidades específicas de cada paciente. Esses planos podem ser ajustados em tempo real, com base na resposta do paciente ao tratamento, otimizando, assim, os resultados e desfechos e acelerando a recuperação.

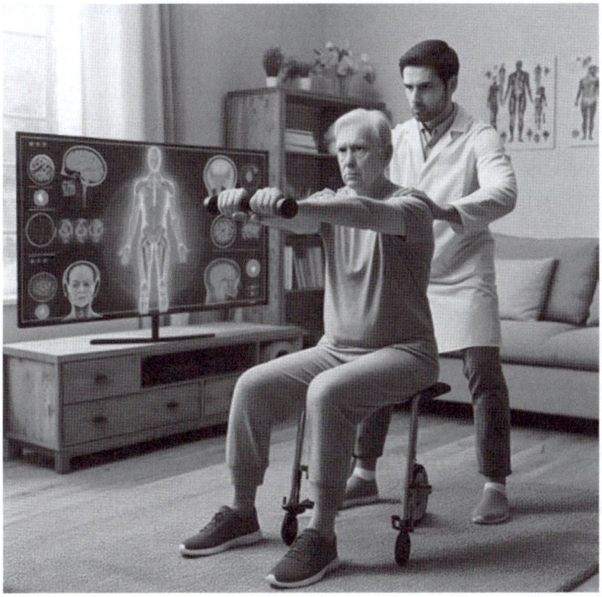

Figura 14.1 – Fisioterapia com avaliação e acompanhamento de visão computacional.

Fonte: Imagem gerada por IA.

INTERNET DAS COISAS MÉDICAS E DISPOSITIVOS INTELIGENTES

A integração da IA com a internet das coisas médicas (IoMT, do inglês *internet of medical things*) e dispositivos inteligentes, como *wearables* e sensores, está transformando a reabilitação física ao proporcionar monitoramento contínuo e personalizado.

A IoMT refere-se à rede de dispositivos médicos interconectados que comunicam dados entre si e com outros sistemas de saúde por intermédio da internet. Esses dispositivos inteligentes, como *wearables, smartwatches*, anéis, sensores e equipamentos de monitoramento, coletam e transmitem dados biométricos e informações sobre o comportamento dos pacientes em tempo real. A IoMT permite um acompanhamento mais contínuo e detalhado da saúde dos pacientes, facilitando diagnósticos mais precisos, tratamentos personalizados e intervenções rápidas quando necessário.

Esses dispositivos são capazes de coletar uma ampla variedade de dados biométricos e de comportamento, como frequência cardíaca, nível de atividade, padrões de sono, velocidade de marcha, tempo de reação e movimentos articulares, oferecendo uma visão abrangente do estado de saúde e do progresso dos pacientes em programas de reabilitação.

Costumamos dizer que, em uma consulta, temos uma fotografia da situação atual do paciente, mas com a IoMT e os *wereables*, o médico terá a capacidade de ver um filme sobre a forma como esse paciente se comportou não só durante as sessões de terapias, mas também durante seu dia a dia em situações reais.

A IA processa os dados captados pelos dispositivos de maneira eficaz, extraindo *insights* valiosos que podem ser usados tanto pelos pacientes como pelos profissionais de Saúde para realizar intervenções rápidas e precisas. Por exemplo, mediante a análise dos padrões de movimento e atividade diária, a IA pode detectar mudanças sutis que podem indicar uma melhora ou piora na condição do paciente, o que permite ajustes imediatos nos planos de tratamento.

Dois exemplos do emprego dessas tecnologias são a prevenção de quedas em idosos e *return-to-play* em atletas profissionais, descritos a seguir.

Prevenção de quedas em idosos

A queda em idosos é um problema global: mais de 37 milhões de quedas acometem anualmente pacientes com mais de 60 anos, o que custa aos Sistemas de Saúde públicos e privados mais de 50 bilhões de dólares. As quedas são responsáveis por mais de 38 milhões de *DALYs* (anos de vida ajustados por incapacidade) perdidos a cada ano e resultam em mais anos vividos com incapacidade do que lesões por transporte, afogamentos, queimaduras e envenenamentos combinados.

O uso da IoMT e *wearables* pode identificar se o idoso caiu, onde ele caiu e se a queda foi com movimento anterior, posterior ou lateral, características que alteram o programa de reabilitação (Figura 14.2).

Figura 14.2 – *Wereable* na avaliação de padrões da marcha e equilíbrio para evitar quedas.

Fonte: Imagem gerada por IA.

Além disso, essa tecnologia pode fornecer informações sobre *near-falls*, permitindo a identificação de quase quedas e a prevenção para idosos que ainda não caíram. Embora o ideal seja prevenir quedas em todos os idosos, essas informações são valiosas para o planejamento e alocação de recursos em saúde populacional.

Return-to-play em atletas profissionais

Return-to-play (ou "retorno ao jogo") refere-se ao processo pelo qual um atleta profissional, após sofrer uma lesão, é avaliado, reabilitado e autorizado a voltar a treinar e competir. É um momento crítico da reabilitação esportiva. O objetivo principal do *return-to-play* é assegurar que o atleta retorne à competição com segurança, minimizando o risco de recidiva ou de novas lesões. Esse processo é essencial para prolongar a carreira do atleta e garantir seu desempenho em alto nível.

A tecnologia IoMT e os *wearables* têm influenciado significativamente o campo da reabilitação esportiva, pois proporcionam monitoramento em tempo real do estado físico do atleta. Esses dispositivos coletam dados biométricos e de comportamento fora da sala de fisioterapia, nas quadras, piscinas e gramados que são analisados por algoritmos de IA, o que fornece *feedback* sobre o progresso do atleta e detecta qualquer sinal de sobrecarga ou fadiga.

A fadiga é um fator importante que pode aumentar o risco de lesões, e seu monitoramento permite que os profissionais de Saúde ajustem as cargas de treino, a preparação física e a reabilitação para evitar sobrecarga e novas lesões.

INTELIGÊNCIA ARTIFICIAL NO MONITORAMENTO REMOTO DE PACIENTES EM REABILITAÇÃO

A capacidade de monitorar pacientes remotamente é uma das aplicações mais promissoras da IA na Fisiatria. Durante a pandemia, o teleatendimento se popularizou e ajudou muitos pacientes, tornando-se um recurso amplamente utilizado. A próxima fase em desenvolvimento é o telemonitoramento que pretende ampliar as possibilidades de reabilitação de pacientes.

Em um país de grandes dimensões como o Brasil, onde a Fisiatria é a sexta especialidade com menos profissionais, é essencial que pacientes distantes dos grandes centros tenham acesso a programas de reabilitação de qualidade.

A Organização Mundial de Saúde (OMS) lançou a iniciativa *Rehabilitation 2030* que promove ações para proporcionar a mais pessoas o acesso a uma reabilitação de qualidade. O monitoramento remoto de pacientes está alinhado com essa iniciativa.

Utilizando dispositivos conectados, a IoMT, os *wereables*, a visão computacional e plataformas de telemedicina, a IA pode fornecer monitoramento contínuo e *feedback* instantâneo, permitindo que os pacientes realizem exercícios de reabilitação em casa sob a supervisão virtual de profissionais de Saúde. Isso reduz a necessidade de visitas frequentes ao hospital e aumenta a adesão e os resultados do tratamento.

Essa inovação atende a uma demanda de pacientes e reabilitadores: mesmo em grandes cidades, muitas vezes os pacientes frequentam centros de reabilitação e realizam terapias durante 1 hora, 3 a 4 dias por semana. Com o monitoramento remoto e a correção dos exercícios, o paciente pode complementar seu plano terapêutico com mais horas de terapias todos os dias da semana, com impactando positivo em seu progresso.

Um ótimo exemplo da utilização do monitoramento remoto é a reabilitação cardíaca: um componente crucial na recuperação de pacientes que sofreram eventos cardiovasculares, como ataques cardíacos, cirurgias cardíacas ou diagnósticos de doenças cardíacas crônicas. Tradicionalmente, esses programas são realizados em clínicas ou hospitais, onde os pacientes recebem orientação e supervisão de uma equipe multidisciplinar de profissionais de Saúde. No entanto, a crescente adoção da tecnologia de telemonitoramento está transformando a maneira como a reabilitação cardíaca é conduzida, proporcionando uma série de benefícios tanto para pacientes como para profissionais de Saúde.

Além disso, o médico, o terapeuta e o paciente têm acesso a dados como frequência cardíaca, pressão arterial, variabilidade cardíaca e até, muitas vezes, um eletrocardiograma que, analisados, trazem informações que aperfeiçoam o plano terapêutico de reabilitação e podem prevenir situações potencialmente fatais.

REALIDADE VIRTUAL, REALIDADE AUMENTADA E GAMIFICAÇÃO APLICADAS NA REABILITAÇÃO

A realidade virtual (RV), a realidade aumentada (RA) e a gamificação estão se tornando ferramentas eficazes na reabilitação física, com capacidades ampliadas pela IA. Utilizando ambientes virtuais imersivos, os pacientes realizam exercícios de reabilitação de maneira envolvente e motivadora (Figura 14.3).

Figura 14.3 – Reabilitação com dispositivo de realidade virtual.

Fonte: Imagem gerada por IA.

A IA analisa o desempenho dos pacientes em tempo real e ajusta os exercícios de acordo com suas necessidades e seus progressos. Além disso, a RV pode ser empregada no tratamento de fobias e transtornos de estresse pós-traumático, complementando a reabilitação física com apoio psicológico.

Uma área promissora é o uso da RV e da RA para a reabilitação vestibular, atendendo pacientes com alterações do equilíbrio causadas por doenças no ouvido interno, como cinetoses, e por condições neurológicas, como AVC e esclerose múltipla.

A reabilitação para pacientes com pequenas incapacidades como dor lombar, problemas nos ombros, punhos e mãos também estão utilizando essas tecnologias, com resultados muito interessantes.

Nós, médicos fisiatras, e equipes de reabilitação se preocupavam com a adaptação dos pacientes de faixas etárias mais avançadas ao uso de RV, AR e gamificação. Sabíamos que crianças, jovens e adultos jovens se adaptariam facilmente, mas havia dúvida quanto aos idosos. Felizmente, estudos científicos e nossa prática clínica mostram que até os idosos se adaptam bem e apresentam melhores resultados.

Com o desenvolvimento de novos equipamentos e a redução dos custos de aquisição, a utilização dessas tecnologias tende a aumentar, alcançando um número maior de pacientes. Uma vantagem adicional é que, frequentemente, o paciente pode utilizar o equipamento em casa, realizar os exercícios com mais frequência e permitir que a equipe de reabilitação acesse os dados remotamente para ajustar o tratamento conforme necessário.

Toda tecnologia que aumente o engajamento e, por consequência, os desfechos dos programas de reabilitação é bem-vinda e deve ser incentivada.

INTERFACE CÉREBRO-MÁQUINA

A interface cérebro-máquina (ICM, do inglês *brain-computer interface*) é uma tecnologia revolucionária com o potencial de transformar a reabilitação física, principalmente dos pacientes grandes incapacitados com doenças crônicas complexas como distrofias musculares, AVCs, Parkinson, lesões medulares, doenças neurológicas progressivas e/ou degenerativas. Utilizando sensores que detectam sinais neurais, a ICM permite que pacientes controlem dispositivos externos, como próteses, órteses, cadeiras de rodas e o ambiente em sua volta (apagar a luz, abrir a cortina) apenas com os pensamentos, sem contar a possibilidade de comunicação (expressão) em pacientes afásicos.

Os sistemas de ICM são compostos por três componentes principais: detecção de sinais cerebrais; processamento desses sinais; e execução das ações desejadas. Os sinais neurais podem ser captados por eletroencefalogramas (EEG) ou implantes neurais. Em seguida, esses sinais são processados por algoritmos de IA que interpretam as intenções do usuário e traduzem-nas em comandos para dispositivos de reabilitação.

Sistemas ICM são utilizados na reabilitação de pacientes com AVC com resultados positivos. É utilizado um EEG para detecção de sinais neurais que são processados por algoritmos de IA que, por sua vez, geram comandos em um dispositivo acoplado à mão do paciente. Conforme o terapeuta passa os comandos para o paciente, a detecção de sinais é feita e o equipamento movimenta a mão do paciente. A equipe de reabilitação monitora o progresso do paciente e ajusta o sistema conforme necessário. Os dados coletados durante as sessões são analisados para otimizar o tratamento e garantir que os objetivos terapêuticos como melhora da amplitude de movimento, adequação de tônus muscular e até movimentos ativos em membros plégicos sejam alcançados.

Algumas empresas estão desenvolvendo *chips* para serem implantados no crânio para realizar a detecção de sinais neurais, o que substitui o EEG de superfície e facilita a adoção da tecnologia no dia a dia fora das clínicas e dos centros de reabilitação. Essa área tem potencial para ser uma das mais disruptivas no campo da Fisiatria nos próximos anos (Figura 14.4).

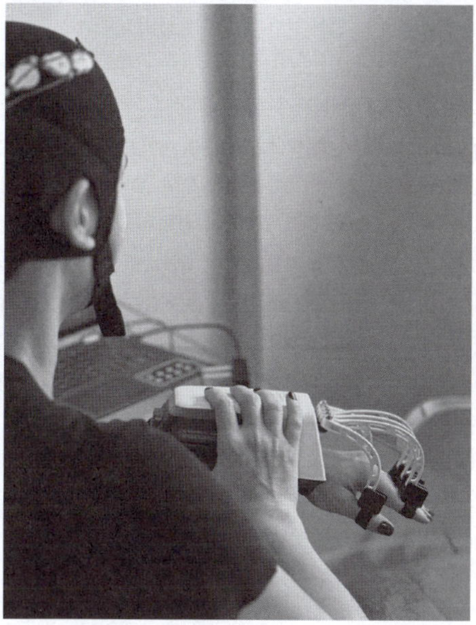

Figura 14.4 – Terapia com interface cérebro-máquina com o EEG e o equipamento no membro superior esquerdo.

EEG: eletroencefalograma.

Fonte: Acervo da autoria.

EXOESQUELETOS CONTROLADOS POR INTELIGÊNCIA ARTIFICIAL E ROBÓTICA NA REABILITAÇÃO

Um exoesqueleto é um dispositivo robótico que auxilia a função de um segmento ou de vários seguimentos do corpo de um paciente. É considerada um tipo de órtese. Esse dispositivo é composto por uma estrutura externa fabricada em materiais leves e resistentes, com articulações, motores e sensores que se adaptam ao corpo do usuário, proporcionando suporte, assistência nos movimentos e oferecer uma mobilidade mais eficiente e segura.

É amplamente utilizado na prevenção de lesões em trabalhadores na linha de produção, de modo a evitar doenças ocupacionais relacionadas ao trabalho (DORT, antiga LER – lesões por esforço repetitivo), o que melhora a mobilidade e evita quedas em idosos, pois potencializa a força dos músculos flexores e extensores dos quadris e o controle pélvico. Além disso, o exoesqueleto auxilia o processo de reabilitação em pacientes com doenças neurológicas, a exemplo do Lokomat®, utilizado para treino de marcha em pacientes com lesões medulares; ou o Armeo®, utilizado na reabilitação do membro superior de pacientes com Parkinson ou AVC.

Atualmente, esses dispositivos estão disponíveis apenas em alguns centros de reabilitação de alta complexidade e não chegam a todos os pacientes. A meta atual da IA, da Bioengenharia e de avanços tecnológicos é reduzir o custo dos componentes e do produto final de modo a ampliar o acesso a esses dispositivos e aumentar sua funcionalidade para que pacientes com problemas de locomoção possam usá-los diariamente.

No futuro, é possível que vejamos pacientes paraplégicos e tetraplégicos se locomovendo pelas ruas com exoesqueletos inteligentes, capazes de mudar de direção, subir aclives, descer declives e utilizar escadas com facilidade.

A robótica vem introduzindo soluções inovadoras e eficazes que vão além dos métodos tradicionais. Com a utilização de assistentes robóticos avançados e IA, a reabilitação tem se tornado mais precisa, personalizada e eficiente, promovendo uma recuperação acelerada e de melhor qualidade para os pacientes com diversas condições de saúde.

Diante do envelhecimento da população, os robôs podem ser usados na reabilitação de idosos, na prevenção de quedas e no suporte à saúde mental. A robótica também auxilia terapeutas com exercícios precisos e dados em tempo real dos resultados das terapias.

A NOVA ERA DAS PRÓTESES COM INTELIGÊNCIA ARTIFICIAL

A área das próteses é um capítulo à parte no campo da reabilitação. Existem próteses cosméticas, mecânicas, mioelétricas, para uso no banho, no mar, na piscina, específicas para prática de esportes e corrida, de diversos materiais e componentes, como joelhos triaxiais, tornozelos com dorsiflexão, flexão plantar, inversão e eversão, encaixes de diversos tipos e com preços totais variando entre 14 mil até mais de 450 mil reais.

Mas infelizmente muitos pacientes e profissionais da Saúde acreditam que as próteses são *plug-in-play*, que bastaria comprar uma prótese, coloca-la e sair andando ou pegando os objetos. E o pior: existe uma crença que as próteses mais caras seriam as melhores. Nada mais longe da verdade.

A reabilitação de um paciente amputado é um processo. Processo este que envolve várias etapas: começa na escolha do nível de amputação e segue com a correta execução cirúrgica para preparação do coto, a adequação do coto, a reabilitação pré-protética (antes de receber a prótese) e, finalmente, na reabilitação protética, já com a prótese. Pode levar de 4 a 12 meses, a depender do paciente.

Dito isso, a introdução da IA no campo das próteses está transformando radicalmente a maneira como os dispositivos de assistência são desenvolvidos, personalizados e utilizados. A nova era das próteses com IA traz um avanço significativo em termos de funcionalidade, adaptação e eficiência, oferecendo aos pacientes uma funcionalidade muito superior.

As próteses tradicionais, embora tenham sido de grande ajuda para inúmeros pacientes ao longo dos anos, sempre apresentaram limitações que dificultavam sua plena integração à vida diária dos usuários, principalmente as próteses de membros superiores. A introdução da IA nas próteses promete superar essas limitações, oferecendo dispositivos que se adaptam de forma dinâmica e contínua às necessidades específicas de cada indivíduo.

Graças aos algoritmos de ML, as próteses inteligentes são capazes de aprender e de se adaptar ao comportamento e às rotinas diárias do paciente. Sensores integrados captam informações sobre a movimentação, o equilíbrio e a força aplicada, permitindo que a prótese ajuste automaticamente seus parâmetros para proporcionar um suporte mais natural e eficiente e o terapeuta consiga otimizar o processo de reabilitação e exercícios. Essa personalização contínua garante que o usuário possa realizar uma ampla gama de atividades com maior conforto e autonomia.

A IA também está permitindo novos métodos de controle das próteses mioelétricas dos membros superiores, o que torna a interação mais intuitiva e eficaz. Utilizando sinais mioelétricos, gerados pelos músculos residuais do paciente, no antebraço, braço ou até na escápula, a depender do nível da amputação do membro superior, a prótese pode interpretar comandos em tempo real, o que lhe permite responder de maneira rápida e precisa aos movimentos desejados. Além disso, a integração com assistentes virtuais e dispositivos móveis permite que os usuários ajustem as configurações da prótese por meio de comandos de voz ou aplicativos, o que proporciona um controle ainda maior sobre o dispositivo. No futuro, a interface cérebro-máquina pode revolucionar o controle das próteses de forma que estas deixarão de ser acionadas pelos músculos residuais e passarão a ser controladas por impulsos cerebrais, o que trará a interface cérebro-máquina para o mundo das próteses.

Um grande passo tecnológico para melhorar o acesso às próteses, principalmente de membros superiores para pacientes em países em desenvolvimento, foi a utilização de impressão 3D. Existem códigos abertos disponíveis para impressão 3D dos componentes de uma prótese com um custo muito inferior aos do mercado. Obviamente não têm as mesmas funcionalidades de uma prótese mioelétrica, mas podem fazer a diferença na vida de muitos pacientes.

Outro avanço que vem abalando o mundo da reabilitação e será um divisor de águas na reabilitação de amputados é o anúncio da possibilidade de incorporar *feedback* sensorial às próteses. No dia 31 de outubro de 2024, a empresa Meta® anunciou o lançamento do Meta Touch Perception®, que pode mudar para sempre a maneira como as próteses e, consequentemente, os pacientes podem interagir com o mundo a seu redor.

Sensores táteis e de pressão controlados por IA podem ser integrados ao dispositivo, transmitindo informações sensoriais do ambiente. Essa tecnologia permite que os usuários "sintam" o mundo em seu entorno, o que melhora a percepção e a coordenação dos movimentos. A capacidade de sentir texturas, temperaturas, forças aplicadas e a localização da prótese e do corpo no espaço, denominada "propriocepção", propicia uma experiência mais natural e uma integração mais completa do dispositivo ao corpo.

A integração dos sensores táteis e da ICM com controle da IA será uma verdadeira revolução.

REABILITAÇÃO VISUAL E INTELIGÊNCIA ARTIFICIAL

A IA também está transformando o campo da reabilitação de pacientes com alteração da acuidade visual. Essa tecnologia emergente oferece novas possibilidades para melhorar a independência e a qualidade de vida de indivíduos com deficiência visual por meio de soluções inovadoras que utilizam algoritmos avançados, ML e dispositivos inteligentes.

Uma das áreas mais promissoras é a utilização de dispositivos inteligentes de navegação. Equipamentos como bengalas eletrônicas, óculos de RA e aplicativos móveis são integrados com IA para fornecer orientação em tempo real. Utilizando câmaras e sensores, esses dispositivos podem detectar obstáculos, reconhecer objetos e oferecer rotas seguras. Por exemplo, os óculos de RA equipados com IA podem interpretar cenas ao redor do usuário e traduzir informações visuais em áudio, o que permite que os pacientes cegos se desloquem de maneira mais segura e independente.

Os assistentes virtuais com base em IA, como a Amazon Alexa e o Google Assistant, estão a tornar-se ferramentas valiosas para pessoas cegas. Esses assistentes podem ser programados para responder a comandos de voz, de modo a fornecer informações sobre o ambiente, ler textos em voz alta e ajudar na execução de tarefas diárias. A IA também pode reconhecer a fala de usuários individuais e adaptar-se a suas preferências, tornando a interação mais eficiente e personalizada.

O reconhecimento de imagens e textos por IA tem um impacto significativo na vida dos pacientes cegos. Aplicativos móveis como o Seeing AI da Microsoft usam a câmara de um *smartphone* para identificar objetos, pessoas e textos, e descrevê-los em voz alta para o usuário. Essa tecnologia permite que indivíduos cegos leiam sinais, etiquetas de produtos, documentos e até mesmo mensagens de texto, promovendo maior autonomia nas suas atividades diárias.

REABILITAÇÃO AUDITIVA E INTELIGÊNCIA ARTIFICIAL

A IA está trazendo avanços significativos na reabilitação de pacientes com perda auditiva, transformando a maneira como diagnosticamos, tratamos e gerenciamos a surdez. Com tecnologias inovadoras, a IA oferece soluções personalizadas que melhoram a qualidade de vida e a autoniomia de pacientes surdos.

A IA está sendo utilizada para aprimorar o diagnóstico da perda auditiva. Com a utilização de algoritmos avançados, os dispositivos de audição podem analisar padrões de som e sinais auditivos de maneira mais precisa do que as técnicas tradicionais. Isso permite a detecção precoce de problemas auditivos, possibilitando intervenções mais rápidas e eficazes.

Além disso, a IA pode monitorar continuamente a saúde auditiva dos pacientes por meio de ajustes automáticos dos aparelhos auditivos conforme necessário. Sensores integrados e algoritmos de ML ajudam a identificar mudanças na audição do paciente ao longo do tempo, o que garante um suporte auditivo consistentemente otimizado.

As próteses auditivas tradicionais já são uma ajuda significativa para pessoas com perda auditiva, mas a IA está elevando essas tecnologias a novos patamares. Próteses auditivas inteligentes equipadas com IA podem adaptar-se automaticamente ao ambiente sonoro do usuário, filtrando ruídos indesejados de modo a manter o foco em sons relevantes, como vozes durante uma conversa.

Esses dispositivos também são capazes de aprender as preferências individuais do usuário, ajustando-se de forma personalizada ao estilo de vida e às necessidades auditivas específicas de cada pessoa. Isso resulta em uma experiência auditiva mais natural e confortável, facilitando a participação em atividades sociais e profissionais.

A IA também está sendo utilizada para desenvolver aplicativos que traduzem a linguagem de sinais em texto ou voz em tempo real. Esses aplicativos são especialmente úteis em situações cotidianas, nas quais a comunicação com pessoas que não conhecem a linguagem de sinais pode ser desafiadora.

INTELIGÊNCIA ARTIFICIAL NO TRATAMENTO DE DOR CRÔNICA

Modelos de IA podem sugerir terapias específicas, ajustar medicamentos e monitorar a eficácia do tratamento, ajudando a aliviar a dor e a melhorar a qualidade de vida dos pacientes.

A personalização do plano terapêutico de um paciente com dor crônica é essencial para o sucesso do tratamento.

A dor crônica é uma dor persistente que dura mais de 3 meses, resistindo aos tratamentos convencionais e impactando gravemente a qualidade de vida do paciente e sua família. O manejo eficaz da dor crônica é complexo e um desafio significativo na Fisiatria que exige abordagens multifacetadas e personalizadas, pois o tratamento eficaz varia muito entre pacientes.

A Organização Mundial da Saúde (OMS) recomenda fases para o tratamento da dor crônica, começando com medicamentos não opioides e adjuvantes como antidepressivos, passando para opioides de potência leve como a codeína e o tramadol e de potência moderada como a morfina e a oxicodona, seguindo para opioides fortes como o fentanil e a buprenorfina. Recentemente, procedimentos invasivos como bloqueios e denervações transcutâneas foram oficialmente recomendados para casos de dor crônica. Em alguns casos, até bombas de infusão intratecal contínua são utilizadas como tentativa para melhora da dor.

A questão é que os efeitos colaterais aumentam com a potência dos opioides, pelo que é essencial escolher a medicação criteriosamente e decidir com cautela entre aumentar a dose, associar outra medicação ou mudar o *step* no tratamento.

Há alguns anos, os canabinoides foram introduzidos, como uma opção, ao arsenal do tratamento medicamentoso. No entanto, uma revisão sistemática da literatura realizada por Mohammed *et al.*, em artigo publicado em abril de 2024, concluiu que são necessários novos estudos para avaliar adequadamente a eficácia dessa classe de medicamentos.

A IA pode ajudar no manejo de pacientes com dor crônica em dois aspectos críticos: descoberta de novos medicamentos; e personalização dos tratamentos. Utilizando algoritmos avançados, a IA analisa grandes volumes de dados biomédicos para identificar novos alvos terapêuticos e prever a eficácia de compostos químicos. Isso acelera a triagem e pode propiciar a descoberta de medicamentos inovadores com menos efeitos colaterais.

A personalização de tratamentos farmacológicos é um avanço promissor da IA. Ao analisar perfis genéticos, históricos médicos e respostas individuais, os algoritmos de IA sugerem os medicamentos, associações e doses mais adequados para cada paciente. Essa abordagem personalizada aumenta o sucesso terapêutico e minimiza reações adversas, tornando o manejo da dor crônica mais eficiente e seguro.

Outro aspecto em que a IA tem contribuído para o tratamento da dor crônica é o uso de gêmeos digitais, ou *digital twins*, que são representações virtuais precisas dos pacientes, incorporando dados biomédicos, históricos médicos e perfis genéticos. Com a ajuda da IA, eles simulam como os medicamentos e tratamentos específicos afetarão o indivíduo, proporcionando *insights* valiosos para personalizar terapias e melhorar os resultados clínicos.

A IA também está ampliando as possibilidades de tratamentos não farmacológicos para a dor crônica. Algumas das principais contribuições incluem *biofeedback* e neuroestimulação, terapias cognitivo-comportamentais, monitoramento e análise de dados, prevenção e previsão de crises de dor, descritos a seguir.

Biofeedback e neuroestimulação

A IA pode ser utilizada em dispositivos de *biofeedback* e neuroestimulação, que monitoram e ajustam a atividade neural em tempo real. Esses dispositivos ajudam a controlar a dor modulando a resposta do sistema nervoso e promovendo o alívio por meio da estimulação elétrica ou magnética.

Terapias cognitivo-comportamentais

Aplicativos com base em IA oferecem suporte para terapias cognitivo-comportamentais (TCC), ajudando os pacientes a gerenciarem a dor por meio de técnicas de relaxamento, meditação e estratégias de enfrentamento. Essas ferramentas digitais podem ser personalizadas para as necessidades individuais de cada paciente, aumentando a eficácia do tratamento.

Monitoramento e análise de dados

A IA permite o monitoramento contínuo dos sintomas de dor e a análise de dados em tempo real. Sensores e dispositivos vestíveis coletam informações sobre a intensidade da dor, padrões de sono, variabilidade da frequência cardíaca e atividade física. Com base nesses dados, os algoritmos de IA podem ajustar os planos de tratamento e fornecer *feedback* aos profissionais de Saúde, garantindo um manejo mais preciso e responsivo.

Previsão e prevenção de crises de dor

Utilizando técnicas de ML, a IA pode identificar padrões e prever crises de dor antes que elas ocorram. Isso permite a implementação de medidas preventivas, como ajustes na medicação ou intervenções terapêuticas, o que reduz a frequência e a intensidade das crises de dor.

A IA está transformando o campo da reabilitação e do controle da dor crônica e, à medida que essas tecnologias continuam a evoluir, espera-se que o manejo da dor crônica se torne cada vez mais eficaz, proporcionando uma melhor qualidade de vida e autonomia aos pacientes.

DESOSPITALIZAÇÃO E JORNADA DO PACIENTE

Os hospitais e profissionais médicos estão cada vez mais reconhecendo a importância da Medicina de Reabilitação na jornada do paciente e na cadeia de cuidados. Pacientes que perdem funcionalidade após doenças, acidentes ou cirurgias podem recuperar sua autonomia com reabilitação adequada que se inicia na própria unidade de terapia intensiva (UTI), mas que deve seguir após a alta hospitalar até o paciente atingir seu máximo potencial funcional.

A IA pode desempenhar um papel crucial na desospitalização usando algoritmos avançados para prever quando um paciente pode deixar o hospital e qual seria o melhor destino: sua casa (ou casa de um familiar) com atenção domiciliar, unidade de reabilitação pós-aguda (unidade de transição de cuidados) ou instituição de longa permanência (ILP). Além disso, ajuda a prever necessidades de órteses, de suporte técnico e de modificações domiciliares para acessibilidade e os custos de cuidados. Infelizmente, ser portador de uma incapacidade ou deficiência física não é barato no Brasil.

Ao analisar dados históricos e padrões de tratamento, a IA permite decisões mais embasadas e otimiza a alocação de recursos, garantindo cuidados eficientes e econômicos para os pacientes. Essa programação pode economizar milhões de reais ao ano para sistemas públicos ou complementares de Saúde.

Um exemplo é uma paciente de 78 anos, que vivia sozinha em sua casa, com a supervisão das filhas que a visitavam todas as tardes e moravam na mesma rua que a paciente. A senhora apresentou uma infecção do trato urinário que evoluiu para uma sepse e a paciente precisou ser internada na UTI, onde passou 10 dias. Nesse período, perdeu força e função e já não conseguia caminhar. Após a estabilidade clínica, qual o melhor caminho: manter-se no hospital para se reabilitar? Ir para casa com atenção domiciliária? Ir para casa de uma das filhas? Ir para uma unidade de reabilitação pós-aguda? Qual a opção que vai gerar melhor desfecho? Qual o melhor custo-benefício? De quais ajudas técnicas vai precisar?

Todas essas perguntas podem ser mais bem-respondidas com a análise de modelos treinados com ML.

FUTURO PROMISSOR DA INTELIGÊNCIA ARTIFICIAL NA REABILITAÇÃO

A IA na Medicina Física e de Reabilitação apresenta potencial significativo, com inovações que podem transformar a forma como os cuidados de saúde são prestados.

Tecnologias emergentes, o desenvolvimento da computação quântica e o surgimento de novas *startups* estão aprimorando os processos e a maneira como pensamos e executamos a reabilitação. Desde a prevenção de lesões, passando pela reabilitação preditiva, até o uso de células-tronco e a descoberta de novas opções terapêuticas, esperamos uma evolução sem precedentes nessa área tão importante da Medicina.

À medida que a IA e a tecnologia evoluem, surgirão oportunidades para a recuperação, autonomia e qualidade de vida dos pacientes. O futuro nessa área é promissor.

Bibliografia consultada

- Anekar AA, Hendrix JM, Cascella M. WHO Analgesic Ladder. In: StatPearls. Treasure Island (FL): StatPearls Publishing, 2025a. Disponível na Internet: https://www.ncbi.nlm.nih.gov/books/NBK554435/ (28 Abr. 2025).
- Ayoubi F, Chamouni FS, Zein O, Sarraj AR. Virtual reality movement therapy for post-stroke upper limb rehabilitation trial, Proc, 5nd ed. Int. Conf. Adv. Biomed. Eng. ICABME: 1-3,2019.
- Bahrami F, Rossi RM, De Nys K, Defraeye T. An individualized digital twin of a patient for transdermal fentanyl therapy for chronic pain management. Drug Deliv Transl Res. 2023;13(9):2272-85. doi: 10.1007/s13346-023-01305-y.
- Butcher T, Warland A, Stewart V, Aweid B, Samiyappan A, Kal E et al. Rehabilitation using virtual gaming for Hospital and hOMe-Based training for the Upper limb in acute and subacute Stroke (RHOMBUS II): results of a feasibility randomised controlled trial. BMJ Open. 2025;15(1):e089672. doi: 10.1136/bmjopen-2024-089672.
- Centers for disease control and prevention, national center for injury prevention and control, 2024a. Disponível na Internet: https://wisqars.cdc.gov/ (28 Abr. 2025).
- De Cannière H, Corradi F, Smeets CJP, Schoutteten M, Varon C, Van Hoof C et al. Wearable monitoring and interpretable machine learning can objectively track progression in patients during cardiac rehabilitation. Sensors; 2020;20(12):3601. doi: 10.3390/s20123601.
- Francisco JA, Rodrigues PS. Computer vision based on a modular neural network for automatic assessment of physical therapy rehabilitation activities. IEEE Trans Neural Syst Rehabil Eng. 2023;31:2174-83. doi: 10.1109/TNSRE.2022.3226459.
- Gottlieb M, Patel D, Viars M, Tsintolas J, Peksa GD, Bailitz J. Comparison of artificial intelligence versus real-time physician assessment of pulmonary edema with lung ultrasound. Am J Emerg Med, 2023.
- Hagedorn JM, George TK, Aiyer R, Schmidt K, Halamka J, D'Souza RS. Artificial intelligence and pain medicine: an introduction. J Pain Res. 2024;17:509-18. doi: 10.2147/JPR.S429594.
- Kanyılmaz T, Topuz O, Ardıç FN, Alkan H, Öztekin SNS, Topuz B et al. Effectiveness of conventional versus virtual reality-based vestibular rehabilitation exercises in elderly patients with dizziness: a randomized controlled study with 6-month follow-up. Braz J Otorhinolaryngol. 2022;88(3):S41-S49. doi: 10.1016/j.bjorl.2021.08.010.
- Lanotte F, O'Brien MK, Jayaraman A. AI in rehabilitation medicine: opportunities and challenges. Ann Rehabil Med; 2023;47(6):444-58. doi: 10.5535/arm.23131.
- Lilios A, Nikitas C, Skoulakis C, Alagianni A, Chatziioannou I, Asimakopoulou P et al. The unveiled potential of telehealth practice in vestibular rehabilitation: a comparative randomized study. J Clin Med. 2024;13(23):7015. doi: 10.3390/jcm13237015.
- Mahajan P. Artificial intelligence in healthcare: AI, machine learning, and deep learning simplified for everyone, 3nd ed. New Mexico: MedMantra, LLC454-6,2021.
- Mane R, Chouhan T, Guan C. BCI for stroke rehabilitation: motor and beyond. J Neural Eng; 2020;17(4):041001. doi: 10.1088/1741-2552/aba162.
- Meta. Advancing embodied AI through progress in touch perception, dexterity, and human-robot interaction, 2024a. Disponível na Internet: https://ai.meta.com/blog/fair-robotics-open-source/ (28 Abr. 2025).
- Mohammed SYM, Leis K, Mercado RE, Castillo MMS, Miranda KJ, Carandang RR. Effectiveness of cannabidiol to manage chronic pain: a systematic review. pain manag nurs; 2024;25(2):e76-e86. doi: 10.1016/j.pmn.2023.10.002.
- World Health Organization, 2024a. Disponível na Internet: https://www.who.int/news-room/fact-sheets/detail/falls (28 Abr. 2025).

CAPÍTULO

15 Cuidar do Futuro – Inteligência Artificial e seu Potencial de Aplicação em Pediatria

Gustavo Nogueira de Holanda

"O verdadeiro teste de inteligência artificial será a criatividade, não a simples execução de tarefas."

The Stars My Destination

Alfred Bester

INTRODUÇÃO

A Inteligência Artificial (IA) está emergindo como uma força transformadora também na Pediatria, na qual promove avanços que antes pareciam impossíveis. Ao combinar análise de dados em larga escala com algoritmos de aprendizado profundo (DL, do inglês *deep learning*), a IA permite identificar padrões e prever condições de saúde em crianças com uma precisão sem precedentes. Neste capítulo, vamos explorar as inovações que estão moldando o futuro dos cuidados pediátricos, abordando desde diagnósticos precoces e monitoramento contínuo até tratamentos personalizados. Esse olhar direcionado ao uso da IA na Pediatria revela como a tecnologia pode transformar não apenas a prática clínica, mas também a experiência de cuidados para famílias e crianças em suas fases mais sensíveis.

Um dos campos de maior impacto é a detecção precoce de condições genéticas e metabólicas, além do uso de dispositivos conectados para monitoramento em tempo real da saúde infantil. Ferramentas de IA conseguem identificar pequenos desvios no crescimento e desenvolvimento, ajudando os pediatras a agir de forma preventiva e a ajustar intervenções de maneira personalizada para cada criança. Como cada fase do desenvolvimento infantil exige atenção única e especializada, este capítulo examina como a IA pode oferecer soluções que acompanhem a complexidade da Pediatria, tornando o cuidado mais preciso e ágil.

Entretanto, o uso da IA em Pediatria também exige uma análise cautelosa dos desafios éticos e das limitações de segurança, especialmente no que diz respeito à proteção de dados sensíveis dos menores. Ao longo deste texto, discutiremos tanto as oportunidades como as responsabilidades envolvidas na implementação de IA em cuidados pediátricos, com ênfase na importância da supervisão humana e no papel fundamental dos profissionais de Saúde na adaptação dessas tecnologias. Com uma abordagem crítica e prática, buscaremos entender como a IA pode contribuir para um futuro em que a Medicina seja cada vez mais personalizada e segura, priorizando o bem-estar e a proteção dos pequenos pacientes.

APLICAÇÃO DA INTELIGÊNCIA ARTIFICIAL NA PEDIATRIA

É assombroso testemunhar como a IA está expandindo as capacidades diagnósticas e permitindo a identificação precoce de condições complexas e raras, complementando e aprimorando a prática clínica de maneira inédita. Com o apoio de algoritmos de aprendizado de máquina (ML, do inglês *machine learning*), os sistemas de suporte à decisão clínica, agora, conseguem identificar padrões complexos em dados de saúde infantil, apontando possíveis diagnósticos de forma mais precisa e segura. Esses avanços permitem não só ampliar a capacidade diagnóstica dos pediatras como também reduzir o número de alertas falsos e pacientes que passam despercebidos, otimizando a eficiência clínica (Figura 15.1).

A identificação precoce de doenças raras, uma das maiores dificuldades na Pediatria, tem sido significativamente facilitada pelo uso da IA, que consegue detectar anomalias em grandes volumes de dados clínicos, como exames de imagem e análises fenotípicas. Aplicações de IA em Dermatologia Pediátrica, por exemplo, já se mostram eficazes na identificação de condições complexas, como hemangiomas infantis e displasia ectodérmica. Na Neurorradiologia Pediátrica, algoritmos avançados têm sido usados para identificar anomalias cerebrais sutis, apoiando o diagnóstico de doenças neurológicas raras, como leucodistrofias e erros inatos do metabolismo (EIM), que poderiam passar despercebidas em avaliações convencionais.

A IA também se destaca no cenário de emergência pediátrica, em que os sistemas de triagem automatizada podem priorizar casos críticos com uma precisão superior à dos métodos tradicionais. A triagem rápida e precisa é essencial em emergências, nas quais cada minuto conta. Modelos de IA, como

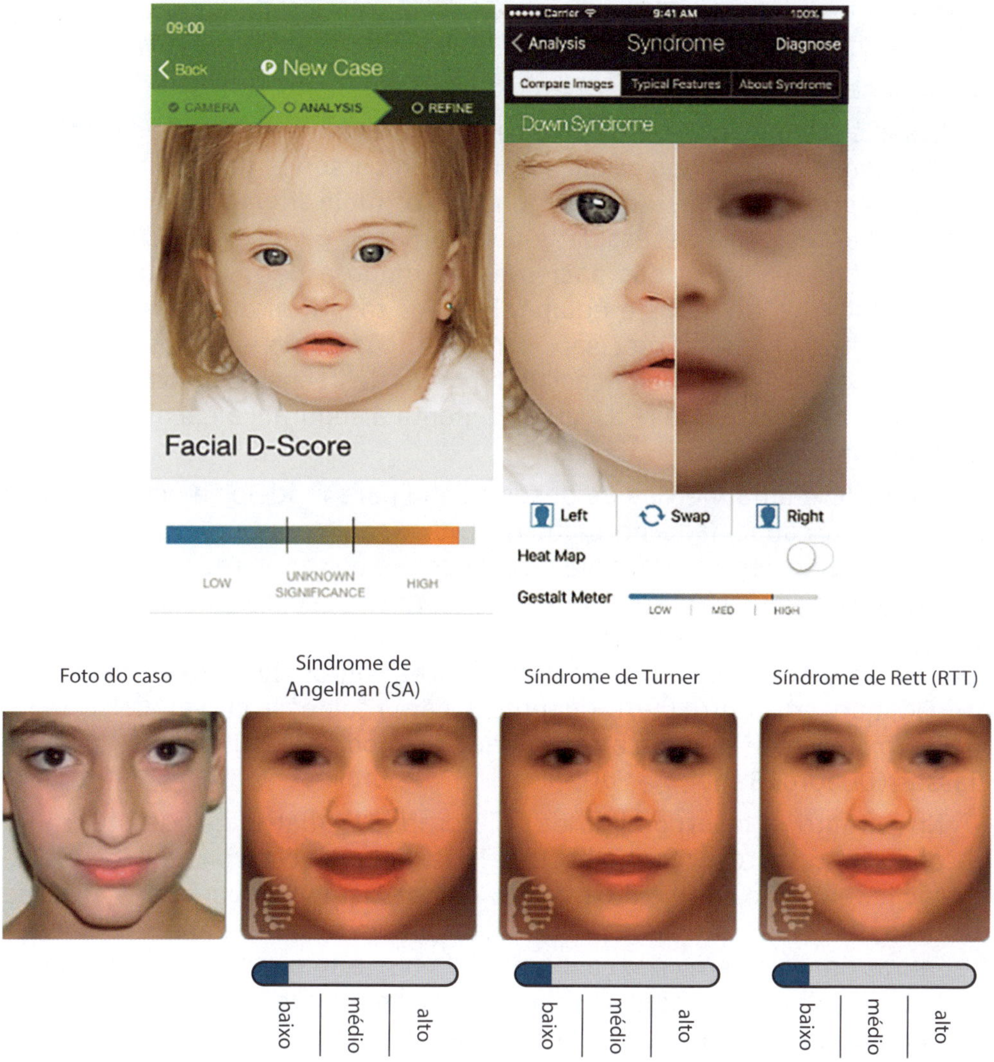

Figura 15.1 – *Face2Gene* é um aplicativo de fenotipagem que facilita avaliações genéticas abrangentes e precisas, ajudando a determinar a probabilidade de um paciente se beneficiar de avaliações genéticas adicionais. É utilizado por profissionais de Saúde para melhorar a compreensão das condições genéticas dos pacientes.

Fonte: Adaptada de Latorre-Pellicer A, Ascaso Á, Trujillano L, Gil-Salvador M, Arnedo M, Lucia-Campos C *et al.* Evaluating face2gene as a tool to identify cornelia de lange syndrome by facial phenotypes. Int J Mol Sci. 2020;21(3):1042. doi: 10.3390/ijms21031042; Disponível na Internet: https://www.face2gene.com/ (28 abr. 2025).[1]

redes neurais profundas e algoritmos de floresta aleatória, demonstraram capacidade aprimorada para distinguir entre crianças que precisam de intervenção imediata e aquelas que podem aguardar, reduzindo erros de subtriagem (quando casos graves passam despercebidos) e supertriagem (quando casos leves recebem prioridade). Esse avanço na triagem automatizada não só aumenta a segurança dos pacientes como também melhora o fluxo no pronto-socorro, permitindo que os profissionais de Saúde foquem nos casos que realmente necessitam de atenção imediata.

Esses sistemas inteligentes de triagem trazem benefícios adicionais à logística hospitalar, o que otimiza o uso de recursos e melhora a dinâmica de trabalho nas equipes de emergência. Por meio de modelos preditivos, a IA pode antecipar a necessidade de internação ou cuidados críticos com base nos dados iniciais dos pacientes de modo a permitir uma alocação mais estratégica de leitos e equipe. Estudos mostram que esses modelos atingem altos níveis de precisão, com métricas como a área sob a curva (AUC) que evidenciam sua eficácia em prever desfechos críticos, o que melhora, assim, a gestão de recursos e aumenta a segurança e a qualidade do atendimento.

A AUROC é uma métrica de desempenho para modelos de classificação que avalia a capacidade do modelo de distinguir entre classes distintas, como positivo e negativo. A sigla ROC refere-se ao termo *receiver operating characteristic*, ou característica de operação do receptor, e a curva ROC é um gráfico que relaciona a taxa de verdadeiros positivos (sensibilidade) com a taxa de falso-positivos para diferentes pontos de corte do modelo. A AUROC, que varia entre 0 e 1, quantifica a área sob essa curva ROC. Quanto mais próxima de 1, maior é a capacidade do modelo de diferenciar entre as classes (Quadro15.1).

No entanto, a incorporação da IA à prática pediátrica exige atenção a desafios importantes, como a necessidade de validação constante e a integração harmoniosa com os fluxos de trabalho existentes. A prática pediátrica demanda sistemas que não apenas sejam precisos, mas também confiáveis e seguros para uso em crianças. À medida que a IA avança, é fundamental garantir que essas tecnologias sejam rigorosamente testadas e que operem em conformidade com os padrões éticos e regulatórios. Com uma implementação cuidadosa, a IA tem o potencial de se estabelecer como uma ferramenta indispensável no apoio à prática pediátrica, oferecendo diagnósticos mais precoces e uma triagem mais precisa, sempre em benefício dos pequenos pacientes e suas famílias.

FERRAMENTAS ATUAIS E FUTURAS DE INTELIGÊNCIA ARTIFICIAL EM PEDIATRIA

Na Pediatria, a IA vem introduzindo tecnologias de ponta que aprimoram o diagnóstico e o acompanhamento da saúde das crianças. Entre as tecnologias atuais mais impactantes, destacam-se os avanços em *softwares* de diagnóstico por imagem, que oferecem precisão na identificação de condições como pneumonia e outras doenças respiratórias, comuns na faixa etária pediátrica.

Quadro 15.1 – O Quadro ilustra os diferentes intervalos de AUROC e o que cada valor indica sobre a capacidade de um modelo de IA em distinguir entre classes, refletindo seu desempenho e aplicabilidade em contextos clínicos (como no diagnóstico e triagem pediátrica). Valores mais altos indicam maior precisão na classificação, enquanto valores próximos a 0,5 representam baixa discriminação entre classes

AUROC	Descrição	Interpretação
AUROC = 1,0	Classificação perfeita. O modelo distingue todas as classes sem erros	Desempenho ideal. O modelo tem máxima capacidade de diferenciação
0,9 ≤ AUROC < 1,0	Excelente. O modelo acerta a maior parte das classificações e tem alta discriminação entre as classes	Alto desempenho, ideal para decisões clínicas confiáveis
0,8 ≤ AUROC < 0,9	Muito bom. O modelo discrimina bem, com alguns erros, mas ainda confiável	Bom desempenho, adequado para suporte clínico com ajustes
0,7 ≤ AUROC < 0,8	Moderado. O modelo tem precisão aceitável, mas com mais erros na distinção das classes	Desempenho moderado, pode ser útil, mas requer cautela
0,6 ≤ AUROC < 0,7	Baixo. O modelo apresenta desempenho fraco e dificuldade significativa em separar as classes corretamente	Desempenho limitado. Indicado para suporte com baixa confiança
AUROC = 0,5	Aleatório. O modelo não consegue distinguir entre as classes, seu desempenho é equivalente ao de uma escolha aleatória	Inutilizável para decisões clínicas, pois não há discriminação real
AUROC < 0,5	Pior que o aleatório. O modelo tende a classificar de maneira contrária, confundindo as classes	Desempenho contraproducente, precisa de revisão ou inversão das saídas

AUROC: área sob a curva ROC.

Fonte: Desenvolvido pela autoria.

Essas ferramentas utilizam algoritmos de DL para analisar radiografias e detectar padrões sutis, ajudando os profissionais de Saúde a reconhecerem anomalias com mais agilidade e segurança, mesmo nos estágios iniciais da doença.

Além do diagnóstico por imagem, a IA também está sendo aplicada em plataformas de análise genética que identificam predisposições e mutações associadas a doenças hereditárias e condições complexas, como as neurodegenerativas e os EIM. Ferramentas como o DeepGestalt (Figura 15.2) e outras análises genômicas com base em IA estão permitindo um mapeamento genético mais detalhado, o que facilita o diagnóstico precoce de condições raras em crianças e possibilita intervenções antecipadas e mais direcionadas. Esse tipo de análise é particularmente útil para condições que exigem monitoramento contínuo e tratamento especializado, ampliando as opções para uma Pediatria mais precisa e personalizada.

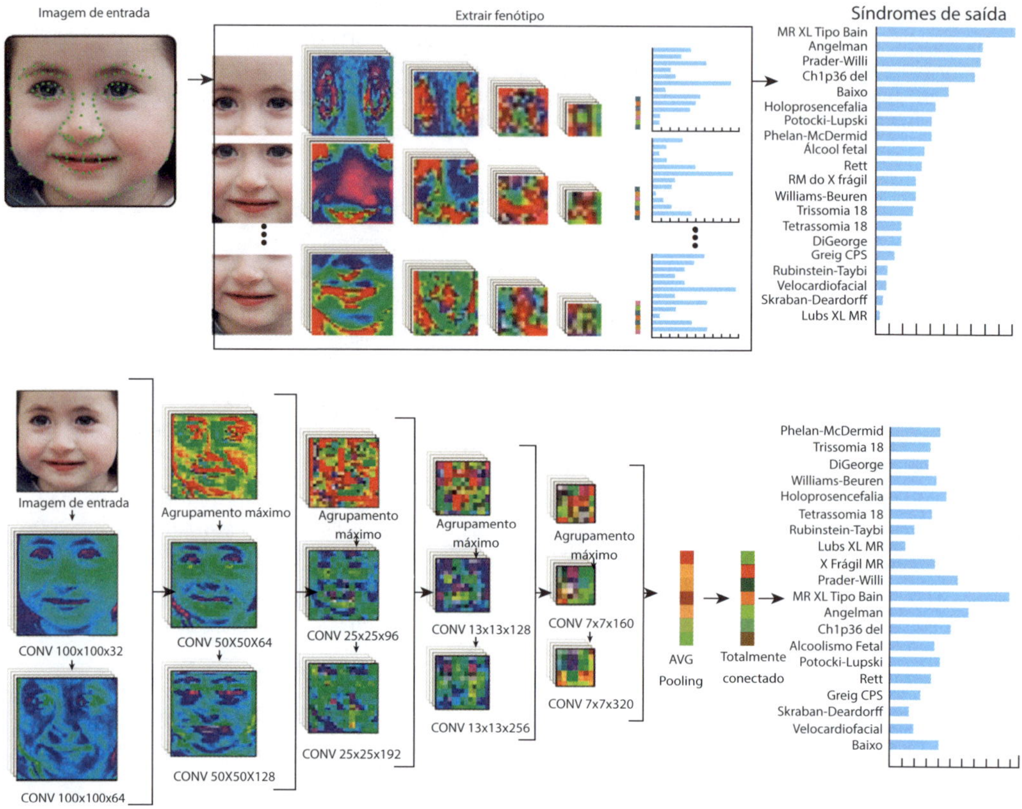

Figura 15.2 – Parte A – processamento de imagem e detecção de síndromes: o DeepGestalt é um sistema de IA projetado para reconhecer síndromes genéticas a partir de fotos faciais. Ele começa alinhando e segmentando o rosto em regiões (como olhos, nariz e boca). Cada região é analisada separadamente por uma rede neural convolucional profunda (DCNN) que gera uma pontuação de probabilidade para cada síndrome genética. Os resultados são reunidos e classificados em uma lista das síndromes mais prováveis, exibida em um gráfico de barras. Parte B – arquitetura da DCNN: a DCNN tem dez camadas que processam progressivamente as características faciais. As primeiras camadas detectam bordas e formas simples, enquanto as camadas mais profundas reconhecem traços faciais complexos associados a síndromes. Ao passar por todas as camadas, a rede identifica características específicas que ajudam a sugerir síndromes genéticas, ignorando detalhes individuais irrelevantes para o diagnóstico.

Fonte: Adaptada de Gurovich Y, Hanani Y, Bar O, Nadav G, Fleischer N, Gelbman D *et al*. Identifying facial phenotypes of genetic disorders using deep learning. Nat Med. 2019;25(1):60-4. doi:10.1038/s41591-018-0279-0.[2]

Olhando para o futuro, o potencial da IA na Pediatria se expande com o desenvolvimento de algoritmos que monitoram sinais vitais em tempo real, viabilizando um acompanhamento contínuo fora do ambiente hospitalar. O uso de dispositivos vestíveis conectados a sistemas de IA poderá permitir que profissionais de Saúde recebam dados diários de pacientes, detectando rapidamente variações de parâmetros fisiológicos, como frequência cardíaca e temperatura. Esse monitoramento contínuo e preditivo possibilitará respostas rápidas e intervenções personalizadas, criando um modelo de cuidado mais preventivo e proativo, especialmente para crianças com condições crônicas ou complexas.

Ferramentas atuais

A IA desempenha um papel especial na identificação de condições respiratórias como a pneumonia. *Softwares* avançados com base em redes neurais convolucionais (CNNs, do inglês *convolutional neural networks*), como explicado anteriormente, são capazes de analisar radiografias de tórax de maneira automática, detectando padrões que indicam pneumonia, pneumotórax e outras anomalias pulmonares. Nos Estados Unidos, mais de 40 ferramentas de IA para Radiologia torácica já receberam aprovação da Food and Drug Administration (FDA), o que reflete a crescente confiança nesses sistemas para diagnósticos mais precisos e ágeis. Essas tecnologias não apenas otimizam o processo diagnóstico, mas também aumentam a eficácia na detecção de condições em estágios iniciais, nas quais intervenções rápidas são fundamentais para a saúde infantil.

Além da Radiologia, a IA tem sido amplamente aplicada na análise genômica, viabilizando diagnósticos mais rápidos de doenças hereditárias e neurodegenerativas. Ferramentas como o DeepGestalt, que combina reconhecimento facial com análise de dados genéticos, identificam sinais fenotípicos e genéticos indicativos de doenças raras, como a síndrome de Turner e neurofibromatose, que podem se manifestar de forma sutil nos primeiros anos de vida. Essas tecnologias permitem diagnósticos mais detalhados e personalizados uma vez que processam grandes volumes de informações genéticas, oferecendo *insights* valiosos para que os pediatras reconheçam e tratem condições complexas o quanto antes.

A IA também avança no diagnóstico de doenças neurodegenerativas em crianças com o uso de redes neurais artificiais (ANN, do inglês *artificial neural network*) e máquinas de vetores de suporte (SVMs, do inglês *support vector machines*) para processar dados de imagem molecular, como tomografia por emissão de pósitrons (PET, do inglês *positron emission tomography*) e tomografia computadorizada por emissão de fóton único (SPECT, do inglês *single photon emission computed tomography*). Esses sistemas identificam biomarcadores e padrões de degeneração precoce e fornecem subsídios para diagnósticos mais ágeis e assertivos. Técnicas como *Random Forest* permitem análises ainda mais complexas por sua capacidade de processar grandes conjuntos de dados com alta precisão. Assim, a IA se torna uma ferramenta essencial para o reconhecimento precoce de doenças neurodegenerativas, acelerando a identificação e o início de intervenções terapêuticas.

Outro campo beneficiado pelos avanços da IA é a identificação de EIMs, condições que requerem diagnósticos rápidos para evitar complicações irreversíveis. Ferramentas de IA aplicadas à genômica viabilizam análises abrangentes de perfis genéticos, detectando mutações associadas a esses distúrbios metabólicos. Isso é especialmente relevante em Pediatria, pois os EIMs geralmente se manifestam nos primeiros dias ou meses de vida, e o tratamento imediato é determinante para a prevenção de desfechos graves. Com a IA, o tempo entre o diagnóstico e o início do tratamento é reduzido, o que proporciona melhores resultados para os pacientes.

No diagnóstico de imunodeficiências primárias, a IA também tem mostrado grande potencial ao permitir a análise de dados genômicos complexos que identificam susceptibilidades específicas a infecções. Sistemas de IA conseguem processar grandes volumes de dados para identificar variantes genéticas associadas a falhas no sistema imunológico, promovendo diagnósticos mais rápidos e precisos. Essa tecnologia é crucial para detectar precocemente condições imunológicas que tornam crianças vulneráveis a infecções frequentes e severas, o que permite a introdução de tratamentos preventivos ou personalizados para esses pacientes pediátricos.

Para o futuro, espera-se que os avanços em IA ampliem o monitoramento em tempo real de crianças, por meio de dispositivos vestíveis que capturam dados vitais continuamente, mesmo fora do ambiente hospitalar. Integrados a algoritmos preditivos, esses dispositivos podem detectar alterações sutis em parâmetros como frequência cardíaca, temperatura e saturação de oxigênio, enviando alertas imediatos para profissionais de Saúde e responsáveis. Esse monitoramento remoto oferece uma abordagem preventiva e personalizada, especialmente útil para crianças com condições crônicas ou em recuperação de doenças agudas.

Esses avanços projetados refletem o potencial transformador da IA no cuidado pediátrico que vai além do ambiente clínico para também contemplar a rotina domiciliar. Com o uso de IA para análise preditiva e monitoramento remoto, é possível ampliar as possibilidades de intervenção precoce de modo a evitar hospitalizações e promover um modelo de cuidado mais contínuo e proativo. A evolução dessas tecnologias promete melhorar significativamente a qualidade de vida dos pequenos pacientes e proporcionar maior tranquilidade a suas famílias.

Ferramentas futuras

O futuro da IA em Pediatria aposta no uso de dispositivos vestíveis e algoritmos preditivos que permitem o acompanhamento remoto em tempo real. É possível imaginar um cenário em que crianças com condições crônicas ou em recuperação de doenças graves sejam monitoradas continuamente em casa de modo a garantir mais segurança aos familiares e reduzir a necessidade de hospitalizações frequentes. Esses dispositivos vestíveis, equipados com sensores para captar dados como frequência cardíaca, respiração, saturação de oxigênio e temperatura, transmitiriam as informações automaticamente para plataformas de IA que as analisariam em busca de alterações e emitiriam alertas se identificarem qualquer anomalia.

Além do monitoramento em tempo real, os algoritmos preditivos desses sistemas poderiam detectar padrões sutis nos dados de sinais vitais, identificando precocemente o risco de complicações antes que sintomas clínicos apareçam. Por exemplo, pequenas variações na respiração ou na temperatura, que poderiam passar despercebidas em monitoramentos convencionais, seriam rapidamente analisadas pela IA, o que permite uma intervenção preventiva. Essa capacidade de detecção precoce é especialmente valiosa em Pediatria uma vez que as doenças podem evoluir rapidamente e as intervenções antecipadas são fundamentais para melhorar os desfechos clínicos.

Outra possibilidade no futuro da IA em Pediatria é a integração de dados obtidos de diferentes dispositivos para fornecer uma visão mais abrangente e personalizada da saúde da criança. Dados sobre atividades físicas, alimentação e padrões de sono, coletados por *wearables*, poderiam ser combinados para gerar um panorama completo do bem-estar infantil e orientar cuidados preventivos. Por exemplo, uma criança com condição respiratória pode ter seu ambiente e suas atividades monitoradas de modo que a IA identifique os fatores que impactam sua saúde e gere recomendações de ajustes na rotina, o que melhora a qualidade de vida da criança e diminui a necessidade de intervenções emergenciais.

Na área de Cardiologia Pediátrica, a IA pode se mostrar promissora para o monitoramento contínuo da frequência e do ritmo cardíaco, detectando alterações que precedem eventos críticos. Sensores conectados a IA poderiam identificar padrões de arritmias ou sinais de insuficiência cardíaca iminente e acionar alertas automáticos para a equipe médica e familiares. Essa abordagem proativa poderia evitar emergências e oferecer uma forma de cuidado seguro e contínuo que se estende para além do ambiente hospitalar, ajudando a manter o bem-estar da criança de forma preventiva.

Para condições como asma e epilepsia, a IA também oferece um futuro promissor com a capacidade de prever crises iminentes. Algoritmos de IA analisariam não apenas os sinais vitais da criança, mas também fatores externos, como a qualidade do ar ou o nível de atividade física, identificando gatilhos e antecipando as crises. Com essa previsão, as intervenções preventivas, como ajustes na medicação ou momentos de descanso, poderiam ser implementadas antes que os sintomas se agravassem, oferecendo uma vida mais segura e menos limitada por emergências médicas.

A IA também pode atuar como uma ferramenta valiosa na saúde mental pediátrica, usando dados captados por dispositivos vestíveis para identificar sinais de estresse, ansiedade e alterações emocionais. Dispositivos capazes de monitorar variações sutis na frequência cardíaca e em outros parâmetros fisiológicos, aliados a algoritmos preditivos, podem sinalizar o início de distúrbios emocionais, especialmente em crianças pequenas que ainda não conseguem expressar seus sentimentos de forma clara. Dessa forma, a IA poderia recomendar intervenções precoces, como técnicas de relaxamento ou alertas para os responsáveis, de modo a possibilitar um cuidado preventivo em saúde mental.

Para concretizar essas inovações, será fundamental priorizar a segurança dos dados e a privacidade das crianças. A validação rigorosa de algoritmos e dispositivos será indispensável para garantir a precisão das análises e proteger a confidencialidade das informações de saúde. Com uma implementação cuidadosa que se baseie em princípios éticos, a IA promete oferecer monitoramento eficaz, intervenções preventivas e um novo nível de cuidado personalizado, transformando o acompanhamento da saúde infantil em uma experiência mais integrada, segura e eficiente para as famílias e para os profissionais de Saúde.

TRANSFORMAÇÃO NA ABORDAGEM DE DOENÇAS PEDIÁTRICAS EM ESTÁGIOS INICIAIS

A aplicação da IA está reformulando o enfrentamento de doenças pediátricas em estágios iniciais, aprimorando a precisão no diagnóstico precoce de câncer infantil. Em Oncologia Pediátrica, tecnologias com base em IA têm demonstrado uma capacidade notável de identificar padrões sutis em exames de sangue e imagem, detectando sinais iniciais de tumores que podem escapar à observação clínica tradicional. Modelos de DL, treinados em extensos bancos de dados clínicos, são aplicados à análise de tomografias e de ressonâncias magnéticas para aprimorar a precisão diagnóstica e acelerar a detecção de anomalias celulares e teciduais. Estudos mostram que esses algoritmos conseguem captar mudanças mínimas, o que permite a identificação de cânceres em estágios iniciais e aumenta as chances de intervenções menos agressivas e mais eficazes.

Na área de doenças genéticas e metabólicas, a IA também tem se mostrado essencial ao proporcionar diagnósticos rápidos e personalizados. Com algoritmos avançados de análise de dados genômicos, a IA consegue examinar mutações e variações genéticas específicas, agilizando a definição de terapias individualizadas. Ferramentas de Bioinformática, integradas a esses sistemas, são usadas para rastrear mutações genéticas raras, facilitando intervenções precoces que se alinham ao perfil único de cada criança. Essas tecnologias não só aumentam a precisão diagnóstica, mas também possibilitam que os profissionais de Saúde iniciem o tratamento de forma rápida de modo a evitar o agravamento das condições e minimizar os impactos no desenvolvimento infantil.

A integração da IA com a Bioinformática impulsiona a Medicina em direção a um cuidado cada vez mais personalizado, adaptando intervenções de acordo com o perfil genético e metabólico individual. No caso das doenças metabólicas, por exemplo, a IA ajuda a identificar padrões enzimáticos específicos, o que permite prever a resposta do paciente a determinados tratamentos. Esse avanço é crucial em condições metabólicas raras cujas abordagens terapêuticas precisam ser altamente personalizadas e acompanhadas de perto. Com o apoio dessas tecnologias, os profissionais de Saúde podem desenvolver planos de tratamento mais eficazes e precisos, alinhados às necessidades únicas de cada criança, o que amplia consideravelmente o potencial de sucesso nas intervenções.

Diagnóstico precoce de câncer infantil

A IA está revolucionando o diagnóstico precoce do câncer infantil, especialmente em Oncologia Pediátrica, área em que sua capacidade de identificar padrões complexos em exames de sangue e imagens médicas está permitindo a detecção de tumores em estágios iniciais. Um estudo marcante nesse campo é o de Cheng *et al.*,[3] que desenvolveu um modelo preditivo para leucemias infantis por meio de algoritmos de ML. Esse modelo analisou biomarcadores nutricionais e hematológicos específicos, alcançando resultados impressionantes, com uma área sob a curva (AUC) de 0,950 para diferentes subtipos de leucemia e 0,909 para leucemia mieloide aguda (AML). Esses resultados demonstram a eficácia da IA na triagem e identificação precoce de cânceres sanguíneos e oferece novas perspectivas para o manejo das leucemias pediátricas (Figura 15.3).

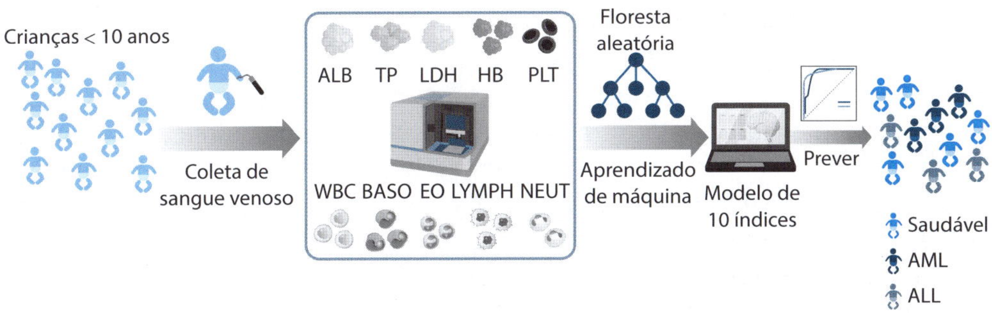

Figura 15.3 – Fluxo de trabalho da inteligência artificial (IA) aplicada à análise de índices hematológicos em crianças com leucemia aguda. O processo começa com a entrada e o pré-processamento dos dados, preparando-os para a análise. Em seguida, a rede neural convolucional os processa em diferentes camadas: as convolucionais extraem características específicas, enquanto as de *pooling* reduzem a complexidade dos dados, mantendo as informações mais relevantes. Finalmente, camadas completamente conectadas sintetizam esses dados para gerar uma previsão sobre o estado de saúde da criança, indicando potenciais diagnósticos. Essa estrutura visa identificar padrões nos dados hematológicos que possam auxiliar no diagnóstico e no monitoramento da leucemia.

Fonte: Adaptada de Cheng ZJ, Li H, Liu M *et al.* Artificial intelligence reveals the predictions of hematological indexes in children with acute leukemia. BMC Cancer. 2024;24(1):993. doi: 10.1186/s12885-024-12646-3.

Outro estudo significativo é o de Daldrup-Link, que revisa o uso de algoritmos de ML para aprimorar o diagnóstico de câncer, selecionar terapias personalizadas e prever desfechos a longo prazo em Oncologia Pediátrica. Segundo a pesquisa, esses algoritmos conseguem identificar pacientes de alto risco, sugerir exames de triagem específicos e adaptar tratamentos de acordo com o perfil genético de cada paciente. A IA, assim, não só permite o diagnóstico precoce, como também viabiliza um planejamento terapêutico mais preciso e ajustado às características de cada criança, melhorando as chances de sucesso no tratamento.

Na área de tumores cerebrais pediátricos, o estudo de Huang *et al.* destaca a superioridade da IA em relação à análise humana para o diagnóstico e segmentação de tumores. Os algoritmos de IA são capazes de processar imagens de PET e ressonância magnética com precisão elevada com a realização da segmentação de tumores e a correção de atenuações nos exames de maneira automatizada e confiável. Em estruturas complexas como o cérebro, a IA se mostra especialmente eficaz ao identificar e delimitar áreas tumorais, facilitando a tomada de decisão clínica e o planejamento de abordagens terapêuticas adequadas.

Em relação a outros tipos de tumores sólidos, como os ósseos, a IA tem avançado na análise de ressonâncias magnéticas e tomografias para detectar anomalias sugestivas de câncer. Esses algoritmos com base em DL conseguem identificar sinais de tumores em estágios iniciais com maior sensibilidade e especificidade, agilizando o diagnóstico de modo a permitir o início precoce do tratamento. Essa velocidade no diagnóstico é particularmente relevante na Oncologia Pediátrica em que o tempo é fator crucial para o sucesso terapêutico e a melhora dos prognósticos.

A análise de exames de sangue é outra área na qual a IA tem mostrado grande potencial para identificar marcadores precoces de câncer infantil. Por meio da combinação de algoritmos de IA com análises bioquímicas e hematológicas, é possível detectar variações discretas em componentes do sangue associadas ao desenvolvimento de neoplasias. Essas ferramentas permitem que os pediatras identifiquem sinais iniciais de câncer e encaminhem os pacientes para exames mais específicos quando necessário, promovendo uma abordagem preventiva e proativa no combate ao câncer infantil.

Para que esses algoritmos alcancem o potencial máximo na prática clínica, ainda é necessário superar o desafio da quantidade e diversidade dos dados de treinamento. A precisão e a eficácia da IA dependem da qualidade dos dados com os quais são treinados, o que exige bases de dados amplas e diversificadas. Estudos apontam que a colaboração entre instituições e a expansão das bases de dados pediátricas são essenciais para que esses algoritmos mantenham altos níveis de acurácia em diferentes contextos clínicos e populações.

Apesar de a IA em Oncologia Pediátrica ainda estar em fase de expansão, os resultados promissores desses estudos indicam que o uso de algoritmos no diagnóstico precoce de câncer infantil tem o potencial de transformar significativamente o cuidado oncológico pediátrico. Com o desenvolvimento e a validação desses sistemas, espera-se que a IA seja incorporada aos protocolos clínicos, o que permitirá diagnósticos mais rápidos e precisos e possibilitará intervenções em estágios iniciais, o que aumenta as chances de cura e melhora a qualidade de vida das crianças afetadas.

Doenças genéticas e metabólicas

Os avanços proporcionados pela IA no diagnóstico e tratamento de doenças genéticas e metabólicas em Pediatria estão tornando a análise genômica mais rápida, precisa e personalizada. Por meio de ferramentas de sequenciamento de nova geração (NGS) combinadas com algoritmos de DL e Bioinformática, a IA possibilita a identificação de mutações genéticas complexas que estão na raiz de condições pediátricas graves, como doenças neurodegenerativas, epilepsias refratárias, EIMs e imunodeficiências primárias. Essa abordagem permite diagnósticos assertivos e tratamentos adaptados ao perfil genético individual, transformando o cuidado pediátrico de maneira fundamental.

Um estudo marcante conduzido por Clark *et al.*[4] demonstrou o impacto do sequenciamento rápido do genoma completo aliado à fenotipagem automatizada no tratamento de crianças gravemente doentes. Com o uso de processamento de linguagem natural (NLP, do inglês *natural language processing*) para extrair dados clínicos detalhados de registros eletrônicos, essa metodologia proporcionou diagnósticos provisórios rápidos, essenciais para guiar decisões terapêuticas em tempo hábil. Em condições pediátricas críticas, em que o tempo é um fator determinante para o prognóstico, essa combinação de tecnologias aumenta significativamente a precisão e a velocidade do diagnóstico, aprimorando as intervenções clínicas.

Outro exemplo importante é o trabalho de Cohen *et al.* que explorou o uso de sequenciamento de exoma e genoma com tecnologias de leitura longa para aumentar as taxas de diagnóstico em casos de doenças raras pediátricas não resolvidas. Por meio da combinação de variantes estruturais e ML para priorizar mutações, esse estudo mostrou como essas ferramentas podem identificar anomalias genéticas anteriormente não detectadas. Esse avanço é especialmente relevante para casos complexos, pois permite intervenções direcionadas e personalizadas, adaptadas ao perfil genético único de cada paciente, com maior eficácia no manejo de condições pediátricas raras.

No campo dos EIMs, o estudo de Tein ressaltou o papel fundamental do sequenciamento genético rápido, que tem mostrado reduzir significativamente o tempo necessário para o diagnóstico e aumentar as taxas de precisão em comparação a métodos convencionais. Esse tipo de diagnóstico é crucial, pois muitas dessas condições exigem intervenções imediatas para prevenir danos permanentes. A IA, ao integrar grandes volumes de dados genômicos e realizar análises automatizadas, permite que os profissionais de Saúde identifiquem rapidamente o tratamento mais apropriado, otimizando os cuidados e melhorando o prognóstico.

Estudos também destacam a importância da IA no diagnóstico de epilepsias refratárias, como no trabalho de Zeibich *et al.*[5] que demonstrou a eficácia do DL para melhorar a precisão do sequenciamento e prever as consequências funcionais das mutações genéticas associadas a essa condição. A IA permite identificar rapidamente variações genéticas críticas, o que é essencial para o desenvolvimento de terapias personalizadas em epilepsias de difícil controle. Ao prever como essas mutações afetam a função celular, a IA guia as decisões terapêuticas, o que proporciona um cuidado mais direcionado e reduz o impacto das crises na vida das crianças.

Na área das imunodeficiências primárias, a IA também desempenha um papel vital ao identificar mutações genéticas associadas a falhas imunológicas, facilitando diagnósticos precoces e tratamentos preventivos. Com o auxílio de algoritmos de ML que priorizam variantes genéticas relevantes, os profissionais conseguem detectar susceptibilidades imunológicas e antecipar cuidados antes que complicações severas se manifestem. Essa abordagem proativa é crucial para crianças vulneráveis a infecções, possibilitando tratamentos personalizados e um monitoramento contínuo.

Esses avanços evidenciam o potencial transformador da IA e das tecnologias de sequenciamento no cuidado pediátrico, fornecendo diagnósticos mais rápidos e personalizados. A precisão alcançada permite que os médicos adaptem os tratamentos de forma singular considerando as necessidades genéticas e metabólicas de cada paciente. Ao viabilizar essa precisão, a IA não só melhora os desfechos clínicos, mas também contribui para uma abordagem mais segura e individualizada, propiciando maior qualidade de vida para crianças com condições complexas e suas famílias.

MONITORAMENTO DE CRESCIMENTO E DESENVOLVIMENTO INFANTIL

A transformação no monitoramento do desenvolvimento infantil pela IA permite soluções inovadoras e personalizadas para acompanhar cada marco com precisão. Aplicativos equipados com IA capturam dados sobre habilidades motoras, linguísticas, sociais e cognitivas, com o rastreamento do progresso da criança ao longo do tempo e a identificação de possíveis atrasos. Quando padrões de desenvolvimento fora do esperado são detectados, a IA emite alertas para os pais e profissionais de Saúde, facilitando intervenções e encaminhamentos para avaliação especializada, se necessário. Esse monitoramento constante e adaptado às necessidades individuais permite um suporte direcionado, essencial para o desenvolvimento saudável e para o acompanhamento de crianças em fases críticas de crescimento.

Além do acompanhamento do desenvolvimento, o uso da IA exerce um papel crucial na prevenção e controle de doenças infecciosas em ambientes pediátricos, como escolas e comunidades. Aplicativos de monitoramento, apoiados por algoritmos de IA, analisam dados de saúde e padrões epidemiológicos locais para prever e rastrear a disseminação de infecções comuns, como viroses e gripes. Essas soluções conseguem identificar focos iniciais de surtos e enviar alertas às autoridades de Saúde e gestores escolares, ajudando a implementar estratégias de contenção e de mitigação de forma rápida e eficaz. O monitoramento em tempo real possibilita uma resposta mais ágil de forma a proteger a saúde coletiva e minimizar o impacto de doenças entre as crianças.

Esses avanços demonstram o potencial da IA como uma ferramenta integrada para o cuidado pediátrico, proporcionando acompanhamento completo e contínuo da saúde infantil. A combinação de monitoramento de crescimento e ferramentas de prevenção de doenças cria uma visão holística do bem-estar das crianças, permitindo que pais e profissionais de Saúde atuem de maneira preventiva e personalizada. Esse suporte digital representa um avanço importante para uma Pediatria mais proativa e abrangente, em que o desenvolvimento e a saúde física são observados de maneira conjunta, beneficiando tanto o acompanhamento diário como o planejamento de intervenções precoces quando necessário.

Soluções para acompanhamento de desenvolvimento

A IA aplicada ao monitoramento do desenvolvimento infantil está revolucionando a detecção precoce de possíveis atrasos e oferecendo um suporte mais dinâmico e preciso às famílias e profissionais de saúde. Um estudo conduzido por Denis *et al.* analisou o uso do aplicativo Malo, projetado para identificar precocemente sinais de transtornos do neurodesenvolvimento em crianças e sintomas de depressão pós-parto em mães. O estudo demonstrou que o Malo, por meio de algoritmos de IA, é capaz de enviar notificações e alertas quando os dados inseridos pelos usuários indicam potenciais riscos, permitindo uma busca antecipada por avaliação médica. Essa intervenção precoce é essencial para um melhor prognóstico por oferecer uma via mais rápida para apoio e tratamento.

Outro estudo relevante, realizado por Ben-Sasson *et al.*, avaliou o aplicativo *babyTRACKS*, uma plataforma com base em *crowdsourcing* que permite aos pais registrarem marcos de desenvolvimento de seus filhos. Esse sistema inovador, alimentado por observações diárias dos próprios cuidadores, facilita a detecção de atrasos ao rastrear tanto marcos tradicionais como aqueles sugeridos pela comunidade de usuários. A pesquisa demonstrou que o monitoramento contínuo feito pelo *babyTRACKS* fornece dados significativos para a identificação precoce de desvios no desenvolvimento, sendo uma ferramenta valiosa para a tomada de decisão em saúde pediátrica que possibilita que os pais intervenham rapidamente.

O estudo de Daum *et al.* introduziu o aplicativo *kleineWeltentdecker* que funciona como um diário de desenvolvimento infantil com base em *smartphone*. Com validação empírica, o *kleineWeltentdecker* permite que os cuidadores documentem e acompanhem as mudanças nas habilidades das crianças ao longo do tempo, criando um histórico detalhado que pode ser compartilhado com pediatras e especialistas. Esse acompanhamento longitudinal fornece uma visão completa do desenvolvimento da criança, o que facilita uma análise mais precisa e individualizada e apoia decisões clínicas com base em dados consistentes.

Esses aplicativos ganham um poder adicional com a integração da IA, que analisa os dados registrados e gera alertas personalizados para os pais e cuidadores. Com IA, os sistemas são capazes de identificar padrões de desenvolvimento específicos para cada fase da infância, detectando sutis desvios que poderiam passar despercebidos em avaliações convencionais. Esse monitoramento contínuo e personalizado promove uma abordagem mais preventiva e permite que as famílias acompanhem o crescimento de seus filhos com mais segurança, contando com um sistema de suporte sempre atualizado e acessível.

A integração da IA em aplicativos de desenvolvimento infantil tem se mostrado uma ferramenta poderosa que aumenta tanto a precisão como a velocidade na identificação de transtornos que requerem intervenções precoces. Estudos mostram que aplicativos como o *babyTRACKS* e o *kleineWeltentdecker* geram grandes volumes de dados que, ao serem processados por algoritmos de IA, oferecem *feedback* em tempo real. Com esses *insights*, os pais podem detectar sinais iniciais de atraso, garantindo que as crianças sejam encaminhadas para especialistas o quanto antes.

Além de monitorar os marcos de desenvolvimento, esses sistemas de IA conseguem cruzar dados com fatores de risco específicos de cada criança levando em conta características genéticas e ambientais. Essa análise detalhada permite que os alertas sejam ainda mais personalizados e orientam os pais e cuidadores sobre os próximos passos e promovem uma abordagem preventiva e individualizada. Ao combinar monitoramento de desenvolvimento com avaliação de risco, esses aplicativos ampliam o escopo do cuidado infantil e fortalecem a capacidade de resposta das famílias e profissionais de Saúde.

Esses avanços na aplicação de IA para monitoramento de desenvolvimento representam um marco importante na Pediatria, criando uma abordagem de cuidado mais completa e proativa. Com o suporte desses aplicativos, pais e profissionais de Saúde podem realizar um acompanhamento próximo e personalizado, o que proporciona intervenções tempestivas e melhora a qualidade do atendimento às crianças. Os estudos atuais reforçam o impacto positivo dessas ferramentas que tornam o desenvolvimento infantil mais monitorado e protegido, criando um cenário em que as necessidades individuais de cada criança são atendidas com mais rapidez e precisão.

Avanços na prevenção e gestão de doenças

A aplicação de IA no monitoramento e rastreamento de doenças infecciosas em ambientes pediátricos, especialmente em escolas e comunidades, tem demonstrado um impacto significativo na prevenção de surtos e na gestão de respostas rápidas. Um estudo de destaque, realizado por McMurry *et al.*,[6] investigou o uso de um *pipeline* de NLP com base em IA para detectar sintomas de Covid-19 em registros médicos pediátricos. O sistema de NLP mostrou-se mais sensível e preciso do que métodos tradicionais de codificação da Classificação Internacional de Doenças, 10ª Revisão (CID) com a identificação de sintomas em tempo real e a possibilidade de uma vigilância mais rápida e eficaz. Esse recurso oferece uma resposta quase imediata em situações de risco epidemiológico, sendo um aliado essencial para a contenção de surtos em suas fases iniciais.

Outro estudo de relevância conduzido por Weng *et al.*[7] implementou um sistema de vigilância em escolas de Taipei, durante a pandemia de influenza A (H1N1), em 2009. Esse sistema permitiu que sintomas fossem registrados e monitorados diretamente nas escolas, o que possibilitou a identificação precoce de doenças como enterovirose e outras síndromes gripais. A estratégia revelou-se eficaz com uma detecção mais ágil e consistente do que sistemas que dependiam de registros hospitalares, facilitando intervenções preventivas antes que a doença se disseminasse amplamente. Esse monitoramento escolar forneceu uma nova camada de controle e proteção à saúde infantil, minimizando o impacto das infecções entre crianças e suas famílias.

Na China, Xu *et al.*[8] aplicaram um sistema de vigilância para monitorar síndromes gripais em escolas utilizando o método estatístico de soma cumulativa (CUSUM) para detectar sinais de alerta de surtos. Esse sistema se destacou pela capacidade de identificar aumentos anômalos no número de casos de forma antecipada, permitindo intervenções rápidas e eficazes. A utilização de IA combinada com análise estatística possibilitou identificar alterações nos padrões de casos antes que eles atingissem níveis críticos, o que deu às autoridades escolares tempo suficiente para implementar medidas preventivas, evitando a propagação da doença.

Além de síndromes gripais, sistemas de IA aplicados à vigilância escolar foram projetados para rastrear uma variedade de doenças infecciosas comuns entre crianças, como infecções respiratórias, gastrointestinais e viroses sazonais. Ao identificar padrões epidemiológicos em tempo real, esses sistemas fornecem alertas precoces e orientações de contenção personalizadas para cada escola ou comunidade. Esse avanço tecnológico não só reduz o risco de surtos, mas também capacita as instituições a adotarem protocolos preventivos e interventivos adequados, fortalecendo a saúde coletiva infantil.

Esses estudos evidenciam o potencial transformador da IA e dos sistemas de vigilância integrados em ambientes escolares e comunitários para melhorar a detecção precoce e a resposta a surtos de doenças infecciosas. A combinação de algoritmos de IA com métodos de análise de dados em tempo real permite um monitoramento constante e preciso, essencial para a prevenção e contenção de doenças em populações vulneráveis, como crianças em idade escolar. Esse tipo de monitoramento fornece uma camada adicional de segurança para a Saúde Pública pediátrica, reduzindo significativamente o impacto de surtos e protegendo a comunidade escolar como um todo.

MODELOS PREDITIVOS DE IA NA IDENTIFICAÇÃO DE DOENÇAS EM PEDIATRIA

A utilização de modelos preditivos de IA para identificar condições de risco em Pediatria tem avançado significativamente, permitindo a identificação precoce de crianças com alta propensão a desenvolver condições como obesidade, diabetes tipo 1, asma e distúrbios do neurodesenvolvimento, incluindo autismo, deficiência intelectual e transtorno do déficit de atenção com hiperatividade (TDAH). Esses modelos com base em IA têm sido treinados para analisar grandes volumes de dados provenientes de registros eletrônicos de saúde, fatores familiares e dados genéticos, o que possibilita previsões mais seguras e intervenções precoces. Os modelos mais utilizados, como *Random Forest*, *XGBoost* e redes neurais profundas, apresentam resultados promissores em diferentes estudos que avaliam seu desempenho em Pediatria.

No caso da obesidade infantil, um estudo conduzido por Pang *et al.*[9] destacou o uso de sete modelos de ML, incluindo o *XGBoost*, para prever a incidência de obesidade em crianças entre 2 e 7 anos. Utilizando dados de registros eletrônicos de saúde, o modelo *XGBoost* apresentou uma AUC de 0,81, mostrando uma performance superior em comparação com outros modelos tradicionais. Outro estudo realizado por Alanazi *et al.* comparou múltiplos modelos, como *Random Forest* e *K-Nearest Neighbour* (KNN), na previsão da idade de início da obesidade. O *Random Forest*, que obteve um R^2 de 0,98, destacou-se como um modelo eficaz para prever o início da obesidade infantil, permitindo intervenções mais precisas e oportunas.

Para o diagnóstico de TDAH, modelos de DL têm mostrado resultados eficazes. Garcia-Argibay *et al.*, por exemplo, testaram diversas técnicas de ML, como regressão logística e redes neurais profundas (DNN), e encontraram que o DNN alcançou uma AUC de 0,75 com alta precisão no diagnóstico precoce de TDAH. De Lacy e Ramshaw,[10] em outro estudo, utilizaram DL para prever a ocorrência de TDAH e outros transtornos comportamentais, obtendo uma precisão entre 86% e 97% e uma AUC de até 0,996. Esses resultados ressaltam a capacidade dos modelos de DL para prever o desenvolvimento de transtornos neurocomportamentais na infância e adolescência, facilitando intervenções precoces e personalizadas.

No campo da asma, o estudo de Hamad *et al.* empregou modelos como *LASSO* e *Random Forest*, integrando dados de histórico familiar e comorbidades. Ao considerar essas variáveis adicionais, o modelo *LASSO* alcançou uma sensibilidade de 0,72 e especificidade de 0,69, mostrando-se eficiente na identificação de crianças com alto risco de desenvolver asma. Essa abordagem permite um mapeamento mais preciso dos fatores de risco e contribui para o desenvolvimento de estratégias de prevenção e controle de sintomas em crianças predispostas à condição.

Para o autismo, um estudo multicêntrico conduzido por Wei *et al.*[11] utilizou dados de fatores de risco maternos e aplicou cinco modelos preditivos, entre eles o *XGBoost*, que apresentou a melhor performance com uma acurácia de 66,2%. Outro exemplo é o estudo de Amit *et al.*, que explorou dados de vigilância do desenvolvimento infantil para prever o risco de autismo. Esse modelo alcançou uma AUC de 0,83 ao combinar variáveis de desenvolvimento e dados demográficos, o que possibilitou a identificação precoce de sinais de autismo e promoveu o encaminhamento para acompanhamento especializado.

Além desses exemplos específicos, a combinação de modelos como *Random Forest*, *XGBoost*, DL e *LASSO* tem se mostrado eficaz para identificar diversas condições pediátricas complexas. Esses modelos analisam padrões em dados clínicos e genéticos, permitindo que profissionais de Saúde visualizem de maneira antecipada as crianças que apresentam maior risco para cada condição. A integração de IA a esses modelos permite que dados sejam processados com agilidade, favorecendo uma resposta rápida com base em evidências (Quadro 15.2).

Esses avanços no uso de IA em Pediatria reforçam o potencial das tecnologias preditivas para transformar a prática clínica, orientando diagnósticos mais rápidos e intervenções personalizadas. Com a possibilidade de prever riscos para condições como obesidade, diabetes tipo 1, asma e transtornos do neurodesenvolvimento, os modelos preditivos de IA representam uma ferramenta poderosa na construção de um cuidado pediátrico preventivo e adaptado às necessidades de cada criança.

Quadro 15.2 – Comparação de modelos preditivos de IA para aplicações em Pediatria. O Quadro apresenta uma visão resumida dos principais modelos preditivos de IA utilizados para identificar riscos em Pediatria. O *Random Forest* utiliza diversas árvores de decisão para oferecer maior precisão ao identificar fatores de risco com múltiplas variáveis. O *XGBoost* aplica um método de *boosting* para aprimorar a precisão ao ajustar sucessivamente erros, sendo amplamente utilizado em diagnósticos complexos. Aprendizado profundo (DL, do inglês *deep learning*) opera com redes neurais profundas, ideais para reconhecer padrões complexos, mas com alta demanda de dados e recursos computacionais. Por fim, o LASSO é uma técnica de regressão que simplifica o modelo, destacando apenas as variáveis mais relevantes, essencial para prever riscos focando em variáveis-chave

Modelo	Objetivo principal	Tipo de modelo	Vantagens	Desvantagens
Randon Forest	Combinar várias árvores de decisão para melhorar precisão e robustez	*Ensemble learning* (conjunto de árvores de decisão)	Alta precisão, bom para dados com muitas variáveis e pouco preparo necessário dos dados	Modelo "mais pesado", pode ser mais lento com grandes dados
XGBoost	Melhorar precisão ajustando erros de modelos sequenciais	*Ensemble learning* (*boosting*)	Muito preciso e eficiente, ideal para dados complexos e competições de aprendizado de máquina (ML, do inglês *machine learning*)	Sensível a sobreajuste (*overfitting*) e pode exigir ajuste fino
Aprendizado profundo (DL, do inglês *deep learning*)	Processar grandes quantidades de dados para detectar padrões complexos	Redes neurais profundas	Bom para detectar padrões complexos em dados de imagem, texto e séries temporais	Requer muitos dados e poder computacional, "caixa-preta" difícil de interpretar
LASSO	Selecionar as variáveis mais importantes, reduzindo ruído	Regressão linear regularizada	Simplicidade, bom para dados em que poucas variáveis são importantes	Pode subestimar variáveis correlacionadas e não trabalha bem com dados muito complexos

Fonte: Desenvolvido pela autoria.

INTERVENÇÃO COMPORTAMENTAL COM INTELIGÊNCIA ARTIFICIAL

A IA também tem transformado as intervenções em saúde mental, abrindo espaço para abordagens mais ajustadas às necessidades individuais e fornecendo *feedback* imediato. Com tecnologias que se adaptam em tempo real, a IA oferece novas possibilidades de tratamento para transtornos comportamentais e condições de neurodesenvolvimento, como autismo, deficiência intelectual, TDAH, ansiedade e depressão. Esse avanço permite intervenções mais responsivas e precisas, o que ajuda a identificar sinais precoces e a personalizar o cuidado com base nas respostas de cada paciente, de modo que o processo terapêutico se torne mais eficiente e acessível. Esse passo é particularmente promissor para as atuais populações pediátricas, pois permitem uma abordagem proativa e adaptável, essencial para intervenções preventivas e contínuas, cada vez mais necessárias no contexto pós-pandemia.

Um estudo sistemático conduzido por Gual-Montolio *et al.* (2022)[12] demonstrou o impacto da IA em intervenções psicológicas contínuas por meio do uso de agentes conversacionais para fornecer recomendações terapêuticas em tempo real. Esses *chatbots* são projetados para adaptar suas respostas com base no *feedback* do usuário, proporcionando um suporte emocional contínuo e acessível. No estudo, os usuários relataram alta satisfação e redução significativa dos sintomas emocionais, o que evidencia a eficácia dessa abordagem na diminuição de sintomas de ansiedade e depressão em adolescentes que encontram, nesses agentes virtuais, uma forma segura e conveniente de expressão e apoio emocional.

A eficácia das plataformas de IA em intervenções comportamentais também foi avaliada por Sadeh-Sharvit *et al.* (2023)[13] em um ensaio clínico randomizado focado em pacientes com depressão e ansiedade. Os resultados mostraram que a plataforma não apenas melhorou significativamente os sintomas em comparação com o tratamento usual, mas também aumentou a adesão dos pacientes ao tratamento. Esse estudo destaca como a IA pode favorecer uma abordagem mais dinâmica e atrativa mediante a promoção do engajamento contínuo e a ajuda a adolescentes a se manterem em um plano de cuidado mais completo e assertivo.

No contexto dos transtornos de neurodesenvolvimento, a realidade virtual adaptativa, combinada com IA, tem sido uma solução inovadora para o tratamento de crianças com autismo. Maddalon *et al.* (2024)[14] exploraram o uso de sistemas de realidade virtual adaptativos que ajustam as intervenções com base nas respostas motoras e fisiológicas das crianças, criando um ambiente terapêutico mais responsivo e eficiente. Esse tipo de sistema demonstrou ser eficaz no desenvolvimento de habilidades de interação social e comunicação, áreas em que crianças com autismo frequentemente enfrentam desafios significativos. Esse tipo de intervenção também possibilita um ambiente de aprendizado seguro, em que as crianças podem desenvolver habilidades essenciais para a interação social.

Além do monitoramento em tempo real, a IA permite uma análise de dados comportamentais e fisiológicos, como padrões de sono e atividade física, por meio de dispositivos vestíveis e aplicativos móveis. Esses dados são processados por algoritmos que detectam sinais de alerta, permitindo intervenções rápidas e personalizadas que previnem o agravamento de problemas de saúde mental. Esse monitoramento é especialmente valioso para crianças e adolescentes, cuja expressão de sintomas pode diferir substancialmente dos adultos, exigindo uma adaptação nas estratégias de intervenção.

A detecção precoce de transtornos mentais com IA também é uma área em ascensão. Analisando dados de redes sociais e padrões de comunicação, algoritmos conseguem identificar sinais iniciais de depressão e ansiedade com alta precisão. Esse tipo de análise preditiva é essencial para intervenções antecipadas, e estudos mostram que, ao permitir um diagnóstico precoce, as chances de sucesso na intervenção aumentam significativamente, sobretudo entre adolescentes em risco que ainda não apresentam sintomas clínicos avançados.

Contudo, é necessário considerar os desafios éticos no uso de IA, como privacidade e segurança dos dados. A proteção das informações sensíveis de crianças e adolescentes é um aspecto crítico, pois a coleta de dados exige padrões rigorosos de confidencialidade e integridade. Além disso, a presença de vieses algorítmicos pode impactar a interpretação dos dados, sendo fundamental o desenvolvimento e a regulamentação de protocolos éticos, como sugerido por pesquisadores em diversas revisões sobre o tema.

Para otimizar o impacto positivo dessas ferramentas, a integração da IA aos Sistemas de Saúde convencionais é indispensável. Plataformas de IA, quando utilizadas em parceria com profissionais de saúde mental, permitem uma visão abrangente e integrada do paciente. Consolidando dados de várias fontes, esses sistemas melhoram o planejamento terapêutico e promovem uma continuidade no cuidado. Essa abordagem também auxilia na redução do estigma relacionado à saúde mental, o que incentiva mais jovens a buscarem apoio psicológico.

A IA também tem se mostrado um importante suporte para famílias e cuidadores de crianças com necessidades específicas de saúde mental. Aplicativos móveis, que permitem que os pais monitorem e ajustem o progresso dos filhos em tempo real, facilitam um cuidado contínuo e direcionado, estendendo o suporte além do ambiente clínico e capacitando os cuidadores a intervirem de maneira mais eficaz. Esse acompanhamento fortalece o papel dos pais e familiares como parceiros ativos no processo terapêutico.

Estudos como os de Gual-Montolio,[12] Sadeh-Sharvit[13] e Maddalon[14] evidenciam que a IA não apenas potencializa os resultados terapêuticos, mas também aumenta o engajamento e a aderência ao tratamento. A expectativa é que, com avanços contínuos e regulamentações apropriadas, essas ferramentas possam oferecer intervenções ainda mais eficazes e preventivas, promovendo um impacto duradouro na qualidade de vida de jovens pacientes.

ASPECTOS ÉTICOS E DESAFIOS NA IMPLEMENTAÇÃO DA INTELIGÊNCIA ARTIFICIAL EM PEDIATRIA

A implementação de IA em Pediatria oferece um potencial imenso para melhorar diagnósticos e tratamentos, mas também traz desafios éticos significativos, especialmente em relação à privacidade e à segurança dos dados de crianças. Em decorrência da vulnerabilidade dessa população, a proteção de dados pessoais se torna ainda mais essencial, exigindo medidas rigorosas de segurança e protocolos de confidencialidade. A coleta, o armazenamento e a análise de informações sensíveis, como registros médicos e dados comportamentais, necessitam de uma estrutura de segurança robusta para evitar o uso indevido ou a violação de dados, o que poderia afetar profundamente a vida dessas crianças.

Além disso, há um desafio constante em equilibrar o ritmo acelerado da inovação em IA com regulamentações específicas que protejam os direitos e a segurança da infância. Regulamentos de proteção de dados, como o GDPR na Europa e a Lei Geral de Proteção de Dados (LGPD) no Brasil, são importantes marcos legais, mas podem não cobrir de maneira suficiente as peculiaridades das aplicações de IA em Pediatria. Por isso, é necessário que regulamentações específicas sejam desenvolvidas para garantir que novas tecnologias sejam avaliadas com rigor ético e clínico antes de serem amplamente implementadas. Esse equilíbrio entre inovação e segurança exige uma abordagem colaborativa entre pesquisadores, desenvolvedores de IA e legisladores, garantindo que as tecnologias emergentes respeitem os direitos das crianças (Quadro 15.3).

Outro aspecto ético relevante é o potencial de viés nos algoritmos de IA que pode resultar em diagnósticos e tratamentos imprecisos. Como os algoritmos aprendem com dados históricos, eles podem refletir e até amplificar preconceitos e disparidades existentes no Sistema de Saúde. Isso é especialmente preocupante em Pediatria, em que erros de diagnóstico podem ter consequências graves para o desenvolvimento e a saúde a longo prazo. Para mitigar esse risco, é crucial que os modelos de IA sejam treinados e testados com dados amplos e diversos, representando uma variedade de contextos socioeconômicos, étnicos e culturais para que as soluções sejam realmente equitativas e abrangentes.

O desafio de treinar algoritmos de IA em uma população pediátrica diversa também se impõe como uma questão complexa. As crianças estão em constante desenvolvimento físico e mental, o que implica que os dados coletados precisam ser continuamente atualizados para acompanhar essas mudanças. Modelos que não levam em conta essa variabilidade etária e de desenvolvimento correm o risco de apresentar erros significativos ou diagnósticos que não refletem a realidade do paciente em determinado estágio. Portanto, é importante desenvolver IA sensível a essas nuances e que possa ajustar suas análises conforme as diferentes faixas etárias e os estágios de desenvolvimento infantil.

Quadro 15.3 – Comparação entre GDPR e LGPD no contexto de IA em Pediatria. O GDPR e a LGPD são marcos fundamentais para a proteção de dados pessoais na Europa e no Brasil, respectivamente, oferecendo uma base legal importante para a segurança e privacidade no tratamento de dados sensíveis, especialmente em Pediatria. No entanto, ambos os regulamentos enfrentam desafios para acompanhar o ritmo das inovações em IA, o que aponta para a necessidade de regulamentações complementares que garantam a proteção dos direitos das crianças nas aplicações emergentes de IA em saúde

Aspecto	GDPR (Regulamento Geral de Proteção de Dados – Europa)	LGPD (Lei Geral de Proteção de Dados – Brasil)
Aplicação	Aplica-se a toda a União Europeia, regulando o tratamento de dados pessoais por empresas e instituições em qualquer setor	Aplica-se em todo o território brasileiro, abrangendo organizações públicas e privadas que tratam dados pessoais
Enfoque em dados sensíveis	Inclui dados de saúde como sensíveis, exigindo consentimento explícito e um processamento rigoroso para esses dados	Também classifica dados de saúde como sensíveis, exigindo consentimento e tratamento especial
Direitos do titular dos dados	Concede aos indivíduos direitos robustos, como acesso, retificação, apagamento e portabilidade dos dados	Concede direitos similares, permitindo aos titulares o controle sobre seus dados e a transparência no processamento
Proteção especial para crianças	Inclui proteções adicionais para menores, limitando o processamento de dados pessoais de crianças sem o consentimento dos pais ou responsáveis, geralmente aplicável a menores de 16 anos	Também oferece proteção especial para dados de crianças, mas a idade de consentimento é definida em 18 anos no Brasil, com exigências para consentimento dos responsáveis
Multas e sanções	Multas significativas para não conformidade, podendo chegar a até 4% do faturamento global da empresa	Estabelece multas de até 2% do faturamento da organização, com limite máximo de 50 milhões de reais
Implementação em IA	Enfatiza a minimização de dados e a transparência, mas enfrenta desafios para acompanhar as peculiaridades da IA, como aprendizado contínuo e dados inferidos	Destaca a necessidade de consentimento e transparência, mas também enfrenta dificuldades para regulamentar as especificidades da IA em aplicações pediátricas
Desafios para IA em pediatria	Pode exigir adaptações para abordar de forma mais específica o uso de IA com dados pediátricos, promovendo uma proteção infantil aprimorada	Exige uma interpretação cuidadosa para garantir que os direitos das crianças sejam protegidos, mas falta regulamentação específica para IA em Pediatria

IA: Inteligência Artificial.

Fonte: Desenvolvido pela autoria.

A transparência na forma como os algoritmos tomam decisões é outro fator essencial para a implementação ética da IA em Pediatria. Profissionais da Saúde e familiares precisam compreender como as conclusões dos sistemas de IA foram alcançadas para que possam confiar nessas recomendações. A opacidade dos algoritmos, especialmente os mais complexos, pode gerar desconfiança e dificultar a aceitação dessas tecnologias no cuidado pediátrico. Iniciativas de transparência e explicabilidade dos algoritmos são, portanto, fundamentais para assegurar que as decisões tomadas pela IA possam ser revisadas e validadas pelos profissionais.

O PAPEL DA IA NA EDUCAÇÃO E SUPORTE FAMILIAR

A IA tem se tornado uma ferramenta poderosa não apenas para os profissionais de Saúde, mas também para as famílias, desempenhando um papel crucial na educação e no suporte aos pais de crianças em busca de cuidados pediátricos. Tecnologias com base em IA, como aplicativos de monitoramento e análise de desenvolvimento infantil, oferecem uma nova forma de acesso à informação e de acompanhamento da saúde, permitindo que pais estejam mais atentos aos marcos de desenvolvimento de seus filhos. Esses aplicativos não apenas registram o progresso da criança, mas também enviam alertas e sugerem possíveis intervenções ao identificar sinais de atrasos ou anomalias, possibilitando que os pais tomem decisões informadas rapidamente.

Além disso, a IA tem contribuído de forma significativa para auxiliar os pais a entenderem melhor condições complexas e específicas, como doenças raras e transtornos do neurodesenvolvimento. Ferramentas de IA e plataformas educacionais voltadas para a saúde infantil oferecem explicações detalhadas e recursos de fácil compreensão, possibilitando que as famílias obtenham uma visão clara e acessível sobre as condições de seus filhos. Em casos de doenças genéticas ou metabólicas, por exemplo, essas tecnologias podem simplificar informações médicas complexas, ajudando os pais a se sentirem mais capacitados para lidar com os desafios e decisões de tratamento.

Os aplicativos de IA também funcionam como pontes de comunicação entre famílias e equipes médicas. Muitas dessas ferramentas são projetadas para compartilhar dados de saúde da criança com os profissionais responsáveis, criando um canal de comunicação eficiente que contribui para um cuidado mais personalizado e integrado. Para os pais, isso significa ter um suporte constante, além da consulta médica, com a oportunidade de monitorar e compartilhar a evolução dos sintomas e comportamentos da criança, o que ajuda o profissional a ajustar o tratamento de forma contínua e em tempo real.

Outro ponto essencial é a utilização da IA como ferramenta educacional para sensibilizar os pais sobre práticas de saúde preventiva e cuidados específicos de cada fase do desenvolvimento infantil. Aplicativos educacionais com base em IA podem enviar lembretes sobre vacinas, informar sobre práticas de higiene, alimentação adequada, além de sugerir atividades para estimular o desenvolvimento motor e cognitivo. Esses recursos oferecem orientações personalizadas que ajudam os pais a promoverem o desenvolvimento saudável e a prevenirem doenças, transformando-se em uma ferramenta proativa de cuidado familiar.

Para famílias de crianças com condições raras ou crônicas, a IA tem se mostrado especialmente útil, fornecendo materiais informativos atualizados e explicações detalhadas sobre tratamentos e avanços recentes. Essa informação é essencial para que os pais compreendam a natureza da condição de seus filhos, reconheçam os sinais de complicações e tenham acesso a opções terapêuticas, fortalecendo o papel da família como parceira ativa na trajetória de tratamento. Em última instância, essa integração entre tecnologia e saúde possibilita que os pais se tornem agentes mais preparados e confiantes nos cuidados de seus filhos.

É importante ressaltar que a IA também promove um suporte emocional aos pais, especialmente em momentos de maior estresse ou incerteza quanto ao diagnóstico e tratamento. Alguns aplicativos são projetados para oferecer suporte psicológico, com ferramentas de meditação, além de fóruns e grupos de apoio nos quais os pais podem compartilhar experiências e receber conselhos de outros cuidadores. Essa rede de apoio é fundamental para aliviar a ansiedade dos pais, promovendo um ambiente mais acolhedor e colaborativo entre as famílias que enfrentam desafios semelhantes.

Ao longo deste capítulo, exploramos as várias formas pelas quais a IA está transformando o campo pediátrico desde o diagnóstico precoce e intervenções comportamentais até o suporte familiar e educacional. Os avanços na área continuam a expandir os horizontes da Pediatria, com novas possibilidades para melhorar a qualidade de vida das crianças e de suas famílias. Essa integração entre tecnologia e saúde revela-se uma ferramenta poderosa para aproximar a comunidade médica das famílias, promovendo um cuidado mais acessível, personalizado e humanizado.

Referências bibliográficas

1. Latorre-Pellicer A, Ascaso Á, Trujillano L, Gil-Salvador M, Arnedo M, Lucia-Campos C et al. Evaluating face2gene as a tool to identify cornelia de lange syndrome by facial phenotypes. Int J Mol Sci. 2020;21(3):1042. doi: 10.3390/ijms21031042.
2. Gurovich Y, Hanani Y, Bar O, Nadav G, Fleischer N, Gelbman D et al. Identifying facial phenotypes of genetic disorders using deep learning. Nat Med. 2019;25(1):60-4. doi: 10.1038/s41591-018-0279-0.
3. Cheng ZJ, Li H, Liu M et al. Artificial intelligence reveals the predictions of hematological indexes in children with acute leukemia. BMC Cancer. 2024;24(1):993. doi: 10.1186/s12885-024-12646-3.
4. Clark MM, Hildreth A, Batalov S et al. Diagnosis of genetic diseases in seriously ill children by rapid whole-genome sequencing and automated phenotyping and interpretation. Sci Transl Med. 2019;11(489). doi: 10.1126/scitranslmed.aat6177.
5. Zeibich R, Kwan P, O'Brien TJ et al. Applications for deep learning in epilepsy genetic research. Int J Mol Sci. 2023;24(19):14645. doi: 10.3390/ijms241914645.

6. McMurry AJ, Zipursky AR, Geva A et al. Moving biosurveillance beyond coded data using ai for symptom detection from physician notes: retrospective cohort study. J Med Internet Res. 2024;26:e53367. doi: 10.2196/53367.
7. Weng TC, Chan TC, Lin HT et al. Early detection for cases of enterovirus- and influenza--like illness through a newly established school-based syndromic surveillance system in taipei. PLoS One. 2015;10(4):e0122865. doi: 10.1371/journal.pone.0122865.
8. Xu W, Chen T, Dong X et al. Outbreak detection and evaluation of a school-based influenza-like-illness syndromic surveillance in tianjin, China. PLoS One. 2017;12(9):e0184527. doi: 10.1371/journal.pone.0184527.
9. Pang X, Forrest CB, Lê-Scherban F, Masino AJ. Prediction of early childhood obesity with machine learning and electronic health record data. Int J Med Inform. 2021;150:104454. doi: 10.1016/j.ijmedinf.2021.104454.
10. de Lacy N, Ramshaw MJ. Selectively predicting the onset of ADHD, Oppositional Defiant Disorder, and Conduct Disorder in Early Adolescence With High Accuracy. Front Psychiatry. 2023;14:1280326. doi: 10.3389/fpsyt.2023.1280326.
11. Wei Q, Xiao Y, Yang T et al. Predicting autism spectrum disorder using maternal risk factors: a multi-center machine learning study. Psychiatry Res. 2024;334:115789. doi: 10.1016/j.psychres.2024.115789.
12. Gual-Montolio P, Jaén I, Martínez-Borba V, Castilla D, Suso-Ribera C. Using artificial intelligence to enhance ongoing psychological interventions for emotional problems in realor close to real-time: a systematic review. int j environ res public health. 2022;19(13):7737. doi: 10.3390/ijerph19137737.
13. Sadeh-Sharvit S, Camp TD, Horton SE et al. Effects of an artificial intelligence platform for behavioral interventions on depression and anxiety symptoms: randomized clinical trial. J Med Internet Res. 2023;25:e46781. doi: 10.2196/46781.
14. Maddalon L, Minissi ME, Parsons T, Hervas A, Alcaniz M. Exploring adaptive virtual reality systems used in interventions for children with autism spectrum disorder: systematic review. J Med Internet Res. 2024;26:e57093. doi: 10.2196/57093.

Bibliografia consultada

- Alanazi SH, Abdollahian M, Tafakori L, Almulaihan KA, ALruwili SM, ALenazi OF. Predicting age at onset of childhood obesity using regression, Random Forest, Decision Tree, and K-Nearest Neighbour-A case study in Saudi Arabia. PLoS One, 2024.
- Amit G, Bilu Y, Sudry T, Avgil Tsadok M, Zimmerman DR, Baruch R et al. Early Prediction of autistic spectrum disorder using developmental surveillance data. JAMA Netw Open, 2024.
- Ben-Sasson A, Jacobs K, Ben-Sasson E. The feasibility of a crowd-based early developmental milestone tracking application. PLoS One, 2022.
- Chassagnon G, Vakalopoulou M, Paragios N, Revel MP. Artificial intelligence applications for thoracic imaging. Eur J Radiol. 2020;123:108774. doi: 10.1016/j.ejrad.2019.108774.
- Cohen ASA, Farrow EG, Abdelmoity AT et al. Genomic answers for children: dynamic analyses of >1000 pediatric rare disease genomes. Genet Med. 2022;24(6):1336-48. doi: 10.1016/j.gim.2022.02.007.
- Daldrup-Link H. Artificial intelligence applications for pediatric oncology imaging. Pediatr Radiol. 2019;49(11):1384-90. doi: 10.1007/s00247-019-04360-1.
- Daum MM, Bleiker M, Wermelinger S, Kurthen I, Maffongelli L, Antognini K et al. The kleineWeltentdecker App - A smartphone-based developmental diary. Behav Res Methods, 2022.

- Denis F, Maurier L, Carillo K et al. Early detection of neurodevelopmental disorders of toddlers and postnatal depression by mobile health app: observational cross-sectional study. JMIR Mhealth Uhealth. 2022;10(5):e38181. doi: 10.2196/38181.
- Dhunnoo P. Learn forecasting: how can you get your own crystal ball? The Medical Futurist, 2020a. Disponível na Internet: https://medicalfuturist.com/learn-forecasting/ (28 abr. 2025).
- Dimitri P, Savage MO. Artificial intelligence in paediatric endocrinology: conflict or cooperation. J Pediatr Endocrinol Metab. 2024;37(3):209-21. doi: 10.1515/jpem-2023-0554.
- Gaffar S, Gearhart AS, Chang AC. The next frontier in pediatric cardiology: artificial intelligence. Pediatr Clin North Am. 2020;67(5):995-1009. doi: 10.1016/j.pcl.2020.06.010.
- Garcia-Argibay M, Zhang-James Y, Cortese S et al. Predicting childhood and adolescent attention-deficit/hyperactivity disorder onset: a nationwide deep learning approach. Mol Psychiatry. 2023;28(3):1232-9. doi: 10.1038/s41380-022-01918-8.
- Goto T, Camargo CA, Faridi MK, Freishtat RJ, Hasegawa K. Machine learning-based prediction of clinical outcomes for children during emergency department triage. JAMA Network Open. 2019;2(1):e186937. doi: 10.1001/jamanetworkopen.2018.6937.
- Hamad AF, Yan L, Jafari JM et al. Developing a prediction model of children asthma risk using population-based family history health records. Pediatr Allergy Immunol. 2023;34(10):e14032. doi: 10.1111/pai.14032.
- Heyming TW, Knudsen-Robbins C, Feaster W, Ehwerhemuepha L. Criticality index conducted in pediatric emergency department triage. Am J Emerg Med. 2021;48:209-217. doi: 10.1016/j.ajem.2021.05.004.
- Huang J, Shlobin NA, Lam SK, DeCuypere M. Artificial intelligence applications in pediatric brain tumor imaging: a systematic review. world neurosurg. 2022;157:99-105. doi: 10.1016/j.wneu.2021.10.068.
- Hurvitz N, Azmanov H, Kesler A, Ilan Y. Establishing a second-generation artificial intelligence-based system for improving diagnosis, treatment, and monitoring of patients with rare diseases. Eur J Hum Genet. 2021;29(10):1485-90. doi: 10.1038/s41431-021-00928-4.
- Issa CJ, Reimer-Taschenbrecker A, Paller AS. A call for implementing augmented intelligence in pediatric dermatology. Pediatr Dermatol. 2023;40(3):584-586. doi: 10.1111/pde.15298.
- Krawitz PM. Artificial intelligence in the diagnosis of rare disorders: the development of phenotype analysis. Bundesgesundheitsblatt Gesundheitsforschung Gesundheitsschutz. 2022;65(11):1159-63. doi: 10.1007/s00103-022-03602-2.
- Kwon JM, Jeon KH, Lee M et al. Deep learning algorithm to predict need for critical care in pediatric emergency departments. Pediatr Emerg Care. 2021;37(12):e988-e994. doi: 10.1097/PEC.0000000000001858.
- Lippi FL, Abilio CC, Lippi JR, Graglia MAV. Inteligência artificial e saúde mental no Brasil: uma revisão sistemática da literatura. Contribuciones a Las Ciencias Sociales. 2024;17(6):1-19. doi: 10.55905/revconv.17n.6-356.
- Meskó B. AI In medicine: 3 future scenarios from utopia to dystopia. The Medical Futurist, 2024a. Disponível na Internet: https://medicalfuturist.com/ai-in-medicine-3-future-scenarios-from-utopia-to-dystopia/ (28 abr. 2025).
- Meskó B. The AI and digital health future of pharma: prescription for change. The Medical Futurist, 2024a. Disponível na Internet: https://medicalfuturist.com/the-ai-and-digital-health-future-of-pharma-prescription-for-change/ (28 abr. 2025).
- Milam ME, Koo CW. The current status and future of FDA-approved artificial intelligence tools in chest radiology in the United States. Clin Radiol. 2023;78(2):115-22. doi: 10.1016/j.crad.2022.08.135.
- National Geographic Portugal. Cada vez mais pessoas estão a recorrer a chatbots de IA para acompanhamento de saúde mental: perigos e potencial. National Geographic Portugal, 2024a. Disponível na Internet: https://www.nationalgeographic.pt/ciencia/cada-

-vez-mais-pessoas-estao-recorrer-chatbots-ia-acompanhamento-saude-mental-perigos--potencial_5261 (28 abr. 2025).

- Nicolau A. Como a IA está revolucionando os cuidados com a saúde mental. Catraca Livre, 2024a. Disponível na Internet: https://catracalivre.com.br/saude-bem-estar/como-a--ia-esta-revolucionando-os-cuidados-com-a-saude-mental/ (28 abr. 2025).
- Portal TeleMedicina. Como a Inteligência Artificial ajuda no desenvolvimento infantil. São Paulo: Portal TeleMedicina, 2024a. Disponível na Internet: https://portalteleMedicina.com.br/desenvolvimento-infantil (28 abr. 2025).
- Portal TeleMedicina. Como a Inteligência Artificial pode melhorar a cobertura de vacinação infantil. São Paulo: Portal TeleMedicina, 2024a. Disponível na Iinternet: https://portalteleMedicina.com.br/como-a-inteligencia-artificial-pode-melhorar-a-cobertura-de-vacinacao--infantil (28 Abr. 2025).
- Ramgopal S, Sanchez-Pinto LN, Horvat CM et al. Artificial intelligence-based clinical decision support in pediatrics. Pediatr Res. 2023;93(2):334-41. doi: 10.1038/s41390-022-02226-1.
- Revista Brasileira de Educação Médica. Inteligência artificial, o futuro da Medicina e a educação médica. SciELO, 2024a. Disponível na Internet: https://www.scielo.br/j/rbem/a/PyRJrW4vzDhZKzZW47wddQy/ (28 Abr. 2025).
- Revista Científica Integrada. Inteligência artificial: aplicação na educação infantil. UNAERP, 2021a. Disponível na Internet: https://www.unaerp.br/revista-cientifica-integrada/edicoes-anteriores/volume-5-edicao-1-agosto-2021/4287-rci-inteligencia-artificial-05-2021/file (28 abr. 2025).
- Schalekamp S, Klein WM, van Leeuwen KG. Current and emerging artificial intelligence applications in chest imaging: a pediatric perspective. Pediatr Radiol. 2022;52(11):2120-30. doi: 10.1007/s00247-021-05146-0.
- Sethi Y, Patel N, Kaka N et al. Artificial intelligence in pediatric cardiology: a scoping review. J Clin Med. 2022;11(23):7072. doi: 10.3390/jcm11237072.
- Sitaula C, Grooby E, Kwok TC et al. Artificial intelligence-driven wearable technologies for neonatal cardiorespiratory monitoring. Part 2: Artificial Intelligence. Pediatr Res. 2023;93(2):426-36. doi: 10.1038/s41390-022-02417-w.
- Tein I. Recent advances in neurometabolic diseases: the genetic role in the modern era. Epilepsy Behav. 2023;145:109338. doi: 10.1016/j.yebeh.2023.109338.
- UpFlux. Inteligência artificial na saúde. UpFlux, 2024a. Disponível na Internet: https://upflux.net/pt/blog/inteligencia-artificial-na-saude/ (28 abr. 2025).
- YouTube. Apresentação do trabalho: inteligência artificial e os diagnósticos em pediatria, 2024a. Disponível na Internet: https://www.youtube.com/watch?v=TM6t2brB8oo (28 abr. 2025).

CAPÍTULO

16 Odontologia Moderna – O Impacto da Inteligência Artificial

Gustavo Raime Santos
Marcio Katsuyoshi Mukai

"As máquinas podem resolver problemas, mas será que podem criar problemas novos?"
O Jogo do Exterminador (Ender's Game)
Orson Scott Card

INTRODUÇÃO

A inovação dentro da Odontologia raramente é protagonizada por cirurgiões-dentistas. Durante 5 anos na universidade, a respectiva formação técnico-científica é ampla e exigente, o que relega a transdisciplinaridade a pouquíssimas horas "livres" dentro do currículo atual, dificultando as possibilidades de ampliarmos o conhecimento do estudante sobre outros assuntos, principalmente quando se trata de tecnologia. Com a digitalização não apenas da profissão, mas da vida das pessoas, o *online* e o real quase não se desassociam mais. E a prática clínica tende a não ser diferente.

Este capítulo propõe ampliar a percepção do leitor quanto às aplicabilidades de modelos de Inteligência Artificial (IA) de forma contextualizada à prática odontológica moderna auxiliada por computador e/ou ferramentas digitais. O debate contemporâneo que ronda essas tecnologias, por vezes, beira o desconhecimento técnico e flerta com a ficção. Desse modo, a discussão do histórico da profissão e do desenvolvimento dessas tecnologias se justifica e consolida a percepção real do potencial tecnológico atual, respondendo ao leitor: de onde viemos? Onde estamos?

E o fazendo pensar: para onde vamos?

HISTÓRICO E TRANSIÇÃO DA ODONTOLOGIA TRADICIONAL PARA A ERA DIGITAL

Os registros mais antigos da Odontologia são datados de 3500 a.C, na região da Mesopotâmia,[1] e atravessaram a história até a contemporaneidade. Com o Renascimento e o surgimento de renomados anatomistas, a Europa é considerada o local de nascimento da Odontologia com seus primeiros relatos científicos a partir do século XVI.[1] A Ciência em Odontologia é de fato registrada somente no século XVIII com a obra *Le Chirugien Dentiste – Au traité des Dents*, de Pierre Fauchard, tido como o "pai da Odontologia".[1] Séculos mais tarde, mais precisamente no século XIX, a Odontologia foi inserida na América com a criação da Escola de Odontologia de Baltimore, da Sociedade de Cirurgiões-Dentistas de Nova York e da revista científica *The American Journal of Dental Science*.[1] Transformou-se, à época, com contribuições como as de Greene Vardiman Black, considerado o "pai da Odontologia moderna".[2,3]

A Odontologia moderna, no Brasil, a partir do século XX, foi marcada por um rápido avanço técnico e científico com a criação das primeiras faculdades de Odontologia, pois, até então, não havia escolas de formação especializada no país, tampouco regulamentação sobre quem poderia ou não praticar a Odontologia.[1] A profissão era exercida, em grande parte, pelos chamados "práticos" que realizavam procedimentos de acordo com o que aprendiam pela convivência, crença, religião, sabedoria popular, mitos, entre outros.

Com a Lei n. 1.314 de 17 de janeiro de 1951, foram traçados os primeiros esforços legislativos para a regulamentação do exercício da profissão, buscando impedir a formação dos profissionais "práticos".[1] Vale ressaltar que o Ministério da Saúde foi instituído pela separação do Ministério da Educação e Saúde, com a Lei n. 1.920 de 25 de junho de 1953, durante o segundo governo de Getúlio Dornelles Vargas.[4]

Anos mais tarde, um novo marco na história da Odontologia brasileira: a criação do Conselho Federal e dos Conselhos Regionais de Odontologia, com a aprovação da Lei n. 4.324, de 14 de abril de 1964,[1] almejando um código de ética profissional e uma entidade representativa de classe, até que, com a promulgação da Lei n. 5.081, de 24 de agosto de 1966[1], foram estabelecidas as normativas que regulamentam o exercício da profissão em todo o território nacional, substituindo a antiga legislação até então vigente.[1] Além disso, a década de 1960 foi marcada também pela entrada das resinas compostas no mercado,[2] com popularização do material no Brasil a partir da década de

1970. Isso foi um marco para a preservação de tecidos dentários em preparos de procedimentos restauradores.[2]

Paralelamente, na França, em 1973, Fraçois Durrett criou o primeiro *scanner* intraoral[5,6] com interferometria. O sistema Durrett[7] foi sucedido pelo sistema Siemens, Munique, Alemanha (CEREC), desenvolvido e patenteado em 1984 e apresentado no *Chicago Winter Congress* em 1989. O dispositivo que se baseia na triangulação ativa das imagens foi considerado um marco ao inaugurar a primeira geração de *scanners*. Concomitantemente, avanços no campo da Radiologia introduziu a Radiologia Digital no fim da década de 1980, com o advento dos sensores de placa de fósforo, melhorando a qualidade das imagens e da tomografia computadorizada por feixe cônico, tangencialmente ao desenvolvimento das tecnologias que, mais tarde, viabilizariam as novas gerações de *scanners* intraorais.[5,6]

Com os avanços na infraestrutura e telecomunicação [8,9] que proporcionam conexões de internet cada vez melhores,[10] com os avanços da tecnologia de *hardwares* e *softwares* que apresentam *chipsets* e aplicações cada vez mais otimizados e potentes,[11,12] viabilizaram-se inovações no setor de computação[13] e de armazenamento em nuvem,[14] IA[12] e de internet das coisas (IoT).[15,16] Por conta disso, possibilitaram-se novas formas de integração de aparelhos inteligentes e de redes sociais no cotidiano, como observado nas últimas décadas,[17-28] até que, recentemente, observa-se o lançamento mais recente do Primescan 2 (Dentsply Sirona, Charlotte, Estados Unidos), em setembro de 2024, em Bensheim, na Alemanha, que, além de armazenar os arquivos .STL na nuvem, processa-os e edita-os diretamente em nuvem.[28]

A terminologia "Odontologia Digital", apesar de tratada como gíria pela última atualização do *Glossário de Termos Protéticos*[29] e definida como "(...) uma referência ao processo da realização do atendimento ao paciente utilizando ao menos uma ferramenta do fluxo digital de trabalho(...)", pode ser também definida como a prática odontológica que viabiliza a interpretação de dados de maneira digital, possibilitando o diagnóstico, planejamento, acompanhamento e execução radiográfica, clínica e laboratorial por processos auxiliados por computador. A utilização de meios de comunicação digitais com pacientes, fornecedores, laboratórios, colegas e/ou como veículo de divulgação, bem como o armazenamento de documentos e exames digitalizados, é também considerada parte da prática da Odontologia Digital.

Frente a esse breve histórico, pode-se afirmar que, em maior ou menor grau de densidade tecnológica, é inevitável não praticar a chamada "Odontologia Digital" no cotidiano clínico. A prática odontológica aliada à tecnologia alcança maiores precisão, previsibilidade, agilidade, comodidade e conforto para o paciente em seu tratamento[30-36] e a IA otimiza esse processo e relacionamento, além de impactar positivamente o ensino da Odontologia na atualidade.[20,37-42]

PRINCIPAIS AVANÇOS TECNOLÓGICOS QUE ESTÃO MOLDANDO A PRÁTICA ODONTOLÓGICA

Até meados de 2005, o sistema CEREC evoluiu quanto ao sistema de detecção ou diagnóstico assistido por computador (CAD, do inglês *computed-aided diagnosis or detection*), o que viabilizou restaurações e reabilitações mais complexas, iniciadas com *inlays, overlays, veneers*, coroas totais unitárias[7] e próteses fixas múltiplas. Outras tecnologias foram desenvolvidas, a exemplo do escaneamento de tomografia de coerência ótica (E4D Dentist - D4D Technologies LLC, Richardson, Estados Unidos) em 2008.[7] Porém, em 2007, com o lançamento do iTero, foi que a segunda geração de *scanners* se instalou. Esse foi o primeiro *scanner* com base em microscopia confocal para a triangulação de imagem e obtenção da malha 3D.[7,43,44] Assim, a velocidade de obtenção de imagem e o fluxo de escaneamento deram um salto,[45] pois, a técnica antes realizada com a triangulação de fotos, passou a fazer triangulação com sequências de fotos.[46]

A família de *scanners* Trios (3Shape, Copenhage, Dinamarca), lançada em 2010,[7] representou um progresso quanto à qualidade e velocidade do processamento da imagem no *software* do *scanner*, com constante melhoramento, sendo hoje a linha de *scanners* com uma das melhores acurácias do mercado.[47] A partir de então, mais precisamente desde 2015, as empresas que fabricam esses equipamentos passaram a priorizar não apenas o método de obtenção da imagem, mas também a velocidade do procedimento clínico, conforto do paciente e facilidade de uso por parte do cirurgião-dentista, [36] e isso se dá também com a incorporação de IA a esse processo.

Em 2017, Jae Sung Ahn *et al.*[48] desenvolveram um dispositivo que realiza a triangulação de uma área da imagem a partir da emissão e captação de luz em três angulações diferentes simultaneamente, de modo que os *softwares* tiveram de trabalhar na construção 3D da imagem com vídeos inteiros em vez de várias sequências de fotos independentes entre si. *Scanners* com essa tecnologia, os chamados "*scanners* de luz estruturada", marcam a terceira geração desses equipamentos.

O fluxo digital de trabalho em Odontologia tem etapas que o ordenam.[49] A primeira delas é a obtenção da imagem 3D, conhecida como *Computer Aided Impression* (CAI). A construção da malha 3D se dá a partir das coordenadas e das informações luminosas de pontos captados na triangulação de feixes refletidos de luzes emitidas, porém, diferenças entre sensores, giroscópios, filtros óticos, espelhos, lentes e emissores de luz configuram diferentes tipos de *scanners*, mudando, portanto, a técnica de escaneamento, velocidade de formação de imagem, profundidade de foco, veracidade, precisão, acurácia e qualidade da malha 3D obtida.

Independentemente do *hardware*, o *software* transforma essa nuvem de pontos e interliga-os com os pontos vizinhos, tornando cada ponto um vértice, as ligações se tornem arestas e os espaços vazios entre as arestas se tornem faces. Dessa maneira, formam-se os triângulos da malha tridimensional que sustentam uma superfície poligonal. Por essa razão, a extensão dos arquivos de malhas 3D é comumente trabalhada em fluxo digital em Odontologia em extensão .STL *(standard triangle language ou standard tessellation language)* (Figura 16.1).

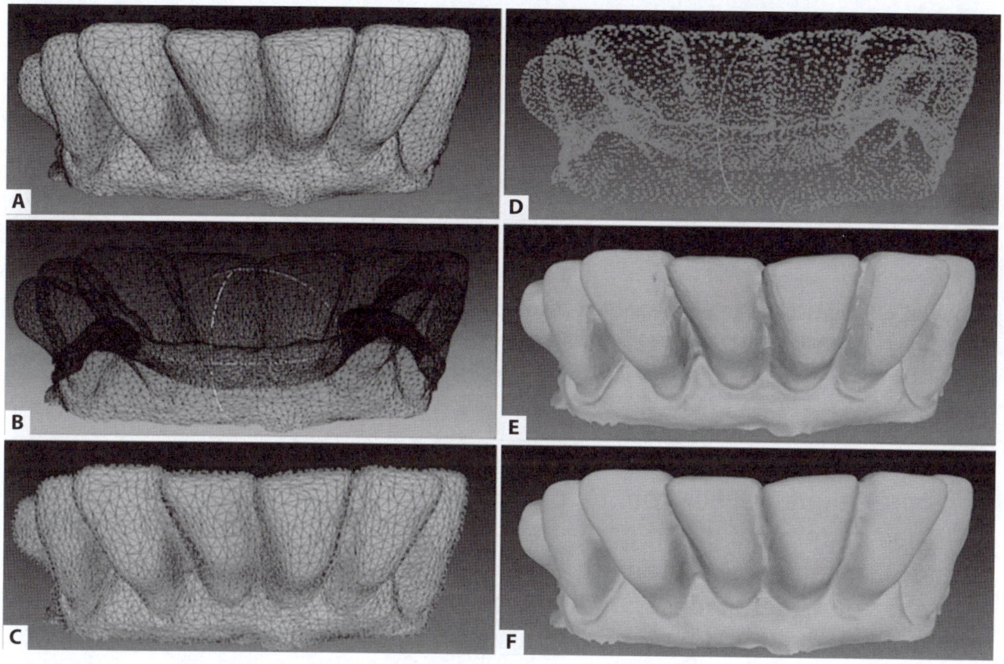

Figura 16.1 – A natureza dos dados de um escaneamento 3D. (A) Arquivo extensão .STL (*standard triangle language ou standard tessellation language*). (B) Malha de Triângulos que compõem o objeto. (C) Vértices dos triângulos da malha. (D) Nuvem de pontos formados pelos vértices da malha. (E) Textura aplicada às faces dos triângulos da malha. (F) Suavização dos vértices da malha.

Fonte: Desenvolvida pela autoria.

Esse processamento por parte do *software* pode ter dificuldades quando existem falhas na superfície da malha do escaneamento. Dessa forma, em alguns *softwares*, observa-se a capacidade de agilizar a obtenção da imagem ao se completar defeitos de malha, por meio do uso de modelos de Inteligência Artificial preditiva (IA preditiva), para estimar onde estariam os prováveis pontos e triângulos daquela região, e inteligência artificial generativa (IA generativa) para a correção de possíveis defeitos e imperfeições da superfície criada (Figura 16.2).

A segunda etapa do fluxo é definida pelo desenho do que se deseja confeccionar, CAD.[29] O arquivo .STL obtido na primeira etapa será utilizado dentro de um segundo *software* próprio para desenho odontológico. Entre estes, existem *softwares* pagos e gratuitos, cada qual com suas funções, facilidades, diferenciais e limitações.

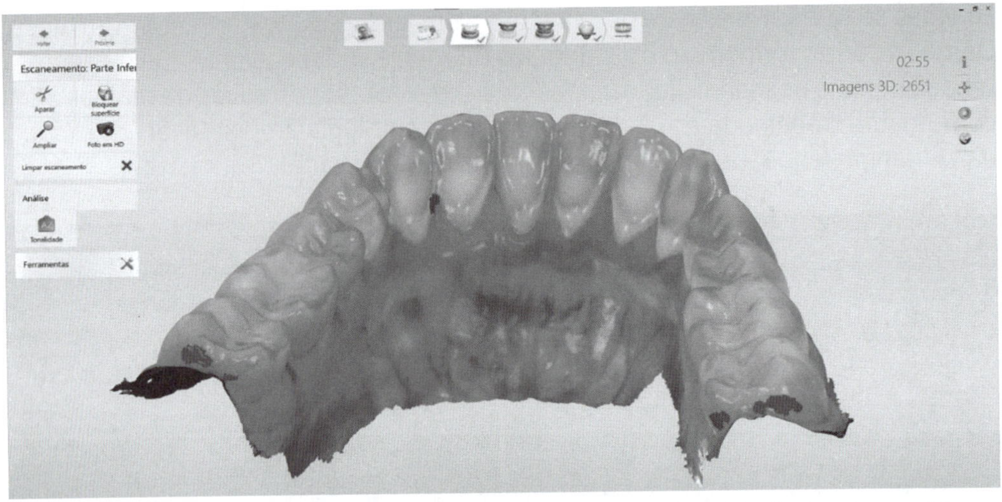

Figura 16.2 – Preenchimento por IA em um escaneamento intraoral. O reconhecimento de uma falha na malha 3D feito por um modelo de visão computacional fornece informações para que um modelo generativo preencha o espaço prevendo a possível posição dos pontos e triângulos faltantes.

Fonte: Desenvolvida pela autoria.

Sobre as integrações com IA, podemos citar a identificação automatizada de linhas de término de preparos de próteses fixas unitárias ou múltiplas (Figura 16.3), confecção automatizada de placas oclusais estabilizadoras, projeções de movimentações mandibulares por articuladores digitais e o alinhamento de elementos dentários digitais com as curvas de sorriso do paciente. Para maior precisão, é necessário que haja a preocupação por parte do técnico ou do cirurgião-dentista com a inserção de informações de qualidade, como as fotos do paciente, os exames complementares de tomografia computadorizada de feixe cônico[30,50] e dos escaneamentos intraorais,[31,36] o que gera uma representação virtual 3D do paciente[31,34] (Figura 16.4).

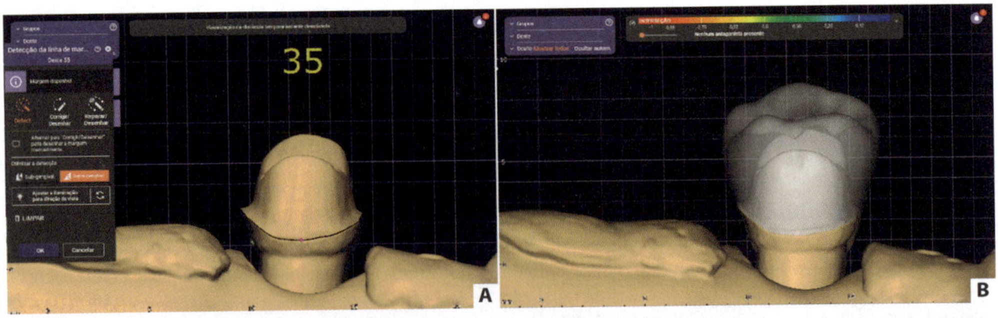

Figura 16.3 – Confecção de prótese fixa auxiliada por IA. (A) Detecção automatizada da linha de término do preparo do elemento 35 para confecção de prótese fixa de coroa total unitária. (B) Prótese fixa desenhada dentro dos limites planejados, com apenas um clique de detecção de linha de término automatizada.

Fonte: Desenvolvida pela autoria.

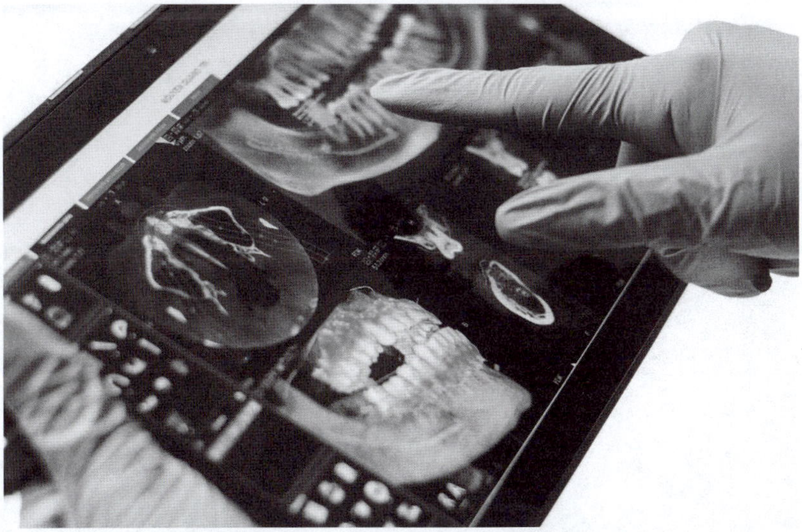

Figura 16.4 – Representação virtual 3D do paciente em implantodontia. Os cortes tomográficos em associação ao escaneamento intraoral que podem ser ou não combinados com fotografias ou escaneamento facial do paciente. Comumente, para o planejamento cirúrgico de implantes, o mesmo *software* também realiza a detecção automatizada de nervos.

Fonte: Pietro Redaelli e Milano. Milão, 2020. Disponível na Internet: https://unsplash.com/pt-br/fotografias/pessoa-na-camisa-azul-de-manga-comprida-segurando-a-bandeja-preta-e-branca-VckdJzo7ig0 (29 abr. 2025). Uso gratuito.[115]

Após o desenho, a etapa seguinte é a de manufatura, denominada *computer aided manufacturing* (CAM).[29] A manufatura é classificada de duas formas: subtrativa; e aditiva.[51] A manufatura subtrativa consiste em uma máquina de fresagem que desgasta um bloco ou disco maciço de material para a obtenção da peça desejada. A manufatura aditiva é definida pelo processo de impressão em 3D em resina, plástico ou metal. O grande desafio dessa etapa laboratorial é a padronização de protocolos de impressão 3D para que a manufatura por adição se torne uma realidade sólida como a manufatura subtrativa. Nesse processo, pesquisas estão sendo desenvolvidas nos principais polos de pesquisa do Brasil e do mundo.

Para grandes reabilitações orais, os articuladores são essenciais para os corretos diagnóstico e planejamento.[30-34,52,53] Inovações nesse sentido buscam digitalizar o articulador como o conhecemos. Os chamados "articuladores virtuais" são divididos em duas categorias: os totalmente ajustáveis; e os matematicamente ajustáveis.[34] Ambos os tipos são montados virtualmente a partir da representação virtual 3D do paciente (Figura 16.5). O que difere entre eles é a maneira como a movimentação mandibular é captada ou realizada pelo articulador no *software* uma vez que o primeiro dispõe das movimentações do próprio paciente e o segundo, não. Essas movimentações podem ser coletadas por instrumentos de registro de movimento mandibular, realizando a condilografia e axiografia da articulação temporomandibular.[52] Para os articuladores matematicamente ajustáveis, as movimentações são geradas por modelos preditivos de IA com base no encaixe e desgaste dentário presentes no arquivo .STL do escaneamento intraoral.

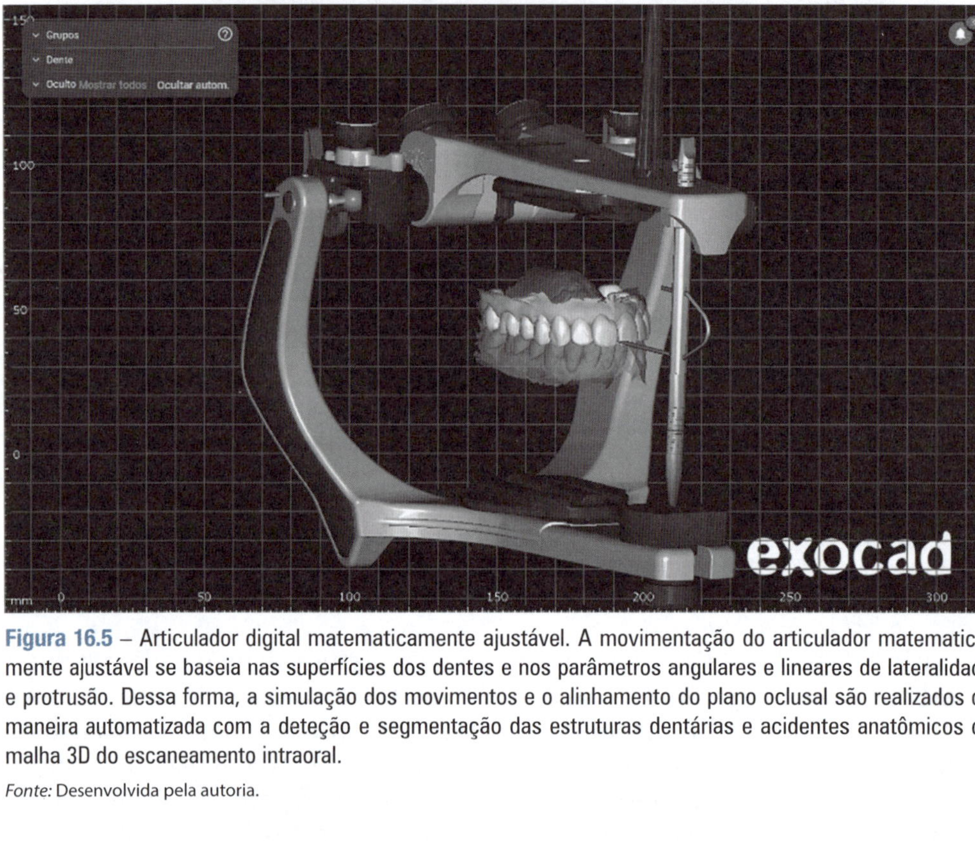

Figura 16.5 – Articulador digital matematicamente ajustável. A movimentação do articulador matematicamente ajustável se baseia nas superfícies dos dentes e nos parâmetros angulares e lineares de lateralidade e protrusão. Dessa forma, a simulação dos movimentos e o alinhamento do plano oclusal são realizados de maneira automatizada com a deteção e segmentação das estruturas dentárias e acidentes anatômicos da malha 3D do escaneamento intraoral.

Fonte: Desenvolvida pela autoria.

O posicionamento espacial da maxila no articulador digital pode ser auxiliado pelo planejamento virtual do sorriso ou pelo uso de um arco facial digital. O planejamento do sorriso pode ser 2D por meio do Digital Smile Design® ou 3D por meio do Virtual Smile Design®.[34,54] O planejamento 2D pode ser realizado a partir de uma fotografia frontal do paciente e o 3D, com o escaneamento facial ou fotogrametria do rosto do paciente. Em ambos os casos, os registros são feitos com o paciente sorrindo (Figura 16.6).

Nos campos da prótese e da reabilitação oral, da cirurgia maxilofacial, endodontia e da implantodontia,[49,55] a previsibilidade e o planejamento são amplamente impactados pelas novas ferramentas de IA que vêm sendo implementadas e integradas a *softwares* de planejamento operatório e cirúrgico, como o Dolphin Imaging®,[56] Blueskyplan®,[57-60] Implant Studio®,[61,62] coDiagnostiX®[63,64] etc. A detecção automatizada de nervos,[65-68] a segmentação de ossos e elementos dentários[69,70] (Figura 16.7), osteotomia digital e movimentação planejada 3D

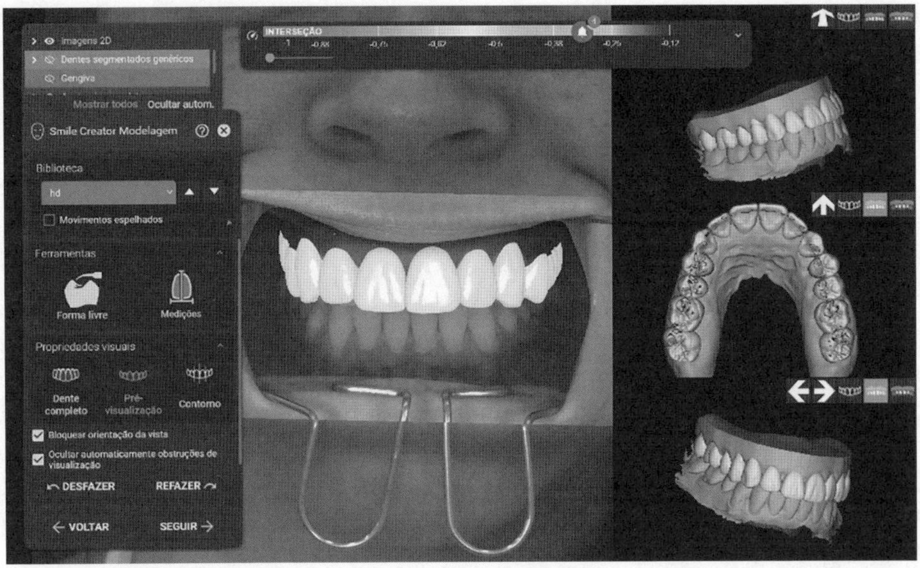

Figura 16.6 – Planejamento virtual de sorriso. O alinhamento do arquivo .STL da maxila com a fotografia do paciente possibilita o correto posicionamento espacial da maxila no arco facial digital. Dessa forma, o articulador matematicamente ajustável se aproxima do real com uma representação mais fidedigna de movimentos excursivos da mandíbula. Esse procedimento viabiliza maiores previsibilidade e precisão para grandes reabilitações orais.

Fonte: Desenvolvida pela autoria.

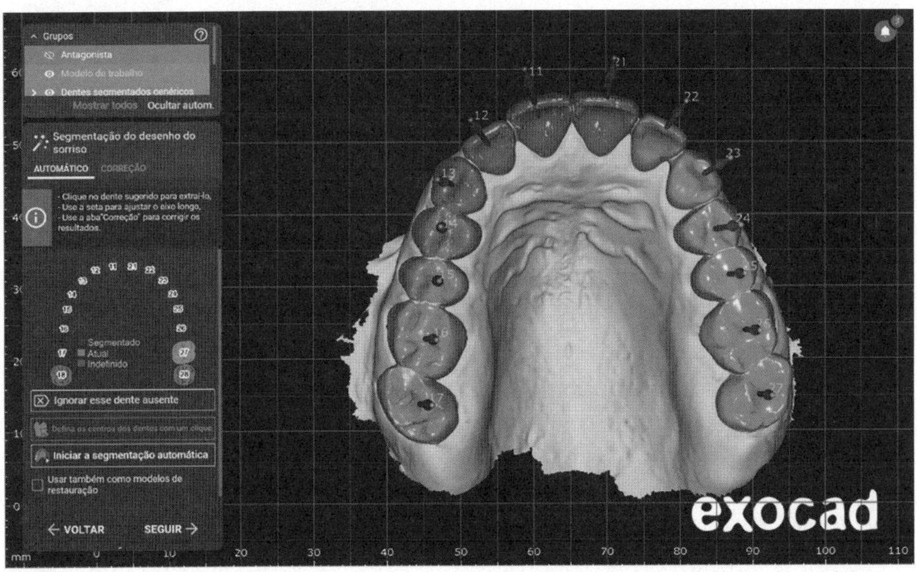

Figura 16.7 – Segmentação automatizada de elementos dentários em malha 3D de escaneamento intraoral. Redes neurais convolucionais na detecção e segmentação dos elementos dentários auxiliam no processo de reabilitação oral e agilizam o trabalho do cirurgião-dentista e/ou do técnico de prótese dentária. A complexidade do processo é notada uma vez que o número de variáveis em um volume 3D é muito superior à área 2D.

Fonte: Desenvolvida pela autoria.

no computador,[71] assim como a obtenção de guias cirúrgicos e posicionamento automatizado de implantes na simulação pré-operatória,[70] são exemplos de ferramentas auxiliadas por IA que já existem para ajudar no planejamento do cirurgião, com modelos de visão computacional e generativos.

HISTÓRICO E APLICABILIDADE DA INTELIGÊNCIA ARTIFICIAL NA ODONTOLOGIA

No que se refere ao desenvolvimento da área da IA, o século XX também marcou os avanços da Neurociência e da computação.[72,73] Em 1943, Warren McCulloch e Walter Pitts,[73] com base na representação do modelo matemático de um neurônio biológico, buscavam simular eletronicamente neurônios para realizar cálculos lógicos. Com isso, desenvolveram o modelo do *neurônio booleano de McCulloch.*[74] Surge, então, o estudo da inteligência das máquinas, que era um dos temas abrangidos pela cibernética, cunhado por Norbert Wiener em 1948.[75]

Em 1949, Donald Olding Hebb postulou o *princípio de aprendizado de Hebb*,[74,75] que, a partir da detecção de erros, a intensidade de conexões sinápticas era alterada reduzindo-se a complexidade do processo de aprendizagem de sistemas nervosos complexos. Ansiando por um método para aferir se uma máquina poderia ter ou não ter inteligência, em 1950, Alan Turing propôs o chamado *Turing test*,[75] para verificar se um observador seria capaz de identificar se uma tarefa era desempenhada por uma máquina ou por um ser humano.

Seis anos depois, em 1956, na conferência de Dartmouth, o termo "Inteligência Artificial" foi descrito pela primeira vez por John McCarthy.[72] Em 1958, Frank Rosenblatt prosseguiu com o trabalho de McCulloch e Pitts, constituindo uma rede de neurônios booleanos em paralelo com a utilização do princípio de aprendizagem de Hebb. Criou-se o *Perceptron*, que viria a se tornar uma das primeiras redes neurais artificiais.[75] Entretanto, somente em 1959 é que surge o termo *machine learning,* com Arthur Samuel definindo o processo em que um computador executa uma tarefa sem ser explicitamente programado para ela.[76]

Posto isso, não demorou muito para que os potenciais da IA fossem notados e explorados na área médica.[77] A partir da década de 1970, passando pela década de ouro nos anos 1980,[72] com o desenvolvimento de algoritmos de redes neurais mais sofisticados, até meados da década de 1990. A tecnologia desenvolvida na Medicina almejou o auxílio na interpretação de dados de exames, por exemplo, o eletrocardiograma (ECG), e auxílio ao clínico quanto ao manejo de pacientes complexos por intermédio da geração de hipóteses diagnósticas: os chamados "sistemas de suporte de decisão".[20]

Com uma representação vetorial e matricial das características mais importantes para uma análise,[25] é possível, mediante dados recolhidos, detectar padrões e classificá-los ou, mediante estatísticas e probabilidades, prevê-los utilizando diferentes arquiteturas de redes neurais, funções de ativação,[24] com gradiente estocástico descendente para a otimização da função de perda[23] e uma taxa de aprendizagem (λ),[22] dada uma estratégia de aprendizado de máquina.[21] O algoritmo de funcionamento também impacta o comportamento da rede neural, como o *backpropagation*.[78]

Assim, uma vez bem-treinado, testado e validado, um modelo de IA pode ser exposto a um conjunto de dados completamente novo e diferente daquele utilizado para sua construção. Esses modelos, quando treinados com grandes conjuntos de dados (*big data*),[79] podem vir a ser adequados para aplicações complexas envolvendo múltiplos tipos de modelos de IA, cada um com seus próprios vieses, o que permite o desenvolvimento de tecnologias inovadoras incrementais ou disruptivas.[26]

Ao se tratar de modelos de IA, o desafio é entender como o computador atribui relevância (pesos) às informações visto que esses parâmetros são inicializados aleatoriamente. Embora as equações em si sejam claras e estabelecidas, é difícil deduzir por que certos aspectos são priorizados ou negligenciados pelo computador na interpretação dos dados odontológicos e na geração de resultados consequentemente. Isso permanece verdadeiro quer observemos o comportamento de redes neurais profundas, quer observemos modelos de aprendizado de máquina para regressão ou classificação, com aprendizado supervisionado, semissupervisionado, não supervisionado ou por reforço. A parametrização dos pesos dos dados é finalizada após as fases de treinamento, teste e validação do modelo e pode ser ajustada à medida que novos dados de entrada são introduzidos.[26]

DIAGNÓSTICO ODONTOLÓGICO ASSISTIDO POR INTELIGÊNCIA ARTIFICIAL

Para modelos de interpretação de imagem em Radiologia, comumente são utilizadas redes neurais artificiais do tipo convolucional.[80,81] Os dados de entrada são os valores de pixels de uma imagem 2D em uma escala de tons de cinza ou valores de voxels de uma imagem 3D. A partir disso, é possível reconhecer padrões na imagem a fim de classificar, segmentar, detectar, identificar e gerar novas imagens.[39-41]

Ao transpormos isso para a Radiologia Odontológica, é possível a segmentação de elementos dentários e de estruturas do crânio, como ossos, cavidades e acidentes anatômicos.[69,70] Assim, é possível a detecção automatizada de pontos cefalométricos e craniométricos[56] - possibilitando algoritmos de sugestão diagnóstica de más oclusões em planejamentos ortodônticos ou cirúrgicos -, a mensuração automatizada de dimensões ósseas,[64,70] sensibilização, identificação e classificação de lesões intraósseas osteolíticas[82-86] - viabilizando modelos de visão computacional para auxílio diagnóstico de lesões para cirurgiões-dentistas radiologistas –, estimativa e diferenciação automatizada de idade e sexo a partir de imagens de crânios,[87] auxiliando no processo de identificação e reconhecimento forense, por exemplo.

Outro campo da visão computacional no cenário do auxílio diagnóstico é a viabilidade de identificação de lesões tópicas,[88-90] com o mesmo mecanismo de detecção de padrões a partir de exemplos diagnósticos para o treinamento de modelos. Isso também é observado como um avanço na área da Dermatologia.[91,92] Levando-se em conta a identificação de padrões, a análise de lâminas microscópicas para exames anatomopatológicos também pode ser auxiliada por IA,[93,94] o que agiliza o trabalho diagnóstico do patologista.

O auxílio diagnóstico é feito não somente com modelos de visão computacional. Para diagnóstico diferencial entre pulpite reversível ou irreversível, é possível a utilização de modelos de interpretação de linguagem natural e de *Questions & Answers (Q&A)*, como o ChatGPT, uma vez que o treinamento de acadêmicos foi observado e testado, demonstrando resultados positivos com a utilização da IA no aprendizado e na segurança do correto diagnóstico.[38] Por meio da utilização de parâmetros clínicos, também é possível a estimativa de hipótese diagnóstica para lesões em articulação temporomandibular.[95]

É importante destacar que o diagnóstico assistido por IA não significa que o diagnóstico seja feito exclusivamente por um modelo. Um algoritmo com IA auxilia no processo, porém a responsabilidade legal do correto diagnóstico é do profissional de Saúde.

SISTEMAS PREDITIVOS E APLICAÇÃO DE INTELIGÊNCIA ARTIFICIAL NA CRIAÇÃO DE PROGRAMAS PERSONALIZADOS E PREVENÇÃO DE SAÚDE BUCAL

A análise de dados e a clusterização de padrões de dados não supervisionados podem auxiliar no processo de tomada de decisão,[96,97] tornando-se verdadeiros ativos organizacionais.[98] Posto isso, é crível a abordagem exploratória sobre informações de saúde de populações em territórios de saúde,[99,100] modelos de negócio privado,[101,102] planejamento de políticas públicas,[103] planejamento estratégico de ações preventivas[102,104] e de educação em saúde.[105-108] Informações de fichas de anamnese podem ser computadas para a identificação de grupos de risco frente a um patógeno de etiologia conhecida, bem como a identificação de padrões de trauma pode ser associada a possíveis complicações ou sequelas.

Segundo o *framework Unesco MIL Cities*,[109,110] uma forma de planejamento urbano envolve a análise de dados para a formulação de dados em saúde, numa evolução das cidades inteligentes. Almeja-se o bem-estar social em uma quebra de paradigma com a utilização da tecnologia para o planejamento de políticas públicas em Saúde. Dessa forma, busca-se a otimização da alocação de recursos financeiros em Saúde.[111]

Para a prevenção em saúde, a teleodontologia[112] e o monitoramento à distância[113,114] são tecnologias importantes para a saúde da população que podem fornecer dados para o treinamento de modelos. Entretanto, a governança desses dados de saúde deve ser ampla e deve garantir o sigilo das informações de acordo com a regulamentação da Lei Geral de Proteção de Dados (LGPD).[103]

Referências bibliográficas

1. da Silva RHA, Sales-Peres A. Odontologia: um breve histórico dentistry. A historical brief; 2007.
2. Amálgama dental: qual o futuro do ensino? 2014a. Disponível na Internet: https://edisciplinas.usp.br/pluginfile.php/8339213/mod_resource/content/0/10_revistaAmalgama_baixa-com%20destaques.pdf (30 abr. 2025).
3. Robinson HB. Greene vardiman black: america's pioneer dental educator. J Am Dent Assoc. 1972;84(5):940-3.
4. Hamilton W, Fonseca C. Política, atores e interesses no processo de mudança institucional: a criação do Ministério da Saúde em 1953. História, Ciências, Saúde-Manguinhos. 2003;10(3):791-825.
5. Vieira JL, da Costa VT. Odontologia digital contemporânea. Revista Científica Unilago. 2022;1(1).
6. Rekow ED. Digital dentistry: the new state of the art – is it disruptive or destructive? Dent Mater. 2020;36(1):9-24.
7. Audiat MPT. Historical evolution of intraoral scanners in dentistry; 2021.
8. Lins BFE. Avanços recentes no setor de telecomunicações e suas implicações nos campos educacional e social. Consultoria Legislativa da Câmara dos Deputados Brasília; 2001.
9. Brandão CA. A política de telecomunicações no Brasil: do monopólio público ao recente processo de privatização e regulamentação;1999.
10. Benakouche T. Redes técnicas/redes sociais: pré-história da internet no Brasil. Revista USP. 1997(35):124-33.
11. Ferlin EP. O avanço tecnológico dos processadores e sua utilização pelo software. Revista da Vinci. 2004;1(1):43-60.
12. Dai W, Berleant D (eds.). Benchmarking contemporary deep learning hardware and frameworks: a survey of qualitative metrics: IEEE; 2019.
13. Sousa FRC, Moreira LO, Machado JC. Computação em nuvem: conceitos, tecnologias, aplicações e desafios. II Escola Regional de Computação Ceará, Maranhão e Piauí (ERCEMAPI). 2009:150-75.
14. Tigre PB, Noronha VB. Do mainframe à nuvem: inovações, estrutura industrial e modelos de negócios nas tecnologias da informação e da comunicação. Revista de Administração. 2013;48(1):114-27.
15. Chagas E et al. Criação de produtos nas operadoras de telecomunicações no Brasil; 2019.
16. Chagas E. A influência da internet das coisas no desenvolvimento de produtos e serviços das operadoras de telecomunicações no Brasil; 2018.
17. Saghiri MA, Vakhnovetsky J, Nadershahi N. Scoping review of artificial intelligence and immersive digital tools in dental education. Journal of Dental Education. 2022;86(6):736-50.
18. Thurzo A, Urbanová W, Novák B, Czako L, Siebert T, Stano P et al. Where Is the artificial intelligence applied in dentistry? Systematic Review and Literature Analysis. Healthcare. 2022;10(7):1269.

19. Wang H, Fu T, Du Y, Gao W, Huang K, Liu Z et al. Scientific discovery in the age of artificial intelligence. Nature. 2023;620(7972):47-60.
20. Yu KH BA, Kohane IS. Artificial intelligence in healthcare. Nature biomedical engineering. 2018;2.
21. Sharifani K, Amini M. Machine learning and deep learning: a review of methods and applications. World Information Technology and Engineering Journal. 2023;10(07):3897-904.
22. Takase T, Oyama S, Kurihara M. Effective neural network training with adaptive learning rate based on training loss. Neural Networks. 2018;101:68-78.
23. Amari S-i. Backpropagation and stochastic gradient descent method. Neurocomputing. 1993;5(4):185-96.
24. Rasamoelina AD, Adjailia F, Sinčák P. A Review of activation function for artificial neural network. 2020 IEEE 18th World Symposium on Applied Machine Intelligence and Informatics (SAMI); 2020:23-25.
25. Mumuni A, Mumuni F. Automated data processing and feature engineering for deep learning and big data applications: a survey. Journal of Information and Intelligence; 2024.
26. Wodecki A. Artificial intelligence methods and techniques. In: Wodecki A, editors. Artificial intelligence in value creation: improving competitive advantage. Cham: Springer International Publishing; 2019:71-132.
27. Ferrucci DA. Introduction to "This is Watson". IBM Journal of Research and Development. 2012;56(3.4):1-15.
28. Primescan 2: enter a new era of digital patient care! Dentsply Sirona. 2024a. Disponível na Internet: https://www.youtube.com/watch?v=5zan_bCYa14&ab_channel=-DentsplySirona (30 abr 2025).
29. The glossary of prosthodontic terms 2023. The Journal of Prosthetic Dentistry. 2023;130(4):e1-e3.
30. Avelino MEL, Neves BR, Ribeiro AKC, Carreiro A, Costa RTF, Moraes SLD. Virtual facebow techniques: a scoping review. J Prosthet Dent; 2023.
31. Revilla-León M, Zandinejad A, Nair MK, Barmak AB, Feilzer AJ, Özcan M. Accuracy of a patient 3-dimensional virtual representation obtained from the superimposition of facial and intraoral scans guided by extraoral and intraoral scan body systems. J Prosthet Dent. 2022;128(5):984-93.
32. Revilla-León M, Kois DE, Kois JC. A guide for maximizing the accuracy of intraoral digital scans. Part 1: Operator factors. Journal of Esthetic and Restorative Dentistry. 2023;35(1):230-40.
33. Medina-Sotomayor P, Pascual-Moscardo A, Camps AI. Accuracy of 4 digital scanning systems on prepared teeth digitally isolated from a complete dental arch. J Prosthet Dent. 2019;121(5):811-20.
34. Watanabe H, Fellows C, An H. Digital technologies for restorative dentistry. Dent Clin North Am. 2022;66(4):567-90.
35. Taneva E, Kusnoto B, Evans CA. 3D Scanning, Imaging, and printing in orthodontics. InTech; 2015.
36. Suese K. Progress in digital dentistry: the practical use of intraoral scanners. Dental Materials Journal. 2020;39(1):52-6.
37. Kavadella A, Dias Da Silva MA, Kaklamanos EG, Stamatopoulos V, Giannakopoulos K. Evaluation of ChatGPT's real-life implementation in undergraduate dental education: mixed methods study. JMIR Medical Education. 2024;10:e51344.
38. Suárez A, Adanero A, Díaz-Flores García V, Freire Y, Algar J. Using a virtual patient via an artificial intelligence chatbot to develop dental students' diagnostic skills. International Journal of Environmental Research and Public Health. 2022;19(14):8735.

39. Ayan E, Bayraktar Y, Çelik Ç, Ayhan B. Dental student application of artificial intelligence technology in detecting proximal caries lesions. Journal of Dental Education. 2024;88(4):490-500.
40. Rodrigues JA, Arsiwala-Scheppach LT, Krois J, Schwendicke F. Augmented vision for dental students' education in detecting proximal carious lesions on bitewing radiographs: a randomized controlled trial. Caries Research. 2022;56(3):197-205.
41. Schropp L, Sørensen APS, Devlin H, Matzen LH. Use of artificial intelligence software in dental education: a study on assisted proximal caries assessment in bitewing radiographs. European Journal of Dental Education. 2024;28(2):490-6.
42. Bonny T, Al Nassan W, Obaideen K, Al Mallahi MN, Mohammad Y, El-Damanhoury HM. Contemporary role and applications of artificial intelligence in dentistry. F1000Research. 2023;12:1179.
43. Christensen GJ. The challenge to conventional impressions. The Journal of the American Dental Association. 2008;139(3):347-9.
44. Garg AK. Cadent iTero's digital system for dental impressions: the end of trays and putty? Dental implantology update. 2008;19(1):1-4.
45. Waldecker M, Rues S, Rammelsberg P, Bömicke W. Accuracy of complete-arch intraoral scans based on confocal microscopy versus optical triangulation: a comparative in vitro study. The Journal of prosthetic dentistry. 2021;126(3):414-20.
46. Richert R, Goujat A, Venet L, Viguie G, Viennot S, Robinson P et al. Intraoral scanner technologies: a review to make a successful impression. Journal of healthcare engineering. 2017;2017(1):8427595.
47. Amornvit P, Rokaya D, Sanohkan S. Comparison of accuracy of current ten intraoral scanners. BioMed Research International. 2021;2021:1-10.
48. Ahn J, Park A, Kim J, Lee B, Eom J. Development of three-dimensional dental scanning apparatus using structured illumination. Sensors. 2017;17(7):1634.
49. Coachman C, Sesma N, Blatz MB. The complete digital workflow in interdisciplinary dentistry. Int J Esthet Dent. 2021;16(1):34-49.
50. Preda F, Nogueira-Reis F, Stanciu EM, Smolders A, Jacobs R, Shaheen E. Validation of automated registration of intraoral scan onto Cone Beam Computed Tomography for an efficient digital dental workflow. J Dent. 2024;149:105282.
51. Dawood A, Marti BM, Sauret-Jackson V, Darwood A. 3D printing in dentistry. British Dental Journal. 2015;219(11):521-9.
52. Dragus AC, Mihai A, Tanase G, Burlibasa M, Cristache CM. Intraindividual left-right side differences of sagittal condylar inclination (SCI) in different skeletal classes. Healthcare (Basel). 2023;11(9).
53. Zhongpeng Y, Tianmin X, Ruoping J. Deviations in palatal region between indirect and direct digital models: an in vivo study. BMC Oral Health. 2019;19(1).
54. Stanley M, Paz AG, Miguel I, Coachman C. Fully digital workflow, integrating dental scan, smile design and CAD-CAM: case report. BMC Oral Health. 2018;18(1):134.
55. Blatz MB, Coachman C. The complete digital workflow in implant dentistry. compend contin educ dent. 2023;44(7):416.
56. Baig N, Gyasudeen KS, Bhattacharjee T, Chaudhry J, Prasad S. Comparative evaluation of commercially available AI-based cephalometric tracing programs. BMC Oral Health. 2024;24(1).
57. Nucera R, Costa S, Bellocchio AM, Barbera S, Drago S, Silvestrini A et al. Evaluation of palatal bone depth, cortical bone, and mucosa thickness for optimal orthodontic miniscrew placement performed according to the third palatal ruga clinical reference. European Journal of Orthodontics. 2022;44(5):530-6.
58. Perez C, Sayeh A, Etienne O, Gros CI, Mark A, Couvrechel C et al. Microguided endodontics: accuracy evaluation for access through intraroot fibre-post. Aust Endod J. 2021;47(3):592-8.

59. Alhujhuj RR, Jouhar R, Ahmed MA, Almujhim AA, Albutayh MT, Adanir N. Evaluation of root canal configuration of maxillary and mandibular first molar by CBCT: a retrospective cross-sectional study. Diagnostics (Basel). 2022;12(9).
60. Alsulimani O, Alhaddad A, Altassan M, Bukhari A, Munshi L, Sabir G. The precision of all-on-four implant position recorded from three different CBCT Machines. Eur J Dent; 2024.
61. Lin K, Wang S, Xu X, Yu L, Pan R, Zheng M et al. Assessment of the correlation between supracrestal gingival tissue dimensions and other periodontal phenotypes components via the digital registration method: a cross-sectional study in a Chinese population. BMC Oral Health. 2024;24(1):408.
62. Ye SJ, Yang XY, Zhang JM, Xin XZ, Wei B, Zeng L et al. [Accuracy evaluation of static guided implant placement using an intraoral scan method]. Shanghai Kou Qiang Yi Xue. 2023;32(5):491-6.
63. Mischkowski RA, Zinser MJ, Neugebauer J, Kübler AC, Zöller JE. Comparison of static and dynamic computer-assisted guidance methods in implantology. Int J Comput Dent. 2006;9(1):23-35.
64. Fonseca CM, da Fonseca PAB, Quezada MM, Marques T, Montero J, Morton D et al. Analyzing linear and angular deviations after guided surgery for dental implant placement: a preliminary study. Int J Oral Maxillofac Implants. 2024;39(5):738-44.
65. Takebe K, Imai T, Kubota S, Nishimoto A, Amekawa S, Uzawa N. Deep learning model for the automated evaluation of contact between the lower third molar and inferior alveolar nerve on panoramic radiography. J Dent Sci. 2023;18(3):991-6.
66. Kwak GH, Kwak EJ, Song JM, Park HR, Jung YH, Cho BH et al. Automatic mandibular canal detection using a deep convolutional neural network. Sci Rep. 2020;10(1):5711.
67. Lin X, Xin W, Huang J, Jing Y, Liu P, Han J et al. Accurate mandibular canal segmentation of dental CBCT using a two-stage 3D-UNet based segmentation framework. BMC Oral Health. 2023;23(1):551.
68. Jing Q, Dai X, Wang Z, Zhou Y, Shi Y, Yang S et al. Fully automated deep learning model for detecting proximity of mandibular third molar root to inferior alveolar canal using panoramic radiographs. Oral Surg Oral Med Oral Pathol Oral Radiol. 2024;137(6):671-8.
69. Wang L, Chen KC, Gao Y, Shi F, Liao S, Li G et al. Automated bone segmentation from dental CBCT images using patch-based sparse representation and convex optimization. Med Phys. 2014;41(4):043503.
70. Al-Asali M, Alqutaibi AY, Al-Sarem M, Saeed F. Deep learning-based approach for 3D bone segmentation and prediction of missing tooth region for dental implant planning. Sci Rep. 2024;14(1):13888.
71. Yang G, Xie F, Chen F, Li L, Li B, Dong Y et al. A comparative study of traditional and computer-aided surgical simulation guides in orthognathic correction of bimaxillary protrusion. J Craniofac Surg; 2024.
72. Hamet PTJ. Artificial intelligence in medicine. Metabolism. 2017;69S:S36-S40.
73. Beim Graben P, Wright J. From McCulloch–Pitts neurons toward biology. Bulletin of Mathematical Biology. 2011;73(2):261-5.
74. Kovács ZL. Redes neurais artificiais: fundamentos e aplicações. 4. ed. São Paulo; 2006.
75. Júnior CLN, Yoneyama T. Inteligência artificial em controle e automação. 7nd ed. São Paulo: Blucher; 2017:218.
76. Chen YW SK, Att W. Artificial intelligence in dentistry: current applications and future perspectives. Quintessence international. 2020;51:248-57.
77. Miller RA. Medical diagnostic decision support systems – past, present, and future: a threaded bibliography and brief commentary. Journal of the American Medical Informatics Association. 1994;1(1):8-27.

78. Rojas R, Rojas R. The backpropagation algorithm. Neural networks: a systematic introduction; 1996:149-82.
79. Jain P, Wynne C. Artificial intelligence and big data in dentistry. Digitization in Dentistry: Clinical Applications; 2021:1-28.
80. Yamashita R, Nishio M, Do RKG, Togashi K. Convolutional neural networks: an overview and application in radiology. Insights into imaging. 2018;9:611-29.
81. Gu J, Wang Z, Kuen J, Ma L, Shahroudy A, Shuai B et al. Recent advances in convolutional neural networks. Pattern recognition. 2018;77:354-77.
82. Mureșanu S, Hedeșiu M, Iacob L, Eftimie R, Olariu E, Dinu C et al. Automating dental condition detection on panoramic radiographs: challenges, pitfalls, and opportunities. Diagnostics (Basel). 2024;14(20).
83. Ye YJ, Han Y, Liu Y, Guo ZL, Huang MW. Utilizing deep learning for automated detection of oral lesions: a multicenter study. Oral Oncol. 2024;155:106873.
84. Chaves ET, Vinayahalingam S, van Nistelrooij N, Xi T, Romero VHD, Flügge T et al. Detection of caries around restorations on bitewings using deep learning. J Dent. 2024;143:104886.
85. Yeshua T, Ladyzhensky S, Abu-Nasser A, Abdalla-Aslan R, Boharon T, Itzhak-Pur A et al. Deep learning for detection and 3D segmentation of maxillofacial bone lesions in cone beam CT. Eur Radiol. 2023;33(11):7507-18.
86. Kirnbauer B, Hadzic A, Jakse N, Bischof H, Stern D. Automatic detection of periapical osteolytic lesions on cone-beam computed tomography using deep convolutional neuronal networks. J Endod. 2022;48(11):1434-40.
87. Singh S, Singha B, Kumar S. Artificial intelligence in age and sex determination using maxillofacial radiographs: a systematic review. J Forensic Odontostomatol. 2024;42(1):30-7.
88. Michou S, Tsakanikou A, Bakhshandeh A, Ekstrand KR, Rahiotis C, Benetti AR. Occlusal caries detection and monitoring using a 3D intraoral scanner system. An in vivo assessment. J Dent. 2024;143:104900.
89. Liu Y, Bilodeau E, Pollack B, Batmanghelich K. Automated detection of premalignant oral lesions on whole slide images using convolutional neural networks. Oral Oncol. 2022;134:106109.
90. Yu H, Cao Z, Pang G, Wu F, Zhu H, Zhu F. A Deep-learning system for diagnosing ectopic eruption. J Dent. 2024:105399.
91. Goessinger EV, Gottfrois P, Mueller AM, Cerminara SE, Navarini AA. Image-Based artificial intelligence in psoriasis assessment: the beginning of a new diagnostic era? Am J Clin Dermatol. 2024;25(6):861-72.
92. Rutjes C, Mothershaw A, D'Alessandro BM, Primiero CA, McInerney-Leo A, Soyer HP et al. Combining automated lesion risk and change assessment improves melanoma detection: a retrospective accuracy study. J Invest Dermatol. 2024.
93. Ragab M, Asar TO. Deep transfer learning with improved crayfish optimization algorithm for oral squamous cell carcinoma cancer recognition using histopathological images. Sci Rep. 2024;14(1):25348.
94. Chen J, Zeng X, Li F, Peng J. The value of non-enhanced CT 3D visualization in differentiating stage I invasive lung adenocarcinoma between LPA and non-LPA. Eur J Radiol Open. 2024;13:100600.
95. Yıldız NT, Kocaman H, Yıldırım H, Canlı M. An investigation of machine learning algorithms for prediction of temporomandibular disorders by using clinical parameters. Medicine (Baltimore). 2024;103(41):e39912.
96. Dilts D, Khamalah J, Plotkin A. Using cluster analysis for medical resource decision making. Medical Decision Making. 1995;15(4):333-46.

97. 97. Caruso G, Gattone SA, Fortuna F, Di Battista T. Cluster analysis as a decision-making tool: a methodological review Springer; 2018.
98. 98. Barbieri C. Governança de dados: práticas, conceitos e novos caminhos. Rio de Janeiro: Alta Books; 2019:288.
99. 99. Gadde SS, Kalli VDR. Applications of artificial intelligence in medical devices and healthcare. International Journal of Computer Science Trends and Technology. 2020;8:182-8.
100. Sharma R, Shishodia A, Gunasekaran A, Min H, Munim ZH. The role of artificial intelligence in supply chain management: mapping the territory. International Journal of Production Research. 2022;60(24):7527-50.
101. Sahni NR, Carrus B. Artificial intelligence in US health care delivery. New England Journal of Medicine. 2023;389(4):348-58.
102. Lee D, Yoon SN. Application of artificial intelligence-based technologies in the healthcare industry: opportunities and challenges. International Journal of Environmental research and public health. 2021;18(1):271.
103. Forcier MB, Gallois H, Mullan S, Joly Y. Integrating artificial intelligence into health care through data access: can the GDPR act as a beacon for policymakers? Journal of Law and the Biosciences. 2019;6(1):317-35.
104. Chen M, Decary M (eds.). Artificial intelligence in healthcare: an essential guide for health leaders: SAGE Publications Sage CA: Los Angeles, CA; 2020.
105. Wang X, He X, Wei J, Liu J, Li Y, Liu X. Application of artificial intelligence to the public health education. Frontiers in Public Health. 2023;10:1087174.
106. Wang J, Li J. Artificial intelligence empowering public health education: prospects and challenges. Frontiers in Public Health. 2024;12:1389026.
107. Zhao J, Fu G. Artificial intelligence-based family health education public service system. Frontiers in Psychology. 2022;13:898107.
108. Thorat V, Rao P, Joshi N, Talreja P, Shetty AR. Role of Artificial Intelligence (AI) in patient education and communication in dentistry. Cureus. 2024;16(5).
109. Alcolea-Díaz G, Reig R, Mancinas-Chávez R. UNESCO's media and information literacy curriculum for teachers from the perspective of structural considerations of information. Comunicar. 2020;28(62):103-14.
110. Ortiz FC, Fischer R, Dias AP. MIL (media and information literacy) university cities: new metrics for education and urban health. Медиа Информация Коммуникация. 2020(33):4-13.
111. Rossi JG, Rojas-Perilla N, Krois J, Schwendicke F. Cost-effectiveness of artificial intelligence as a decision-support system applied to the detection and grading of melanoma, dental caries, and diabetic retinopathy. JAMA Network Open. 2022;5(3):e220269-e.
112. Batra P, Tagra H, Katyal S. Artificial intelligence in teledentistry. Discoveries. 2022;10(3).
113. Shaik T, Tao X, Higgins N, Li L, Gururajan R, Zhou X et al. Remote patient monitoring using artificial intelligence: current state, applications, and challenges. Wiley Interdisciplinary Reviews: Data Mining and Knowledge Discovery. 2023;13(2):e1485.
114. Malche T, Tharewal S, Tiwari PK, Jabarulla MY, Alnuaim AA, Hatamleh WA et al. [Retracted] Artificial intelligence of things-(AIoT-) based patient activity tracking system for remote patient monitoring. Journal of Healthcare Engineering. 2022;2022(1):8732213.
115. Pietro Redaelli e Milano. Milão, 2020a. Disponível na Internet: https://unsplash.com/pt-br/fotografias/pessoa-na-camisa-azul-de-manga-comprida-segurando-a-bandeja--preta-e-branca-VckdJzo7ig0 (29 abr. 2025).

CAPÍTULO

17 Saúde Mental e Inteligência Artificial

Cheila Portela Silva
Francisco Gilmário Rebouças Júnior

"A verdadeira questão não é se as máquinas podem pensar, mas se os humanos podem parar de pensar como máquinas."

As Cavernas de Aço

Isaac Asimov

INTRODUÇÃO

A saúde mental é um aspecto fundamental do bem-estar humano que influencia não apenas a qualidade de vida dos indivíduos, mas também o funcionamento das comunidades e sociedades. Nos últimos anos, a crescente conscientização acerca de transtornos mentais coincidiu com a evolução acelerada da Inteligência Artificial (IA), impulsionada por avanços em aprendizado de máquina, redes neurais e processamento de linguagem natural. Essa tecnologia, cada vez mais presente em nosso cotidiano, oferece novas possibilidades para a prevenção, o diagnóstico e o tratamento de transtornos psiquiátricos.

Modelos de linguagem grandes (LLMs, do inglês *large language models*), uma das principais aplicações da IA, vêm se tornando cada vez mais presentes na saúde mental. Os LLMs podem ser empregados em *chatbots*, na análise de padrões linguísticos e na estruturação e interpretação de dados, ampliando as possibilidades de cuidado.

Neste capítulo, exploraremos a interseção entre IA e saúde mental, com ênfase nas aplicações dos LLMs. Será abordado o papel da IA na prevenção do suicídio, no suporte a abordagens terapêuticas e na ampliação do acesso a recursos de cuidado. Além disso, discutiremos os desafios éticos envolvidos e a necessidade de uma governança sólida para que a tecnologia se integre de maneira segura e humanizada à prática de cuidado em saúde mental.

CHATBOTS DE INTELIGÊNCIA ARTIFICIAL PARA SAÚDE MENTAL

Lopes, Rehfeld e Rassi (2024)[1] apontam que ferramentas *chatbots* podem atuar na triagem inicial, no suporte ao paciente e na educação em saúde mental, de modo a oferecer informações com base em evidências e incentivar a busca por ajuda profissional.

Pela facilidade de acesso e pela aparente empatia que essas ferramentas podem transmitir, os *chatbots* de IA representam uma das principais aplicações atuais dos LLMs no âmbito da saúde mental. No entanto, garantir que essas interações sejam seguras e eficazes exige um modelo que vá além da simples geração de respostas probabilísticas.

Modelos de linguagem, como aqueles com base na arquitetura *Transformer*,[i] funcionam prevendo *tokens*[ii] subsequentes em uma sequência, atribuindo probabilidades a cada um com base em padrões extraídos de grandes volumes de texto. Embora essa abordagem permita respostas fluidas e coerentes, ela não assegura por si só que a conversa siga uma estrutura lógica ou atenda a necessidades específicas, o que pode ser crítico em interações voltadas para a saúde mental.

Por isso, é essencial estabelecer mecanismos de governança para essas interações de modo a garantir que a resposta de um *chatbot* não seja apenas estatisticamente plausível, mas também alinhada a diretrizes de segurança e de continuidade.

A governança digital transcende a gestão de tecnologias para assegurar a inclusão, proteção de direitos, transparência e participação democrática nas políticas de dados. Sua efetivação requer instituições fortes, investimento em pesquisa e um modelo de desenvolvimento digital justo e sustentável.[3,4]

Embora os termos "assistente" e "agente" não sejam padronizados, para este capítulo consideramos **assistente** aquele *chatbot* com base em modelos

---

i Modelo de rede neural com baseada em atenção que transformou o processamento de linguagem natural, permitindo que máquinas processem e gerem texto de forma mais eficiente por meio do mecanismo de *self-attention*, que pondera a relevância de diferentes partes da entrada (Vaswani *et al*., 2017).

ii Unidade básica de processamento em modelos de linguagem com base em aprendizado profundo, podendo representar uma palavra, parte de uma palavra ou um caractere a depender do método de tokenização adotado. Modelos de linguagem processam sequências de tokens para analisar, prever ou gerar texto.

de linguagem generalistas que gera respostas exclusivamente segundo padrões probabilísticos extraídos de grandes volumes de texto, sem protocolos específicos de controle ou validação. Esses sistemas, apesar de oferecerem interações naturais, não têm mecanismos para garantir segurança ou coerência em contextos sensíveis, como a saúde mental.

Em contraste, um **agente** incorpora mecanismos adicionais, como camadas de governança e intencionalidade, estabelecendo regras definidas, limites de escopo e monitoramento contínuo para mitigar riscos. Esse modelo permite que a tecnologia não apenas ofereça suporte mais confiável, mas também reduza a probabilidade de respostas inadequadas ou potencialmente prejudiciais. Ao estruturar a interação de forma mais previsível, um agente com camadas de governança atua como um recurso complementar seguro, alinhando a IA às necessidades dos usuários e ao rigor exigido no cuidado com a saúde mental.[4]

Portanto, para operar de forma segura e consistente, um *chatbot* de IA em saúde mental precisa evoluir de um simples assistente para um agente. A implementação de uma camada agêntica robusta exige a participação ativa de profissionais de saúde mental, desenvolvedores e especialistas em IA. Entre os aspectos fundamentais, destacam-se:

1. **Definição de políticas de resposta e escalonamento:** criação de um banco de regras capaz de identificar expressões que indiquem ideação suicida, transtornos graves ou situações de alta urgência clínica, com protocolos para encaminhamento imediato, como a indicação de serviços de emergência. Por exemplo, caso o agente identifique sinais de ideação suicida ou risco de automutilação, é necessário definir diretrizes para lidar com a situação. Isso pode incluir tanto a disponibilização de contatos de apoio especializados, a exemplo do número 188 do Centro de Valorização da Vida (CVV) no Brasil, como instruções sobre a condução do diálogo após o reconhecimento do risco, de modo a evitar o reforço de sentimentos negativos e delimitar claramente a continuidade da interação.
2. **Definição de cestas de serviços e limites de escopo:** especificação clara do que a ferramenta pode oferecer (p. ex., apoio emocional pontual) e, consequentemente, dos casos que demandam a intervenção de profissionais qualificados.
3. **Integração de histórico e memória estruturada:** pela natureza longitudinal das interações em saúde mental, é altamente recomendada a criação de registros estruturados para personalização com base no histórico da jornada do usuário.
4. **Gestão eficiente do estado da conversa:** *chatbots* de IA operam com custos definidos por chamadas a APIs (*application programming*

interfaces[iii] a modelos de linguagem, o que inviabiliza transmitir o protocolo clínico definido completo em cada interação. Por isso, é fundamental adotar um mecanismo robusto de gerenciamento de contexto que incorpore princípios de transição de estados para identificar e selecionar, de forma dinâmica, os trechos relevantes das diretrizes a serem considerados e enviados para compor as instruções que o agente receberá a cada interação. Assim, ao se incluir as instruções pertinentes, evita-se a omissão de diretrizes críticas na tentativa de reduzir custos de processamento, garantindo que protocolos essenciais – como os destinados à identificação de situações de risco – sejam sempre aplicados. Esse controle preciso permite que o *chatbot* mantenha a conformidade com as normas de segurança e assegure a qualidade das respostas, mesmo em contextos dinâmicos e sensíveis.

5. **Atualização e supervisão contínuas:** revisão periódica das políticas de resposta, incorporando o *feedback* de profissionais e, quando aplicável, dos próprios usuários, além de auditorias das conversas (realizadas sob anonimato e com consentimento) para detectar falhas ou inconsistências.
6. **Validação clínica e testes de segurança:** realização de testes simulados com cenários de risco a fim de confirmar o funcionamento adequado dos fluxos de emergência e a eficácia dos protocolos implementados.

DIAGNÓSTICO DE TRANSTORNOS MENTAIS COM INTELIGÊNCIA ARTIFICIAL

A IA tem sido apontada como uma ferramenta promissora para ampliar a capacidade diagnóstica em saúde mental, sobretudo diante das limitações estruturais dos serviços. A pandemia de Covid-19 exacerbou problemas preexistentes e introduziu novos desafios, o que elevou os níveis de ansiedade, depressão e estresse pós-traumático em diversas populações.[5,6]

A IA pode ajudar a estruturar novas formas de triagem por meio da captura de dados de maneira sistemática e permitindo uma visão integrada dos sintomas ao longo do tempo. Ferramentas do tipo "copiloto" – que auxiliam na transcrição de consultas e na organização de registros clínicos – têm se destacado por oferecer suporte na identificação de nuances na linguagem, recorrência de temas e indicadores sutis de sofrimento psíquico.

Ademais, a capacidade da IA de processar grandes volumes de dados e identificar padrões pode contribuir significativamente para o diagnóstico de transtornos como depressão, ansiedade e esquizofrenia.[7] Muitos modelos

---

iii APIs (Application Programming Interfaces) são conjuntos de regras e definições que permitem a comunicação estruturada entre sistemas de software, dispositivos ou serviços, facilitando a integração e o intercâmbio de dados.

atualmente disponíveis podem analisar indicadores como padrões de fala, expressões faciais e interações digitais de modo a oferecer *insights* que auxiliam na formulação de diagnósticos mais precisos.[8]

Historicamente, os dados eram tratados como registros retrospectivos, utilizados para auditorias e estatísticas de morbimortalidade. Atualmente, os desafios assistenciais demandam um modelo mais dinâmico, em que os dados são utilizados ativamente na tomada de decisão.

Para uma análise sistêmica da saúde mental, é essencial considerar, além de registros biomédicos e diagnósticos, as estratégias de manejo de sintomas, os determinantes sociais e a falta de padrões históricos na compilação de dados que dificultam a categorização e interpretação. A coleta e o processamento desses dados exigem um debate cuidadoso para evitar reducionismos e desigualdades. A concentração de investimentos privados em IA demanda estratégias públicas e financiamento que garantam que os avanços tecnológicos promovam a inclusão e o acesso equitativo.

Nesse sentido, é interessante registrar dados sociodemográficos detalhados (etnia, escolaridade, renda, localização), dados culturais e linguísticos, informações sobre o uso de tecnologia, experiências de discriminação e violência, redes de apoio social, bem como dados sobre o acesso e a qualidade dos serviços de saúde mental. É fundamental garantir o acesso universal à internet com o estabelecimento de regras claras para o uso de algoritmos e com a garantia de que os dados sejam utilizados de forma justa, de forma a contribuir para a construção de práticas de cuidado em saúde mental democráticas e voltadas para as reais demandas das populações.[3]

Nesse contexto de modernização e transformação digital, a IA surge como uma ferramenta com potencial revolucionário na gestão das informações em saúde mental. Ao viabilizar a coleta e interpretação de dados de forma mais ágil, a IA pode oferecer subsídios valiosos não apenas para a formulação de políticas públicas, mas também para a construção de tecnologias e produtos mais eficazes para a população, impulsionando inovações que atendam de forma mais precisa às necessidades dos cidadãos, desde que respeitados os princípios éticos e de proteção de dados.[9,10]

INTELIGÊNCIA ARTIFICIAL APLICADA ÀS ABORDAGENS TERAPÊUTICAS

A aplicação da IA na psicoterapia tem sido explorada de diversas formas, mas sua adaptação às diferentes abordagens terapêuticas apresenta desafios e possibilidades específicas. Entre essas abordagens, a terapia cognitivo-comportamental (TCC) se destaca como a que mais se beneficia da IA em virtude de sua estrutura com base em técnicas bem-definidas e protocolos replicáveis. Em contraste, abordagens como a Psicanálise, a terapia humanista e a terapia sistêmica apresentam barreiras metodológicas que limitam a aplicação prática da IA, sobretudo por dependerem de processos subjetivos, dinâmicas interpessoais complexas e interpretações simbólicas que não são facilmente operacionalizáveis por modelos algorítmicos.

A TCC é caracterizada por um conjunto de técnicas estruturadas voltadas para a identificação e a modificação de padrões de pensamento disfuncionais amplamente utilizada no tratamento de transtornos como depressão e ansiedade. A aplicabilidade da IA à TCC resulta, em grande parte, do fato de suas intervenções seguirem roteiros claros, o que facilita a automação de certas interações. Já existem centenas de *chatbots* e plataformas ao redor do mundo que utilizam IA para fornecer suporte psicológico com base na TCC, de modo a auxiliar na prática de exercícios terapêuticos e no reforço de estratégias cognitivas.

Entre os aspectos da TCC que tornam seu uso com IA especialmente promissor, está a possibilidade de estruturar metas e acompanhar progressos de maneira objetiva. A abordagem se baseia, frequentemente, no estabelecimento de objetivos, o que que pode ser sistematizado e acompanhado por modelos de IA. Além disso, a IA pode auxiliar no treinamento de habilidades sociais e técnicas de enfrentamento mediante o fornecimento de *feedback* em tempo real e a adaptação de recomendações conforme o progresso do paciente.

Outro ponto relevante é o uso da IA no suporte às técnicas de reestruturação cognitiva, fundamentais na TCC. Modelos de geração de texto podem ajudar os usuários a desafiar pensamentos automáticos negativos, oferecer contraexemplos e sugerir formas alternativas de interpretar determinadas situações. Como essas técnicas seguem um formato estruturado, a IA pode simular o papel de um terapeuta na condução desses exercícios, o que reforça o aprendizado e aumenta a acessibilidade a esse tipo de intervenção. Contudo, há limitações importantes a serem consideradas.

O uso da IA em TCC pode ser eficaz em contextos específicos, mas sua aplicabilidade pode ser reduzida quando o paciente resiste à exploração de determinados temas ou quando a interação demanda uma leitura emocional mais sofisticada, algo que ainda representa um desafio para os modelos atuais. A implementação de IA em soluções de TCC também apresenta outros desafios, como a transição dinâmica de contextos e a necessidade de adaptar atividades, intervenções cognitivas e *feedbacks* terapêuticos com base nas mudanças de estado da conversa definidas de forma relativamente imprevisível pela atividade do usuário.

Por outro lado, abordagens terapêuticas mais abertas e subjetivas, como a Psicanálise, a terapia humanista e a terapia sistêmica, apresentam desafios metodológicos que dificultam sua automatização por IA. A Psicanálise, por exemplo, baseia-se na interpretação do inconsciente por meio de associações livres e na análise de repetições simbólicas, algo que requer uma leitura sensível da subjetividade do paciente. A IA pode auxiliar na transcrição de sessões e na identificação de padrões de linguagem, mas não consegue substituir a interpretação clínica profunda necessária para a condução desse processo.

A terapia humanista, que prioriza a empatia, a autenticidade e a relação genuína entre terapeuta e paciente, também apresenta barreiras significativas para a aplicação da IA. Embora modelos de geração de texto possam simular conversas de apoio emocional, a artificialidade das respostas e a ausência de uma presença humana real podem comprometer a experiência terapêutica. A relação terapêutica na abordagem humanista depende de um vínculo interpessoal autêntico, o que a IA, por mais avançada que seja, não consegue replicar de forma plena.

Na terapia sistêmica, voltada para a análise das dinâmicas familiares e das interações entre os indivíduos dentro de um sistema, a IA poderia atuar na identificação de padrões de comunicação e na organização de informações sobre o histórico relacional dos pacientes. No entanto, a complexidade das relações interpessoais e o contexto social em que elas ocorrem dificultam a automatização das intervenções, tornando essa abordagem menos propensa à aplicação de IA em sua prática clínica.

Dessa forma, embora a IA possa ter um potencial significativo para apoiar processos terapêuticos, sua aplicabilidade varia consideravelmente entre as diferentes abordagens. A TCC se destaca com modelos de geração de texto, pois suas técnicas estruturadas permitem que a IA desempenhe papel ativo na condução de exercícios e no acompanhamento do progresso terapêutico. Já as abordagens mais subjetivas, por dependerem de uma leitura mais profunda das emoções, da linguagem simbólica e da relação interpessoal, apresentam desafios metodológicos que dificultam sua automação. Isso não significa que a IA seja incompatível com essas abordagens, mas sim que sua atuação tende a ser mais limitada e complementar de modo a funcionar como um suporte para a prática clínica.

PREVENÇÃO DO SUICÍDIO COM INTELIGÊNCIA ARTIFICIAL

A prevenção ao suicídio com o uso de IA tem se tornado um tema central na interseção entre tecnologia e saúde mental. Quando se oferece um *chatbot* ou qualquer outro canal de interação para suporte emocional, há uma responsabilidade inerente em garantir que esses sistemas tenham mecanismos de segurança robustos para detectar e encaminhar casos de risco. Sem essas salvaguardas, a tecnologia pode criar uma falsa sensação de acolhimento sem a devida estrutura para oferecer suporte real, o que pode agravar quadros de vulnerabilidade. A IA pode exercer um papel essencial na identificação de sinais de alerta, reconhecendo padrões de linguagem que indiquem sofrimento psíquico severo e ideação suicida. No entanto, esse processo exige mais do que apenas a aplicação de modelos de detecção; requer protocolos bem-estabelecidos para o acionamento de redes de apoio, seja por meio da indicação de serviços especializados, seja pelo direcionamento imediato para canais de emergência.

O uso da IA na prevenção do suicídio também se estende às redes sociais, nas quais a tecnologia pode ser utilizada tanto para monitorar sinais individuais como para detectar padrões coletivos de comportamento. Com relação ao primeiro aspecto, a análise de postagens e interações pode revelar mudanças sutis na forma como um indivíduo se expressa, permitindo a identificação de sinais precoces de risco. Algoritmos de processamento de linguagem natural são capazes de mapear padrões de discurso associados a sofrimento emocional, isolamento e pensamentos autodestrutivos, fornecendo *insights* valiosos para ações preventivas.

No âmbito coletivo, a IA pode ser aplicada na detecção de fenômenos emergentes em aplicativos de mensagens e plataformas digitais, como os desafios virais que estimulam comportamentos autodestrutivos. Esses fenômenos, que podem ser categorizados como "fenômenos de coerção *online*" ou "gamificação negativa", utilizam mecânicas típicas de jogos - como níveis, recompensas e missões - para incentivar ações de risco. A identificação desses padrões em tempo real pode permitir respostas rápidas, alertando plataformas e autoridades sobre a disseminação de conteúdos perigosos antes que estes atinjam um público ainda maior.

Além disso, os algoritmos de recomendação das plataformas digitais podem, inadvertidamente, intensificar a exposição a conteúdos nocivos. Dependendo da lógica de distribuição de informações dessas plataformas, um indivíduo vulnerável pode ser constantemente exposto a postagens relacionadas a sofrimento emocional, isolamento ou mesmo incentivo ao suicídio. Por isso, a IA também pode ser empregada para reequilibrar essa dinâmica, introduzindo mecanismos de moderação que limitem a propagação de informações prejudiciais e promovam conteúdos voltados ao suporte e à prevenção.[10,11]

A tecnologia, portanto, ocupa um lugar duplo nessa discussão: ao mesmo tempo que pode ser uma ferramenta para ampliação do acesso e prevenção, também pode contribuir para a intensificação do sofrimento psíquico quando não há uma governança adequada sobre seus efeitos. A criação de sistemas que utilizem IA de forma responsável exige um compromisso ativo com a segurança digital e a ética, garantindo que a tecnologia funcione a favor da saúde mental e não como um vetor de riscos adicionais.

INTELIGÊNCIA ARTIFICIAL E TECNOLOGIAS PARA BEM-ESTAR, EQUILÍBRIO E COMBATE À SOLIDÃO

A relação entre IA e bem-estar emocional tem se tornado um tema cada vez mais presente, especialmente no contexto de um mundo que experimenta mudanças profundas nas dinâmicas de sociabilidade. A solidão e o afastamento social, exacerbados por eventos recentes como a pandemia de Covid-19, levantam questões sobre o papel das tecnologias emocionais na construção de novas formas de interação. Enquanto algumas dessas inovações são vistas com ceticismo, há um movimento crescente que sugere que a IA pode atuar como uma parceira na promoção de relações mais resilientes e na redução do isolamento.

Chats automatizados e assistentes conversacionais têm se mostrado aliados terapêuticos eficazes no combate à solidão e aos transtornos mentais associados. Essas ferramentas oferecem companhia e suporte emocional aos indivíduos que se sentem isolados.[12]

O avanço das interações virtuais trouxe consigo um fenômeno que antes poderia parecer distante: a formação de vínculos afetivos com inteligências artificiais. Se, por um lado, essa mudança pode parecer uma peculiaridade cultural restrita a determinados países; por outro, há indícios de que a globalização e a digitalização dos relacionamentos estão transformando profundamente a maneira como as pessoas se conectam. O crescimento de plataformas que permitem a criação de avatares interativos para interações românticas e sociais sugere uma mudança no comportamento das gerações mais jovens que veem nesses sistemas não apenas entretenimento, mas um espaço legítimo para experiências emocionais.

A popularidade dessas tecnologias está diretamente relacionada à forma como os humanos respondem ao reforço positivo e à previsibilidade nas interações sociais. Modelos de IA projetados para atender às expectativas emocionais dos usuários podem proporcionar conforto, reduzindo a frustração e a ansiedade associadas às relações interpessoais tradicionais. No entanto, essa dinâmica também levanta questionamentos sobre os impactos de longo prazo na capacidade de lidar com desafios emocionais no contexto de relações humanas complexas. A criação de laços com entidades artificiais programadas para oferecer respostas previsíveis pode tornar menos atrativa a busca por conexões autênticas, com todas suas incertezas e dificuldades.

O declínio da popularidade de aplicativos tradicionais de relacionamento humano pode ser um reflexo dessa mudança de paradigma. Embora esses serviços tenham sido uma revolução na maneira como as pessoas se conhecem, há um indicativo de que muitos usuários estão optando por alternativas menos frustrantes e mais personalizadas. A ascensão de plataformas voltadas para interações com avatares sugere uma nova abordagem para as relações afetivas na qual a personalização e a ausência de riscos emocionais inesperados se tornam diferenciais relevantes. Essa transição pode estar associada a uma aceitação crescente da ideia de que relacionamentos mediados por IA não são apenas um substituto temporário para interações humanas, mas uma nova forma legítima de conexão.

A pandemia de Covid-19 também teve um impacto significativo na forma como as pessoas percebem e vivenciam o isolamento social. Para muitos, o distanciamento forçado não foi apenas um evento passageiro, mas um marco definitivo em suas vidas que alterou hábitos e redefiniu limites de interação. A dificuldade em retomar padrões anteriores de sociabilidade, combinada com o avanço das tecnologias emocionais, cria um cenário em que a IA não é apenas uma ferramenta de suporte, mas também uma peça central na reconfiguração das relações humanas. A digitalização das interações já não se limita à mediação de contatos entre pessoas, mas avança para a criação de novos tipos de vínculos nos quais a presença de um interlocutor humano deixa de ser um requisito essencial.

Diante desse contexto, a IA aplicada ao bem-estar emocional não pode ser vista apenas como um mecanismo de entretenimento ou de suporte técnico. Seu impacto na construção da identidade e na forma como os indivíduos experienciam a solidão precisa ser analisado de maneira crítica, considerando não apenas os benefícios imediatos, mas também as implicações de longo prazo.

Tecnologias com base em IA são desenvolvidas para ajudar os usuários a melhorarem seu equilíbrio entre trabalho, lazer e descanso. Aplicativos voltados para *mindfulness*, meditação e gerenciamento do estresse oferecem suporte valioso nesse sentido.[13]

A questão que se coloca não é se essas tecnologias serão adotadas em maior escala, mas como serão incorporadas ao cotidiano e de que forma moldarão as relações interpessoais no futuro.

ÉTICA E RESPONSABILIDADE NA APLICAÇÃO DE INTELIGÊNCIA ARTIFICIAL EM SAÚDE MENTAL

A aplicação da IA em saúde mental oferece importantes avanços – como a detecção precoce de transtornos e a personalização do tratamento –, mas também impõe desafios éticos e bioéticos que não podem ser negligenciados.[10,14] A utilização de *chatbots*, frequentemente representados por avatares que inspiram confiança, exige que os desenvolvedores incorporem camadas de governança que assegurem, além do suporte emocional, a identificação e a resposta adequada a situações de risco.

A transparência sobre as capacidades e limitações desses sistemas é fundamental para que os usuários compreendam que, embora a ferramenta possa oferecer apoio básico, o encaminhamento para profissionais qualificados é indispensável em casos complexos. Do mesmo modo, a responsabilidade no uso dos dados – respeitando o consentimento informado – é um aspecto crucial.[15] Estudos demonstram, ainda, que algoritmos de IA podem carregar vieses que perpetuam desigualdades, reforçando a necessidade de mecanismos rigorosos de auditoria e transparência.[10,16]

Por fim, há o risco de a automação excessiva comprometer a empatia e o vínculo terapêutico essenciais ao cuidado em saúde mental. Assim, a IA deve ser encarada como uma ferramenta complementar, operando sob supervisão humana, para fortalecer a qualidade do atendimento sem desumanizá-lo.[8]

O FUTURO DA INTELIGÊNCIA ARTIFICIAL NA SAÚDE MENTAL

O avanço da IA promete transformar as soluções na área da Saúde, sobretudo na saúde mental. Atualmente, já existem iniciativas e experimentos que empregam IA para monitorar, diagnosticar e oferecer suporte em saúde mental.

Alguns dos desafios nesse sentido são integrar essas tecnologias de forma a garantir financiamento adequado, organização dos dados e proteção das informações dos usuários - aspectos essenciais para que a tecnologia traduza a complexidade das diversas realidades dos serviços de Saúde, tanto públicos como privados.

Essa integração profunda entre IA e saúde mental demanda a implementação de robustos mecanismos de governança, que garantam a segurança, a transparência e a ética nas interações. Assim, o desenvolvimento de políticas claras de uso, a criação de protocolos de resposta imediata e a constante atualização dos sistemas, com participação ativa de profissionais de Saúde e especialistas em tecnologia, são fundamentais para transformar essas inovações em instrumentos confiáveis e seguros. Essa colaboração entre diferentes áreas do conhecimento, por meio do trabalho multiprofissional, é uma prática histórica no campo da Saúde e é essencial para o desenvolvimento de tecnologias voltadas ao cuidado.

O avanço da IA na saúde mental exige um paradigma colaborativo, no qual desenvolvedores, profissionais de Saúde e usuários atuem em conjunto para aperfeiçoar continuamente as ferramentas disponíveis. Essa sinergia permitirá que as tecnologias se ajustem às realidades clínicas e culturais, promovendo intervenções cada vez mais eficazes e humanizadas.

Referências bibliográficas

1. Lopes PA, Rehfeld A, Rassi GSV. Interlocutores digitais: chatbots e o futuro da psicoterapia sob a perspectiva da fenomenologia. In: Soares, LCEC (org.). Inteligência Artificial e Psicologia. Curitiba; 2024:192.
2. Vaswani A, Shazeer N, Parmar N, Uszkoreit J, Jones L, Gomez AN et al. Attention is all you need. Advances in Neural Information Processing Systems. 2017;30:5998-6008. Disponível na Internet: https://arxiv.org/abs/1706.03762 (28 abr. 2025).
3. Beuron BMCB. Colonialismo de dados e soberania digital: desafios estratégicos do Estado brasileiro para a governança pública digital. Anais do 7º Congresso Internacional de Direito e Contemporaneidade, 2024a. Disponível na Internet: https://www.ufsm.br/app/uploads/sites/563/2024/12/3.1.pdf (28 abr. 2025).
4. Brasil. Estratégia de saúde digital para o Brasil 2020-2028:2020.

5. Suen PJC et al. Examining the impact of the COVID-19 pandemic through the lens of the network approach to psychopathology: analysis of the brazilian longitudinal study of health (ELSA-Brasil) cohort over a 12-year timespan. Journal of Anxiety Disorders. 2022;85:102512. doi: 10.1016/j.janxdis.2021.102512.
6. OPAS – Organização Pan-Americana da Saúde. Nova agenda de saúde mental para as Américas: relatório da comissão de alto nível sobre saúde mental e Covid-19 da 6. Organização Pan-Americana da Saúde - Resumo executivo. Washington, D.C.: OPAS; 2023. doi: 10.37774/9789275727225.
7. Menezes CAGP, Couto CCZ, Salustiano JGB, Quinelato KPB, Araújo LRde, Campelo MM et al. Aplicação da inteligência artificial em transtornos mentais: uma revisão sistemática. Brazilian Journal of Health Review. 2024;7(4):e71764. doi: 10.34119/bjhrv7n4-214.
8. Eskandar K. Inteligência artificial no diagnóstico psiquiátrico: desafios e oportunidades na era do aprendizado de máquina. Debates em Psiquiatria. 2024;14:1-16. Disponível na Internet: https://revistardp.org.br/revista/article/view/1318 (28 abr. 2025).
9. Barreto MDS, Correa AKS, Santos RS et al. The Role of Artificial Intelligence in Accelerating Vaccine Development: Challenges and Opportunities in Pandemic Preparedness. Int J Health Plann Manage, 2024.
10. Lippi FL, Abilio CCC, Lippi JR, Graglia MAV. Inteligência artificial e saúde mental no Brasil: uma revisão sistemática da literatura. Contribuciones a las Ciencias Sociales. 2024;17(6):e7935. doi: 10.55905/revconv.17n.6-356.
11. Bickmore T, Picard RW. Future of caring machines. Stud Health Technol Inform, 2005.
12. Luxton DD, Pruitt LD, Wagner A et al. Home-based telebehavioral health for U.S. military personnel and veterans with depression: a randomized controlled trial. J Consult Clin Psychol, 2016.
13. Torous J, Wisniewski H, Liu G, Keshavan M. Mental health mobile phone app usage, concerns, and benefits among psychiatric outpatients: comparative survey study. JMIR Ment Health, 2018.
14. Mohr DC, Tomasino KN, Lattie EG et al. IntelliCare: an eclectic, skills-based app suite for the treatment of depression and anxiety. J Med Internet Res, 2017.
15. Elias MA, Faversani LA, Moreira JAV, Masiero AV, Cunha NV. Artificial intelligence in health and bioethical implications: a systematic review. Revista Bioética. 2023;31:e3542PT. doi: 10.1590/1983-803420233542PT.
16. Luxton DD, Pruitt LD, Wagner A et al. Home-based telebehavioral health for U.S. military personnel and veterans with depression: a randomized controlled trial. J Consult Clin Psychol, 2016.
17. Carvalho ACP. Inteligência artificial: riscos, benefícios e uso responsável. Estudos Avançados. 2021;35(101):21-36. Disponível na Internet: https://www.scielo.br/j/ea/a/ZnKyrcrLVqzhZbXGgXTwDtn (28 abr. 2025).

Bibliografia consultada

- Abadia M, Arruda L, Vieira JA, Viapiana A, Veronez N. Inteligência artificial em saúde e implicações bioéticas: uma revisão sistemática. Revista Bioética: 2023. doi: 10.1590/1983-803420233542ES.
- Gama ER et al. Inteligência artificial para saúde mental: uma análise patentométrica das tendências emergentes. Revista Eletrônica Científica Inovação e Tecnologia. 2024;15(38):90-101. doi: 10.3895/recit.v15.n38.19169.
- Leite LTS. Saúde mental em tempos de inteligência artificial: estamos na vanguarda de uma nova era? Debates em Psiquiatria. 2024;14:1-5. Disponível na Internet: https://revistardp.org.br/revista/article/view/1326 (28 abr. 2025).
- Moeti M, Gao GF, Herrman H. Global pandemic perspectives: public health, mental health, and lessons for the future. The Lancet. 2022;400(10353):e3-e7.
- Silva ACR, Mouro MF, Oliveira JR, Oliveira SHD, Faria PCC, Castilho LO, Diniz NA. Aplicação da inteligência artificial no âmbito das doenças psiquiátricas: uma revisão bibliográfica. Journal of Medical and Biosciences Research. 2025;2(1):82-9. doi: 0.70164/jmbr.v2i1.446.

CAPÍTULO

18 Prontuários Eletrônicos e Inteligência Artificial – Um Salto para a Experiência do Profissional e Paciente

Vinicius Anjos de Almeida

"A ironia é que criamos as máquinas para nos ajudar, mas nos tornamos dependentes delas."

Neuromancer

William Gibson

PRONTUÁRIOS ELETRÔNICOS COMO FONTE DE DADOS

Os dados presentes em prontuários eletrônicos são um exemplo importante de dados de mundo real. Nesse contexto, dados de mundo real podem ser definidos como informações relacionadas à saúde dos pacientes ou aos serviços de Saúde entregues que são rotineiramente coletadas em diversas fontes.[1]

A quantidade dessas informações só tende a aumentar. O mercado de prontuários eletrônicos foi avaliado em 28,6 bilhões de dólares em 2024 e a estimativa é de que cresça para 43,66 bilhões em 2034.[2] Além disso, apesar da diferença na velocidade de adoção entre países desenvolvidos e os em desenvolvimento, a adoção de prontuários eletrônicos cresce no mundo todo.[3] Como exemplo, um estudo avaliando o impacto da implantação desses sistemas em diferentes serviços de Saúde na Nigéria, em conjunto, mostrou aumento de 123% na completude dos dados coletados nos serviços.[4]

Um dos grandes desafios quando se utilizam dados de mundo real é a diversidade de formatos que esses dados podem ter. Dados similares em significado podem ser representados de maneiras muito diversas e, inclusive, uma grande parte dos dados em Saúde não tem nenhuma estrutura padronizada. Resultados de exames, listas de diagnósticos, de medicamentos, encaminhamentos, relatórios, normalmente, não são informações representadas de maneira uniforme e que são facilmente agregadas às de outros serviços. Existem classificações que têm por objetivo uniformizar a informação, como Classificação Internacional de Doenças (CID),[5] Classificação Internacional da Atenção Primária (CIAP),[6] *Systematized Nomenclature of Medicine* (SNOMED),[7] *Logical Observation Identifiers Names and Codes* (LOINC)[8] etc. A adoção dessas classificações, porém, não é uniforme, seu uso no dia a dia dos serviços não é fácil e não necessariamente elas são aplicadas com qualidade.[9,10]

Com o avanço das técnicas de aprendizado de máquina (ML, do inglês *machine learning*), agora é possível desenvolver e treinar algoritmos potentes que aprendem com o uso de dados não estruturados inclusive. Esse fato muda muito o horizonte de possibilidades no contexto da Saúde, em que a maior parte dos dados não é estruturada. Isso se aplica para dados em texto livre, em imagens, em áudio, em vídeo, em sensores de movimento, monitores de atividade elétrica, pressão arterial e sinais de outros dispositivos médicos. O impacto da aplicação dessas técnicas em prontuários eletrônicos pode, então, ter grandes dimensões.

A disponibilidade desses dados para grupos de pesquisa é uma barreira importante na Saúde e que lentifica o desenvolvimento e implantação dos algoritmos. Muitas iniciativas surgiram ao longo dos últimos anos para que esses dados se tornassem mais disponíveis e, assim, fomentar o avanço da área.

Multi-parameter intelligent monitoring for intensive care (MIMIC) *database* é um projeto cuja primeira publicação é de 1996.[11] O projeto começou com uma base de dados com o prontuário eletrônico de cem pacientes internados no Boston's Beth Israel Hospital, nos Estados Unidos. Os dados incluíam entre 24 e 48 horas de monitoramento contínuo de três unidades de terapia intensiva (UTI) do hospital. O projeto cresceu, passou pelo MIMIC-II (2011),[12] MIMIC-III (2016)[13] e, mais recentemente, MIMIC-IV (2023).[14] Esse último, na primeira publicação, contava com aproximadamente 431 mil admissões hospitalares e 180 mil pacientes únicos. Entre os dados de UTI, incluíam-se mais de 73 mil admissões e quase 51 mil pacientes únicos. A riqueza nos dados também aumentou muito e passou a abranger exames laboratoriais, de imagem, registros clínicos em texto livre, códigos CID dos diagnósticos, dados de mortalidade intra e extra-hospitalar, lista de medicações etc. É uma base de dados continuamente expandida e hoje inclui, também, por exemplo, dados do serviço de emergência do hospital, com milhares de atendimentos. Todas as versões estão disponíveis gratuitamente para grupos de pesquisa na plataforma PhysioNet.[15] Não só os Estados Unidos, mas grupos de muitos países também desenvolveram projetos semelhantes, inclusive grupos brasileiros, por exemplo, o *Brazilian Tertiary Care Dataset* (BRATECA),[16] que reuniu registros de 70 mil internações de dez hospitais em dois estados brasileiros (mais de 2,5 milhões de registros clínicos).

A partir da maior disponibilidade de dados, a pesquisa que contempla algoritmos de Inteligência Artificial (IA) e suas aplicações em prontuário eletrônico tem o papel de desenvolver novos algoritmos e testar seu uso para garantir que, na prática, ele seja seguro para os pacientes e melhore a eficiência dos serviços. Uma grande parte dos estudos se refere a modelos aplicados em bancos de dados extraídos do histórico de serviços de Saúde, alguns mais próximos do que outros do tipo de dado rotineiramente coletado nesses serviços. São estudos capazes de mostrar avanços nos algoritmos, porém não mostram as mudanças que a implantação desses algoritmos provoca nos desfechos relevantes para o paciente ou para o serviço. Para isso, precisamos de ensaios clínicos randomizados, que são estudos normalmente mais caros, demorados e, portanto, mais escassos. Apesar disso, eles entregam uma estimativa muito melhor do impacto que o uso desses algoritmos pode ter na prática.

Os modelos de linguagem grandes (LLMs, do inglês *large language models*), por exemplo, ganharam atenção no mundo todo após ser demonstrada sua capacidade de gerar textos coerentes, dialogar, extrair informações relevantes de grandes corpos de texto, planejar e executar tarefas.[17,18] Essas capacidades continuam sendo exploradas e aprimoradas com novas arquiteturas dos modelos e melhores bases de dados. No contexto da Saúde, existe um grande interesse da comunidade científica em explorar os aspectos aos quais os LLMs mais podem agregar valor. Apesar de muitos deles serem treinados em dados em Saúde e demonstrarem avanços nesse contexto, não necessariamente demonstram um resultado que seja realmente significativo na prática.[19] Esse é um requisito importante antes de seu uso ser difundido nos Sistemas de Saúde pelo mundo.

DESENVOLVIMENTO DE MODELOS PARA PREDIÇÃO DE DESFECHOS CLÍNICOS RELEVANTES

Os modelos preditivos englobam os algoritmos voltados a prever um evento/resultado com base em um conjunto de dados oferecidos inicialmente. Podem ser usados para prever um evento como morte, internação, tempo de internação, ocorrência de complicações de um tratamento etc. Esses modelos abrem caminho para grandes oportunidades na Saúde, já que prever esses eventos pode permitir a redução de intervenções, a melhora da escolha do tratamento para um paciente específico, a diminuição da mortalidade, redução de custos etc. Na literatura científica, há muitos exemplos de modelos que, aplicados a dados secundários, demonstraram boa capacidade preditiva.

Antes de analisar os estudos, é importante conhecer as métricas utilizadas para avaliar os modelos. Existem muitas diferentes que se aplicam a contextos específicos. Neste capítulo, duas delas serão descritas em maios detalhes para melhor compreensão dos estudos selecionados como exemplo.

***Area Under the Receiver Operating Characteristic* (AUROC).**[20] Em uma tarefa de predição envolvendo apenas duas classes, como "morte" e "não morte" ou "evento ocorreu" e "evento não ocorreu", ela mede o quão bem o modelo prevê os dois eventos em comparação com o que de fato ocorreu. Seus valores vão de 0 a 1, sendo que 1 é uma classificação perfeita e 0,5 uma classificação aleatória. Não existem valores de corte específicos para como interpretar os valores entre 0,5 e 1, mas existem interpretações propostas, conforme mostrado na Tabela 18.1. De modo geral, quanto mais próximo de 1 melhor e, se um modelo apresenta AUROC maior que o de outro modelo treinado para o mesmo problema, pode-se dizer que ele é superior ao outro.

Tabela 18.1 – Interpretação dos valores de AUROC

AUROC	Interpretação sugerida
$0,9 \leq AUC$	Excelente
$0,8 \leq AUC < 0,9$	Considerável
$0,7 \leq AUC < 0,8$	Regular
$0,6 \leq AUC < 0,7$	Fraca
$0,5 \leq AUC < 0,6$	Insuficiente

Fonte: Adaptada de Çorbacıoğlu ŞK, Aksel G. Receiver operating characteristic curve analysis in diagnostic accuracy studies. Turk J Emerg Med. 2023;23:195-8.[21]

***Net Reclassification Improvement* (NRI).**[22] Diante de dois modelos de classificação de risco, por exemplo, é interessante mensurar o quanto um modelo classificaria diferente do outro e, inclusive, se classificaria melhor ou pior. Diante da classificação de um primeiro modelo, a NRI mede justamente a proporção de indivíduos que foram corretamente reclassificados para categorias corretas (p. ex., "doente" e "não doente") pelo novo modelo sob teste e subtrai a proporção de indivíduos reclassificados de maneira equivocada. O resultado é uma proporção que pode ser entendida como "melhora líquida", ou seja, uma indicação do benefício global que o novo modelo propicia em termos de reclassificação de risco. Se o resultado da NRI for positivo, significa que o novo modelo melhora a identificação de indivíduos nas categorias corretas, como "doente" ou "não doente", em comparação com o modelo anterior. Por sua vez, um valor negativo indica que o modelo novo piora a classificação geral. Valores próximos de zero sugerem que o novo modelo tem um desempenho similar ao do modelo anterior no que diz respeito à reclassificação.

Exemplo de estudos para predição de pacientes que vão necessitar de ventilação mecânica prolongada. Ventilação mecânica prolongada em pacientes em regime de terapia intensiva é um marcador prognóstico bastante importante. A mortalidade desses pacientes pode chegar a 60% em 1 ano. Como parte do cuidado desses pacientes, indicar a traqueostomia adequadamente pode significar melhorar conforto, reduzir tempo de internação e mortalidade. Porém, escolher o paciente que vai necessitar da traqueostomia é complexo. Pacientes com alto risco de morte em curto prazo ou que terão alta em breve não se beneficiam do procedimento; e, idealmente, a traqueostomia deve ser indicada o mais precocemente possível nos pacientes adequados. Nesse caso, a capacidade de prever quem serão os pacientes com alto risco de ventilação mecânica prolongada pode melhorar muito a decisão clínica. Dois estudos foram realizados endereçando exatamente essa questão.

Um deles[23] utilizou a base de dados MIMIC-III e propôs um algoritmo que prediz a necessidade de ventilação mecânica prolongada e mortalidade em 90 dias apenas a partir dos registros clínicos em texto. Esses registros incluíam notas médicas e de Enfermagem das primeiras 48 horas após a intubação do paciente. Ao avaliarmos os resultados obtidos em relação à predição de ventilação mecânica prolongada, o maior valor de AUROC obtido no estudo foi de 0,663 com o novo modelo proposto pelos autores. Segundo a Tabela 18.1, isso corresponde a uma capacidade preditiva regular e, talvez, não útil na clínica. Mas o resultado representa uma melhoria significativa em relação aos outros algoritmos disponíveis e também testados (obtiveram no máximo 0,648). Estudos semelhantes a esse demonstram avanços importantes no uso de ML na Saúde e constroem caminho para modelos de alta precisão no futuro. Ainda sobre esse estudo, a predição de mortalidade em 90 dias também alcançou o valor de AUROC de 0,779 com o modelo proposto pelos autores, um resultado já mais próximo de gerar melhorias na decisão clínica. De qualquer forma, alcançar resultados assim apenas com registros em texto livre é um marco e não era possível antes dos LLMs.

Como poderia ser a *performance* se, em vez do registro em texto livre, utilizássemos dados clínicos estruturados? Um trabalho envolvendo dados de prontuário das unidades de terapia intensiva de trauma de um hospital em Xiraz, no Irã, também se propôs a predizer ventilação mecânica prolongada.[24] Os dados utilizados incluíram dados demográficos, tipo de trauma, comorbidades, APACHE II (índice que indica prognóstico em UTI), escala de coma de Glasgow, sinais vitais, dados laboratoriais, intervenções feitas no hospital, entre outros. Os pesquisadores avaliaram a capacidade preditiva dos modelos em diferentes definições de ventilação mecânica prolongada (desde intubação por mais de 5 dias a mais de 23 dias). Para cada definição, vários algoritmos diferentes foram testados. Os dados utilizados correspondiam às primeiras 24 horas de internação na UTI. Após o treino dos modelos, alguns com capacidades preditivas muito boas foram encontrados: *Random Forest* com AUROC 0,917 para identificar pacientes com ventilação prolongada por mais de 10 dias; redes neurais artificiais com AUROC 0,902 para identificar pacientes com ventilação prolongada por mais de 14 dias.

Vários cuidados são importantes ao comparar trabalhos como esses. Nos estudos mencionados, as bases de dados são diferentes e são contextos clínicos diferentes. A *performance* dos modelos em um contexto não necessariamente se reproduz em outras bases de dados e em outras regiões do mundo, mas os resultados indicam boas direções para os serviços que decidirem testar ou mesmo implantar esses modelos. Outro ponto curioso é que, nesse caso, modelos que utilizam dados estruturados, aparentemente, se saíram melhor na tarefa de predizer ventilação mecânica prolongada. Isso pode mudar com o avanço das técnicas de treino de LLMs, pode mudar com o surgimento de melhores e maiores bases de dados com registros clínicos em texto livre ou pode ser que, para vários problemas, o uso de dados estruturados seja o melhor a se fazer.

Exemplo de estudo para predição de sepse em unidades de terapia intensiva.[25] Esse trabalho testou um modelo para predição de sepse nas próximas 24 horas em UTI a partir de diversos parâmetros clínicos e o modelo atingiu uma capacidade preditiva também interessante clinicamente: AUROC 0,81. Os dados para predição são, em geral, coletados rotineiramente nos serviços. Além disso, o estudo demonstrou também capacidade preditiva para mortalidade. Esse estudo mostra outro momento da pesquisa com algoritmos de ML: é um estudo multicêntrico envolvendo cinco hospitais nos Estados Unidos e dados de mais de 3 mil pacientes de UTI; tem aprovação de autoridades reguladoras (Food and Drug Administration [FDA]); e está desenhado para integração em prontuários eletrônicos. Trata-se de uma etapa mais avançada no processo de implantação e distribuição do modelo no Sistema de Saúde. Porém, por se tratar ainda de um estudo observacional, ainda não há informação sobre seu real impacto para os pacientes e serviços.

Exemplo de estudo para predição dos pacientes que mais se beneficiam de angiografia coronariana.[26] Essa pesquisa mostra mais uma aplicação dos modelos de IA que é melhorar a eficiência dos serviços ao refinar a indicação de procedimentos invasivos, como a angiografia coronariana para aqueles com suspeita de doença coronariana obstrutiva. Nesse caso, os dados utilizados foram dados de encaminhamento de pacientes com suspeita de doença coronariana obstrutiva para um centro especializado. O objetivo do modelo era predizer pacientes com estenose de pelo menos 70% em vasos coronarianos maiores de pelo menos 2 mm de diâmetro ou estenose de pelo menos 50% da artéria coronariana esquerda. Os dados utilizados também eram rotineiramente coletados sobre os encaminhamentos e incluíam dados demográficos, antropométricos, sintomas, fatores de risco, história de tabagismo, antecedentes médicos, entre outros. Com um AUROC de 0,81, o melhor modelo entre os testados abre a possibilidade de melhorar a eficiência na indicação de angiografia coronariana, reduzir custos, melhorar a segurança do paciente, o que evita expô-lo a riscos atrelados a procedimentos invasivos, como a angiografia. Comparando à prática clínica usual, alcançou um NRI de 44,7%. Isso significa que, em comparação ao que era usualmente praticado, o modelo possibilita corrigir a classificação de pacientes como alto ou baixo risco para doença em 44,7% dos indivíduos. Em outras palavras, na prática usual, 44,7% dos pacientes seriam classificados erroneamente como alto ou baixo risco. Esse novo modelo é capaz de identificar esses pacientes e reclassificá-los, o que implica um uso muito mais eficiente dos recursos.

No contexto do estudo, isso significaria uma redução de custo de aproximadamente 1,2 milhões de dólares/ano. Posteriormente, o modelo foi incorporado ao *software* de apoio à decisão do serviço e expandido para, inclusive, sugerir o melhor exame diagnóstico com base nas características do paciente (angiotomografia de artérias coronárias ou angiografia coronariana invasiva).[27] Os autores mencionam, numa publicação posterior, o planejamento de um ensaio clínico randomizado com a hipótese de redução de custo e a melhoria na precisão nesse processo de cuidado. Com base nos dados do primeiro estudo, o número de pacientes encaminhados que fariam uma angiografia e não teriam benefício com revascularização cairia de 44% para apenas 14%, com angiografias desnecessárias evitadas em 30% dos pacientes em comparação ao tratamento usual.

Ensaios clínicos para avaliação do impacto de modelos de ML na Saúde. O melhor nível de evidência a respeito do impacto desses modelos na Saúde está nos ensaios clínicos. Como exemplo, podemos citar dois estudos sobre predição de infarto agudo do miocárdio (IAM) com elevação de segmento ST na triagem de serviços de emergência.

O primeiro deles[28] foi realizado no China Medical University Hospital, em Taiwan. Para treino do modelo preditivo, foram utilizados dados de eletrocardiogramas do próprio hospital e 3.296 foram selecionados e laudados por três cardiologistas certificados. Qualquer discordância foi discutida até o consenso. O algoritmo escolhido foi uma variante específica de redes neurais que combina redes neurais convolucionais (CNNs, do inglês *convolutional neural networks*) e *long short-term memory* (LSTM), um tipo de rede neural recorrente. Com essa arquitetura, foi possível atingir capacidade preditiva excelente, com AUROC de 0,999. Após isso, o modelo foi utilizado no Serviço de Emergência do hospital, entre junho e outubro de 2020, e várias métricas foram comparadas com dados de um período sem o modelo implantado (novembro de 2019 a junho de 2020). Os dados comparados incluíam tempo porta-balão (corresponde ao tempo entre a chegada, ao hospital, do paciente com infarto com supradesnivelamento de segmento ST até a revascularização por meio de angiografia coronariana invasiva), componentes do tempo porta-balão e porcentagem de casos com tempo porta-balão menor que 90 minutos.

No total, o estudo incluiu 154 pacientes, 68 durante a triagem com o modelo implantado e 86 no período sem o modelo. Em média, os pacientes triados pelo modelo tiveram redução de 011,3 minutos em comparação com os cuidados tradicionais (53,2 minutos *vs.* 64,5 minutos), uma diferença de quase 18% no tempo e significativa segundo os testes estatísticos aplicados. Além disso, a proporção de pacientes com tempo porta-balão menor que 90 minutos também foi significativamente maior no grupo triado por IA em relação aos cuidados tradicionais (98,5% *vs.* 87,2%). Essas diferenças se acentuam ainda mais nos casos atendidos fora do período comercial, com tempo porta-balão médio de 54,6 minutos na triagem com IA e de 70,4 minutos na triagem tradicional. A diferença na proporção de casos com tempo porta-balão também foi maior, sendo 100% no grupo com triagem por IA e 83,9% no grupo com triagem tradicional.[28] Esses resultados são fantásticos e demonstram um impacto muito importante no atendimento, na Emergência, de pacientes com infarto, em que o tempo até a revascularização tem impacto prognóstico muito importante, tanto em termos de mortalidade como de morbidade.[29] Trata-se de uma ótima evidência científica para uso de algoritmos para essa tarefa, mas ainda não é o desenho de estudo ideal para demonstrar causalidade.

Em 2024, o *New England Journal of Medicine* publicou um ensaio clínico controlado randomizado por *cluster* endereçando justamente essa questão.[30] O estudo envolveu mais de 43 mil participantes que, ao irem ao serviço de emergência, foram aleatoriamente selecionados ou para triagem via IA ou via cuidados tradicionais. Em resumo, os resultados demonstrados no estudo citado anteriormente foram reproduzidos. Nos casos do setor de Emergência, foi observada uma diferença, na mediana, de 14 minutos, sendo 82 minutos no grupo triado por IA e 96 minutos no grupo com cuidados habituais. Foram, ainda, observadas menos mortes por causa cardíaca no grupo triado por IA em comparação ao grupo-controle. Não foram vistas diferenças em mortalidade geral nem em complicações como insuficiência cardíaca.

Esses exemplos deixam claro como a pesquisa com modelos preditivos em Saúde utilizando dados coletados no momento do atendimento pode ser útil. Aqui foram selecionados problemas específicos com o objetivo de tornar mais palpável o caminho entre o dado e a implantação em maior escala de modelos de IA na Saúde com impactos benéficos significativos.

PERSPECTIVAS E OUTRAS APLICAÇÕES

O futuro da aplicação de IA em prontuários eletrônicos aponta para uma integração cada vez mais profunda dessas tecnologias nos Sistemas de Saúde, com potencial para transformar a prática médica e a gestão de serviços. A evolução contínua dos grandes modelos de linguagem e de algoritmos preditivos promete maior capacidade de análise de dados não estruturados e maior precisão nas predições clínicas. Além disso, o desenvolvimento de novas bases de dados mais amplas e diversificadas, aliado ao avanço das regulamentações éticas e de privacidade, pode expandir significativamente o alcance dessas aplicações. Estudos futuros deverão priorizar não apenas a eficácia técnica, mas também o impacto em desfechos clínicos relevantes, assegurando que a IA contribua para a personalização dos cuidados, redução de custos e aumento da segurança do paciente.

Muitas aplicações de IA não foram mencionadas neste capítulo, mas estão também recebendo muita atenção e investimento: codificação automatizada de diagnósticos com CID, CIAP, SNOMED e outras classificações; transcrição de consultas por voz; geração de documentos e automação de tarefas para reduzir tempo do profissional com tarefas administrativas; ferramentas de apoio diagnóstico em exames de imagem; assistentes virtuais para busca de literatura científica; e apoio na solução de dúvidas dos profissionais, entre muitas outras aplicações. De modo geral, o potencial que essas aplicações podem trazer no uso dos prontuários e nos serviços de Saúde é imenso. Porém, o desenvolvimento dos modelos deve ser conduzido com rigor científico, já que, da mesma forma que os medicamentos ou outras intervenções em Saúde, podem trazer danos ou benefícios que não justificam o custo.

CONCLUSÃO

Neste capítulo, exploramos como os prontuários eletrônicos se destacam como uma fonte valiosa de dados de mundo real para aplicações em Saúde, com um potencial crescente em virtude de sua adoção global e do desenvolvimento de técnicas de IA. Abordamos os desafios relacionados à diversidade e à falta de padronização desses dados, destacando os esforços para uniformizá-los por meio de classificações como CID, CIAP, SNOMED e LOINC. Além disso, discutimos como o avanço de modelos preditivos e d grandes modelos de linguagem está ampliando as possibilidades de análise e do uso de dados não estruturados.

Exemplos de estudos ilustraram o impacto positivo da aplicação de IA em diferentes cenários clínicos, desde a predição de ventilação mecânica prolongada e sepse até a melhoria na indicação de angiografia coronariana. Também enfatizamos que, embora muitos avanços tenham sido demonstrados em estudos observacionais, os ensaios clínicos randomizados são essenciais para validar o impacto desses modelos na prática clínica. Não mencionamos os riscos que os algoritmos podem trazer para os pacientes e para os serviços de Saúde, como viés, discriminação, erros diagnósticos e terapêuticos, falta de transparência etc. Estes assuntos serão abordados em outro capítulo.

Por fim, destacamos que, apesar das barreiras existentes, o acesso crescente a bases de dados robustas, como o MIMIC e o BRATECA, está impulsionando a pesquisa na área. Essa evolução permite não apenas o desenvolvimento de algoritmos mais sofisticados, mas também a construção de um futuro em que a IA possa realmente transformar os cuidados em Saúde de forma a melhorar desfechos clínicos e otimizar a eficiência dos serviços.

Referências bibliográficas

1. Knevel R, Liao KP. From real-world electronic health record data to real-world results using artificial intelligence. Ann Rheum Dis. 2023;82:306-11.
2. Deepa Pandey, Aditi Shivarkar. Electronic Health Records (EHR) Market Size, Shares and Trends, 2024a. Disponível na Internet: https://www.towardshealthcare.com/insights/electronic-health-records-market-size (28 abr 2025).
3. Derecho KC, Cafino R, Aquino-Cafino SL, Isla A, Esencia JA, Lactuan NJ et al. Technology adoption of electronic medical records in developing economies: a systematic review on physicians' perspective. Digit Health; 2024;10. doi: 10.1177/20552076231224605.
4. Olukorode SO, Adedeji OJ, Adetokun A, Abioye AI. Impact of electronic medical records on healthcare delivery in Nigeria: a review. PLOS Digital Health. 2024;3:e0000420.
5. World Health Organization. International statistical classification of diseases and related health problems (ICD), 2025a. Disponível na Internet: https://www.who.int/standards/classifications/classification-of-diseases (28 abr 2025).
6. WONCA International Classification Comittee. International Classification of Primary Care – 3. ed., 2025a. Disponível na Internet: https://www.icpc-3.info/ (28 abr 2025).
7. SNOMED International. Home | SNOMED International, 2025a. Disponível na Internet: https://www.snomed.org/ (28 abr 2025).
8. Regenstrief Institute. LOINC (Logical Observation Identifiers Names and Codes) terminology, 2025a. Disponível na Internet: https://loinc.org/ (28 abr 2025).
9. Wockenfuss R, Frese T, Herrmann K, Claussnitzer M, Sandholzer H. Three- and four-digit ICD-10 is not a reliable classification system in primary care. Scand J Prim Health Care. 2009;27:131-6.
10. Horsky J, Drucker EA, Ramelson HZ. Accuracy and completeness of clinical coding using ICD-10 for Ambulatory Visits. AMIA Annu Symp Proc. 2017;2017:912-20.
11. Moody GB, Mark RG. A database to support development and evaluation of intelligent intensive care monitoring. In: Computers in Cardiology. IEEE. 1996:657-60.
12. Saeed M, Villarroel M, Reisner AT, Clifford G, Lehman L-W, Moody G et al. Multiparameter intelligent monitoring in intensive care II: a public-access intensive care unit database*. Crit Care Med. 2011;39:952-60.
13. Johnson AEW, Pollard TJ, Shen L, Lehman LH, Feng M, Ghassemi M et al. MIMIC-III, a freely accessible critical care database. Sci Data. 2016;3:160035.
14. Johnson AEW, Bulgarelli L, Shen L, Gayles A, Shammout A, Horng S et al. MIMIC-IV, a freely accessible electronic health record dataset. Sci Data. 2023;10:1.
15. Goldberger AL, Amaral LAN, Glass L, Hausdorff JM, Ivanov PCh, Mark RG et al. PhysioBank, PhysioToolkit, and PhysioNet. Circulation. 2000;101. doi: 10.1161/01.CIR.101.23.e215.
16. Consoli B, dos Santos HDP, Ulbrich AHDPS, Vieira R, Bordini RH. BRATECA (Brazilian Tertiary Care Dataset): a clinical information dataset for the portuguese language. In: Calzolari N, Béchet F, Blache P, Choukri K, Cieri C, Declerck T et al. (eds.). Proceedings of the thirteenth language resources and evaluation conference. European Language Resources Association: Marseille, France; 2022:5609-16.
17. Kumar P. Large language models (LLMs): survey, technical frameworks, and future challenges. Artif Intell Rev. 2024;57:260.
18. Xu D, Chen W, Peng W, Zhang C, Xu T, Zhao X et al. Large language models for generative information extraction: a survey. Front Comput Sci. 2024;18:186357.
19. Wornow M, Xu Y, Thapa R, Patel B, Steinberg E, Fleming S et al. The shaky foundations of large language models and foundation models for electronic health records. NPJ Digit Med. 2023;6:135.
20. Wikipedia contributors. Receiver operating characteristic – Wikipedia, The Free Encyclopedia, 2024a. Disponível na Internet: https://en.wikipedia.org/w/index.php?title=Receiver_operating_characteristic&oldid=1263557992 (28 abr 2025).

21. Çorbacıoğlu ŞK, Aksel G. Receiver operating characteristic curve analysis in diagnostic accuracy studies. Turk J Emerg Med. 2023;23:195-8.
22. Jewell ES, Maile MD, Engoren M, Elliott M. Net reclassification improvement. Anesth Analg. 2016;122:818-24.
23. Huang K, Singh A, Chen S, Moseley E, Deng C-Y, George N et al. Clinical XLNet: modeling sequential clinical notes and predicting prolonged mechanical ventilation. In: Proceedings of the 3nd ed . Clinical Natural Language Processing Workshop. Association for Computational Linguistics: Stroudsburg, PA, USA; 2020:94-100.
24. Vali M, Paydar S, Seif M, Sabetian G, Abujaber A, Ghaem H. Prediction prolonged mechanical ventilation in trauma patients of the intensive care unit according to initial medical factors: a machine learning approach. Sci Rep. 2023;13:5925.
25. Bhargava A, López-Espina C, Schmalz L, Khan S, Watson GL, Urdiales D et al. FDA-Authorized AI/ML tool for sepsis prediction: development and validation. NEJM AI. 2024;1. doi: 10.1056/AIoa2400867.
26. Schwalm JD, Di S, Sheth T, Natarajan MK, O'Brien E, McCready T et al. A machine learning-based clinical decision support algorithm for reducing unnecessary coronary angiograms. Cardiovasc Digit Health J. 2022;3:21-30.
27. Schwalm JD, Sheth T, Pinilla-Echeverri N, Petch J. Using artificial intelligence to optimize the use of cardiac investigations in patients with suspected coronary artery disease. Journal of the Society for Cardiovascular Angiography & Interventions. 2024;3:101305.
28. Wang Y-C, Chen K-W, Tsai B-Y, Wu M-Y, Hsieh P-H, Wei J-T et al. Implementation of an all-day artificial intelligence–based triage system to accelerate door-to-balloon times. Mayo Clin Proc. 2022;97:2291-303.
29. Gibson CM, Pride YB, Frederick PD, Pollack C V, Canto JG, Tiefenbrunn AJ et al. Trends in reperfusion strategies, door-to-needle and door-to-balloon times, and in-hospital mortality among patients with ST-segment elevation myocardial infarction enrolled in the National Registry of Myocardial Infarction from 1990 to 2006. Am Heart J. 2008;156:1035-44.
30. Lin C, Liu W-T, Chang C-H, Lee C-C, Hsing S-C, Fang W-H et al. Artificial intelligence – powered rapid identification of ST-Elevation myocardial infarction via electrocardiogram (ARISE) – a pragmatic randomized controlled trial. NEJM AI. 2024;1. doi: 10.1056/AIoa2400190.

CAPÍTULO

19 *Big Data* e Inteligência Artificial – A Nova Fronteira da Pesquisa em Saúde

Valquíria Campos Alencar

"Quando você pergunta a uma máquina 'por que', você já ultrapassou o limite da sua própria criação".

2001: Uma Odisseia no Espaço

Arthur C. Clarke

Dei meus primeiros passos no mundo dos dados durante minha graduação em Biologia, quando conheci o universo da Genômica e minha rotina era dedicada a experimentos e ao sequenciamento de trechos de DNA. Isso aconteceu 16 anos atrás e, no início, utilizei, por alguns anos, um dos primeiros equipamentos de sequenciamento existentes.

Ao longo do tempo, do início da minha jornada de iniciação científica até o pós-doutorado, vi a tecnologia evoluir de uma forma incrível - o que antes demorava meses, hoje é feito em poucas horas graças aos equipamentos modernos, capazes de sequenciar genomas e transcriptomas inteiros. Esses avanços não apenas aceleraram o processo, mas também ampliaram exponencialmente a quantidade de dados gerados para análise.

Com isso, acredito que, na última década, vivenciamos uma transformação sem precedentes no campo da Saúde. O volume exponencial de dados gerados diariamente não só por pesquisas genômicas, mas também por dispositivos médicos, registros eletrônicos de saúde e dispositivos vestíveis, criou um cenário em que a capacidade de coletar informações superou, em muito, nossa capacidade tradicional de análise. Essa revolução dos dados, combinada com os avanços notáveis na Inteligência Artificial (IA), está remodelando fundamentalmente a maneira como conduzimos pesquisas em Saúde.

Neste capítulo, exploraremos como a interseção entre *big data* e IA tem possibilitado diagnósticos mais precisos, tratamentos personalizados e, até mesmo, a prevenção de doenças antes do surgimento de sintomas. Vamos também entender como a IA tem se tornado indispensável na análise e interpretação de enormes volumes de dados, revolucionando o campo da Saúde de maneiras antes inimagináveis.

BIG DATA: MUITO ALÉM DO VOLUME DE DADOS

Quando pensamos em *big data*, vem à mente um volume imenso de informações - afinal, o próprio nome sugere isso. No entanto, reduzir o *big data* apenas à questão do volume seria como descrever um icebergue apenas por sua ponta visível. Na realidade, estamos diante de um conceito muito mais profundo e multifacetado.

Em 2001, Laney[1] introduziu o conceito dos "3V's" – volume, velocidade e variedade – como as principais dimensões dos desafios no gerenciamento de dados. Posteriormente, em 2014, Lomotey e Deters[2] ampliaram essa ideia ao propor cinco pilares, conhecidos como os "5 V's", conforme ilustrado na Figura 19.1.

Os pilares do *Big Data*

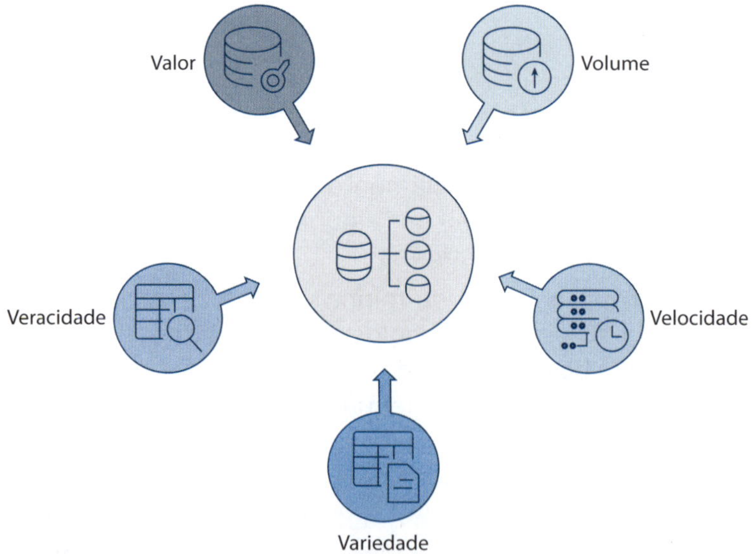

Figura 19.1 – Os 5V's do *big data*.

Fonte: Desenvolvida pela autoria; Napkin AI.

Cada um desses pilares representa um aspecto essencial para lidar com dados em escala e complexidade crescentes, com destaque a diferentes desafios e oportunidades. A seguir, vamos explorar cada um desses pilares em detalhe, compreendendo sua importância no contexto da gestão de dados.

Volume

O primeiro e mais evidente pilar refere-se à quantidade massiva de dados gerados. Na área da Saúde, isso se manifesta de diversas formas interligadas. O sequenciamento genômico é um exemplo notável em que um único genoma humano gera dados brutos extensos que, em estudos populacionais, se multiplicam exponencialmente.

Além disso, existe o volume crescente de imagens médicas de alta resolução, como ressonâncias magnéticas e tomografias, os dados contínuos de dispositivos vestíveis que monitoram sinais vitais 24 horas/dia, e os registros eletrônicos de saúde que acumulam todo o histórico médico dos pacientes. Os hospitais modernos também geram enormes quantidades de dados operacionais, desde registros de prescrições até dados de ocupação de leitos e fluxo de pacientes.

Velocidade

Esse pilar refere-se à rapidez com que os dados são gerados e transmitidos e precisam ser processados. A velocidade tornou-se uma prioridade tanto para capturar como para interpretar dados em tempo hábil.

No contexto da Saúde, por exemplo, dispositivos vestíveis, como *smartwatches*, coletam e transmitem dados sobre frequência cardíaca, níveis de oxigênio no sangue e até padrões de sono em tempo real. Essa geração contínua de informações requer sistemas que processem os dados rapidamente, muitas vezes enquanto são coletados, para fornecer *insights* imediatos.

Outro exemplo relevante está no controle de surtos de doenças, no qual a análise rápida dos dados é crucial para que as autoridades sanitárias possam reagir prontamente a mudanças nos padrões de infecção. A pandemia de Covid-19 destacou essa necessidade de forma marcante: dados sobre casos, internações, óbitos e vacinação precisavam ser processados em tempo real para subsidiar decisões estratégicas, como alocação de recursos, implementação de medidas de contenção e planejamento de campanhas de vacinação. Essa capacidade de resposta ágil foi essencial para minimizar impactos e salvar vidas.

Variedade

A variedade em um conjunto de dados refere-se à diversidade estrutural presente em suas informações. Podemos analisar diferentes tipos de dados: estruturados; semiestruturados; e não estruturados.

Os dados estruturados representam a menor parte de todos os dados disponíveis e são organizados em formato tabular, como planilhas ou bancos de dados relacionais. Por outro lado, dados não estruturados incluem texto, imagens, áudio e vídeo, que, geralmente, carecem de uma organização que facilite sua análise. Entre esses dois extremos, encontram-se os dados semiestruturados, que apresentam alguma organização, mas não seguem padrões rígidos. Um exemplo clássico desse formato é a *Extensible Markup Language* (XML), uma linguagem textual usada para troca de dados na *web*. Os documentos XML têm *tags* definidas pelo usuário, o que os torna legíveis tanto por humanos como por computadores.

No contexto da Saúde, por exemplo, diferentes tipos de dados são gerados: dados estruturados, como resultados laboratoriais; dados semiestruturados, como registros médicos eletrônicos; e dados não estruturados, como imagens de exames e textos de prontuários.

Veracidade

Esse pilar trata da confiabilidade e qualidade dos dados, aspectos fundamentais para garantir que decisões com base neles sejam precisas e seguras. Na área da Saúde, isso é particularmente crítico uma vez que erros podem ter consequências graves. A veracidade abrange desde a calibração adequada de equipamentos médicos, garantindo medições precisas, até a adoção de protocolos rigorosos para a coleta e validação dos dados. Isso inclui verificar a consistência de informações em prontuários médicos, eliminar duplicidades ou inconsistências e assegurar que os dados sejam representativos e livres de vieses. Sem um alto nível de veracidade, até mesmo os modelos analíticos mais avançados podem produzir resultados enganosos, o que compromete diagnósticos e tratamentos.

Valor

O último pilar refere-se à capacidade de converter dados em *insights* significativos e acionáveis. Na área da Saúde, isso pode ser exemplificado pela identificação de padrões que impulsionam o desenvolvimento de novos tratamentos, pela previsão de surtos de doenças com base em tendências epidemiológicas e até pela personalização de terapias, com a utilização de informações detalhadas do perfil genético de cada indivíduo.

Esse valor é gerado quando dados, muitas vezes complexos e em grande volume, são analisados de maneira eficaz, resultando em soluções que melhoram a qualidade de vida, otimizam recursos e potencializam os resultados dos tratamentos. Afinal, não basta apenas coletar ou armazenar informações, é fundamental transformá-las em ações que gerem impacto real na sociedade.

Esses pilares não operam de forma isolada – eles estão interligados, criando desafios multifacetados que exigem tecnologias avançadas e métodos analíticos sofisticados para serem superados. Nesse contexto, o *big data* surge como uma ferramenta essencial, revolucionando a forma como a saúde é gerida, diagnosticada e tratada.

A IMPORTÂNCIA DO *BIG DATA* NA ÁREA DA SAÚDE

Neste tópico, vamos explorar como o *big data*, aliado à IA, está transformando o setor de Saúde. Abordaremos exemplos práticos de aplicação que demonstram seu impacto na melhoria da pesquisa, do atendimento, da eficiência operacional e da tomada de decisões mais assertivas.

- **Descoberta de medicamentos:** a IA tem acelerado o processo de descoberta de novos medicamentos, com a análise de grandes volumes de dados para identificar possíveis candidatos a medicamentos e prever como eles podem atuar no corpo, além de avaliar sua segurança e eficácia. Isso ajuda a reduzir o tempo e o custo envolvidos nos métodos tradicionais de pesquisa e desenvolvimento de medicamentos.
- **Análise preditiva:** a análise preditiva é uma ferramenta poderosa para prever como os pacientes vão evoluir ao longo do tempo. Para isso, podemos analisar dados de saúde passados, como histórico médico, resultados de exames e até padrões de comportamento. Ao identificar tendências nesses dados, modelos de IA conseguem prever, por exemplo, se um paciente tem risco de desenvolver complicações no futuro. Isso permite que os profissionais de Saúde tomem ações preventivas mais cedo, de forma a melhorar o cuidado e evitar problemas graves.

  Além disso, a Inteligência Artificial preditiva (IA preditiva) não se limita ao cuidado individual dos pacientes. Ela também tem um papel fundamental na Saúde Pública, ajudando a antecipar surtos de doenças e epidemias. Ao detectar padrões de disseminação, ela permite que autoridades de Saúde se preparem melhor, distribuam recursos de forma mais eficiente e ajam rapidamente para conter a propagação de doenças.
- **Diagnósticos aprimorados:** a IA também está revolucionando o campo dos diagnósticos médicos, especialmente na análise de imagens, como as de raio X, ressonâncias magnéticas e tomografias computadorizadas. Existem algoritmos de aprendizado profundo que conseguem interpretar essas imagens com altíssima precisão, identificando padrões e anomalias que muitas vezes podem passar despercebidos ao olho humano.
- **Planos de tratamento personalizados:** além dos diagnósticos mais rápidos e precisos, a IA também facilita a criação de planos de tratamento personalizados. Quando se analisam grandes volumes de dados de pacientes, como informações genéticas, histórico médico e fatores relacionados ao estilo de vida, é possível criar planos de tratamento sob medida

que podem ser mais eficazes e causar menos efeitos colaterais em comparação aos tratamentos convencionais.

- **Eficiência operacional:** paralelamente a esses avanços clínicos, a IA também transforma a gestão administrativa da Saúde. Processos repetitivos, como agendamento de consultas e organização de prontuários, podem ser automatizados, o que reduz a carga burocrática sobre os profissionais de Saúde. Isso lhes permite dedicar mais tempo e energia ao atendimento direto dos pacientes, resultando em uma experiência mais eficiente e satisfatória para todos.

Em conjunto, esses avanços tecnológicos não apenas tornam os cuidados médicos mais eficazes, mas também mais rápidos e acessíveis, com um impacto positivo tanto no tratamento individual como na gestão da Saúde Pública.

No entanto, com o volume imenso de dados gerados diariamente, surge a questão: como podemos usar a IA não apenas para extrair *insights* valiosos, mas também para criar soluções inovadoras? Para isso, é fundamental escolher as ferramentas e abordagens certas.

ANÁLISE DE GRANDES VOLUMES DE DADOS COM INTELIGÊNCIA ARTIFICIAL

A análise eficaz desses grandes volumes de dados exige ferramentas poderosas que possam lidar com a complexidade, o armazenamento e a transformação de informações em conhecimento. A IA tem se mostrado fundamental nesse cenário, não apenas para automatizar análises, mas também para descobrir padrões e *insights*. Neste tópico, exploraremos as principais técnicas e ferramentas utilizadas para armazenar, tratar e analisar grandes volumes de dados. Também falaremos sobre modelos preditivos, modelos pré-treinados, grandes modelos de linguagem e outras abordagens inovadoras.

Armazenamento dos dados

O armazenamento de dados é o primeiro passo para lidar com *big data*. Diferentemente dos sistemas tradicionais de banco de dados, as soluções para *big data* precisam ser escaláveis e eficientes para armazenar volumes massivos de informações de maneira organizada e acessível. Ferramentas como *Hadoop, Azure, Amazon S3 e Google Cloud Storage* são amplamente utilizadas para armazenar grandes quantidades de dados.

Hadoop é uma *framework* de código aberto que permite armazenar e processar dados em grande escala. Sua principal vantagem está na capacidade de dividir e armazenar os dados em partes menores, facilitando o acesso e a análise distribuída.

Já as soluções com base em nuvem, como *Azure, Amazon S3* e *Google Cloud Storage*, oferecem armazenamento escalável, o que significa que, à medida que a quantidade de dados cresce, a infraestrutura também pode ser ampliada.

Tratamento e análise dos dados

Antes de qualquer análise, é fundamental realizar o tratamento dos dados. Esse processo envolve a limpeza, transformação e normalização das informações para garantir que os dados sejam adequados para análise. Em grandes volumes de dados, é comum que haja dados ausentes, inconsistentes ou duplicados, o que pode prejudicar os resultados das análises.

Para lidar com esse desafio, ferramentas especializadas são indispensáveis. O *Apache Spark*, por exemplo, é uma ferramenta de processamento paralelo que possibilita a execução de operações complexas de maneira muito mais eficiente do que as soluções tradicionais. Ele distribui o processamento de dados entre múltiplos nós em um *cluster*, de modo a acelerar a análise e otimizar o uso dos recursos.

Além do *Apache Spark*, o *BigQuery*, plataforma de análise de dados em nuvem da Google, também se destaca como uma solução robusta para trabalhar com grandes volumes de dados. Totalmente gerenciado e integrado com recursos de IA, o *BigQuery* foi projetado para maximizar o valor dos dados, suportando diversos mecanismos e formatos. Sua escalabilidade e flexibilidade o tornam uma opção poderosa para análise em larga escala, oferecendo uma experiência eficiente e otimizada no processamento de *big data*.

Outra ferramenta relevante no ecossistema de análise de dados é o *Databricks*. Trata-se de uma plataforma com base em nuvem voltada para o processamento de *big data*, aprendizado de máquina e engenharia de dados. O *Databricks* combina a escalabilidade do *Apache Spark* com uma interface colaborativa, permitindo que cientistas de dados, engenheiros de dados e analistas trabalhem de forma integrada em um ambiente unificado.

Essas ferramentas não só otimizam o processo de tratamento e análise de dados, mas também proporcionam a infraestrutura necessária para transformar grandes volumes de dados em *insights* valiosos e soluções inovadoras.

Modelos preditivos

Os modelos preditivos desempenham um papel crucial na análise de grandes volumes de dados, utilizando algoritmos de aprendizado de máquina para identificar padrões, prever tendências futuras e tomar decisões com base em dados. No contexto de *big data*, a construção e o treinamento de modelos preditivos são desafiadores em decorrência da enorme quantidade e da complexidade dos dados disponíveis. No entanto, ferramentas como *TensorFlow* e *PyTorch* têm se consolidado como padrões de mercado para o desenvolvimento de modelos preditivos.

O *BigQuery*, já mencionado, é um excelente exemplo de plataforma que facilita a integração de modelos preditivos com dados em larga escala. Ele permite a criação de *pipelines* que combinam dados estruturados, dados não estruturados e modelos de IA generativa. A integração do *BigQuery* com o *Gemini*, por meio da Vertex AI, exemplifica como é possível realizar tarefas avançadas como resumo de textos e análise de sentimentos com maior escala e precisão. Além disso, o *BigQuery* também suporta a análise de imagens, documentos e arquivos de áudio por meio de APIs especializadas da Vertex AI, modelos pré-treinados do *TensorFlow Hub* ou modelos personalizados.

O *Databricks*, por sua vez, é outra ferramenta de destaque para o desenvolvimento de modelos preditivos em ambientes de *big data*. Ele oferece um ambiente robusto para a criação, ajuste e implantação de modelos de IA generativos, permitindo que empresas desenvolvam soluções personalizadas para atender às suas necessidades específicas. Além disso, a plataforma se destaca pela automação do rastreamento e governança de experimentos, utilizando ferramentas como o MLflow. Com esse recurso, é possível rastrear experimentos de aprendizado de máquina, gerenciar versões de modelos e manter um histórico bem-organizado, promovendo uma governança eficiente em todo o ciclo de vida do modelo.

Modelos pré-treinados

Uma tendência recente no uso de IA para *big data* é a utilização de modelos pré-treinados. Esses modelos já foram treinados em grandes volumes de dados e podem ser aplicados a novos problemas, acelerando o processo de análise e aplicação. Modelos pré-treinados em tarefas como classificação de texto, reconhecimento de imagens e análise de sentimentos são disponibilizados por plataformas como *Hugging Face* e *TensorFlow Hub*.

Esses modelos podem ser adaptados para tarefas específicas, permitindo que empresas e pesquisadores se beneficiem de décadas de avanços em IA sem a necessidade de treinar um modelo do zero.

Modelos de linguagem grandes

Os modelos de linguagem grandes (LLMs, do inglês *large language models*) como o GPT da OpenAI, o BERT do Google e o LLaMA da Meta têm revolucionado o campo da IA, especialmente na análise de dados não estruturados, como textos. Esses modelos são projetados para lidar com enormes quantidades de dados textuais, permitindo a compreensão e a extração de informações valiosas de maneira mais eficiente.

Esses modelos oferecem uma vantagem significativa no processamento de *big data* em áreas como análise de sentimentos, geração automática de resumos e respostas a perguntas. Existem ferramentas, como a OpenAI API e o *Groq API*, que permitem o acesso e a personalização de LLMs abertos para tarefas específicas, possibilitando que empresas implementem soluções personalizadas de ponta em seus fluxos de trabalho.

LlamaIndex

O *LlamaIndex* é uma ferramenta projetada para oferecer uma solução eficiente e escalável na organização e consulta de dados. Por meio de sua capacidade de estruturar informações em índices, o *LlamaIndex* permite consultas rápidas e análises de dados complexos, tornando-o ideal para lidar com coleções extensas de dados textuais. Um dos maiores diferenciais dessa ferramenta é sua integração simplificada com outras tecnologias de IA e LLMs.

Além de otimizar a interação entre dados e modelos de linguagem, o LlamaIndex se destaca como uma solução flexível e personalizável, ideal para equipes que desejam criar suas próprias ferramentas de IA. Sua arquitetura robusta permite desenvolver sistemas sob medida para atender a necessidades específicas, garantindo maior eficiência e precisão na manipulação e análise de dados. Isso faz do *LlamaIndex* uma escolha estratégica para organizações que buscam transformar grandes volumes de dados em *insights* acionáveis por meio de IA.

A análise de grandes volumes de dados é um desafio complexo, mas as ferramentas de IA têm desempenhado um papel crucial para tornar essa tarefa viável. Desde o armazenamento até a visualização e a criação de modelos preditivos, as tecnologias atuais são capazes de lidar com volumes massivos de dados e transformar essas informações em *insights* valiosos. Além disso, o uso de modelos pré-treinados e LLMs abertos tem simplificado o processo, permitindo que até mesmo profissionais sem vasta experiência em IA consigam aproveitar o potencial do *big data*.

À medida que a tecnologia continua a evoluir, espera-se que novas ferramentas e abordagens surjam, de modo a tornar a análise de *big data* cada vez mais acessível, eficiente e eficaz.

CASOS DE SUCESSO: O IMPACTO DO *BIG DATA* NA SAÚDE

Acabamos de explorar algumas das ferramentas mais poderosas de IA voltadas para a análise e processamento de grandes volumes de dados. Agora, neste tópico, vamos destacar casos de sucesso em que o *big data* tem desempenhado um papel crucial no avanço da área da Saúde. A seguir, são descritos alguns exemplos concretos.

Identificação de alvos terapêuticos

Uma ferramenta interessante para identificar novos alvos terapêuticos e candidatos a medicamentos é o *TARGETgene*.[3] Esse *software* integra informações de várias bases de dados públicas, permitindo a exploração de genes-alvo e a validação de previsões por meio de genes de referência definidos pelo usuário, além de genes específicos relacionados ao câncer.

Além disso, a plataforma oferece uma lista de medicamentos e agentes existentes que podem influenciar os alvos identificados, o que inclui a opção de reposicionamento de medicamentos, caso algum composto coincida com os genes analisados.

Utilização da Inteligência Artificial para liberar o potencial de dados pré-clínicos

Outro caso de sucesso é a farmacêutica Bayer, que enfrentava desafios significativos na gestão de seus volumosos e dispersos dados pré-clínicos, essenciais no rigoroso processo de desenvolvimento de medicamentos. Para superar esses obstáculos e otimizar o pipeline de desenvolvimento de medicamentos, a empresa adotou tecnologias digitais avançadas da AWS e colaborou com a Thoughtworks para desenvolver uma plataforma moderna de dados, denominada PRINCE[4] (*Preclinical Information Center*). Essa plataforma centraliza os dados pré-clínicos, permitindo um acesso unificado e personalizado, o que economiza tempo e melhora a eficiência na revisão de dados e relatórios que podem alcançar até 1.500 páginas.

Além de consolidar dados de estudos toxicológicos, bioensaios e informações sobre compostos, a PRINCE facilita a pesquisa e a análise de dados por meio de uma interface de busca customizada e recursos visuais sob medida em conformidade com as regulamentações do setor.

Esse sistema não apenas acelera a coleta de dados com seu motor de busca especializado, mas também suporta análises complexas e a aplicação de aprendizado de máquina, de forma a promover decisões mais rápidas e fundamentadas em dados ao longo do desenvolvimento de medicamentos.

Detecção de nódulos nos pulmões radiografias

Algoritmos estão sendo usados para analisar exames como radiografia, tomografias computadorizadas e ressonâncias magnéticas, ajudando a identificar condições como tumores, fraturas e infecções com muita precisão. Por exemplo, um estudo recente feito por Wardlaw *et al.*[5] mostra como detectar nódulos nos pulmões em radiografias de tórax de forma mais rápida e antecipada do que os métodos tradicionais, o que pode permitir um diagnóstico mais precoce e, consequentemente, um tratamento mais eficaz.

Identificação de anomalias em tecidos

Segundo estudos de Alshuhri *et al.*,[6] a IA também pode ajudar patologistas analisando amostras de tecidos para identificar células cancerígenas e outras anomalias. Plataformas de patologia digital podem utilizar IA para digitalizar e interpretar lâminas com amostras de tecidos de forma rápida, o que acelera o processo de diagnóstico.

Identificação de pacientes com risco cardíaco

A IA pode ser utilizada junto com os cardiologistas para identificar pacientes em maior risco de problemas cardíacos. Por exemplo, a Mayo Clinic[7] está usando IA para detectar precocemente condições cardiovasculares, como o acidente vascular cerebral (AVC), e para ajudar a prevenir a insuficiência cardíaca. Em virtude de seu longo histórico de atendimento de alto volume de pacientes, a Mayo Clinic tem um enorme banco de dados com informações valiosas, como genomas históricos, microbiomas, eletrocardiogramas (ECG), imagens diagnósticas e outros resultados de exames. A IA analisa dados de exames e histórico médico para prever problemas, o que permite que os médicos intervenham de forma mais rápida e eficaz de modo a melhorar os cuidados com a saúde do coração.

Detecção da retinopatia diabética de forma automatizada

Em Oftalmologia, modelos de aprendizado profundo, treinados em grandes bases de imagens, já alcançam alta precisão em tarefas como a detecção automatizada de retinopatia diabética. Um marco desse progresso foi a aprovação do IDx-DR,[8] o primeiro sistema de triagem assistida por IA aprovado pela agência federal Food and Drug Administration (FDA) dos Estados Unidos.

Auxílio no diagnóstico de condições dermatológicas

Um exemplo interessante de como a IA pode auxiliar no diagnóstico de condições dermatológicas é o assistente desenvolvido pela Google, lançado em 2021. Essa tecnologia combina IA com as câmeras de *smartphones* para ajudar a identificar problemas de pele. O paciente captura três imagens da área afetada de diferentes ângulos e, em seguida, responde a perguntas sobre o tipo de pele, a duração do problema e outros sintomas. Com essas informações, o modelo de IA, treinado em mais de 288 condições dermatológicas, sugere possíveis diagnósticos. A ferramenta não substitui a consulta com um dermatologista, mas pode servir como um apoio no processo de diagnóstico.

Um estudo publicado na *Nature Medicine*[9] validou a precisão da ferramenta mostrando sua eficácia. A IA foi projetada para levar em conta diferentes tipos de pele, idade, sexo e etnia, de modo a garantir que o modelo fosse acessível e útil para uma ampla variedade de pacientes. Com o uso de dados anonimizados de mais de 65 mil imagens de condições dermatológicas e milhões de imagens de pele saudável, o sistema foi treinado para oferecer respostas adaptadas a diversos perfis, o que torna a ferramenta ainda mais precisa e inclusiva.

Melhorias no processamento de registros de pacientes

Por fim, vamos conhecer o resultado das melhorias implementadas no sistema de transferência de registros de pacientes desenvolvido em parceria entre a Thoughtworks e o NHS England.[10] O Serviço Nacional de Saúde (NHS, do inglês *National Health Service*) é o sistema público de Saúde financiado pelo governo do Reino Unido e responsável por fornecer cuidados médicos aos residentes da Inglaterra. O NHS tem um sistema que facilita a transferência de registros de pacientes entre clínicas de médicos de família, essencial para garantir continuidade e qualidade no atendimento. O sistema, que lida com cerca de 200 mil transferências mensais, foi otimizado para reduzir a carga administrativa dos médicos, acelerar o atendimento dos pacientes e proporcionar uma experiência mais consistente em toda a rede.

Para monitorar o desempenho do sistema e facilitar a resolução de problemas técnicos, foi criado um painel de controle. Com essa ferramenta, as clínicas podem visualizar facilmente quantas transferências ocorreram, identificar com rapidez problemas e dar prioridade aos casos que precisam de atenção urgente. Como resultado, o sistema passou a apresentar 84% menos problemas técnicos, o que significa que muito menos registros precisaram ser transferidos manualmente. Essas melhorias geraram uma economia significativa de tempo, com cerca de 430 mil horas de trabalho economizadas/ano, o que equivale a uma redução de custos de aproximadamente £7,2 milhões.

Esses exemplos demonstram o imenso potencial que o *big data* e a IA têm para transformar o setor da Saúde. No entanto, é importante ressaltar que, embora essas tecnologias ofereçam inúmeras vantagens, elas ainda enfrentam desafios, como a necessidade de garantir a privacidade dos dados dos pacientes, a integração de diferentes fontes de informação e a superação de barreiras regulatórias. Além disso, a interpretação dos resultados gerados pelos computadores deve ser cuidadosamente supervisionada por profissionais da Saúde para garantir que os diagnósticos e tratamentos propostos sejam sempre fundamentados em um julgamento médico qualificado.

À medida que os dados continuam a crescer e as tecnologias se tornam mais sofisticadas, é certo que o papel do *big data* na Medicina continuará a se expandir, oferecendo novas possibilidades para diagnósticos mais rápidos, tratamentos mais eficazes e, eventualmente, uma melhoria significativa na qualidade de vida dos pacientes.

Referências bibliográficas

1. Laney D. 3-D data management: controlling data volume, velocity and variety. Application Delivery Strategies by META Group Inc. 2001;949.
2. Lomotey RK, Deters R. Towards knowledge discovery in big data. 2014 IEEE 8. ed. International Symposium on Service Oriented System Engineering; 2014.

3. Lin S, Wu S, Zhao W et al. TargetGene: a comprehensive database of cell-type-specific target genes for genetic variants. Nucleic Acids Res. 2024;52(D1):D1072-81. doi: 10.1093/nar/gkad901.
4. ThoughtWorks. Bayer, 2025a. Disponível na Internet: https://www.thoughtworks.com/en-br/clients/bayer (28 abr. 2025).
5. Wardlaw JM, Mair G, von Kummer R et al. Accuracy of automated computer-aided diagnosis for stroke imaging: a critical evaluation of current evidence. Stroke. 2022;53(7):2393-403.
6. Alshuhri S, Al-Musawi SG, Al-Alwany AA et al. Artificial intelligence in cancer diagnosis: opportunities and challenges. Pathol Res Pract. 2024;253:154996. doi: 10.1016/j.prp.2023.154996.
7. Mayo Clinic. AI in cardiology, 2025a. Disponível na Internet: https://www.mayoclinic.org/departments-centers/ai-cardiology/overview/ovc-20486648 (28 abr. 2025).
8. Abràmoff MD, Lavin PT, Birch M, Shah N, Folk JC. Pivotal trial of an autonomous AI-based diagnostic system for detection of diabetic retinopathy in primary care offices. NPJ Digit Med. 2018;1:39.
9. Liu Y, Jain A, Eng C et al. A deep learning system for differential diagnosis of skin diseases. Nat Med. 2020;26(5):900-8.
10. ThoughtWorks. NHS England, 2025a. Disponível na Internet: https://www.thoughtworks.com/en-br/clients/nhs-gp2gp-prm (28 abr. 2025).

CAPÍTULO

20 Inteligência Artificial na Validação Clínica – Transformar Descobertas em Desfechos

Fabiano Barcellos Filho
José Benedito Ramos Valladão Júnior

"A tecnologia se tornou nosso oxigênio - e quando ela falha, o que nos resta?"
Cibertormenta
Matthew Mather

Na intenção de destrinchar os principais avanços e melhorias que a Inteligência Artificial (IA) tem contribuído para a Saúde, este capítulo descreve os principais usos da IA na Medicina em diferentes tipos de dados e para variadas situações que serão levantadas com intuito de melhorar o desfecho clínico.

Antes, é importante dar alguns passos para trás e entender as possibilidades que temos com a IA, entendendo que, no momento, 99% das vezes que falamos de IA, estamos falando de seu principal sinônimo: o aprendizado de máquina (ML, do inglês *machine learning*) e, muitas vezes, o aprendizado profundo (DL, do inglês *deep learning*) também está presente.[15]

Iniciaremos abordando os principais fundamentos de IA, seguidos de seus usos de IA para diagnóstico e prognósticos e os modelos mais inovadores da atualidade no que tange à IA generativa. Por fim, elencaremos as principais possibilidades de uso de IA multimodal na Saúde, ou seja, aquela capaz de responder a tarefas com diferentes tipos de dados ao mesmo tempo.

É importante trazer como perspectiva, para iniciar, o artigo do *New England*, de Obermeyer, publicado em 2017, intitulado *Lost in Thought*, cuja principal ideia era o fato de que os profissionais de Saúde se perderiam nos pensamentos, dados a quantidade de dados disponível e os limites da capacidade humana de processar tanta informação para diagnóstico e para a tomada de decisão clínica.

Mas a IA não é de hoje, ela vem se consolidando nos últimos anos principalmente pelo desenvolvimento avançado de grandes núcleos de computadores gráficos capazes de processar cada vez mais informação, e a Medicina só teve a ganhar com esse avanço, dado que é o ambiente em que mais se coletavam dados em Saúde até então.

Assim, primeiramente, é importante fundamentar a IA em termos de conceitos e entender as principais aplicações na Saúde em âmbito mais geral. Por definição, a IA é um campo da ciência da computação e imita a inteligência humana de forma a realizar tarefas complexas como análise de dados e ajuda na tomada de decisão.[14]

Como mencionado, os principais termos atualmente que podemos ver sobre IA estão relacionados com ML, DL e processamento de linguagem natural (NLP, do inglês *natural language processing*), além dos modelos de linguagem grandes (LLMs, do inglês *large language models*) que se baseiam em aprendizado profundo e puderam aprender com uma quantidade gigante de dados de texto.

É importante, inicialmente, diferenciarmos em termos de aplicação a IA generativa da IA preditiva. Esses modelos de linguagem geram dados de texto e por isso são nomeados "IA generativa". Outro campo tão importante quanto e que já vem sendo aplicado em pesquisa e desenvolvimento há mais tempo é o da IA preditiva, na qual modelos matemáticos são ajustados computacionalmente para aprender com reconhecimento de padrão e fazer diagnósticos, ou com dados históricos e fazer previsões futuras.

Alguns exemplos de diagnóstico assistido já usados com IA preditiva é a classificação de doenças mediante análise de imagens médicas, como o eletrocardiograma (ECG), a radiografia e a tomografia. Para fazer predição e ajustar desfechos clínicos, modelos que usam dados estruturados têm sido considerados o estado da arte para predição de risco em pacientes graves, podendo modelar desfechos como reinternação e óbito.

No âmbito de diagnóstico, podemos elencar estudos que utilizaram IA em ECGs, holters e ecocardiogramas[1] que podem detectar padrões de arritmias que passam despercebidos por métodos tradicionais.[2] Um estudo muito importante intitulado "ARISE" não apenas criou um modelo de diagnóstico de infarto agudo do miocárdio com supradesnivelamento do segmento ST (IAMCSST), mas foi além. Em um *trial* com IA feito em Taiwan, foi possível comparar o grupo que usou IA e o que não usou, com um resultado de diminuição do tempo porta-balão em 10 minutos, passando de aproximadamente 55 minutos para 45 minutos com a detecção de IAMCSST pela IA.

Outros resultados que extrapolam esses da Cardiologia são encontrados em especialidades como Radiologia e Neurologia,[17] nas quais os erros diagnósticos puderam ser diminuídos com uso da IA (9,5% para 1%)[3] e a precisão de diagnósticos da Radiologia aumentou 110%.[4]

Apenas em colonoscopia, um estudo levantou que com a prevenção de mais de 7 mil casos de câncer colorretal e de 2 mil mortes, economizaram-se 290 milhões de dólares, economia esta alcançada pela identificação e remoção de pólipos pré-cancerosos, o que diminuiu custos com tratamentos de câncer e aumentou a eficiência do rastreamento.[5]

Agora se formos falar de IA para prognóstico, precisamos pensar na forma como esta tem sido utilizada para melhorar o entendimento futuro do paciente.[18] A principal ferramenta para modelagem matemática de sobrevida utilizava métodos de análise de sobrevivência tradicional, que atualmente já podem se dizer superados por modelos de IA personalizados que auxiliam na escolha de terapias, prolongando a sobrevida em pacientes oncológicos em até 12 meses.[6] Outra aplicação atual muito comum, em virtude da ascensão do processamento de linguagem natural, são a utilização desses textos e sua estruturação em estudos que visam prever desfechos em saúde, que analisam riscos e antecipam complicações.[7]

O impacto desse tipo de análise se deu principalmente na previsão de desfecho de complicações pós-operatórias em pacientes de unidade de terapia intensiva (UTI). Utilizando-se de modelos preditivos, a IA alcançou uma precisão de 88% para antecipar qual paciente teria complicações após a cirurgia.[8] Além de complicações, estudos mostraram que a IA teria 20 vezes mais capacidade de identificar pacientes com maior risco de readmissão hospitalar do que escores tradicionais.[9] No que tange a aumento de sobrevida em pacientes oncológicos, tem-se documentado um aumento de 6 meses a 1 ano de sobrevida quando as terapias personalizadas foram guiadas por IA.[6] Na perspectiva cardiovascular, estudos relatam uma precisão de 95% dos modelos de IA em antecipar desfechos adversos como na insuficiência cardíaca.[10]

Com o surgimento dos novos modelos de linguagem em IA, precisamos pensar na sua aplicação na saúde e quais as principais tarefas em que eles podem propiciar melhoria na qualidade do cuidado, que carecem de soluções, principalmente relativas a atendimento médico e redução de carga de trabalho utilizada para documentação clínica.

Quando se trata de apoio na tomada de decisão clínica, os LLMs também podem apoiar em diagnósticos diferenciais e na organização de prontuários, melhorando a qualidade e a rapidez das decisões clínicas.[11] Esses mesmos modelos também podem fazer previsão de readmissões e mortalidade, sendo até mais eficazes do que modelos de aprendizado de máquina tradicionais.[12]

Em termos de números, os LLMs melhoraram em 90% a precisão na geração de resumos clínicos automatizados[13] e produzem redução de 50% no tempo de resposta em atendimento ao paciente.[7] Outro ponto de foco, quando falamos em diagnóstico diferencial, o uso de LLMs aumentou a precisão em 30% para melhoria da diferenciação desses casos.

Em termos de alcance, se pensarmos que mais de 1 bilhão de dados já são processados por LLMs em grandes redes de Saúde,[12] essa tecnologia já está impactando diretamente a vida de muitos pacientes.

Porém, precisamos ter cautela quando pensamos nesses desfechos na perspectiva de uma validação clínica, um *trial* recente avaliou Um grupo usou e o outro não usou LLMs para comparar a performance no diagnóstico de desfechos em saúde e o tempo gasto por caso para avaliação. De acordo com Goh *et al.*, 2024,[19] em seu *clinical trial*, a disponibilidade de LLM não melhorou significativamente o raciocínio diagnóstico médico e fez pouca diferença no tempo para avaliação de casos clínicos, o que suge que é necessário mais desenvolvimento para integrar efetivamente IA à prática clínica.

Se todas essas aplicações em diferentes tipos de dados puderem ter aplicabilidade apenas por um modelo geral, que possa responder visualizando uma imagem, com um comando de texto ou voz, o avanço será notável. Essa é a AI multimodal, capaz de combinar diferentes tipos de fontes médicas para uma análise mais completa e precisa. Isso já é possível e estamos a testemunhá-lo no uso do Chatgpt 4 da OpenAI e do Gemini do Google, que podem oferecer *insights* mais detalhados, o que permite um entendimento mais abrangente da condição do paciente e melhores prognósticos até mesmo em forma de agente, ou seja, interagindo com uma tela compartilhada e tomando notas de achados médicos e descrevendo-os.

O papel da IA na validação clínica também será cada vez mais impactante na pesquisa clínica de modo a acelerar processos e aprimorar a precisão na análise de dados.[16] No desenvolvimento de medicamentos e tratamentos, os ensaios clínicos enfrentam desafios como custos elevados, prazos longos e complexidade regulatória. A IA passará a oferecer soluções que otimizam esses aspectos ao utilizar algoritmos avançados para análise de dados clínicos e genéticos em larga escala.

Plataformas com base em IA, como IBM Watson e DeepMind, têm sido utilizadas para rastrear dados históricos e em tempo real, acelerando a validação de tratamentos promissores predizendo eficácia e segurança com assertividade. A automação também permite o monitoramento contínuo durante os estudos, o que otimiza o controle e a seleção de participantes de modo a reduzir vieses, e facilitar a coleta e análise de dados.

Outra área promissora diz respeito à descoberta e validação de biomarcadores preditivos e de prognósticos para diversas condições de saúde, como câncer, doenças neurodegenerativas e cardiovasculares. Algoritmos avançados de IA analisam grandes volumes de dados genômicos, proteômicos e clínicos, identificando padrões associados ao diagnóstico precoce e à previsão de desfechos clínicos. Ferramentas como aprendizado de máquina permitem validar biomarcadores com maior precisão e rapidez, reduzindo custos e tempo. A IA, portanto, aumentará a eficácia na personalização de tratamentos ao correlacionar biomarcadores com respostas terapêuticas específicas.

Diante do exposto, deve-se ressaltar que a integração da IA a plataformas de validação clínica descentralizadas deverá ser um marco para o avanço dos cuidados em saúde. Essas tecnologias não apenas otimizam a análise de dados em grande escala, mas também permitem a condução de estudos clínicos mais inclusivos ao alcançar populações geograficamente distantes ou sub-representadas. Como reduzem custos e aceleram processos, a IA tem o potencial de democratizar o acesso a tratamentos inovadores, beneficiando pacientes em escala global. Contudo, o sucesso dessa revolução depende da superação de desafios éticos, regulatórios e tecnológicos, como a transparência dos modelos e a proteção de dados sensíveis.

A IA não substituirá a *expertise* humana, mas se tornará uma aliada essencial no processo de validação clínica, permitindo avanços que antes eram inviáveis. Esse futuro colaborativo entre tecnologia e ciência médica marca uma era em que diagnósticos e tratamentos mais seguros, eficazes e acessíveis se tornarão uma realidade tangível.

Referências bibliográficas

1. Mayourian S et al. Applications of AI in ECGs, Holters, and Echocardiograms; 2024.
2. Ulloa-Cerna A et al. AI Detection of arrhythmias overlooked by traditional methods; 2022.
3. van Leeuwen GH et al. Reduction in diagnostic errors in CT scans using AI; 2022.
4. Kalra S et al. Accuracy in radiology diagnosis with AI. Computers in Biology and Medicine; 2024.
5. Samarasena JB et al. Cost Savings with AI in Colonoscopies. Gastroenterology; 2023.
6. Patel V et al. Personalized ai models for prolonged survival in oncology patients. Oncology Reports; 2024.
7. Lee D et al. Healthcare communication enhanced by LLMs. Healthcare Communication Journal; 2022.
8. Liu Y et al. Predictive models for post-operative complications in ICU patients. Journal of Intensive Care Medicine; 2023.
9. Nguyen T et al. AI for Identifying high-risk hospital readmissions. Healthcare Analytics; 2022.
10. Singh R et al. Anticipating adverse cardiovascular outcomes with AI models. Cardiovascular Research Journal; 2023.
11. Chen W et al. Clinical decision support with large language models. Medical Decision Support; 2024.
12. Zhang H et al. NYUTron for predicting hospital readmissions and mortality. Big Data in Healthcare; 2023.
13. Brown T et al. Automated clinical summary generation with AI. Journal of Medical AI. 2023.

14. Topol EJ. Deep medicine: how artificial intelligence can make healthcare human again; 2019.
15. Esteva A et al. A Guide to deep learning in healthcare. Nature Medicine; 2019.
16. Waring J et al. Machine learning in medical research: a practical introduction. BMC Medical Research Methodology; 2020.
17. Chinese Stroke Association. Extending the treatment window for stroke. Stroke and Vascular Neurology; 2023.
18. Ltopolee C et al. Prognosis with AI in longitudinal health records; 2023.
19. Goh E, Gallo R, Hom J et al. Large language model influence on diagnostic reasoning: a randomized clinical trial. JAMA Netw Open, 2024.

CAPÍTULO

21 Modelos Populacionais – A Inteligência Artificial como Aliada da Saúde Pública

Tiago Kietzmann Penalves Rocha

"Um dia, os homens entregaram seu pensamento às máquinas na esperança de que isso os libertaria. Mas isso apenas permitiu que outros homens com máquinas os escravizassem."

Duna

Frank Herbert

INTRODUÇÃO

A Inteligência Artificial (IA), os modelos preditivos e a IA generativa têm desempenhado um papel cada vez mais significativo na Saúde Pública, promovendo avanços na gestão, no planejamento, na vigilância, na avaliação de impacto, na prevenção e no diagnóstico de doenças e de pandemias.

Com o uso de algoritmos avançados, é possível identificar padrões em grandes volumes de dados, prever surtos de epidemias, otimizar o uso de recursos de saúde e personalizar intervenções para populações específicas. Além disso, a IA generativa permite a análise e a extração de informações relevantes de textos médicos e relatórios clínicos, acelerando a tomada de decisões e a produção de conhecimento. Essas tecnologias ampliam a capacidade dos sistemas de Saúde de responder a desafios complexos de forma eficiente e equitativa, beneficiando milhões de pessoas.

O *big data*, nesse cenário, tem também como fonte importantíssima de conteúdo dados secundários tradicionais da Saúde Pública, a exemplo de notificações compulsórias, distribuição dos serviços e consumo dos recursos. Isso tem transformado a Saúde Pública ao possibilitar avanços no monitoramento de eventos, distribuição e utilização de serviços de Saúde. A integração de grandes volumes de dados permite a identificação de padrões e tendências que orientam ações estratégicas. Modelos preditivos, alimentados por esses dados, ajudam a antecipar surtos epidemiológicos, otimizar a alocação de recursos e planejar intervenções mais eficazes. Essas inovações reforçam a capacidade dos sistemas de Saúde Pública de atender às necessidades da população de forma mais ágil, eficiente e equitativa.

Entretanto, o uso de dados secundários na Saúde Pública enfrenta desafios significativos relacionados à qualidade, abrangência e interoperabilidade das informações. Problemas de subnotificação, inconsistências na coleta e falta de integração entre sistemas comprometem a representatividade dos dados e introduzem vieses que podem distorcer análises e decisões. Além disso, a complexidade inerente aos eventos de saúde populacional, influenciada por fatores socioeconômicos, ambientais e demográficos, aumenta a dificuldade de capturar todas as variáveis relevantes. A transformação dos dados ao longo do tempo, como mudanças na distribuição da população de interesse práticas de notificação, avanços terapêuticos ou novas características epidemiologia das doenças, pode impactar a *performance* de modelos preditivos, tornando-os menos precisos ou desatualizados. Enfrentar esses desafios requer investimentos em infraestrutura de dados, padronização de sistemas e estratégias para mitigar vieses, garantindo análises mais confiáveis e aplicáveis à Saúde Pública.

HISTÓRIA DA INTELIGÊNCIA ARTIFICIAL NA SAÚDE PÚBLICA

O uso da IA na Saúde Pública evoluiu significativamente ao longo das décadas, com marcos que demonstram seu potencial e desafios.[1] Essa evolução seguiu uma trajetória semelhante à outras áreas, com um crescimento inicial lento, mas com uma aceleração exponencial nos últimos anos impulsionada pelo advento do *big data* e pelo aumento da capacidade de processamento computacional.

Entretanto, seu desenvolvimento ainda enfrenta desafios que tornam as iniciativas relativamente mais atrasadas. Mesmo com a disponibilidade de grandes volumes de dados, a complexidade do setor, que envolve variáveis socioeconômicas, infraestrutura limitada e integração de sistemas, além dos altos custos de pesquisa e implementação, dificulta uma adoção mais ampla e eficiente dessas tecnologias.

Década de 1960: as primeiras aplicações na área da Saúde focavam em sistemas especialistas que utilizavam o conhecimento de especialistas humanos para auxiliar na tomada de decisões em diagnóstico médico e planejamento de tratamentos. Pouco se relacionava à Saúde Pública.

Décadas de 1980 e 1990: os sistemas especialistas continuaram a ser um foco, mas a pesquisa também se expandiu para aprendizado de máquina (ML, do inglês *machine learning*) e processamento de linguagem natural na Saúde. A crescente disponibilidade de grandes bases de dados médicos e de sistemas computacionais mais poderosos permitiu aos pesquisadores ao exploração do potencial da IA em áreas como diagnóstico de doenças, descoberta de medicamentos e vigilância em Saúde Pública.

Anos 2000: avanços em visão computacional, processamento de linguagem natural e ML possibilitaram o desenvolvimento de sistemas de IA mais complexos, capazes de analisar vastas quantidades de dados e prever resultados. Isso propiciou a criação de sistemas diagnósticos com base em IA, como aqueles que analisam imagens médicas para ajudar na detecção de doenças. Progresso em mineração de texto e processamento de linguagem natural também permitiu que os pesquisadores utilizassem IA para analisar grandes volumes de dados não estruturados, como prontuários eletrônicos, para gerar *insights*. Cada vez mais, soluções de IA foram testadas e avaliadas nas diversas áreas da saúde populacional.

Anos recentes: passamos por uma transformação do cenário. Tem havido um interesse crescente no uso de IA na Saúde Pública, particularmente em modelos preditivos e vigilância em Saúde Pública. A IA também tem sido utilizada para analisar dados de redes sociais e outras fontes a fim de identificar possíveis surtos e monitorar a propagação de doenças. Além disso, as aplicações de IA na Saúde Pública se expandiram para novas áreas, como desenvolvimento de medicamentos e tratamentos personalizados, impulsionadas pelo aumento do acesso a *big data* e recursos avançados de computação.

ÁREAS DE APLICAÇÃO

A IA está sendo aplicada a uma ampla gama de áreas dentro da Saúde Pública, oferecendo oportunidades para melhorar diversos aspectos da entrega de cuidados de saúde e prevenção de doenças.[1-4]

Modelagem preditiva: algoritmos de IA podem ser usados para analisar grandes conjuntos de dados e prever resultados futuros, como a disseminação de doenças infecciosas.

Vigilância em Saúde Pública: a IA está revolucionando a vigilância em Saúde Pública ao permitir o monitoramento em tempo real de surtos de doenças e tendências de saúde.

Registros eletrônicos de Saúde (RES): a IA pode ser usada para analisar e extrair informações valiosas dos RES que, frequentemente, contêm grandes quantidades de dados não estruturados.

Diagnóstico: a IA está sendo cada vez mais utilizada para auxiliar no diagnóstico de doenças.

Controle de desinformação: algoritmos de IA podem ser usados para identificar e combater a disseminação de desinformação nas redes sociais e outras plataformas *online*.

Alocação de recursos e planejamento de respostas: a IA pode ajudar a otimizar a alocação de recursos e planejar respostas a emergências de Saúde Pública, melhorando a eficiência e a eficácia.

Análise de comportamento de saúde: a IA pode ser usada para estudar comportamentos e atitudes de saúde dentro das populações.

Farmacovigilância: a IA pode auxiliar no monitoramento da segurança de medicamentos e na identificação de efeitos adversos potenciais, de modo a aumentar a segurança medicamentosa e a de Saúde Pública.

Modelos preditivos

A modelagem preditiva em Saúde Pública pode ser aplicada a várias áreas, oferecendo *insights* que podem informar a tomada de decisões e melhorar a saúde da população.

Previsão de doenças: algoritmos de IA podem ser usados para prever a disseminação de doenças, em especial infecciosas, e orientar intervenções e a alocação de recursos, ajudando a tomar medidas proativas para mitigar possíveis surtos.

Previsão de risco: a IA pode ser usada para identificar indivíduos com alto risco de desenvolver certas doenças ou de sofrer eventos adversos à saúde, permitindo intervenções personalizadas e medidas preventivas. Por exemplo, algoritmos de ML podem analisar RES, dados genômicos e fatores de estilo de vida para prever o risco de um indivíduo desenvolver doenças cardiovasculares ou outras condições crônicas. Essas informações permitem que os provedores de saúde direcionem intervenções e triagens para aqueles que mais se beneficiariam.

Modelagem espacial: a análise de informações geográficas para identificar padrões e tendências nos resultados de saúde permite que as autoridades de saúde direcionem intervenções para áreas com maior carga de doenças. A modelagem espacial com IA pode analisar dados de fontes como imagens de satélite e RES para prever a disseminação de doenças e identificar áreas de alto risco de modo a orientar a alocação de recursos e o desenvolvimento de campanhas direcionadas de Saúde Pública.

Alguns exemplos de aplicações de modelagem preditiva em Saúde Pública:

- O Departamento de Saúde Pública de Chicago implementou um modelo de floresta aleatória para identificar crianças com alto risco de envenenamento por chumbo, priorizando casas para inspeções de chumbo com base em vários fatores, incluindo testes históricos de níveis de chumbo no sangue, avaliações de valor de propriedades e dados do censo.

- Pesquisadores usaram IA para selecionar indivíduos para uma iniciativa de prevenção do HIV mediada por pares para jovens em situação de rua, utilizando técnicas de maximização de influência para identificar indivíduos influentes dentro da população-alvo.
- Algoritmos de IA foram usados para prever as concentrações de bactérias na água das praias, ajudando as autoridades de Saúde Pública a avaliar a qualidade da água e a proteger a Saúde Pública.

De maneira geral, a modelagem preditiva tem o potencial de melhorar significativamente a Saúde Pública, fornecendo *insights* que podem informar intervenções, alocação de recursos e decisões políticas. No entanto, abordar os desafios relacionados com a qualidade dos dados, interpretabilidade dos modelos e com considerações éticas é crucial para garantir o uso responsável e eficaz dessas ferramentas poderosas.

Vigilância em Saúde Pública

A IA surgiu como uma ferramenta transformadora para melhorar a vigilância em Saúde Pública, possibilitando monitoramento, previsão e resposta mais eficazes às ameaças à Saúde Pública.

Detecção em tempo real de surtos de doenças: algoritmos de IA podem analisar dados de várias fontes, incluindo postagens em redes sociais, artigos de notícias, consultas de pesquisa *online* e RES para detectar sinais precoces de surtos de doenças. Isso permite que os responsáveis pela Saúde Pública identifiquem ameaças potenciais mais rapidamente do que os métodos tradicionais de vigilância, permitindo intervenção e contenção mais rápidas.

Identificação de áreas e populações de alto risco: a IA pode analisar dados geográficos e demográficos, padrões de prevalência de doenças e fatores ambientais para identificar áreas de alto risco e populações suscetíveis a ameaças específicas de saúde. Essas informações ajudam a direcionar as intervenções e a alocar recursos de forma mais eficiente, concentrando-se nas áreas com maior necessidade.

Modelagem preditiva para previsão de surtos: algoritmos de IA podem ser treinados com dados históricos para prever a disseminação e a gravidade dos surtos de doenças. Ao considerar fatores como densidade populacional, padrões de viagem, condições climáticas e características das doenças, os modelos preditivos podem fornecer *insights* valiosos para o planejamento de preparação e alocação de recursos.

Vigilância sindrômica: a IA pode analisar grandes volumes de dados de diversas fontes, como visitas a departamentos de emergência, registros de farmácias e pesquisas *online* de sintomas para detectar padrões incomuns ou agrupamentos de sintomas que possam indicar uma ameaça emergente à saúde. Isso pode ser particularmente útil para identificar surtos novos ou que estão evoluindo com rapidez.

Infodemiologia e infovigilância: a IA pode ser usada para monitorar e analisar informações *online* relacionadas à Saúde Pública, incluindo postagens em redes sociais, artigos de notícias e discussões em fóruns. Isso permite que as autoridades de Saúde Pública acompanhem discussões relacionadas a doenças, identifiquem desinformação e ajustem as estratégias de comunicação para lidar de forma eficaz com as preocupações públicas.

Análise e interpretação aprimoradas de dados: a IA pode ajudar os profissionais de Saúde Pública a analisar e interpretar grandes e complexos conjuntos de dados de maneira mais eficiente. Algoritmos de ML podem identificar padrões, tendências e anomalias nos dados que podem não ser imediatamente aparentes para os analistas humanos de modo a propiciar uma tomada de decisão mais informada e melhores *insights* para intervenções em Saúde Pública.

De forma geral, a IA oferece ferramentas valiosas para melhorar a vigilância em Saúde Pública. Com a adoção dessas tecnologias e o enfrentamento aos desafios associados, podemos criar sistemas de Saúde Pública mais robustos e responsivos, mais bem-equipados para proteger e promover a saúde da população.

Registros eletrônicos de Saúde

Os RES tornaram-se uma fonte crucial de dados para a pesquisa e prática em Saúde Pública, oferecendo valiosos *insights* sobre tendências de saúde populacional, padrões de doenças e a eficácia das intervenções.

Vigilância e monitoramento de doenças: os dados dos RES podem ser usados para rastrear a incidência e prevalência de várias doenças nas populações, proporcionando *insights* em tempo real sobre surtos de doenças, ameaças emergentes à saúde e a eficácia das intervenções em Saúde Pública. Ao analisarem tendências de diagnósticos, hospitalizações e prescrições de medicamentos, os responsáveis pela Saúde Pública podem monitorar padrões de doenças, identificar áreas de alto risco e alocar recursos de forma eficaz.

Identificação de desigualdades em saúde: os dados dos RES podem revelar padrões de desigualdades em saúde entre diferentes grupos demográficos, estratos socioeconômicos e localidades geográficas. Com a análise de variações na prevalência de doenças, no acesso ao cuidado e nos resultados de saúde, os pesquisadores de Saúde Pública podem identificar populações que enfrentam iniquidades em saúde e desenvolver intervenções direcionadas para abordar essas desigualdades.

Avaliação de programas e intervenções em Saúde Pública: os dados dos RES podem ser usados para avaliar a eficácia de programas, intervenções e políticas em Saúde Pública. Ao compararem os resultados de saúde antes e depois da implementação de um programa ou mudança de política, os pesquisadores podem avaliar seu impacto na saúde populacional e identificar áreas de melhoria.

Identificação e prevenção de fatores de risco: a análise dos dados dos RES pode ajudar a identificar fatores de risco associados a doenças crônicas e outras condições de saúde. Estudando padrões em fatores de estilo de vida, histórico médico e predisposições genéticas, os pesquisadores em Saúde Pública podem desenvolver programas de prevenção direcionados e campanhas de promoção da saúde para reduzir a incidência de doenças evitáveis.

Apoio a Iniciativas de Saúde Pública de Precisão: os dados dos RES, combinados com outras fontes como dados genômicos e ambientais, podem contribuir para iniciativas de Saúde Pública de precisão, visando personalizar intervenções e medidas preventivas para as necessidades específicas de indivíduos e subgrupos dentro das populações. Essa abordagem que se baseia em dados pode resultar em estratégias de Saúde Pública mais eficazes e personalizadas.

Desafios na utilização dos registros eletrônicos de Saúde para a Saúde Pública

Qualidade e padronização dos dados: os dados dos RES podem variar em qualidade, completude e padronização entre diferentes sistemas de saúde. Garantir a precisão, consistência e interoperabilidade dos dados é crucial para uma análise confiável em Saúde Pública.

Privacidade e segurança dos dados: os RES contêm informações pessoais de saúde sensíveis, exigindo adesão rigorosa às regulamentações de privacidade, como a Health Insurance Portability and Accountability Act (HIPAA), para proteger a confidencialidade dos pacientes. Equilibrar a necessidade de acesso aos dados para fins de Saúde Pública com a proteção da privacidade individual é uma consideração crítica.

Viés e representatividade: os dados dos RES podem não ser totalmente representativos de toda a população, o que pode resultar em *insights* tendenciosos ou incompletos. Garantir que as análises com base nos RES considerem possíveis vieses e limitações na representatividade dos dados é essencial para a tomada de decisões precisas em Saúde Pública.

Direções futuras

Integração com outras fontes de dados: combinar os dados dos RES com outras fontes, como dados sobre determinantes sociais da saúde, dados ambientais e genômicos, pode fornecer uma compreensão holística da saúde populacional e permitir intervenções em Saúde Pública mais eficazes.

Análises avançadas e ML: o uso de análises avançadas e técnicas de ML pode extrair *insights* mais profundos dos dados dos RES, com a identificação de padrões complexos, a previsão de resultados de saúde e a personalização de intervenções em Saúde Pública.

De forma geral, os RES têm um enorme potencial como um recurso valioso para vigilância, pesquisa e prática em Saúde Pública. Ao enfrentarmos os desafios relacionados à qualidade dos dados, privacidade e viés e adotarmos novas abordagens analíticas, podemos aproveitar o poder dos RES para melhorar a saúde populacional e criar comunidades mais saudáveis.

Controle de desinformação

A IA desempenha um papel significativo no combate à desinformação em Saúde Pública, aproveitando suas capacidades para analisar grandes quantidades de dados, detectar padrões e identificar informações falsas ou enganosas.

Monitoramento de mídias sociais: algoritmos de IA podem monitorar plataformas de mídias sociais para identificar a disseminação de desinformação relacionada a temas de saúde. Por meio da análise de textos, imagens e vídeos, a IA pode identificar alegações falsas, teorias da conspiração e rumores que circulam *online*. Isso permite que as autoridades de Saúde Pública respondam rapidamente, desmintam informações falsas e forneçam informações precisas ao público. Por exemplo, durante a pandemia de Covid-19, as empresas de mídias sociais usaram IA para combater a desinformação sobre o vírus.

Verificação de fatos e validação: a IA pode auxiliar na verificação de informações relacionadas à saúde, comparando alegações com um vasto banco de dados de fontes confiáveis, como publicações científicas, *sites* governamentais e bases de dados médicas. Ferramentas alimentadas por IA podem ajudar a identificar inconsistências, sinalizar declarações potencialmente falsas e fornecer refutações com base em evidências para combater a desinformação.

Identificação das fontes e redes de desinformação: a IA pode analisar padrões de disseminação de desinformação para identificar fontes-chave, influenciadores e redes envolvidas na propagação de informações falsas. Isso ajuda as autoridades de Saúde Pública a entender as origens e os caminhos da desinformação, permitindo intervenções direcionadas para interromper sua propagação.

Análise de sentimentos e percepção Pública: a IA pode analisar o sentimento público e as percepções sobre temas de saúde processando discussões *online*, artigos de notícias e postagens nas mídias sociais. Isso ajuda as autoridades de Saúde Pública a compreender as preocupações do público, equívocos e o impacto da desinformação na confiança pública e no comportamento.

Desenvolvimento de contranarrativas e conteúdo educacional: a IA pode ser usada para desenvolver contranarrativas convincentes e conteúdo educacional para abordar a desinformação e promover informações de saúde precisas. Ao compreender a linguagem e as narrativas usadas na desinformação, a IA pode ajudar a criar mensagens persuasivas que ressoem com o público-alvo e contraponham efetivamente alegações falsas.

Desafios no controle de desinformação com Inteligência Artificial

Natureza evolutiva da desinformação: as táticas e narrativas da desinformação estão em constante evolução, o que exige que os sistemas de IA se adaptem rapidamente para detectar e combater novas formas de falsidades.

Contexto e nuances: compreender o contexto e as nuances da linguagem é crucial para uma detecção precisa da desinformação. Os sistemas de IA precisam aprimorar sua capacidade de diferenciar entre sátiras, humor e desinformação genuína.

Considerações éticas: o controle de desinformação com IA deve ser implementado de maneira responsável e ética, garantindo transparência, responsabilidade e evitando censura ou supressão de pontos de vista legítimos dissidentes.

De forma geral, a IA oferece ferramentas valiosas para combater a desinformação em Saúde Pública. Mediante o uso da IA para monitorar plataformas *online*, verificar informações, identificar fontes de falsidades, entender as percepções públicas e desenvolver contranarrativas, as autoridades de Saúde Pública podem abordar a desinformação de maneira mais eficaz, proteger a Saúde Pública e promover a confiança em fontes confiáveis de informação.

Alocação de recursos e planejamento de respostas

A IA oferece poderosas capacidades para otimizar a alocação de recursos e melhorar o planejamento de resposta em Saúde Pública, o que permite uma utilização mais eficaz e eficiente dos recursos limitados para enfrentar os desafios da Saúde Pública.

Modelagem preditiva para alocação de recursos: algoritmos de IA podem ser treinados com dados históricos, incluindo padrões de incidência de doenças, informações demográficas e tendências de utilização de serviços de Saúde, para prever a demanda futura de cuidados de saúde e as necessidades de recursos. Esses modelos preditivos podem ajudar os oficiais de Saúde Pública a:

- Antecipar picos na demanda por serviços ou recursos de Saúde específicos.
- Otimizar a alocação de pessoal, suprimentos médicos e equipamentos.
- Identificar áreas com potenciais escassez de recursos.

Modelagem espacial para intervenções direcionadas: mediante a integração de IA a Sistemas de Informação Geográfica (SIG), as autoridades de Saúde

Pública podem criar modelos espaciais que mapeiam a distribuição de doenças, fatores de risco e recursos de Saúde. Isso permite:

- Identificar pontos críticos geográficos de incidência de doenças ou vulnerabilidade.
- Direcionar intervenções, como campanhas de vacinação ou programas de educação em saúde, para áreas específicas com maior necessidade.
- Otimizar a localização de unidades de Saúde ou clínicas móveis para melhorar o acesso para populações carentes.

Otimização de recursos durante emergências: durante emergências de Saúde Pública, a IA pode desempenhar um papel crucial no planejamento de resposta e alocação de recursos, ao:

- Analisar dados em tempo real de diversas fontes, como mídias sociais, reportagens de notícias e chamadas de emergência, para avaliar a abrangência e gravidade do evento.
- Prever a propagação e o impacto da emergência.
- Otimizar o envio de equipes de resposta a emergências, suprimentos médicos e outros recursos críticos.

Sistemas de suporte à decisão alimentados por IA: a IA pode ser integrada a sistemas de suporte à decisão para ajudar autoridades de Saúde Pública a tomar decisões mais informadas e com base em dados sobre a alocação de recursos e o planejamento de respostas. Esses sistemas podem:

- Analisar conjuntos de dados complexos e identificar padrões que podem não ser facilmente discerníveis pelos humanos.
- Fornecer *insights* em tempo real e recomendações para alocação de recursos com base nas necessidades atuais e nas demandas previstas.
- Facilitar processos de tomada de decisão mais eficientes e coordenados.

Exemplos do mundo real de Inteligência Artificial na alocação de recursos:

Controle da tuberculose: um algoritmo de aprendizado profundo (DL, do inglês *deep learning*) demonstrou reduzir a propagação da tuberculose na Índia, orientando o uso de recursos limitados.

Prevenção de intoxicação por chumbo: o Departamento de Saúde Pública de Chicago usou um modelo de floresta aleatória para prever crianças em alto risco de intoxicação por chumbo, permitindo inspeções domiciliares direcionadas e alocação de recursos para esforços preventivos.

Prevenção de HIV: a IA tem sido usada para selecionar indivíduos para iniciativas de prevenção de HIV mediadas por pares entre jovens em situação de rua, otimizando o uso de recursos para intervenções direcionadas.

De maneira geral, a IA oferece ferramentas valiosas para melhorar a alocação de recursos e o planejamento de resposta em Saúde Pública, o que propicia uma utilização mais eficaz dos recursos limitados e melhores resultados para as populações. No entanto, enfrentar os desafios relacionados com qualidade dos dados, vieses e transparência é crucial para garantir a implementação responsável e equitativa dessas tecnologias.

Análise de comportamento de saúde

A IA está sendo cada vez mais utilizada na Saúde Pública para analisar comportamentos de saúde, fornecendo informações valiosas sobre tendências de saúde populacional, fatores de risco e estratégias de intervenção. Veja como a IA é aplicada na análise de comportamentos de saúde:

Análise de dados de mídias sociais e *online*: algoritmos de IA podem analisar grandes quantidades de dados de plataformas de mídias sociais, fóruns *online* e *sites* relacionados à saúde para entender discussões, atitudes e comportamentos em Saúde Pública. Isso permite que os pesquisadores:

- Identifiquem tendências emergentes e preocupações de saúde.
- Acompanhem a propagação de desinformação e práticas de saúde prejudiciais.
- Avaliem as percepções e sentimentos do público em relação a intervenções ou políticas de saúde.

Por exemplo, pesquisadores usaram análise de sentimentos de dados do X para identificar indivíduos com opiniões mistas sobre o uso do narguilé, permitindo campanhas de Saúde Pública direcionadas.

Dados de dispositivos vestíveis: a IA pode processar dados de dispositivos vestíveis, como rastreadores de *fitness* e *smartwatches*, para monitorar níveis de atividade física, padrões de sono e outros comportamentos relacionados à saúde. Isso permite:

- Recomendações e intervenções de saúde personalizadas, adaptadas aos comportamentos dos indivíduos.
- Estudos de saúde populacional em grande escala para entender a prevalência e as tendências dos comportamentos de saúde.

Análise de RES: algoritmos de IA podem analisar o RES para identificar padrões e tendências em comportamentos de saúde, como tabagismo, consumo de álcool e adesão à medicação. Essas informações podem ser usadas para:

- Avaliar a eficácia de intervenções e programas de saúde.
- Identificar indivíduos em risco de desenvolver comportamentos não saudáveis ou doenças crônicas.
- Desenvolver intervenções direcionadas para melhorar os resultados de saúde.

Modelagem preditiva: a IA pode ser usada para desenvolver modelos preditivos que preveem comportamentos futuros de saúde com base em dados individuais e populacionais. Esses modelos podem ajudar os oficiais de Saúde Pública a:

- Identificar indivíduos ou comunidades em risco de adotar comportamentos não saudáveis.
- Desenvolver intervenções proativas para prevenir resultados negativos de saúde.

Por exemplo, pesquisadores desenvolveram modelos que preveem o risco de diabetes tipo 2 com base em vários fatores, incluindo hábitos de vida e informações demográficas.

Análise de sentimentos para identificação de públicos-alvo: a IA pode ser empregada para analisar dados de mídias sociais e identificar grupos específicos com pontos de vista particulares sobre questões de saúde. Isso pode ser útil para adaptar campanhas de Saúde Pública para máxima eficácia. Por exemplo, pesquisadores identificaram públicos-alvo para campanhas relacionadas ao uso de narguilé mediante a análise de dados do Twitter.

Ao aproveitarem a IA para análise de comportamentos de saúde, os profissionais de Saúde Pública podem obter informações valiosas sobre tendências de saúde populacional, fatores de risco e estratégias de intervenção, contribuindo, por fim, para a melhoria dos resultados de saúde e para programas de Saúde Pública mais eficazes.

Farmacovigilância

A IA está se tornando cada vez mais importante na farmacovigilância, que é a ciência de monitorar e avaliar a segurança de medicamentos.

- Analisar dados de mídias sociais para identificar potenciais reações adversas a medicamentos. Pesquisadores podem usar a IA para processar grandes volumes de conteúdo de mídias sociais, como postagens e comentários, para detectar discussões relacionadas a efeitos adversos de medicamentos. Isso oferece um método em tempo real para reunir informações sobre possíveis problemas de segurança dos medicamentos. Por exemplo, a IA foi usada para analisar discussões em mídias sociais sobre as vacinações contra a Covid-19 para identificar potenciais efeitos adversos.
- Processar e analisar grandes conjuntos de dados de RES e outras fontes. Isso permite identificar padrões e sinais que podem indicar problemas de segurança de medicamentos. Modelos de ML podem ser treinados para detectar esses sinais precocemente, potencialmente prevenindo danos em larga escala.

- Automatizar o processo de notificação e gerenciamento de reações adversas a medicamentos. Isso pode reduzir a carga de trabalho dos profissionais de Saúde e melhorar a eficiência dos sistemas de farmacovigilância.

IA GENERATIVA E SAÚDE PÚBLICA

A IA generativa está prestes a transformar radicalmente a prática em Saúde Pública com o aprimoramento da comunicação, a otimização do desempenho organizacional e a geração de novos *insights* para a tomada de decisões.[5] A seguir, exploramos como a IA generativa pode impactar esses aspectos:

Comunicação pública: a IA generativa pode personalizar a informação de saúde, tornando-a mais acessível a diversas populações, ao adaptar a linguagem e o formato de conteúdo conforme as necessidades do público. Ela pode ser utilizada para:

- Criar materiais informativos em diferentes níveis de alfabetização, garantindo que mensagens complexas sejam compreendidas por uma gama mais ampla de pessoas.
- Desenvolver representações visuais e infográficos impactantes para campanhas de saúde, facilitando a assimilação de informações por meio de imagens, gráficos e outros meios visuais.
- Resumir informações de saúde de maneira clara e objetiva, criando materiais que abordem os temas de forma direta e fácil de entender, sem sobrecarregar o público com dados excessivos.
- Prover acesso contínuo, 24 horas por dia, 7 dias por semana, a informações de saúde fundamentadas e verificadas, por meio de interfaces com base em IA, garantindo que as pessoas possam acessar conteúdo confiável a qualquer momento, sem depender de fontes externas.

Desempenho organizacional: a IA generativa pode reduzir significativamente o fardo administrativo sobre as equipes de Saúde Pública, automatizando uma série de tarefas que demandam muito tempo e recursos. Entre as funcionalidades, destacam-se:

- Resumir regulamentações de políticas e comentários públicos, ajudando a equipe a compreender rapidamente os principais pontos e demandas sem a necessidade de ler grandes volumes de documentos.
- Analisar grandes volumes de dados textuais, como relatórios e pesquisas, para extrair informações relevantes que possam ser utilizadas em diferentes contextos de tomada de decisão.
- Redigir documentos como propostas de financiamento, políticas e relatórios de forma mais eficiente, permitindo que os profissionais de Saúde se concentrem em outras atividades estratégicas.

- Extrair e organizar dados necessários para cumprir requisitos de relatórios, facilitando o processo de coleta e apresentação de informações para órgãos regulatórios e outras partes interessadas.

Novos insights: a IA generativa tem a capacidade de analisar grandes conjuntos de dados, incluindo textos não estruturados, para revelar padrões ocultos e tendências que poderiam passar despercebidos com métodos tradicionais. Por exemplo:

- Ela pode processar relatórios de médicos legistas, atividades em redes sociais e notícias para identificar *insights* de saúde em âmbito populacional, fornecendo, em tempo real, uma visão mais ampla e abrangente das condições de Saúde Pública.
- Modelos multimodais de IA podem integrar diferentes tipos de dados, como imagens médicas, genômicos, ambientais e geográficos, permitindo uma compreensão mais profunda de questões complexas de saúde. Isso facilita a análise de problemas de saúde em múltiplas dimensões, considerando uma variedade de fatores e seus impactos interligados.

Saúde Pública 3.0 e IA: o conceito de Saúde Pública 3.0 destaca a importância de abordagens com base em dados para melhorar os resultados de saúde. A IA generativa pode fortalecer essa abordagem ao tornar os dados mais acessíveis, compreensíveis e acionáveis, criando uma ponte entre a Saúde Pública e outros setores inovadores. Com isso, a IA não apenas aumenta a capacidade de análise de dados, mas também agiliza a adaptação e implementação de estratégias de saúde.

Portanto, a IA generativa representa uma ferramenta poderosa que pode otimizar a prática de Saúde Pública, melhorar a acessibilidade e a efetividade das intervenções, ao mesmo tempo em que cria novas formas de análise e compreensão das questões de saúde. No entanto, seu uso deve ser cuidadosamente monitorado para garantir que seja empregado de forma ética e que seus benefícios sejam amplamente distribuídos.

TRANSFORMAÇÃO DOS DADOS NA SAÚDE PÚBLICA

A transformação dos dados de Saúde é um fenômeno dinâmico que ocorre à medida que eventos e contextos evoluem ao longo do tempo, influenciando diretamente a relação entre as variáveis independentes e o desfecho de interesse. À medida que os dados são coletados e analisados, mudanças como inovações tecnológicas, alterações nas políticas de saúde, transformações demográficas e novos comportamentos da população podem modificar a distribuição dos dados.

Modelos de ML que dependem de uma relação estável entre variáveis independentes e desfechos podem perder a precisão e a capacidade de generalização quando expostos a novos padrões de dados. Em Saúde, essas mudanças podem ser impulsionadas por surtos de doenças, novas abordagens médicas ou avanços tecnológicos, e entender essas transformações é essencial para ajustar modelos e garantir que as intervenções e predições se mantenham eficazes, mesmo diante de um cenário em constante mudança.

O conceito de *dataset-shift* refere-se à mudança na distribuição dos dados entre o momento em que um modelo de ML é treinado e o momento em que ele é aplicado em novos dados para fazer previsões.[6,7] Em termos simples, é a discrepância entre os dados de treinamento e os dados reais, que decorrer de diversas razões, como mudanças no ambiente, nas condições sociais ou nas políticas ou, até mesmo, a evolução dos comportamentos ou das condições de saúde da população.

O *dataset-shift* pode ser classificado em diferentes tipos, como o *covariate shift*, no qual a distribuição das variáveis independentes muda, e o *concept shift*, em que a relação entre as variáveis independentes e o desfecho de interesse se altera. Esse fenômeno é uma preocupação significativa em modelos preditivos, pois pode resultar na degradação do desempenho, já que os modelos podem não ser capazes de capturar adequadamente os novos padrões dos dados, o que resulta em previsões imprecisas ou falhas nas intervenções.

O *covariate shift* ocorre quando a distribuição das variáveis independentes (também denominadas "covariáveis" ou "atributos") nos dados de teste se altera em relação aos dados de treinamento enquanto a relação entre essas variáveis e o desfecho de interesse permanece constante. Em outras palavras, o modelo é treinado com dados cujas características (as variáveis independentes) seguem certa distribuição, mas quando ele é aplicado em novos dados, essas características podem ter mudado, afetando a precisão do modelo sem alterar a relação entre elas e o resultado final.

Em Saúde Pública, o *covariate shift* pode se manifestar de diversas maneiras. Por exemplo, considere um modelo preditivo desenvolvido para identificar o risco de doenças crônicas com base em fatores como idade, índice de massa corporal (IMC), histórico de tabagismo e pressão arterial. Se o modelo for treinado com dados de uma população de uma região específica e, mais tarde, for usado para prever o risco em outra região onde os hábitos alimentares e o nível de atividade física da população são diferentes, a distribuição das variáveis como IMC ou níveis de atividade física pode ser alterada. Isso pode prejudicar o desempenho do modelo, pois os novos dados não seguem a mesma distribuição dos dados originais.

Outro exemplo é o impacto de uma política pública de vacinação. Se um modelo de previsão foi treinado com dados de uma população antes de uma campanha de vacinação em larga escala e, depois, for usado para prever surtos em uma população que já foi amplamente vacinada, a distribuição dos fatores relacionados ao risco de doenças (como a presença de anticorpos ou a incidência de infecções) pode ser alterada, resultando em previsões imprecisas.

Portanto, o *covariate shift* é uma preocupação relevante em Saúde Pública, pois mudanças nas características da população, como comportamentos, demografia, acesso à saúde e políticas públicas, podem afetar diretamente a utilidade dos modelos preditivos treinados com dados de uma população anterior ou diferente. Para mitigar esse impacto, é importante monitorar e atualizar continuamente os modelos, garantindo que eles permaneçam eficazes à medida que as condições da população evoluem.

O *concept shift* ocorre quando a relação entre as variáveis independentes (ou covariáveis) e o desfecho de interesse muda ao longo do tempo. Isso significa que, apesar de as variáveis independentes (os atributos) permanecerem com distribuições semelhantes, a forma como elas influenciam o desfecho (a variável dependente) pode ser alterada. O *concept shift* é mais desafiador do que o *covariate shift* porque implica uma mudança na própria estrutura ou dinâmica do processo que o modelo está tentando capturar.

Em Saúde Pública, o *concept shift* pode ocorrer de várias formas, especialmente quando há mudanças nas condições de saúde, novas intervenções ou políticas, ou a introdução de novos comportamentos ou fatores de risco na população. Alguns exemplos incluem:

Mudanças nas intervenções de Saúde Pública: imaginemos um modelo de previsão de risco de doenças respiratórias que foi treinado com dados de uma população antes da introdução de uma vacina contra a gripe. Após a implementação da vacina, a eficácia da vacinação pode alterar a relação entre os fatores de risco (como histórico de doenças respiratórias) e a incidência de doenças, o que torna os dados de vacinação um fator crucial. Se o modelo não for atualizado para refletir essa mudança, ele poderá prever de maneira inadequada os riscos para a população que já está vacinada.

Mudanças nos comportamentos da população: em um cenário em que políticas públicas são implementadas para promover estilos de vida saudáveis (como campanhas contra o tabagismo ou a promoção de alimentação saudável), a relação entre variáveis como o hábito de fumar e o risco de doenças respiratórias pode mudar. O modelo treinado com dados antigos, em que o tabagismo era mais prevalente, pode não ser tão eficaz em um cenário em que o comportamento da população mudou, e o risco associado ao tabagismo diminuiu.

Mudanças nas prevalências de doenças: quando uma nova cepa de vírus ou bactéria surge em uma população, o comportamento da doença pode ser alterado. Um exemplo disso ocorreu durante a pandemia de Covid-19, em que a relação entre fatores como idade, comorbidades e a severidade da doença mudou conforme novas variantes do vírus emergiam. Modelos preditivos que eram eficazes para prever a gravidade da doença com base nos dados iniciais da pandemia poderiam não ser mais precisos à medida que o perfil do vírus e a dinâmica da doença mudaram.

Avanços no tratamento médico: suponha que um novo tratamento para hipertensão seja introduzido em uma população, alterando a eficácia das abordagens tradicionais para controlar a doença. Em um modelo preditivo de risco cardiovascular, a relação entre variáveis como pressão arterial e a probabilidade de eventos cardiovasculares pode se modificar em razão da eficácia do novo tratamento. Se o modelo não for ajustado para refletir essa mudança, ele pode continuar a superestimar o risco para aqueles indivíduos que estão em tratamento com o novo medicamento.

O *concept shift* é particularmente desafiador porque envolve a necessidade de ajustar ou até reconfigurar modelos preditivos para considerar novas informações ou mudanças nas condições subjacentes. Isso implica uma abordagem contínua de monitoramento, atualização e reavaliação dos modelos, especialmente em um contexto dinâmico como o da Saúde Pública, em que intervenções, comportamentos e tecnologias podem evoluir rapidamente.

O fenômeno de *dataset-shift* em Saúde, seja na forma de *covariate shift* ou *concept shift*, representa um desafio significativo para a eficácia e confiabilidade dos modelos preditivos utilizados na área. À medida que as condições de saúde das populações evoluem, seja por mudanças no comportamento, políticas públicas ou intervenções médicas, a distribuição das variáveis ou a relação entre essas variáveis e os desfechos de interesse pode ser alterada, comprometendo a acurácia dos modelos treinados com dados anteriores. Para mitigar os impactos do *dataset-shift*, é fundamental adotar práticas de monitoramento contínuo dos modelos, ajustando-os regularmente para refletir as novas realidades dos dados. Além disso, a coleta e integração de dados atualizados e representativos, bem como a utilização de técnicas como *domain adaptation* e *incremental learning*, podem ser estratégias eficazes para ajustar os modelos às mudanças no contexto. A implementação de processos de validação rigorosa e a análise de desempenho contínuo, especialmente em cenários de mudança rápida, como em surtos epidêmicos ou novas políticas de Saúde Pública, também são cruciais para garantir que os modelos se mantenham precisos e relevantes. Em última análise, a capacidade de adaptar modelos a novas condições de dados será essencial para preservar a confiança e a eficácia das ferramentas de IA na Saúde Pública.

RACISMO EM INTELIGÊNCIA ARTIFICIAL NA SAÚDE POPULACIONAL E *ALGORTIM FAIRNESS*

O uso de dados secundários como fonte está cada vez mais frequente, em especial em estudos ou em intervenções que se baseiem em IA. O volume de dados disponíveis está em crescimento exponencial das mais diversas fontes como registros públicos, internet, dispositivos pessoas (p. ex., *SmartWatch*), aplicativos de celulares, registros de saúde digitalizados e outros. Entretanto, o uso desses dados para pesquisa ou desenvolvimento de soluções para a Saúde deve ser cuidadoso, uma vez que há riscos quanto à qualidade dos dados, à interoperabilidade, à transferência, à coleta inadequada e aos riscos de vazamento de informações confidenciais.[8]

Mas é notória a falta da discussão do risco de vieses raciais pelo apagamento dessa população nesses bancos de dados. Uma população marginalizada não tem acesso aos bens de consumos que coletam esses dados, tem menor acesso aos serviços de Saúde que gerariam dados mais consistentes e, quando ela tem esse acesso, há risco de que o registro racial não seja feito ou seja de baixa qualidade.[9]

Um grupo de pesquisadores de ciências sociais composto por economistas, educadores e midialogista (foco em comunicação e avaliação crítica de mídias) discutiu como decisões guiadas por dados (*data-driven decisions*) podem discriminar, mesmo assumindo a isenção dos computadores e a falta de preconceito dos tomadores de decisão.[10] A discussão parte da formação dos bancos de dados e a coleta de informações sensíveis. Por um lado, o grupo considerou o risco de que estes possam ser usados de forma indevida de modo a fortalecer decisões preconceituosas ou armazenadas com pouca segurança; por outro, o apagamento e a invisibilidade da tomada de decisões discriminatórias. De qualquer modo, os pesquisadores consideram fundamental que os dados estejam disponíveis, se não para a elaboração dos algoritmos, ao menos para a verificação dos respectivos resultados.

Os pesquisadores aprofundam o tema da constituição dos bancos de dados. O racismo é experimentado de diversas formas ao longo de toda a vida, como exemplos:

- A diferença sistemática entre crianças conforme raça, etnia e estrato social nas avaliações no jardim da infância.
- Na disparidade das taxas de suspensão e expulsão em escolas conforme a raça e maior peso para avaliações subjetivas para estudantes negros em relação às avaliações objetivas para os estudantes brancos.
- Na menor probabilidade de candidatos a emprego com nomes típicos de negros serem convidados a entrevistas.

Todos esses dados e os desfechos podem ser agregados como fontes secundárias e constituir bases de *big data* para treinamento de modelos preditivos.

A partir desses exemplos, os autores abordam dois pontos. Primeiro, os bancos de dados carregam, com supostas isenção e objetividade, o histórico de discriminações pelas quais o indivíduo passou, portanto é fundamental uma análise criteriosa das fontes de dados para que, com as aparentes isenção e a objetividade de cálculos estatísticos, o processo discriminatório não seja perpetuado.

Segundo, pelo volume e diversidade de dados, a correlação das variáveis disponíveis é o suficiente para identificar grupos, mesmo que não estejam objetivamente classificados. Com isso, de forma velada, mesmo sem uma variável objetiva a respeito da raça, os resultados do processamento dessas informações tendem a reproduzir a discriminação.

Isso é ainda mais problemático nos modelos preditivos. Quando uma variável como raça é omitida, mas outras variáveis socias estão presentes e agem como variáveis *proxy*, há o risco de essas variáveis serem altamente valorizadas no processo de modelagem do algoritmo recebendo importante peso na predição.

Para avaliar o efeito da variável raça e das variáveis *proxies* para raça, pesquisadores criaram um modelo e realizaram três testes de desempenho:

- Todos os dados.
- Todos os dados sem a variável raça.
- Dados gerais sem raça e sem variáveis *proxies* para raça.

Para cada teste, eles geraram gráficos da densidade da função de probabilidade do risco para empréstimos financeiros. A distribuição do risco para os testes 1 e 2 foi muito semelhante, indicando que a ausência da variável raça não elimina os vieses. Já o teste 3 apresentou uma diminuição da diferença entre os grupos, apesar de ainda manter maior risco para população negra e latina. Os pesquisadores argumentam que identificar e suprimir todas as variáveis *proxies* é muito difícil e, provavelmente, mantiveram algumas delas no modelo[11] (Figura 21.1).

Esse tipo de problema também ocorre em modelos preditivos na área da Saúde. Obermeyer *et al.*[12] avaliaram uma estratégia gerencial de direcionamento recursos para pacientes conforme seu risco clínico frequentemente adotado em operadoras de saúde nos Estados Unidos. Para definição do risco do paciente, são utilizados modelos preditivos de ML e, então, direcionar os recursos para os pacientes de maior risco.

Testando um dos modelos mais difundidos, os pesquisadores perceberam que pacientes brancos, com o mesmo risco predito que pacientes negros, tinham uma diferença importante no número de doenças crônicas.

Uma vez que a atribuição de maior atenção em saúde se dá pelo risco, essa análise identifica uma disparidade na distribuição de recursos em que a população branca começa a receber atenção especial com menor risco clínico (inferido pelo número de doenças crônicas) (Figura 21.2).

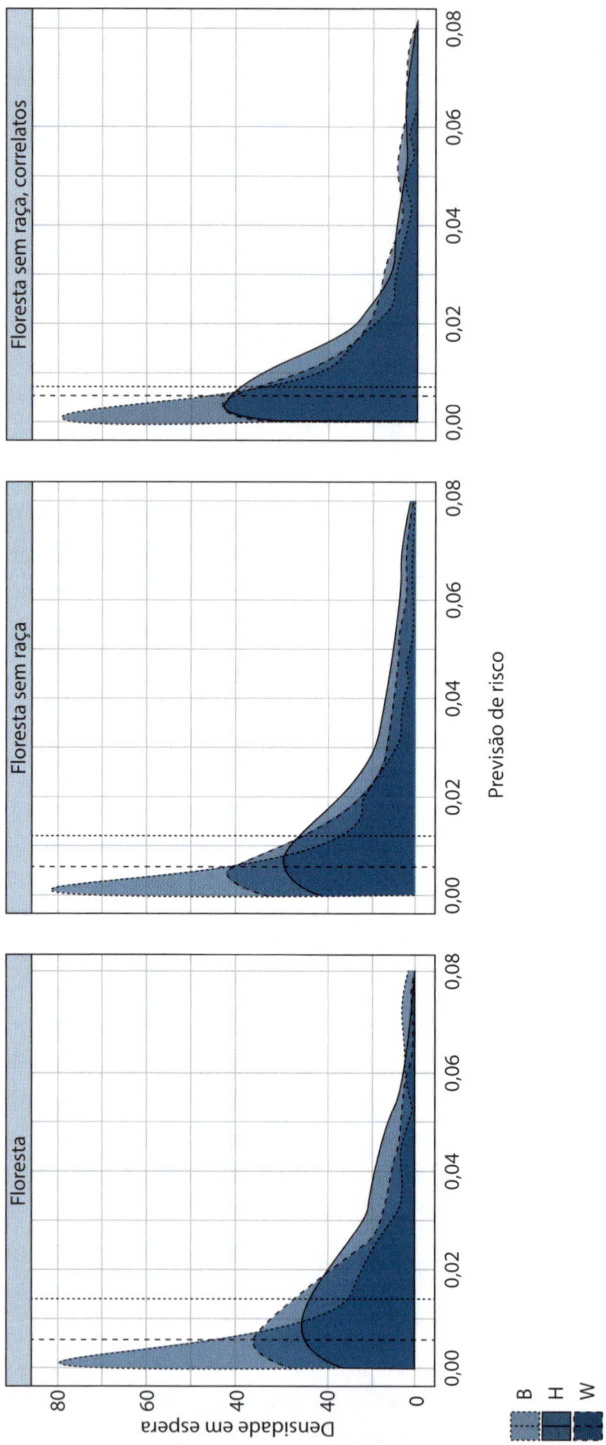

Figura 21.1 – Distribuição da densidade da função de probabilidade do risco entre diferentes grupos.

Fonte: Adaptada de Gillis TB, Spiess JL. Big Data and discrimination. The University of Chicago Law Review. 2023;86(2)459-88.

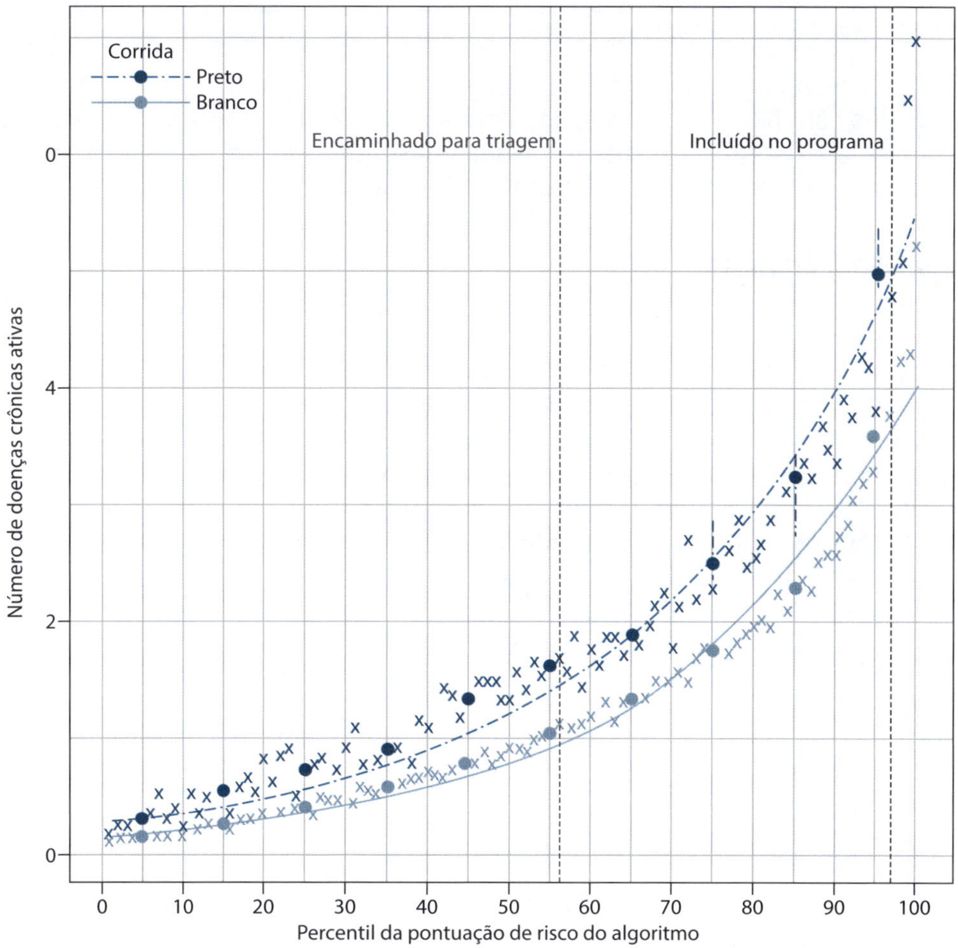

Figura 21.2 – Diferença no número de doenças crônicas em pacientes com mesmo risco predito.

Fonte: Adaptada de Obermeyer Z *et al*. Dissecting racial bias in an algorithm used to manage the health of populations. Science. 2019;366(6464):447-53.

Os pesquisadores buscaram identificar como se estabeleceu esse viés e verificaram que o modelo preditivo calculava o risco dos pacientes com base em seus gastos em saúde. Em média, os pacientes negros gastavam menos do que pacientes brancos, portanto tinham um risco atribuído menor, mesmo com mais comorbidades. Como a predição de risco era determinada pelo gasto em saúde e não por desfechos clínicos, o modelo apresentava um grande viés.

Os autores discutem que a diferença de gastos pode se justificar por dificuldade de acesso ou pelas escolhas dos profissionais de Saúde que investem menos recursos em pacientes negros, mas não se aprofundam no tema.

O racismo é uma das expressões mais intensas de desigualdade e de opressão. Ele permeia diversas estruturas da organização social e da cultura com vários mecanismos em constante evolução e adaptação. A Saúde é um dos campos em que essa relação se apresenta e, se não estivermos atentos, as novas tecnologias ficarão impregnadas por esse paradigma. Os modelos preditivos com base em ML não são cegos para a cor do paciente e negar isso é ignorar a existência do racismo, suas consequências na saúde e o fato de que o racismo pode estar codificado nas tecnologias.[13]

Algorithmic Fairness

Em resposta aos desafios de equidade que os modelos preditivos de ML impõem, tem sido discutido o *Algorithmic Fairness*, um intenso debate conceitual e metodológico que visa identificar os riscos de vieses e minimizar a perpetuação de iniquidades por meio dessa tecnologia.

Algorithm Fairness vai além da ausência de preconceitos ou de favoritismos em relação a indivíduos ou grupos com base em suas características inerentes, sendo também um recurso para reduzir iniquidades em saúde. Assim, durante a elaboração e implementação de modelos de ML, é crucial não apenas considerar a seleção de dados e o desenho do projeto, mas também incluir a possibilidade de compartilhar as decisões sobre o uso dessas ferramentas com os atores envolvidos no processo. Além disso, é essencial trazer à tona a discussão ética sobre a responsabilização do usuário do modelo, dado que este raramente terá pleno conhecimento de sua arquitetura e desenvolvimento. Considerando que a responsabilização por decisões tomadas com base no modelo depende do entendimento completo da ferramenta e que soluções com base em ML nem sempre são totalmente explicáveis, é necessário, por um lado, relativizar a responsabilidade do usuário; por outro lado, isso resulta no benefício de maior precisão e equidade na tomada de decisões.[14]

A definição mais objetiva do *Algorithmic Fairness* é a ausência de vieses em algoritmos cujos resultado, *performance* e efeitos nos pacientes não produzam discriminação entre grupos. Esse conceito surge da relação de oposição entre *fairness* e discriminação, entendendo-se discriminação como uma forma injusta de tratamento com base na desconsideração do valor de igualdade.[15]

Na busca por modelos justos, há quatro categorias de vieses a serem avaliadas:

- O desenho do modelo.
- Os dados de treinamento.
- A interação do modelo com os profissionais das assistências.
- A interação do modelo com o paciente.[16]

Já nessa organização, fica claro que os dados não são a única fonte de viés, mesmo porque eles não podem ser entendidos como uma entidade estática, mas sim um produto de um complexo processo histórico e direcionado por escolhas e normas da sociedade. Mas o desenvolvimento de modelos preditivos de ML envolve uma série de escolhas e práticas que vão da definição do problema a ser abordado até a interface para o usuário acessar os resultados e, em cada uma das etapas, vieses podem estar presentes[17] (Figura 21.3).

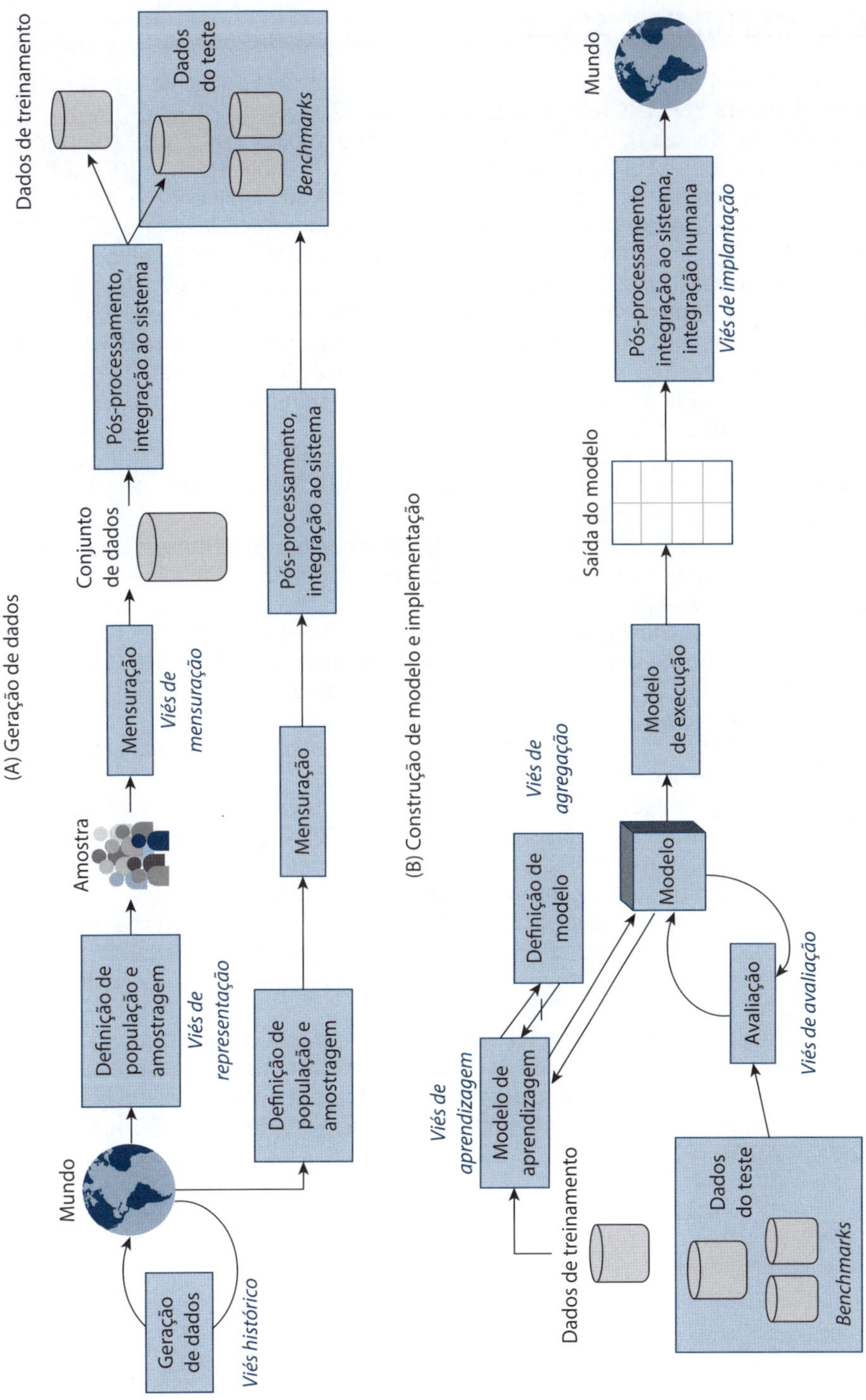

Figura 21.3 – Esquema do fluxo de desenvolvimento de um modelo preditivo e os pontos de atenção para vieses.

Fonte: Adaptada de Suresh H, Guttag J. A framework for understanding sources of harm throughout the machine learning life cycle. Equity and access in algorithms, mechanisms, and optimization. Anais. In: Eaamo '21: equity and access in algorithms, mechanisms, and optimization. NY USA: ACM. Disponível na Internet: <https://dl.acm.org/doi/10.1145/3465416.3483305> (3 abr. 2025).

Referências bibliográficas

1. Olawade DB et al. Using artificial intelligence to improve public health: a narrative review. Frontiers in Public Health. 2023;11:1196397.
2. Jungwirth D, Haluza D. Artificial intelligence and public health: an exploratory study. International Journal of Environmental Research and Public Health. 2023;20(5):4541.
3. Chen S et al. Integrating machine learning and artificial intelligence in life-course epidemiology: pathways to innovative public health solutions. BMC Medicine. 2024;22(1):354.
4. Fisher S, Rosella LC. Priorities for successful use of artificial intelligence by public health organizations: a literature review. BMC Public Health. 2022;22(1):2146.
5. Bharel M et al. Transforming public health practice with generative artificial intelligence: article examines how generative artificial intelligence could be used to transform public health practice in the US. Health Affairs. 2024;43(6)776-82.
6. Moreno-Torres JG et al. A unifying view on dataset shift in classification. Pattern Recognition. 2012;45(1):521-30.
7. Quiñonero-Candela J et al. Dataset shift in machine learning. The MIT Press; 2008:i-viii.
8. Näher AF et al. Secondary data for global health digitalisation. The Lancet Digital Health. 2023;5(2):e93-e101.
9. Geraldo RM et al. Preenchimento do quesito raça/cor na identificação dos pacientes: aspectos da implementação em um hospital universitário. Ciência & Saúde Coletiva. 2022;27(10):3871-80.
10. Williams BA et al. How algorithms discriminate based on data they lack: challenges, solutions, and policy implications. Journal of Information Policy. 2018;8:78-115.
11. Gillis TB, Spiess JL. Big data and discrimination. The University of Chicago Law Review. 2023;86(2):459-88.
12. Obermeyer Z et al. Dissecting racial bias in an algorithm used to manage the health of populations. Science. 2019;366(6464):447-53.
13. Wiens J, Creary M, Sjoding MW. AI models in health care are not colour blind and we should not be either. The Lancet Digital Health. 2022;4(6):e399-e400.
14. Bærøe K et al. Can medical algorithms be fair? Three ethical quandaries and one dilemma. BMJ Health & Care Informatics. 2022;29(1):e100445.
15. Giovanola B, Tiribelli S. Beyond bias and discrimination: redefining the AI ethics principle of fairness in healthcare machine-learning algorithms. AI & SOCIETY; 2022.
16. Rajkomar A et al. Ensuring fairness in machine learning to advance health equity. Annals of Internal Medicine. 2018;169(12):866.
17. Suresh H, Guttag J. A framework for understanding sources of harm throughout the machine learning life cycle. Equity and Access in Algorithms, Mechanisms, and Optimization. Anais. In: EAAMO '21: Equity and access in algorithms, mechanisms, and optimization. NY USA: ACM: 2021a. Disponível na Internet: https://dl.acm.org/doi/10.1145/3465416.3483305. (29 abr. 2025).

CAPÍTULO

22 Inteligência Artificial na Gestão Hospitalar e Administrativa em Saúde – Otimização de Recursos e de Processos

Felipe Sahb Furtado

"É impossível distinguir entre os seres humanos e as máquinas inteligentes em todos os aspectos, exceto em um: os seres humanos cometem erros."

O Homem Bicentenário

Isaac Asimov

INTRODUÇÃO

A transformação digital na área da Saúde tem revolucionado a forma como hospitais e instituições de Saúde gerenciam suas operações, e a Inteligência Artificial (IA) emerge como protagonista dessa mudança. Este capítulo tem como objetivo principal apresentar uma análise abrangente e prática sobre como a IA está redefinindo a gestão hospitalar e administrativa em Saúde.

O texto foi estruturado para atender tanto gestores hospitalares como profissionais de Saúde envolvidos em processos administrativos, oferecendo um panorama que vai desde os fundamentos técnicos até aplicações práticas. Busca-se desmistificar a implementação de soluções com base em IA apresentando casos reais de sucesso, além de abordar os desafios comuns e estratégias comprovadas para superá-los. A abordagem detalhada do conteúdo permite que instituições de diferentes portes possam encontrar caminhos viáveis para a adoção dessas tecnologias, considerando suas realidades específicas e recursos disponíveis.

Por fim, este capítulo se propõe a ser um guia estratégico para a transformação digital na gestão hospitalar, fornecendo ferramentas práticas e conhecimentos essenciais para a informar decisões sobre investimentos em IA. O conteúdo foi cuidadosamente selecionado para equilibrar aspectos técnicos, gerenciais e práticos de modo a permitir que o leitor compreenda não apenas o "por quê", mas principalmente o "como" implementar soluções de IA para otimizar a gestão hospitalar, com foco em resultados mensuráveis e sustentáveis.

FARDO DAS ATIVIDADES ADMINISTRATIVAS

O American College of Physicians, já em 2015, identificou a redução de tarefas administrativas como um objetivo importante para a melhora do cuidado ao paciente, cunhando a expressão "pacientes antes de papelada".[1] O número crescente de tarefas administrativas e, consequentemente, de tempo gasto em atividades não assistenciais, aumenta de forma desnecessária os custos em Saúde sem gerar melhoria de desfechos. Para se ter uma perspectiva do problema, estudos empíricos demonstram que médicos passam em média 43% do tempo inserindo dados em sistemas, o que totaliza quase 4 mil cliques em um único plantão de 10 horas.[2]

Uma das grandes promessas da IA é abstrair tarefas repetitivas de forma a devolver aos humanos tempo para lidar com funções essenciais. No contexto da gestão hospitalar, essa promessa se traduz em soluções que podem automatizar processos administrativos, o que libera profissionais de Saúde para que dediquem mais tempo ao cuidado direto com o paciente. Sistemas de IA podem, por exemplo, auxiliar na documentação clínica por meio de transcrição automática de voz, preencher formulários de forma inteligente com base em dados previamente inseridos e, até mesmo, realizar triagem inicial de exames e resultados laboratoriais, destacando anomalias que requerem atenção imediata de profissionais de Saúde.

A implementação bem-sucedida dessas tecnologias pode resultar em uma redução drástica do tempo gasto em tarefas burocráticas, com a potencial reversão do desequilíbrio atual e a possibilidade de que os profissionais de Saúde dediquem a maior parte de seu tempo às atividades em que realmente geram valor: o diagnóstico; o tratamento; e o cuidado humanizado dos pacientes. Isso não apenas melhora a satisfação profissional e reduz o desgaste entre os profissionais de Saúde, mas também tem o potencial de melhorar significativamente os desfechos clínicos.

TECNOLOGIAS DE INTELIGÊNCIA ARTIFICIAL NA GESTÃO HOSPITALAR: DO BÁSICO AO AVANÇADO

Dados: a fundação

Antes de extrair valor de iniciativas de IA, é necessário ter conjuntos de dados de alta qualidade. Obstáculos para esse objetivo incluem a vasta prevalência de sistemas legados em contextos hospitalares, além da elevada taxa de mudança nos dados e seu alto nível de complexidade hierárquica. Dados estruturados, ou seja, que estão armazenados em um esquema fixo e predefinido (normalmente tabular), são a menor parte dos dados de Saúde, correspondendo a menos de um quinto do total.[3] Dados não estruturados, como texto livre, áudio ou vídeo, formam os 80% restantes.

A criação de *data lakes* que combinem dados estruturados e não estruturados em um só ambiente é fundamental para a implementação posterior de modelos multimodais que consigam aproveitar toda a gama de informações disponíveis. Questões relevantes nessa etapa são a certeza da completude e da disponibilidade dos dados, atenção a potenciais vieses, governança de dados, cibersegurança e conformidade com a Lei Geral de Proteção de Dados (LGPD).[4] Gestores com visão de longo prazo também devem levar em conta aspectos de interoperabilidade ao estabelecer parcerias com fornecedores ou desenvolver ferramentas internas, evitando o aprisionamento tecnológico que pode comprometer a flexibilidade e a evolução dos sistemas de IA no futuro.

Além disso, é fundamental considerar os princípios de Confidencialidade, Integridade, Disponibilidade e Autenticidade (CIDA) para informações em Saúde, conforme apresentado no Quadro 22.1.

Quadro 22.1 – Princípios CIDA para informações em Saúde

Princípio	Definição	Exemplos de medidas
Confidencialidade	Garantia de que as informações sejam acessíveis apenas a pessoas autorizadas	▪ Criptografia ▪ Políticas de senha robustas ▪ Verificação em duas etapas ▪ Acesso compartimentalizado com diferentes níveis de privilégio
Integridade	Manutenção da precisão e completude dos dados ao longo de seu ciclo de vida	▪ Assinaturas digitais ▪ Registros de acesso auditáveis
Disponibilidade	Garantia de que as informações estejam acessíveis quando necessárias	▪ Sistemas redundantes ▪ *Backups* regulares ▪ Observabilidade e *crash analytics* ▪ Planos de contingência
Autenticidade	Garantia de que a informação é genuína e proveniente da fonte alegada	▪ Autenticação multifator ▪ Certificados digitais ▪ Biometria

CIDA: confidencialidade, integridade, disponibilidade e autenticidade.

Fonte: Desenvolvido pela autoria.

Esses princípios balizam as melhores práticas na implementação de tecnologias da informação e comunicação em Saúde, em linha com as recomendações do Conselho Federal de Medicina (CFM) e da Sociedade Brasileira de Informática em Saúde (SBIS).[5]

Estatística descritiva, *analytics* e *business intelligence*

Em um espectro de processamento de informação, a forma mais básica de análise de dados é exibi-los em agregado para orientar a tomada de decisão sem tentar prever ou prescrever uma alternativa específica. Exemplos de implementações nesse sentido são painéis que exibem métricas-chave em tempo real, como taxas de ocupação de leitos, tempo médio de internação e custos operacionais por categoria.

Machine learning (aprendizado de máquina)

Diferentemente da estatística descritiva, que apenas resume a informação disponível, o aprendizado de máquina (ML, do inglês *machine learning*) visa a fazer inferências a partir de conjuntos de dados. As tarefas básicas dentro do ML são classificadas entre aprendizado supervisionado (em que o modelo treinado recebe exemplos previamente anotados), e não supervisionado, em que a única entrada são os dados puros.

Dentro do aprendizado supervisionado, destacam-se a classificação, em que se busca uma estimativa qualitativa, e a regressão, cujo objetivo é produzir uma estimativa quantitativa. Por exemplo, pode-se aplicar a técnica de classificação para prever o risco de readmissão hospitalar em 30 dias, com base em características como fragilidade, comorbidades e medicamentos de alto risco.[6] Por outro lado, se o objetivo fosse prever a probabilidade exata de readmissão para cada paciente, essa seria uma tarefa de classificação. Um caso prático é a previsão de não comparecimento às consultas: a partir de dados dos pacientes (p. ex., idade, CEP, histórico de faltas), identifica-se quem tem maior probabilidade de faltar, o que permite que o hospital faça confirmações direcionadas ou agende pacientes da lista de espera como plano de contingência.

Já o aprendizado não supervisionado consiste em descobrir padrões e estruturas intrínsecas nos dados sem a necessidade de rótulos prévios, sendo especialmente útil quando o objetivo é identificar agrupamentos naturais ou reduzir a dimensionalidade,[i] dos dados. Para aplicações na Saúde, isso corres-

---

i Em ciência de dados, dimensionalidade corresponde ao número de variáveis em um conjunto de dados. Por exemplo, em um registro médico, cada informação sobre o paciente (como idade, pressão arterial, glicemia etc.) seria uma dimensão. Conjuntos de dados com muitas dimensões podem fornecer informações mais ricas, mas também podem tornar a análise mais complexa e computacionalmente intensiva, um fenômeno conhecido como "maldição da dimensionalidade".

ponde a varrer conjuntos de dados higienizados e pré-processados, frequentemente carregados através de pipelines (extração, transformação e carga [ETL, do inglês *extract, transform, load*]) e só então aplicar algoritmos de clusterização.[7] Como demonstrado no estudo liderado por Silva *et al.* no estado de São Paulo, essa abordagem permitiu segmentar regiões geográficas por morbimortalidade relacionada a doenças crônicas não transmissíveis. Resultados como esse são importantes do ponto de vista de gestão para planejamento de expansão de centros de cuidado ambulatorial e terciário, além de revelarem padrões sobre a população atendida em determinados centros.[8] Essa técnica é particularmente valiosa na gestão hospitalar, pois permite descobrir relações não óbvias entre diferentes variáveis e regiões, facilitando a tomada de decisão com base em evidências e a alocação mais eficiente de recursos.

Processamento de Linguagem Natural

O processamento de linguagem natural (NLP, do inglês *natural language processing*) é uma subárea da IA que se concentra na interação entre computadores e linguagem humana. No contexto geral da gestão hospitalar e da Saúde, o NLP tem um papel crucial na extração de informações valiosas de dados não estruturados, como prontuários médicos, notas clínicas e literatura científica.

Uma das aplicações mais promissoras do NLP na Saúde é a análise de texto livre em prontuários eletrônicos. Algoritmos avançados podem extrair automaticamente informações relevantes, como listas de medicamentos e sintomas, mesmo quando estes estão inseridos em narrativas não estruturadas.[9] Isso não apenas economiza tempo dos profissionais de Saúde, mas também melhora a precisão da codificação clínica e facilita pesquisas retrospectivas.

No âmbito da pesquisa médica, o NLP está revolucionando a forma como os pesquisadores acessam e sintetizam informações. Sistemas de NLP podem analisar rapidamente grandes volumes de literatura científica, identificando tendências, conexões e *insights* que poderiam passar despercebidos pela análise humana tradicional. Isso acelera a descoberta de novos tratamentos e a atualização de protocolos clínicos.

Para a gestão hospitalar, o NLP oferece a capacidade de analisar *feedback* de pacientes em larga escala com técnicas de análise de sentimento, seja de pesquisas de satisfação ou de mídias sociais. Isso permite uma compreensão mais profunda da experiência do paciente e a identificação rápida de áreas que necessitam de melhoria.

Um estudo recente realizado na Inglaterra demonstra o potencial dessa abordagem.[10] Os pesquisadores desenvolveram uma ferramenta de análise de texto que utiliza técnicas avançadas de NLP e ML para analisar comentários em texto livre sobre serviços clínicos no Sistema Nacional de Saúde da Inglaterra. O estudo analisou 51.845 avaliações de 2.030 serviços clínicos diferentes ao longo de 2 anos. Mediante uma combinação de análise de sentimento e modelagem de tópicos, a ferramenta foi capaz de identificar temas dominantes nas avaliações, bem como tendências ao longo do tempo. Os resultados foram apresentados em uma aplicação *web* interativa com visualização geográfica, tornando as informações facilmente acessíveis aos gestores e ao público geral.

Essa abordagem não apenas fornece *insights* únicos sobre as experiências dos pacientes, mas também demonstra como o NLP pode transformar grandes volumes de dados não estruturados em informações acionáveis para a melhoria contínua dos serviços de saúde. Essa capacidade é particularmente valiosa para gestores hospitalares, pois permite uma resposta mais rápida e direcionada às preocupações dos pacientes, além de facilitar a identificação de melhores práticas entre diferentes serviços e regiões.

No entanto, é importante notar que o uso de NLP na Saúde enfrenta desafios únicos. A linguagem médica é complexa, repleta de jargões e abreviações e, muitas vezes, contextual. Além disso, erros de interpretação podem ter consequências sérias para a saúde do paciente. Portanto, é crucial que os sistemas de NLP sejam rigorosamente testados e validados antes da implementação, e que haja sempre supervisão humana adequada.

Em suma, o NLP representa uma ferramenta poderosa para desbloquear o valor dos dados não estruturados de Saúde, oferecendo potencial para melhorar significativamente a eficiência operacional, a qualidade do cuidado e a pesquisa médica na gestão hospitalar moderna.

Inteligência Artificial generativa

A Inteligência Artificial generativa (IA generativa) representa um avanço significativo em relação às abordagens anteriores de IA, como o ML tradicional e o NLP. Enquanto os métodos anteriores focavam principalmente na análise e classificação de dados existentes, a IA generativa tem a capacidade única de criar conteúdo novo e original. Com base em arquiteturas complexas como a Difusão (para geração de imagens) e o *Transformers* (para geração de texto), esses modelos aprendem padrões subjacentes em grandes conjuntos de dados e utilizam-nos para gerar novos exemplos que são similares, mas não idênticos, aos dados de treinamento.[11,12]

Diferentemente das aplicações de IA discutidas anteriormente, que se concentram em tarefas específicas como classificação ou extração de informações, a IA generativa oferece um potencial mais amplo e flexível. No contexto da Saúde, isso se traduz na habilidade de produzir textos médicos coerentes, explicar conteúdos técnicos como resultados de exames de imagem ou laboratoriais para pacientes leigos,[13] sintetizar imagens diagnósticas realistas (p. ex., gerar uma imagem sintética de tomografia a partir de uma ressonância magnética)[14] ou, até mesmo, propor novos compostos farmacêuticos.[15]

Outra aplicação importante é na interface entre pacientes e Sistemas de Saúde. Dados do Panorama das Clínicas e Hospitais 2024 realizado por Doctoralia e Feegow demonstram que 83% dos hospitais e clínicas fazem confirmação de consultas via WhatsApp e 9 em cada 10 estabelecimentos de saúde têm presença no Instagram.[16] Nesse contexto de interatividade crescente e preocupação com a manutenção do engajamento do paciente, é possível que *chatbots* forneçam suporte inicial, respondendo a perguntas frequentes e, até mesmo, realizando triagem ou estratificação de risco.

Entretanto, é preciso ressaltar a importância de se manter um humano envolvido no processo sempre que houver interface direta com o paciente. Dessa forma, implementações responsáveis e eficazes focarão no uso de *chatbots* para tarefas não críticas como agendamento de consultas ambulatoriais ou dúvidas sobre horários de funcionamento, mas para atividades clínicas como orientação e suporte recomenda-se que a IA seja um "copiloto" que empodere um profissional treinado a atender múltiplos clientes mais rapidamente.

ESTRATÉGIAS DE IMPLEMENTAÇÃO

Em uma pesquisa realizada pela empresa de consultoria McKinsey & Co., em 2024, mais de 70% dos líderes de organizações de Saúde disseram já ter aplicado ou estar ativamente desenvolvendo sistemas de IA generativa,[17] entre os quais a maior parte está em estágio de prova de conceito. As categorias avaliadas como mais beneficiadas a partir da implementação desse tipo de tecnologia são aquelas voltadas à produtividade clínica, engajamento e experiência do paciente e eficiência administrativa. Evidentemente, há de se considerar que a colocação dessas tecnologias em produção se dará conforme a tolerância de risco e a maturidade das ferramentas convergirem, com aplicações iniciais mais distantes da beira-leito, movendo-se progressivamente de atividades de suporte para atividades clínicas (Figura 22.1).

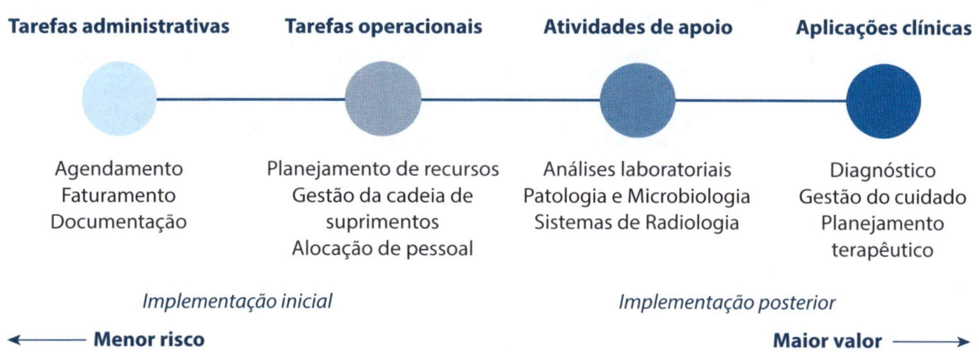

Figura 22.1 – Progressão típica da implementação de IA em organizações de Saúde, da menor para a maior complexidade. A adoção tende a começar com tarefas administrativas de menor risco e, gradualmente, avançar para aplicações clínicas de maior valor à medida que a maturidade tecnológica e organizacional aumenta.

Fonte: Desenvolvida pela autoria.

Exemplos práticos de aplicação incluem o uso de modelos de linguagem para transcrição e estruturação de anotações em prontuário eletrônico a partir da gravação do áudio de consultas. Tarefas administrativas, como verificação de eligibilidade e autorização de procedimentos também podem ser facilitadas com o uso de sistemas de IA que convertem dados não estruturados em informações organizadas que podem ser avaliadas por um sistema determinístico para a tomada de decisão final. A continuidade do cuidado também pode ser melhorada com uso de IA generativa para criar sumários de alta, resumir dados de internações prolongadas e ajudar a mediar a comunicação entre diferentes especialidades. Com relação à experiência do paciente, é possível utilizar os dados inseridos em prontuário para gerar prescrições e instruções para o paciente já com linguagem simplificada. Já foram exploradas, em caráter preliminar, aplicações de modelos de linguagem para tornar a comunicação médica mais acessível a leigos.[13]

Para evitar a situação de "uma solução buscando um problema", é preciso ter clareza em relação às demandas organizacionais. A priorização entre unidades de negócio e casos de uso, o potencial de impacto do uso de IA, a complexidade e a viabilidade de implementação e os riscos associados devem ser investigados.[4] Devem-se priorizar as necessidades mais imediatas cujas soluções alcancem o maior impacto com a menor complexidade possível. Sugere-se, então, uma possível matriz de decisão para a avaliação de novas iniciativas com base em complexidade e resultados projetados (Figura 22.2).

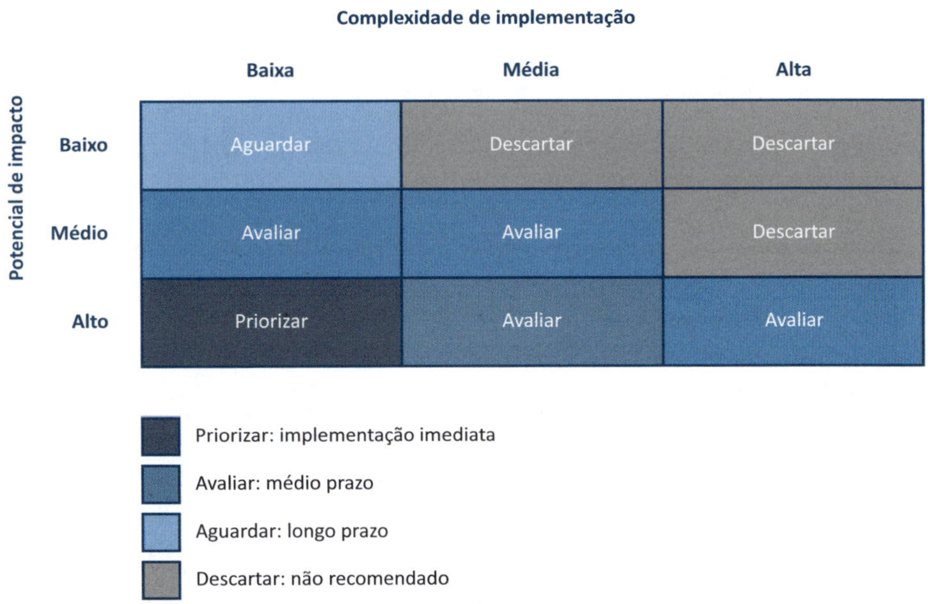

Figura 22.2 – Modelo mental para priorização de iniciativas de IA em diferentes unidades de negócio ou casos de uso.

Fonte: Desenvolvida pela autoria.

Uma vez decidida a vertical a ser explorada com o uso de IA, recomenda-se uma visão iterativa do processo. Ciclos recorrentes de avaliação das principais métricas e de refinamento das ferramentas são esperados. Testes sistemáticos podem mostrar áreas de melhora e quais parâmetros precisam ser ajustados para melhoria de performance. Variações de performance também podem ser observadas quando a distribuição dos dados observados após a implementação dos modelos não corresponda à distribuição dos dados de treinamento. A criação de equipes multidisciplinares que combinem membros de diferentes *expertise* - administrativa, clínica e de tecnologia - também é essencial para o sucesso de longo prazo da iniciativa. A equipe deve atuar em conjunto para alinhar os objetivos da organização com as necessidades dos colaboradores e pacientes.

ESTUDOS DE CASO

Melhoria da qualidade dos registros clínicos

Pesquisadores do centro médico New York University Langone utilizaram IA para abordar o desafio da baixa qualidade dos registros em prontuário eletrônico.[18] Esse problema é especialmente relevante nos Estados Unidos, onde, em decorrência de fatores regulatórios e administrativos, as anotações em prontuário chegam a ser em média quatro vezes mais longas do que no resto do mundo.[19] Evidentemente, isso gera problemas não só pela perda de tempo dos profissionais que precisam rever todo esse material escrito, mas também por dificultar a compreensão da história dos pacientes, o que gera atrasos e erros diagnósticos.[20,21]

Para melhorar a qualidade dos registros, foi definido um modelo padrão para avaliar a qualidade com base em "5Cs": completo, conciso, contingência (plano), correto e clinicamente pautado (em tradução livre do original *completeness, conciseness, contingency [discharge] planning, correctness, and clinical assessment and reasoning*). Cada anotação em prontuário foi avaliada nessas cinco dimensões com notas referentes ao cumprimento do critério - "sim", "parcialmente" e "não".

Líderes médicos da comissão usaram o 5Cs para rotular um conjunto de prontuários de Medicina Interna, que foi usado para treinar múltiplos modelos de IA para classificar cada um dos cinco componentes. Os modelos de IA treinados nos prontuários de Medicina Interna tiveram desempenho ruim em prontuários de outras especialidades, então a equipe mobilizou líderes dos departamentos de Cirurgia Geral, Pediatria e Terapia Intensiva para rotular conjuntos adicionais de prontuários, e modelos foram treinados para cada uma das cinco categorias para cada uma dessas nova especialidade.

Em 6 meses, foram observados resultados significativos, com mais de 75% das novas anotações em prontuário obedecendo a estruturas pré-definidas, entre exames físicos, evoluções e pareceres. Isso representa uma melhora substancial frente aos menos de 5% que eram padronizados anteriormente. Vale destacar, ainda, que, além do benefício clínico de ter dados disponíveis para interpretação humana mais acessível, a estruturação das notas gera um ciclo virtuoso no qual a maior qualidade dos dados propicia o desenvolvimento de modelos de IA melhores que, por sua vez, podem ser ainda mais efetivos ao avaliar e identificar erros, omissões, ou incongruências em dados de prontuário.

A implementação bem-sucedida de um sistema de avaliação da qualidade dos prontuários médicos usando IA requer uma abordagem estruturada. Primeiro, é essencial estabelecer um comitê dedicado a supervisionar esse esforço. Em seguida, a organização deve desenvolver *expertise* interna em IA e implementar modelos de forma segura e alinhada com as regulações. Após a implementação inicial, deve-se iterar e refinar tanto o modelo como as métricas de avaliação de modo a se buscar alinhar o processo de avaliação, a envolver as partes interessadas relevantes e a identificar quaisquer consequências não intencionais. Finalmente, os dados coletados sobre a qualidade dos prontuários devem ser usados para promover ciclos contínuos de melhoria, permitindo que a organização aperfeiçoe constantemente a documentação médica. Seguindo essa abordagem estruturada, as organizações de Saúde podem aproveitar o poder da IA para abordar o desafio crítico da qualidade dos prontuários.

Controle de infecções nosocomiais

O hospital Tacchini, uma instituição de 251 leitos localizada no Rio Grande do Sul, enfrentava um desafio comum a muitos hospitais: o controle de infecções nosocomiais (aquelas adquiridas em ambiente hospitalar) era feito de forma manual por uma equipe composta por um médico e dois enfermeiros. Ao todo, a equipe despendia aproximadamente 30 horas mensais apenas nessa função representando cerca de 36% do tempo total dos profissionais. Consequentemente, havia pouco tempo para outras atividades importantes como a validação de práticas preventivas, atividades educativas fundamentais como treinamentos *in loco*, educação continuada para as equipes assistenciais e orientações sobre protocolos de prevenção de infecções. Essas atividades são consideradas de maior valor agregado por requererem *expertise* humana e contato direto com as equipes, sendo cruciais para os efetivos prevenção e controle de infecções hospitalares.

Em parceria com a *startup* Qualis, especializada em controle de infecção e vigilância antimicrobiana, o hospital implementou uma solução com base em IA que combinava ML e NLP para analisar dados do prontuário eletrônico e identificar potenciais casos de infecções relacionadas à assistência à saúde.[22]

A implementação seguiu uma abordagem estruturada em fases:

1. Desenvolvimento da infraestrutura de dados:
    - Criação de APIs e *pipelines* para extração diária de dados clínicos.

- Validação rigorosa da qualidade dos dados.
- Implementação de processos de governança e segurança.

2. Engenharia e ajuste da IA:
   - Escolha do algoritmo *random forest* para preservar a explicabilidade das decisões sugeridas pelo modelo.
   - Treinamento inicial com dados históricos.
   - Refinamentos sucessivos do modelo com novos dados.
3. Desenvolvimento da interface de usuário (UI):
   - *Design* centrado no usuário espelhando o processo manual.

Os resultados alcançados foram expressivos. O sistema alcançou sensibilidade de 97%, especificidade de 98,2% e valor preditivo negativo de 99,9%. O tempo dedicado à vigilância foi reduzido em 71%, caindo de 30 para aproximadamente 8,7 horas mensais.

Um aspecto crucial para o sucesso da implementação foi a abordagem semiautomatizada: o sistema não substituiu completamente o julgamento humano, mas atuou como um filtro inicial muito eficiente. Pacientes para quem o modelo previa uma probabilidade de infecção inferior a 50% eram considerados livres de infecção, enquanto aqueles com probabilidade média (50% a 75%) ou alta (> 75%) eram revisados pela equipe. Essa abordagem corrobora o conceito de *human-in-the-loop* mencionado anteriormente, algo que é essencial em aplicações sensíveis de IA na Saúde, como qualquer atividade clínica.

Essa parceria entre a Qualis e o hospital Tacchini demonstra como a IA pode ser utilizada não apenas para aumentar a eficiência operacional, mas também para melhorar a qualidade da assistência. A redução do tempo dedicado a tarefas administrativas permitiu que a equipe de controle de infecção aumentasse sua presença nas unidades, fortalecendo a educação continuada e a implementação de outras medidas preventivas. Assim, a IA pode ser utilizada para transformar processos tradicionalmente manuais e demorados em fluxos mais eficientes, permitindo que os profissionais de Saúde dediquem mais tempo a atividades que requerem *expertise* humana e contato direto com pacientes.

Transcrição de documentos clínicos

O The Permanente Medical Group (TPMG), um grupo multidisciplinar de mais de 9 mil médicos que atua no Sistema Integrado de Saúde Kaiser Permanente Northern California, implementou uma solução inovadora com base em IA ambiente para reduzir a carga de trabalho associada com a documentação em prontuário eletrônico.[23] Esse processo havia se tornado extremamente oneroso para os médicos, sendo um dos principais fatores de *burnout* e insatisfação profissional dentro do grupo, além de prejudicar a relação médico-paciente ao comprometer a comunicação efetiva e empática durante os atendimentos. O problema é notável com estudos demonstrando que uma parte significativa do tempo de consulta - em algumas ocasiões mais da metade - é dedicada a procedimentos simples de entrada de dados.[24,25]

A solução implementada pelo TPMG utiliza uma IA de voz-para-texto que, através do microfone do *smartphone*, transcreve automaticamente as conversas durante as consultas em tempo real, sem armazenar gravações de áudio. O sistema aplica NLP para resumir os principais achados, reduzindo significativamente o tempo necessário para documentação e edição inicial pelos médicos.

Os resultados foram expressivos: em 10 semanas de implementação, 3.442 médicos utilizaram a ferramenta em 303.266 consultas. Entre os usuários frequentes, 968 médicos habilitaram a IA em mais de 100 consultas cada, com um profissional chegando a 1.210 atendimentos assistidos pela tecnologia.

A avaliação da qualidade das transcrições, utilizando uma versão modificada do Physician Documentation Quality Instrument (PDQI-9), demonstrou excelente *performance* com média de 48 pontos em um máximo de 50, com destaque para os critérios de ausência de viés, síntese adequada, consistência interna e concisão.

O impacto na rotina dos médicos foi significativo, com redução estatisticamente relevante no tempo gasto em documentação fora do horário de trabalho e durante as consultas. O *feedback* tanto de médicos como de pacientes foi positivo, com relatos de melhoria na interação durante as consultas e maior satisfação com os atendimentos.

Esse caso exemplifica como a IA pode ser utilizada para transformar um dos maiores fardos da prática médica - a documentação clínica - em uma atividade mais eficiente, permitindo que os profissionais dediquem mais tempo à interação direta com os pacientes. No entanto, destaca-se a importância da supervisão humana e da revisão cuidadosa das transcrições geradas pela IA para garantir a precisão e segurança das informações documentadas.

PRÓXIMOS PASSOS

A IA está rapidamente se tornando realidade na gestão hospitalar moderna, oferecendo soluções disruptivas para desafios históricos do setor. Como demonstrado ao longo deste capítulo, desde aplicações administrativas básicas até sistemas avançados de suporte à decisão clínica, a IA tem o potencial de otimizar processos, reduzir custos e melhorar a qualidade do cuidado.

No entanto, o sucesso na implementação de soluções com base em IA requer uma abordagem estruturada e cuidadosa. Como discutido na seção de estratégias de implementação, é fundamental priorizar iniciativas com base em seu potencial impacto e em sua complexidade, começando com aplicações de menor risco e, progressivamente, avançar para casos de uso mais complexos conforme a maturidade organizacional aumenta.

Olhando para o futuro, é evidente que a IA continuará evoluindo rapidamente, com novas capacidades desenvolvidas constantemente. A emergência de modelos generativos e de sistemas cada vez mais sofisticados de NLP promete expandir ainda mais as possibilidades de aplicação. No entanto, o foco deve permanecer em como essas tecnologias podem efetivamente apoiar - e não substituir - o trabalho dos profissionais de Saúde, mantendo sempre o paciente no centro do cuidado.

O sucesso duradouro da IA na gestão hospitalar dependerá não apenas da sofisticação técnica das soluções, mas também da capacidade das organizações e de seus gestores em implementá-las de forma ética, segura e alinhada com suas necessidades específicas. Para isso, a educação continuada será primordial. As instituições que conseguirem equilibrar inovação tecnológica com práticas assistenciais centradas no paciente estarão mais bem-posicionadas para enfrentar os desafios do futuro da Saúde.

Referências bibliográficas

1. Erickson SM, Rockwern B, Koltov M, McLean RM, Medical practice and quality committee of the american college of physicians. Putting patients first by reducing administrative tasks in health care: a position paper of the american college of physicians. Ann Intern Med. 2017;166(9):659-61.
2. Hill RG Jr, Sears LM, Melanson SW. 4000 clicks: a productivity analysis of electronic medical records in a community hospital ED. Am J Emerg Med. 2013;31(11):1591-4.
3. Arueyingho OV, Al-Taie A, McCallum C. Scoping review: machine learning interventions in the management of healthcare systems. Digit Health; 2024;10. doi: 10.1177/20552076221144095.
4. Chowdhary S. Reimagining healthcare industry service operations in the age of AI. McKinsey & Company, 2024a. Disponível na Internet: https://www.mckinsey.com/industries/healthcare/our-insights/reimagining-healthcare-industry-service-operations--in-the-age-of-ai (29 abr. 2025).
5. de Fátima Miranda C, Kiatake LGG, Junior LAV, Marcelo, de Carvalho Júnior A, da Silva ML et al. Manual de certificação para sistemas de registro eletrônico em saúde. Sociedade Brasileira de Informática em Saúde, 2019a. Disponível na Internet: http://www.sbis.org.br/certificacao/Manual_Certificacao_SBIS-CFM_2019_v4-3.pdf (29 abr. 2025).
6. Mohanty SD, Lekan D, McCoy TP, Jenkins M, Manda P. Machine learning for predicting readmission risk among the frail: explainable AI for healthcare. Patterns (N Y). 2022;3(1):100395.
7. Aljohani A. Optimizing patient stratification in healthcare: a comparative analysis of clustering algorithms for EHR data. Int J Comput Intell Syst. 2024;17(1):1-23.
8. Silva G, Duarte LS, Shirassu MM, de Moraes MA, Chiavegatto Filho ADP. Unsupervised machine learning to support the regionalization of healthcare management in non-communicable diseases; 2024. doi: 10.2139/ssrn.4724314.
9. Sezgin E, Hussain SA, Rust S, Huang Y. Extracting medical information from free-text and unstructured patient-generated health data using natural language processing methods: feasibility study with real-world data. JMIR Form Res. 2023;7:e43014.
10. Alexander G, Bahja M, Butt GF. Automating large-scale health care service feedback analysis: sentiment analysis and topic modeling study. JMIR Med Inform. 2022;10(4):e29385.

11. Vaswani A, Shazeer N, Parmar N, Uszkoreit J, Jones L, Gomez AN et al. Attention is all you need. arXiv [cs.CL], 2017a. Disponível na Internet: http://arxiv.org/abs/1706.03762 (29 abr 2025).
12. Jonathan H, Ajay J, Pieter A. Denoising diffusion probabilistic models. arXiv [cs.LG], 2020a. Disponível na Internet: http://arxiv.org/abs/2006.11239 (29 abr 2025).
13. Machado LC, Pinheiro RP, Furtado FS. Elucidativa: usando modelos de linguagem para explicar resultados de exames complementares. In: Simpósio Brasileiro de Computação Aplicada à Saúde (SBCAS). SBC; 2024;121-6.
14. Torrado-Carvajal A, Vera-Olmos J, Izquierdo-Garcia D, Catalano OA, Morales MA, Margolin J et al. Dixon-VIBE Deep Learning (DIVIDE) Pseudo-CT Synthesis for Pelvis PET/MR Attenuation Correction. J Nucl Med. 2019;60(3):429-35.
15. Qureshi R, Irfan M, Gondal TM, Khan S, Wu J, Hadi MU et al. AI in drug discovery and its clinical relevance. Heliyon. 2023;9(7):e17575.
16. Doctoralia E. Panorama das clínicas e hospitais 2024. Doctoralia Internet S.L., 2024a. Disponível na Internet: https://pro.doctoralia.com.br/recursos-gratuitos/pesquisa/panorama-das-clinicas-e-hospitais/form (29 abr 2025).
17. Lamb J. Generative AI in healthcare: adoption trends and what's next. McKinsey & Company; 2024a. Disponível na Internet: https://www.mckinsey.com/industries/healthcare/our-insights/generative-ai-in-healthcare-adoption-trends-and-whats-next (29 abr. 2025).
18. Feldman J, Hochman KA, Guzman BV, Goodman A, Weisstuch J, Testa P. Scaling note quality assessment across an academic medical center with AI and GPT-4. NEJM Catal Innov Care Deliv. 2024;5(5). doi: 10.1056/cat.23.0283.
19. Downing NL, Bates DW, Longhurst CA. Physician burnout in the electronic health record era: are we ignoring the real cause? Ann Intern Med. 2018;169(1):50-1.
20. Rule A, Bedrick S, Chiang MF, Hribar MR. Length and redundancy of outpatient progress notes across a decade at an academic medical center. JAMA Netw Open. 2021;4(7):e2115334.
21. Singh H, Giardina TD, Meyer AND, Forjuoh SN, Reis MD, Thomas EJ. Types and origins of diagnostic errors in primary care settings. JAMA Intern Med. 2013;173(6):418-25.
22. Lukasewicz FSA, Franco MAC, Vaz TA, da Fontoura COL, Dalmora CH, Vanni DP et al. Using machine learning to reduce burden on infection control staff. NEJM Catal Innov Care Deliv. 2022;3(8). doi: 10.1056/cat.22.0071.
23. Tierney AA, Gayre G, Hoberman B, Mattern B, Ballesca M, Kipnis P et al. Ambient artificial intelligence scribes to alleviate the burden of clinical documentation. NEJM Catal Innov Care Deliv. 2024;5(3). doi: 10.1056/cat.23.0404.
24. Young RA, Burge SK, Kumar KA, Wilson JM, Ortiz DF. A time-motion study of primary care physicians' work in the electronic health record era. Fam Med. 2018;50(2):91-9.
25. Sinsky C, Colligan L, Li L, Prgomet M, Reynolds S, Goeders L et al. Allocation of physician time in ambulatory practice: a time and motion study in 4 specialties. Ann Intern Med. 2016;165(11):753.

CAPÍTULO

23 Desafios e Limitações da Inteligência Artificial na Saúde

Mônica Pugliese Heleodoro dos Santos
Gustavo de Araújo Porto Landsberg

"Você nunca muda as coisas lutando contra a realidade existente. Para mudar algo, construa um novo modelo que torne o modelo atual obsoleto."
Buckminster Fuller (1895-1983)

INTRODUÇÃO

Toda mudança virá atrelada a desafios, sendo um dos primeiros e mais humano, o próprio medo da mudança. Por isso, não é a ausência de desafios que nos torna bem-sucedidos, mas sim a capacidade de não deixar o medo nos impedir de continuar caminhando por mais desafiador que seja.

Este livro explora profundamente a Inteligência Artificial (IA) e seu potencial, ficando claro como estamos diante da construção de uma nova era na Saúde, redefinindo práticas médicas, tratamentos, processos e a gestão dos sistemas e organizações de saúde.

A adoção de novas tecnologias depende de três pilares: tecnologia; pessoas; e legislação. Embora o avanço tecnológico forneça as ferramentas para transformar o cuidado em saúde, a aceitação e capacitação das pessoas envolvidas e um arcabouço regulatório bem-estruturado são indispensáveis para garantir uma adoção consistente, segura e ética dessas inovações.

Um grande exemplo da importância dessa tríade em um contexto de novas tecnologias é a telemedicina. Antes da pandemia de Covid-19, apesar de sua existência, a saúde à distância enfrentava grande resistência, tanto de profissionais como de pacientes. Na crise sanitária global, pela necessidade de se manter o acesso à saúde, a pressão de profissionais e pacientes impulsionou regulações emergenciais que permitiram a implantação desse formato de atendimento. Hoje, com o amadurecimento jurídico e tecnológico e a aceitação da população e dos profissionais de Saúde, tornou-se uma ferramenta indispensável a muitos Sistemas de Saúde.

De forma semelhante, a IA percorre uma trajetória de amadurecimento e naturalização. Seus primeiros usos na área da Saúde remontam à década de 1960, com projetos pioneiros como o MYCIN, um sistema especialista desenvolvido para diagnosticar infecções bacterianas e recomendar tratamentos antibióticos, e o HELP, um dos primeiros sistemas integrados de suporte à decisão clínica, utilizado para auxiliar profissionais no diagnóstico e tratamento por meio da análise de dados clínicos. No entanto, foi a partir de 2022, com a popularização do *ChatGPT*, que a IA ganhou atenção massiva e sua adoção se acelerou em diversas aplicações. Esse crescimento exponencial foi impulsionado por avanços em modelos de linguagem generativa, o aumento do poder computacional, a disponibilidade de grandes volumes de dados e a crescente demanda por eficiência e automação em diferentes setores. Segundo estudos da consultoria PwC (PricewaterhouseCoopers) de 2023, 73% dos CEOs do setor de Saúde, no Brasil, consideram inovações tecnológica, como a IA, o fator mais significativo na criação de valor para suas empresas nos próximos 10 anos, e 77% dos executivos de serviços de Saúde, nos Estados Unidos, consideram a IA uma das três principais prioridades de investimento para 2024.

Neste capítulo, exploraremos os principais desafios e limitações para a adoção da IA na Saúde, estruturados em torno desses dos pilares tecnologia, pessoas e legislação. Examinaremos como a adoção irresponsável dessas tecnologias podem gerar mais problemas para o Sistema de Saúde, como risco assistencial, iniquidade, fadiga dos profissionais, aumento de custo, ameaça à privacidade e deterioração da relação com os pacientes.

SEÇÃO 1: TECNOLOGIA

Apesar de o Brasil ser visto como um centro gerador de novas tecnologias e o maior mercado de saúde digital da América Latina, ainda existem preocupações quanto ao ritmo dos avanços na digitalização da Saúde no país. No que tange à IA, muitos impedimentos se relacionam com a indisponibilidade de bases fundamentais para o desenvolvimento de algoritmos e a maturidade do mercado para a disseminação da tecnologia.

Circuitos integrados ou *microchips*

Em 1965, Gordon Moore, cofundador da Intel, afirmou que "O número de transistores em um *chip* de circuito integrado dobra aproximadamente a cada 2 anos, enquanto os custos são reduzidos pela metade". Como previa a Lei de Moore, o custo do armazenamento de um *gigabyte* em nuvem é cerca de mil vezes menor, hoje, do que há 10 anos e diminui progressivamente. Porém, desde os anos 2000, essa lei enfrenta limitações físicas e econômicas progressivas.

Para o treinamento e execução de algoritmos de IA, principalmente em formas avançadas, é exigido alto poder de processamento. Portanto, a desaceleração do aumento de processamento dos *chips* impacta diretamente na capacidade de treinar modelos maiores e mais complexos, limitando a eficiência e capacidade dos modelos de IA. Para tentar transpor esse problema, a indústria está investindo em *chips* especializados, mas estes demandam maior investimento em pesquisa e desenvolvimento e não apresentam a adaptabilidade dos *chips* tradicionais a novas e variadas funções.

Na América Latina, até pouco tempo, apenas o Brasil contava com uma fábrica de *chips*, a CEITEC, empresa fundada em 2008 e vinculada ao Ministério de Ciência, Tecnologia e Inovação (MCTI). Também no Brasil, foi lançado, em 2024, o Programa Brasil Semicondutores (Brasil Semicon) com o objetivo de impulsionar a produção nacional nas próximas cinco décadas de modo a fortalecer a indústria local e reduzir a dependência de importações. No entanto, a capacidade de produção nacional ainda é modesta quando comparada à dos líderes globais.

Carga energética e pegada de carbono

Processar esses grandes volumes de dados não demanda apenas poder computacional, mas também energia elétrica significativa e espaço físico para *data centers* gigantescos. Estima-se que *data centers* já consomem 1% a 2% da energia global, fazendo a descarbonização do setor de tecnologia parte essencial das metas globais de sustentabilidade.

Pesquisadores da Universidade de Massachusetts, nos Estados Unidos, descobriram que as emissões associadas ao treinamento de um único modelo de linguagem de grande porte são equivalentes a aproximadamente 300 mil kg de dióxido de carbono ou o equivalente a 125 viagens de ida e volta entre Nova York e Pequim. Já o treinamento de outro modelo de *deep learning*, o GPT-3, consome a quantidade de energia equivalente ao consumo anual de 126 residências dinamarquesas e gera uma pegada de carbono equivalente a viajar 700 mil km de carro.

A adoção de energias renováveis para alimentar *data centers* e treinar modelos de IA é crucial para alcançar uma transição energética equilibrada, ao mesmo tempo que a disponibilidade de energia limpa precisa crescer na mesma velocidade que o crescimento exponencial da infraestrutura digital. Para a Saúde, isso deve ser uma preocupação ainda maior, considerando que as mudanças climáticas são um desafio urgente e global para o setor, exigindo ações prioritárias agora e nas próximas décadas. A Organização Mundial da Saúde (OMS) estima que, entre 2030 e 2050, as mudanças climáticas causem cerca de 250 mil mortes/ano em decorrência exclusivamente da desnutrição, malária, diarreia e estresse térmico.

Equidade digital

A disponibilidade de internet, o acesso à tecnologia e a literacia digital são importantes barreiras para a disseminação equitativa da IA no Brasil. De acordo com o censo TIC Domicílios 2023 (Organização das Nações Unidas para a Educação, Ciência e Cultura [Unesco]), 83% dos domicílios têm acesso à internet no Brasil, dos quais 85% são lares urbanos e 74% são rurais. Essa diferença é ainda maior na perspectiva socioeconômica, já que 100% da classe A tem acesso à internet e apenas 68% das classes D e E o têm. Em números absolutos, 11 milhões de domicílios no Brasil ainda não têm acesso à internet ou ao computador.

A falta de habilidade em utilizar tecnologias agrava o problema. Cerca de 1 em cada 10 brasileiros com 10 anos ou mais nunca acessou a internet; nesse grupo, destacam-se os indivíduos com 60 anos ou mais (42%), os das classes D e E (22%) e os que estudaram até o ensino fundamental (18%). Entre as causas, destacam-se a falta de habilidade com o computador (67%) e não ter onde o usar (33%). Essa lacuna pode provocar a exclusão de pacientes idosos e vulneráveis, geralmente os maiores demandantes por serviços de Saúde.

A equidade digital depende do acesso democrático a ferramentas digitais, e a ausência de conectividade ou de dispositivos adequados limita o alcance a essas soluções, assim como a habilidade no uso das tecnologias. Os dados mostram como regiões rurais e populações mais vulneráveis tendem a ficar excluídas desses avanços, o que intensifica desigualdades no acesso à Saúde.

Dados

Os dados são fundamentais para o desenvolvimento de IA, constituindo a base para o treinamento, teste e operação dos modelos. Sem dados de alta qualidade, em grande volume, os sistemas de IA não conseguem aprender, generalizar ou tomar decisões confiáveis.

As instituições de Saúde devem imediatamente reconhecer os dados como um ativo intangível de alto valor estratégico, amplamente desejado por diferentes atores e essencial para alcançar competitividade no mercado contemporâneo. Em grande parte, isso resulta do diferencial competitivo de poder criar ou refinar seus próprios algoritmos de IA, mas também por sua capacidade de redefinir modelos de negócio, embasar decisões estratégicas e direcionar empresas ao sucesso.

Um estudo realizado pelo IDC (International Data Corporation), em 2018, revelou que o setor de Saúde representava a menor parcela do universo global de dados corporativos em comparação com os setores de serviços financeiros, manufatura e mídia e entretenimento. No entanto, destacava-se por apresentar o maior potencial de crescimento, com projeções de ultrapassar o setor de mídia e entretenimento e atingir o mesmo patamar do setor financeiro até 2025. Esse crescimento reflete os avanços em análises de dados de Saúde e tecnologias de imagem, bem como o aumento significativo na geração de dados em tempo real, tanto durante atendimentos médicos como por meio de dispositivos de monitoramento contínuo.

Porém, assim como o ouro necessita passar pelo processo de mineração para ser extraído e refinado, os dados, por si só, não têm valor se não forem adequadamente coletados, modelados, limpos e armazenados, de maneira a torná-los disponíveis para uso. Implementar uma cultura organizacional de "dado como um ativo estratégico", com uma governança robusta, é o ponto de partida para criação de valor por meio de dados. Sem essas bases, os dados se tornam um recurso subutilizado ou, pior, um fator que pode distorcer decisões estratégicas.

Existem décadas, ou até séculos, de informações dispersas em registros físicos ou dados não estruturados e mal-armazenados. Agora é essencial o investimento para a recuperação desses dados, capacitação de profissionais especializados, aprimoramento nos processos de coleta e implementação de uma governança robusta que assegure a qualidade dos dados para uma utilização estratégica.

Cooperação e interoperabilidade

Como dito anteriormente, é necessário um grande número de dados disponíveis para desenvolver e manter projetos de IA.

No Brasil, a maior parte das organizações de Saúde tem sistemas não integrados e processos altamente fragmentados, criando silos de dados que dificultam análises em larga escala. Pequenas e médias empresas enfrentam desafios adicionais, pois, por seu porte, podem nunca alcançar de forma independente um volume de dados robusto e dependem da cooperação entre o ecossistema para o intercâmbio de informações e viabilizar o treinamento de algoritmos. Esse cenário demanda políticas públicas e privadas que incentivem o compartilhamento estruturado de dados, assegurando a confidencialidade e o cumprimento de requisitos legais.

Também se observa um distanciamento entre as esferas públicas e privadas, com poucas iniciativas e investimentos em um ecossistema mais colaborativo que permita um avanço mais rápido na implantação da tecnologia. Há uma quantidade expressiva de dados sendo desperdiçada no sistema público em virtude da falta de digitalização e de uma baixa exploração do potencial do

DataSUS por meio de *big data analytics*. Isso reforça a necessidade urgente de estratégias conjuntas para a coleta, curadoria e análise de informações, bem como o estabelecimento de parcerias entre órgãos governamentais, empresas e centros de pesquisa.

A falta de regulamentações claras para definição de padrões técnicos e semânticos para interoperabilidade agrava o problema. A interoperabilidade é essencial para promover a troca segura, equitativa e padronizada de dados entre diferentes sistemas e instituições, contribuindo para o desenvolvimento de algoritmos. Legislações claras, atreladas a incentivos financeiros e fiscais podem ser de grande valia para alinhar o ecossistema nacional aos padrões internacionais, de modo a reforçar a capacidade competitiva do Brasil e fomentar avanços significativos na área de IA em Saúde.

Segurança de dados e privacidade

Conforme os modelos de IA responsável e confiável, privacidade e segurança é um pilar essencial para o desenvolvimento e implantação de sistemas de IA.

Dados de Saúde têm sido consistentemente avaliados como ativos de alto valor no mercado negro digital, frequentemente superando informações financeiras ou credenciais de acesso isoladas. Segundo o relatório anual da Apura Cyber Intelligence de 2022, no Brasil, o setor de Saúde foi o terceiro mais atacado por *ransomware* em 2021, ficando apenas atrás do Governo e da Indústria. Durante a pandemia, o acelerado processo de digitalização dos serviços de Saúde não foi acompanhado por investimentos na mesma proporção em infraestrutura e segurança, expondo ainda mais as organizações a ataques cibernéticos. Uma vez que dados de Saúde permitem fraudes muito mais significativas que dados bancários, esses serviços se tornaram um grande alvo para *hackers*.

Ilustram a gravidade do problema casos como o de novembro de 2020, quando informações de cerca de 16 milhões de brasileiros com suspeita ou confirmação de Covid-19 foram expostas na internet em consequência do erro de um funcionário do Hospital Israelita Albert Einstein (HIAE); e o de 2021, quando um ataque cibernético de um grupo *hacker* atingiu plataformas do Ministério da Saúde, resultando na indisponibilidade do sistema Conecte SUS e na possível exposição de dados de milhões de brasileiros, incluindo informações sobre vacinação contra a Covid-19.

A relação entre segurança e IA é crítica. Quando os usuários percebem que seus dados podem ser expostos ou mal-utilizados, a credibilidade na tecnologia é seriamente comprometida. Além disso, ataques em dados e em Sistemas de Saúde que envolvam algoritmos de IA podem resultar em consequências de proporções ainda mais graves ao afetar diretamente o desempenho dos algoritmos, gerando resultados imprecisos ou enviesados. Técnicas como aprendizado federado e criptografia homomórfica oferecem caminhos promissores para proteger dados enquanto permitem o avanço da IA.

Apesar da implantação da Lei Geral de Proteção de Dados (LGPD), o cenário de segurança da informação no Brasil ainda apresenta desafios significativos. A implementação efetiva da LGPD requer um alinhamento mais profundo entre o mercado, a atuação dos órgãos de fiscalização e a disponibilidade de profissionais capacitados. Isso significa que, além do texto legal, é necessário que organizações públicas e privadas desenvolvam uma cultura de privacidade e segurança, estabeleçam protocolos rigorosos de governança de dados, invistam em tecnologias avançadas de cibersegurança e promovam a capacitação contínua de suas equipes. Ferramentas como *blockchain* podem ser exploradas para aumentar a rastreabilidade e garantir a conformidade com as normas.

SEÇÃO 2: PESSOAS

A IA pode ampliar a capacidade dos profissionais de Saúde de melhorar o cuidado ao paciente, fornecer diagnósticos precisos, otimizar planos de tratamento e apoiar na construção de políticas de Saúde Pública. Para desbloquear esse potencial, é essencial que os profissionais de Saúde tenham acesso a educação e treinamento para utilizar e manter esses sistemas dentro das condições que assegurem seu uso seguro e eficaz.

Além disso, os pacientes precisam ser instruídos e capacitados para integrar essas tecnologias a seu dia a dia. A falta de familiaridade pode gerar resistência à mudança, o que, combinado com a ausência de treinamento, pode comprometer sua implantação eficaz e equitativa.

Em grandes corporações, uma cultura organizacional que valorize a inovação, liderança que inspire confiança e governança robusta para assegurar que as transformações ocorram de maneira sustentável e ética é essencial. No contexto da IA, essas práticas são fundamentais para superar os gargalos de capacitação e fomentar a integração da tecnologia ao cotidiano dos profissionais de Saúde.

O profissional de Saúde

A adoção de IA na Saúde exige esforço coordenado para capacitar os profissionais, garantindo que estejam preparados para lidar com as demandas tecnológicas e éticas que acompanham essas inovações. Os profissionais devem receber suporte técnico, gerencial e administrativo, aliado à capacitação constante e proteção regulatória. A educação e o treinamento sobre o uso de tecnologias de IA devem ser integrados de maneira harmoniosa aos currículos existentes, com atualizações regulares dada a natureza dinâmica dessa tecnologia.

Haverá desafios, especialmente entre aqueles sem familiaridade prévia com ferramentas digitais, precisando de treinamento básico em habilidades computacionais, antes de avançar para aplicações mais complexas, como IA. De acordo com a Topol Review, relatório independente elaborado pelo Dr. Eric

Topol, encomendado pelo Secretário de Estado para Saúde e Assistência Social do Reino Unido com o objetivo de preparar a força de trabalho do Serviço Nacional de Saúde (NHS, do inglês *National Health Service*) para o futuro digital, a alfabetização digital é essencial e deve englobar capacidades que permitam aos trabalhadores da Saúde não apenas usar ferramentas digitais, mas viver, aprender, trabalhar, participar e prosperar em uma sociedade digital.

Médicos e enfermeiros também terão de desenvolver competências mais amplas, incluindo conhecimentos em conceitos matemáticos, fundamentos de IA, ciência de dados e governança de dados de Saúde. Esses aspectos são fundamentais para que eles possam supervisionar ferramentas de IA, detectar imprecisões e evitar erros comuns, como o viés de automação, e, de maneira segura, implantar o uso da IA na prática clínica. Além disso, a OMS sugere, para garantia de seu princípio de responsabilidade, que todas as aplicações de IA tenham uma "garantia humana", que implica a avaliação de pacientes e profissionais de Saúde durante seu desenvolvimento, implementação e supervisão, o que fortalece a necessidade de profissionais de Saúde capacitados para exercer esse papel.

A formação médica também poderá sofrer mudanças significativas. Em vez de priorizar a memorização mecânica, o treinamento passará a focar no desenvolvimento de competências como comunicação, negociação, inteligência emocional, resolução de dilemas éticos e proficiência no uso de ferramentas digitais. Para isso, será necessário um novo perfil de educadores, capazes de ensinar esses conceitos e habilidades de maneira prática e aplicável.

A relação entre os profissionais de Saúde e a IA, entretanto, não é livre de desafios. Muitos ainda enxergam a tecnologia como uma ameaça à autonomia e ao julgamento clínico. Além disso, a falta de explicabilidade em muitos algoritmos de IA gera desconfiança, especialmente em situações críticas que envolvem a tomada de decisão médica. Essa relação é marcada também pela sobrecarga cognitiva que novas ferramentas podem impor inicialmente, o que aumenta a curva de aprendizado e exige tempo para adaptação.

Para superar essas barreiras, é essencial envolver os profissionais no desenvolvimento, escolha e implementação das ferramentas tecnológicas, garantindo que eles se sintam parte do processo e não apenas receptores de mudanças impostas. *Interfaces* intuitivas e amigáveis devem ser priorizadas para facilitar a adaptação e promover o uso. Além disso, é necessário reforçar continuamente que a IA é uma ferramenta de suporte, não um substituto, valorizando o papel insubstituível do julgamento humano.

Com o tempo, os conhecimentos, habilidades e competências exigidos dos profissionais de Saúde poderão ser padronizados e regulamentados por órgãos profissionais em colaboração com educadores e pesquisadores. Esse alinhamento será essencial para garantir que os avanços tecnológicos sejam incorporados ao cotidiano desses profissionais de forma ética, eficiente e sustentável, beneficiando tanto os profissionais como os pacientes.

É imprescindível considerar a importância do fator humano e da necessidade de equilíbrio para uma integração bem-sucedida da IA na Saúde.

O paciente

A IA tem o potencial de transformar o cuidado em saúde ao empoderar pacientes e comunidades, permitindo que assumam maior controle sobre seus próprios cuidados e compreendam melhor suas necessidades em constante evolução. No entanto, se mal-empregada, essa mesma tecnologia pode ocasionar situações em que decisões que deveriam ser tomadas de forma compartilhada entre profissionais de Saúde e pacientes sejam transferidas para máquinas. Quando uma decisão automatizada não é devidamente explicada ou compreendida, o processo de negociação e diálogo entre pacientes e profissionais fica comprometido, o que reduz a confiança e a sensação de controle sobre o próprio cuidado. É fundamental um esforço coletivo para o desenvolvimento de sistemas de IA éticos, que garantam os interesses de pacientes e comunidades e promovam a autonomia e a dignidade humanas, sem deslocar os humanos do centro do processo de tomada de decisões em Saúde.

Além disso, assim como para profissionais de Saúde, a implantação de sistemas de IA deve vir acompanhada de treinamentos para os pacientes. A conscientização sobre as capacidades, as limitações e os benefícios dessas tecnologias promove a confiança e aumenta a adesão a essas soluções, principalmente em populações que podem enfrentar barreiras adicionais, como idosos, comunidades vulneráveis e pessoas em áreas remotas. A inclusão de materiais informativos claros, suporte acessível e estratégias que abordem as desigualdades digitais são passos fundamentais para garantir que a tecnologia seja utilizada de maneira equitativa.

É importante que o desenvolvimento e a implementação de soluções de IA considerem cuidadosamente toda a população. Envolver diferentes perfis no processo de *design* dessas tecnologias pode ajudar a identificar *gaps* e criar soluções que respeitem as mais diversas culturas e condições sociais e econômicas. Com uma abordagem inclusiva e ética, a IA pode se tornar uma aliada poderosa no fortalecimento da relação entre pacientes e o Sistema de Saúde, promovendo decisões compartilhadas e melhores desfechos.

Gestão da mudança

A gestão da mudança é sustentada por pilares que garantem uma transição eficaz e sustentável nas organizações. Entre eles, destacam-se: alinhamento estratégico para garantir que a mudança contribua para os objetivos organizacionais; liderança engajada com líderes inspirando e guiando equipes; comunicação clara e contínua, essencial para reduzir incertezas e manter todos informados; e o engajamento das partes interessadas e a adaptação cultural, de modo a assegurar que as mudanças sejam cocriadas, aceitas e incorporadas à cultura organizacional.

Outros pilares importantes incluem a capacidade de adaptação que permite ajustes durante o processo; monitoramento e mensuração, para avaliar o progresso e corrigir desvios; suporte e capacitação, com treinamentos e recursos para preparar os colaboradores; e sustentabilidade, garantindo que os novos processos e comportamentos sejam mantidos a longo prazo, consolidando o sucesso da transformação organizacional. Esses elementos combinam estratégia, pessoas e processos para assegurar uma transição eficaz e duradoura.

No processo de amadurecimento da IA na Saúde, devemos lembrar que profissionais de Saúde, principalmente médicos, são grandes líderes e influenciadores do ecossistema de Saúde. Portanto, um dos principais desafios é lidar com a resistência desses profissionais, tornando-os não apenas aderentes à tecnologia, mas promotores da mudança. Para isso, é essencial que as organizações de Saúde desenvolvam uma comunicação transparente e promovam um engajamento ativo, mostrando que a IA não é um substituto, mas sim uma aliada na tomada de decisões mais precisas e no aumento da eficiência da prática diária desses profissionais.

Também é importante a participação ativa das lideranças executivas, visionárias que cultivem uma cultura organizacional aberta à inovação. Com estratégias bem-delineadas e suporte adequado, a IA tem o potencial de se consolidar como uma ferramenta indispensável, transformando os Sistemas de Saúde e promovendo melhores desfechos clínicos e operacionais para profissionais e pacientes. Com bons resultados e processos claros com o uso da IA, o processo de mudança se tornará mais leve e garantirá a perenidade saudável dessa tecnologia.

SEÇÃO 3: LEGISLAÇÃO E MODELOS DE INTELIGÊNCIA ARTIFICIAL RESPONSÁVEL E CONFIÁVEL

Cada vez mais, algoritmos de IA serão usados como suporte à decisão clínica, influenciando diretamente diagnósticos, tratamentos e outros aspectos críticos do cuidado. Apesar dos inegáveis benefícios dessa tecnologia e de a despersonalização trazer imparcialidade, é imprescindível que seu desenvolvimento e adoção sejam acompanhados de práticas que garantam seu uso responsável e confiável, mitigando a exacerbação de vieses humanos, preconceitos e riscos assistenciais. Essas premissas também se tornam uma questão ética quando se trata de saúde.

Em decorrência dos rápidos desenvolvimento e da distribuição dessa nova tecnologia, não acompanhados por um arcabouço jurídico, há um diálogo global rico e ativo sobre como criar normas fundamentadas em princípios e práticas aplicáveis para garantir que as organizações desenvolvam e implantem a IA de forma responsável. Fruto desse trabalho, alguns modelos e guias, descritos a seguir, apresentam diretrizes para o desenvolvimento e a implementação responsável de sistemas de IA.

Microsoft Responsible AI Standard, v2

O padrão de IA responsável da Microsoft é o resultado do esforço de vários anos de seus times de pesquisa, política e engenharia para definir requisitos de desenvolvimento de produtos de IA responsáveis. Baseando-se em seis princípios fundamentais, cada um com seus objetivos, aplicabilidades e requisitos, é válido para qualquer indústria. Esses princípios são:

1. **Responsabilidade (*accountability*):** mapeamento dos riscos e impacto dos sistemas de IA nas pessoas, organizações e sociedade, garantindo que os sistemas sejam apropriados para seus objetivos e que haja supervisão e proteções (*guard rails*) adequados para mitigar riscos significativos.
2. **Transparência (*transparency*):** tornar os sistemas de IA compreensíveis e explicáveis para todos os usuários e partes interessadas.
3. **Justiça (*fairness*):** garantir que os sistemas de IA tratem todas as pessoas de maneira justa, sem discriminação ou preconceitos.
4. **Confiabilidade e segurança (*reliability & safety*):** assegurar que os sistemas de IA operem de forma confiável, segura e alinhada aos objetivos para os quais foram desenvolvidos em diversos contextos.
5. **Privacidade e segurança (*privacy & security*):** proteção dos dados pessoais e garantia da privacidade dos usuários, alinhando-se às regulamentações vigentes e implementando medidas de segurança robustas para proteger informações sensíveis.
6. **Inclusão (*inclusiveness*):** desenvolvimento de sistemas de IA que atendam a uma ampla variedade de usuários, incluindo aqueles com diferentes habilidades e origens de modo a promover a acessibilidade e a inclusão digital.

CHAI *assurance standards guide*

O CHAI (Coalition for Health AI) é uma iniciativa colaborativa que reúne especialistas de diversas áreas e representantes de pacientes para estabelecer diretrizes e padrões para o uso responsável da IA na saúde, garantindo segurança, equidade e transparência nas aplicações clínicas. Seu guia combina padrões existentes em um *framework* coerente, oferecendo considerações práticas para a aplicação desses padrões nas operações do dia a dia.

Estabelece cinco princípios fundamentais com considerações relevantes para garantir que soluções de IA sejam projetadas e implementadas de forma confiável em Sistemas de Saúde, independentemente do ciclo de vida da IA. Esses princípios são:

1. Utilidade, usabilidade e eficácia (*usefulness, usability and efficacy*): assegurar que as soluções de IA sejam benéficas, confiáveis e melhorem a experiência do usuário. Elas devem resolver problemas específicos e demonstrar benefícios claros para pacientes e profissionais de Saúde, como melhores desfechos clínicos e eficiência nos cuidados.
2. Justiça e equidade (*fairness and equity*): garantir que as soluções de IA funcionem de maneira justa para todos os grupos. A equidade envolve assegurar que a IA ajude a reduzir disparidades em saúde, enquanto a gestão de vieses inclui a verificação e correção regular de quaisquer vieses nos dados ou no sistema de IA para promover justiça e equidade.
3. Segurança e confiabilidade (*safety and reliability*): assegurar que as soluções de IA operem de forma segura e consistente, minimizando riscos de eventos adversos e garantindo uma avaliação adequada dos riscos. Isso inclui a implementação de medidas para prevenir falhas e travas de segurança e garantir a robustez dos sistemas em diferentes contextos clínicos.
4. Transparência, inteligibilidade e responsabilidade (*transparency, intelligibility and accountability*): fornecer documentação clara e treinamentos sobre os sistemas de IA, incluindo explicações sobre suas capacidades e limitações, para que os usuários compreendam como as decisões são tomadas. A responsabilidade implica a supervisão adequada para mitigar impactos adversos significativos.
5. Segurança e privacidade (*security and privacy*): proteger os dados pessoais e garantir a privacidade dos usuários, alinhando-se às regulamentações vigentes e implementando medidas de segurança robustas para proteger informações sensíveis.

OMS Ethics and Governance of Artificial Intelligence for Health

Resultado de 2 anos de consultas realizadas por um painel de especialistas internacionais indicados pela OMS, preconiza seis princípios para garantir que a IA funcione para o interesse público em todos os países:

1. **Proteger a autonomia humana:** no contexto da atenção à saúde, isso significa que os seres humanos devem permanecer no controle dos Sistemas de Saúde e das decisões médicas; privacidade e confidencialidade devem ser protegidas e os pacientes devem dar consentimento informado válido por meio de estruturas legais apropriadas para proteção de dados.
2. **Promover o bem-estar e a segurança humanos e o interesse público:** os projetistas de tecnologias de IA devem atender aos requisitos

regulamentares de segurança, precisão e eficácia para casos de uso ou de indicações bem-definidas. Devem estar disponíveis medidas de controle de qualidade na prática e melhoria da qualidade no uso de IA.

3. **Garantir transparência, explicabilidade e inteligibilidade:** a transparência requer que informações suficientes sejam publicadas ou documentadas antes do projeto ou implantação de uma tecnologia de IA. Essas informações devem ser facilmente acessíveis e facilitar a consulta pública significativa e o debate sobre como a tecnologia é projetada e como deve ou não ser usada.
4. **Promover responsabilidade e prestação de contas:** embora as tecnologias de IA executem tarefas específicas, é responsabilidade das partes interessadas garantir que sejam usadas nas condições apropriadas e por pessoas devidamente capacitadas. Mecanismos eficazes devem estar disponíveis para questionamento e reparação de indivíduos e grupos adversamente afetados por decisões com base em algoritmos.
5. **Garantir inclusão e equidade:** a inclusão requer que a IA para a Saúde seja projetada para encorajar o uso e o acesso equitativos mais amplos possíveis, independentemente de idade, sexo, gênero, renda, raça, etnia, orientação sexual, capacidade ou outras características protegidas por códigos de direitos humanos.
6. **Promover IA que seja responsiva e sustentável:** *designers*, desenvolvedores e usuários devem avaliar de forma contínua e transparente os aplicativos de IA durante o uso real para determinar se esta responde de forma adequada e apropriada às expectativas e requisitos. Os sistemas também devem ser projetados para minimizar suas consequências ambientais e aumentar a eficiência energética. Governos e empresas devem abordar as interrupções previstas no local de trabalho, incluindo capacitação para profissionais de Saúde para se adaptarem ao uso de sistemas de IA e possíveis perdas de empregos em virtude do uso de sistemas automatizados.

Marco regulatório da Inteligência Artificial no Brasil: Projeto de Lei 2.338/2023

A primeira iniciativa para regulamentação da IA no Brasil, o Projeto de Lei 2.338/2023, aprovado pelo Senado Federal em dezembro de 2024, busca equilibrar a inovação tecnológica com a proteção dos direitos fundamentais. O marco regulatório estabelece um conjunto de normas para garantir um ambiente seguro, ético e transparente, fundamental para setores críticos como a Saúde.

No contexto da Medicina, o Projeto de Lei (PL) impõe requisitos rigorosos para sistemas de IA utilizados no diagnóstico, tratamento e gestão da Saúde. Esses sistemas são classificados como "alto risco", o que significa que seu uso deve atender a exigências como avaliação de impacto algorítmico, supervisão humana obrigatória e medidas de transparência para evitar vieses discriminatórios. De acordo com a norma, indivíduos e grupos impactados por sistemas de IA passarão a ter o direito de serem informados sobre o uso da IA em interações, com explicações claras e acessíveis, além de solicitar revisão humana de decisões automatizadas em determinadas situações. Isso impacta diretamente hospitais, operadoras de Saúde, *startups* de IA médica e plataformas de telemedicina, que precisarão adaptar seus processos para garantir conformidade com a nova legislação.

O marco regulatório também proíbe o uso de IA em aplicações de "risco excessivo", incluindo sistemas que manipulem decisões médicas de forma maliciosa ou afetem diretamente a autonomia dos pacientes sem transparência e controle humano. Essas restrições reforçam a segurança no uso da IA na Saúde, evitando riscos à integridade dos pacientes e protegendo contra decisões automatizadas prejudiciais.

Outro aspecto essencial do PL 2.338/2023 é a proteção de dados médicos e direitos autorais, especialmente em IA generativas. A proposta alinha-se à LGPD, garantindo que sistemas de IA utilizados em prontuários eletrônicos, triagem de pacientes e apoio ao diagnóstico respeitem normas rígidas de anonimização e segurança. Além disso, prevê salvaguardas para autores de conteúdos científicos e educacionais, estabelecendo o direito de oposição (*opt-out*) para impedir que suas obras sejam usadas indevidamente no treinamento de modelos de IA.

A aprovação do projeto pelo Senado representa um avanço para a regulamentação da IA no Brasil. No entanto, o processo legislativo ainda não está concluído. Uma vez finalizado, será necessária uma adaptação do setor às novas regras, exigindo capacitação técnica de profissionais, ajustes em sistemas hospitalares e prontuários eletrônicos, além da criação de mecanismos eficazes de supervisão para garantir que a IA contribua para a inovação sem comprometer os direitos fundamentais dos pacientes. O marco regulatório da IA reflete o esforço do país para consolidar-se como um polo de inovação tecnológica, garantindo que a adoção dessas tecnologias ocorra de forma ética e responsável, promovendo benefícios para a sociedade sem comprometer direitos fundamentais.

DESAFIOS FUTUROS

A IA na Saúde representa uma revolução irrefreável, carregando consigo um enorme potencial para transformar diagnósticos, tratamentos e a gestão dos Sistemas de Saúde. No entanto, sua incorporação é carregada de desafios. Todos os pontos trazidos neste capítulo demonstram como o avanço da IA não exige apenas inovação, mas também planejamento estratégico, regulação eficaz e um compromisso ético robusto.

Para uma implementação bem-sucedida, apenas a tecnologia não é suficiente. A aceitação e capacitação dos profissionais de Saúde, o empoderamento dos pacientes e a adoção de práticas organizacionais que favoreçam a inovação são determinantes para que a IA seja utilizada de maneira ampla, eficiente e equitativa. Ao mesmo tempo, um arcabouço regulatório sólido e alinhado a padrões globais reforça a importância de um diálogo contínuo entre governos, instituições de Saúde, empresas de tecnologia e a sociedade civil para garantir sua segurança e ética.

A história recente mostra que grandes transformações ocorrem quando necessidade, tecnologia e regulação caminham juntas. Assim como a telemedicina superou barreiras e consolidou-se como uma ferramenta essencial, a IA pode redefinir o cuidado em Saúde, desde que sua evolução seja acompanhada de um compromisso genuíno com a ética, a segurança e a equidade. O futuro da IA na Saúde não será determinado apenas pelos avanços tecnológicos, mas pela forma como escolhemos utilizá-la para promover um Sistema de Saúde mais acessível, eficiente e humano.

Bibliografia consultada

- CGI.br. Pesquisa sobre o uso das tecnologias de informação e comunicação nos domicílios brasileiros: TIC Domicílios, 2024a. Disponível na Internet: https://www.cgi.br (29 abr. 2025).
- CHA (Coalition for Health AI). CHAI Assurance Standards Guide - AI That Serves All Of Us, 2024a. Disponível na Internet: https://www.healthai.org/cha-assurance-standards (29 abr. 2025).
- CNN Brasil. 16 milhões de pacientes de Covid-19 têm dados expostos; Saúde investiga, 2020.
- Forbes. Dados de saúde valem mais que informações financeiras na dark web, 2022a. Disponível na Internet: https://forbes.com.br/forbes-tech/2022/06/dados-de-saude-chegam-a-valer-mais-que-informacoes-financeiras-na-dark-web/ (29 abr. 2025).
- G1. Ataque hacker tira do ar site do Ministério da Saúde e o ConecteSUS, 2021a. Disponível na Internet: https://g1.globo.com/jornal-nacional/noticia/2021/12/10/ataque-hacker-ao-site-do-ministerio-da-saude-tira-do-ar-o-conectesus.ghtml (29 abr. 2025).
- IDC. The Digitization of the World From Edge to Core – IDC White Paper, 2018a. Disponível na Internet: https://www.seagate.com/files/www-content/our-story/trends/files/idc-seagate-dataage-whitepaper.pdf (29 abr. 2025).
- Lawry T. Hacking healthcare: a revolução da tecnologia no setor de saúde. New York, NY: Routledge; 2023.
- Lottenberg C, Ellen SP, Klajner S. Revolução digital na saúde. São Paulo: Editora dos Editores; 2019.
- Mattos F. Senado aprova marco regulatório da Inteligência Artificial: principais pontos do PL 2.338/2023. Mattos Filho Advogados, 2024a. Disponível na Internet: https://www.mattosfilho.com.br/unico/senado-aprova-marco-ia/ (29 abr. 2025).
- Microsoft. Microsoft responsible ai standard: general requirements. [S.l.]: Microsoft Corporation, 2023a. Disponível na Internet: https://cdn-dynmedia-1.microsoft.com/is/content/microsoftcorp/microsoft/final/en-us/microsoft-brand/documents/Microsoft-Responsible-AI-Standard-General-Requirements.pdf (29 abr. 2025).
- NHS – National Health Service. Topol Review: Progress on the Recommendations. Health Education England, 2023a. Disponível na Internet: https://www.hee.nhs.uk/sites/default/

files/documents/Topol%20Review%20-%20progress%20on%20the%20recommendations%20%28Feb%2023%29.pdf (29 abr. 2025).

- OMS – Organização Mundial da Saúde. Ethics and governance of artificial intelligence for health. Genebra: OMS, 2021. Disponível na Internet: https://iris.who.int/bitstream/handle/10665/341996/9789240029200-eng.pdf?sequence=1 (29 abr. 2025).
- PWC. 26ª Pesquisa Anual Global de CEOs. Brasil: PwC Brasil, 2023a. Disponível na Internet: https://www.pwc.com.br/pt/estudos/preocupacoes-ceos/ceo-survey-editions/ceo-survey-2023/saude.html (29 abr. 2025).
- PWC. AI and Healthcare: Emerging Technologies. PwC. 2023. Disponível na Internet: https://www.pwc.com/us/en/industries/health-industries/library/ai-and-healthcare-emerging-technologies.html (29 abr. 2025).

CAPÍTULO

24 Impacto da Inteligência Artificial no Mercado de Trabalho em Saúde

Adriele Rosana Marchesini

"As máquinas estão destinadas a substituir os homens ou a libertá-los?"
Duna
Frank Herbert

"Estamos sendo afligidos por uma nova doença da qual alguns leitores talvez ainda não tenham ouvido falar, mas sobre a qual ouvirão muito nos anos vindouros – nomeadamente, o **desemprego tecnológico**.[i] Isso significa o desemprego causado pela nossa descoberta de meios de economizar o uso da mão de obra superando o ritmo em que conseguimos encontrar novos usos para o trabalho."

A análise é de um economista muito famoso, de grande prestígio internacional por, entre seus principais feitos, resgatar a economia mundial, especialmente a norte-americana, de uma crise de enormes proporções. Talvez a crise que venha à mente do leitor seja a do *subprime*, de 2008, mas me refiro a uma bem mais antiga: a Grande Depressão, marcada pela quebra da Bolsa de Nova York, em 1929. O autor é o britânico John Maynard Keynes,[1] um dos economistas mais influentes do século XX.[2] O parágrafo aqui reproduzido poderia des-

i Grifo da autora.

crever o dilema atual ocasionado pela inteligência artificial (IA), mas faz parte do ensaio *Possibilidades econômicas para nossos netos*,[1] publicado em 1930. Quase 100 anos depois, os leitores já estão mais habituados ao conceito de desemprego tecnológico e, desde novembro de 2022, quando o *ChatGPT* foi apresentado pela OpenAI e os modelos de linguagem grandes (LLMs, do inglês *large language models*) ganharam notoriedade, o temor sobre a substituição do homem pela máquina ganhou força e teve os holofotes direcionados à tecnologia de IA - especialmente, a do tipo generativa, que aparenta produzir conteúdos em texto, áudio e vídeo do "zero"

TEMOR E PONDERAÇÃO

O modelo neoclássico aponta dois motores para o crescimento econômico de longo prazo: aumento da taxa de poupança (estoque de capital) e/ou elevação da produtividade via progresso tecnológico.[3] Ganho de eficiência é, portanto, o solo no qual a inovação empenha sua infinita jornada na busca por "fazer mais com menos". E não é nada estranho assumir, de imediato, que a bússola que direciona esse caminho é a substituição de mão de obra humana pela automatizada.

Se nas revoluções tecnológicas anteriores os empregos ameaçados eram aqueles majoritariamente operacionais - como os operários durante a Revolução Industrial ou os motoristas de táxi com a chegada dos aplicativos de transporte -, a Inteligência Artificial generativa (IA generativa) conquista os antes herméticos espaços reservados a trabalhadores do campo intelectual. Em 2019, antes mesmo do arroubo do *ChatGPT*, pesquisadores já apontavam que "da mesma forma que a automatização dos processos manufatureiros resultou na perda de empregos de colarinho azul (braçais), a utilização crescente da IA resultará numa menor necessidade de empregados de colarinho branco (intelectuais) e até mesmo de empregos de profissionais altamente qualificados".[4] Os autores exemplificam que ferramentas de IA têm melhores resultados na detecção de câncer de pele do que os próprios médicos, assim como firmas de advocacia precisam de menos advogados e paralegais para analisar milhares de documentos referenciados em processos.

De toda forma, é necessário levar em consideração que a equação não é exatamente "+ inovação = menos vagas de trabalho". Inovações de automatização (do inglês *automation innovation*) substituem funções e, portanto, corroem o emprego; mas inovações de aumento (do inglês *augmented innovation*), por sua vez, elevam a capacidade humana, de forma a melhorar a produtividade e chegar, até mesmo, a criar postos de trabalho.[5]

> Quando a IA aumenta a capacidade humana, permitindo que pessoas façam coisas que, antes, não poderiam, então, humanos e máquinas são complementares. Complementaridade implica que pessoas permanecem indispensáveis para criação de valor e retêm poder de barganha em mercados de trabalho e na tomada

de decisão política. Em contraste, quando a IA replica e automatiza capacidades humanas existentes, máquinas se tornam melhores substitutos para o trabalho humano e trabalhadores perdem poder econômico e de barganha. (Erik Brynjolfsson, 2022)[6]

QUESTÃO DE CONTEXTO

Nenhuma tecnologia se desenvolve no vácuo. Qualquer tendência afeta e é afetada pelos contextos global, regional e de segmento econômico. A IA progride em cenário de transformações não só tecnológicas, mas também econômicas, demográficas e ambientais.[7] Esse combinado de forças deve gerar 170 milhões de empregos e destruir outros 92 milhões em todo o planeta até 2030, segundo o relatório *Futuro dos Empregos 2025*, do Fórum Econômico Mundial. O estudo aponta que cerca de 40% das habilidades exigidas no trabalho devem mudar, com destaque para a combinação entre conhecimentos tecnológicos e humanos.

Outro levantamento, focado especificamente em IA generativa, aponta que 40% dos empregos mundiais sofrem algum tipo de exposição à tecnologia.[8] O impacto é maior (60%) em economias avançadas, pois as tarefas nesses países são mais orientadas a esforço cognitivo – e entre esses empregos, metade está sob risco enquanto a outra metade deve ser beneficiada com ganho de produtividade. Em países em desenvolvimento, a exposição média é de 40%, variando de 41% (Brasil) a 26% (Índia).

O estudo segue apontando algumas potenciais decorrências da evolução da IA em países desenvolvidos e em desenvolvimento: apesar de mais exposto, o primeiro grupo tem uma chance maior de aproveitar as vantagens oferecidas pela tecnologia, o que, consequentemente, agravaria a desigualdade digital e a disparidade de renda entre norte e sul globais. Por outro lado, economias emergentes e em desenvolvimento têm uma chance maior de aproveitar a escassez de habilidades profissionais, especialmente nos setores de Saúde e Educação, caso desenvolvam uma infraestrutura digital adequada.[9]

O Brasil já está direcionando esforços ao tema: em agosto de 2024, lançou o Plano Brasileiro de Inteligência Artificial (PBIA),[10] que prevê investimentos de R$ 23 bilhões até 2028, incluindo a criação de um supercomputador para processar grandes volumes de dados e desenvolver algoritmos avançados de IA. A verba será destinada a 31 ações em sete áreas: Agricultura; Meio Ambiente; Indústria, Comércio e Serviços; Educação; Desenvolvimento Social; Gestão do Serviço Público e Saúde. Essa última, sozinha, agrega 13 ações, que vão de IA generativa para personalização no cuidado à otimização de diagnósticos no Sistema Único de Saúde (SUS), e somam R$ 98 milhões.

FUTURO QUE JÁ MOLDA O PRESENTE

Com mais de 65 milhões de profissionais em todo o planeta, o setor de Saúde tende a ter um déficit de 10 milhões de trabalhadores até 2030, conforme números atualizados em 2020 do estudo *Estratégia Global em Recursos Humanos para a Saúde: Força de Trabalho em 2030*, divulgado pela Organização Mundial de Saúde (OMS).

Junto a outras diretrizes, o material lembra que "sistemas de Saúde só conseguem funcionar com trabalhadores de Saúde; melhorar a cobertura do serviço de Saúde e concretizar o direito ao gozo do mais alto padrão de saúde possível depende da disponibilidade, acessibilidade, aceitabilidade e qualidade desses serviços". Os itens "disponibilidade, acessibilidade, aceitabilidade e qualidade dos serviços" podem ser impactados positivamente pela IA uma vez que a tecnologia tem potencial de fortalecer o capital humano em serviços públicos de Saúde ao prever epidemias, otimizar alocação de recursos hospitalares, facilitar diagnóstico e permitir o acesso a serviços de qualidade mesmo a quem tenha menos recursos ou esteja em regiões com baixa disponibilidade de profissionais.[11]

A perspectiva vai ao encontro da visão abordada pelo relatório do Fórum Econômico Mundial, mencionado anteriormente. O estudo mostra que, atualmente, 47% das tarefas exercidas em todas as profissões são exclusivamente humanas - proporção bastante parecida com a identificada no universo da Saúde (50%). Em 2030, essas fatias cairão para 33% e 34%, respectivamente, indicando, mais uma vez, um alinhamento. O que muda de uma estimativa para outra é o quanto desse trabalho deixará de ser realizado exclusivamente por humanos para ser feito em parceria com as máquinas. No compêndio geral, a fatia é de 18,5% - ou seja, a grande maioria será pura automação e deterioração das funções humanas. Já na Saúde, 44% das atividades antes desempenhadas exclusivamente por seres humanos serão realizadas por indivíduos em parceria com as máquinas. Outro ponto que merece menção são os fatores considerados pelos empregadores para a definição de salários. Os itens principais são, pela média, produtividade e desempenho dos colaboradores (77%) e competição para reter talentos (71%). Apenas seis indústrias colocaram a retenção de talentos em primeiro lugar: serviços médicos e de Saúde entre eles.

A demanda por mão de obra na Saúde, portanto, tende a seguir firme.

INTELIGÊNCIA ARTIFICIAL COMO FERRAMENTA DE SUPORTE

Se o futuro promete maior colaboração entre profissionais de Saúde e ferramentas tecnológicas, é preciso ter claro que a acomodação já ocorre no presente. Ferramentas de IA são capazes de analisar quantidades enormes de dados rapidamente, sem perder a precisão,[12] e de identificar padrões em dados complexos.[13] Essas habilidades são especialmente necessárias com o avanço do volume de conhecimento gerado pelo campo médico: em 1950, levavam-se 50 anos para que esse arcabouço dobrasse; em 1980, esse prazo caiu para 7 anos. Em 2020, era projetado para apenas 73 dias.[14]

Processar informações com mais agilidade tem como consequência melhor desempenho da assistência, redução na carga de trabalho - um reconhecido motivador de estresse -; redução de erros médicos; melhoria do trabalho em equipe uma vez que a IA ajuda na integração de dados de diferentes fontes; e aumento da satisfação dos pacientes que, graças à alta capacidade de processamento da IA, têm acesso a mais informações sobre sua condição.[15]

> Usando o reconhecimento de padrões, a IA pode ajudar os profissionais de saúde a tomarem decisões clínicas mais informadas e permitir que os pacientes assumam um papel ativo em sua própria saúde. Ela pode automatizar tarefas repetitivas, permitindo que os profissionais de saúde se concentrem em tarefas cognitivas de nível superior e no atendimento ao paciente. A IA tem um enorme potencial para aumentar a produtividade, melhorar a qualidade e a eficiência e contribuir para uma maior satisfação de profissionais e pacientes. (Hazarika, 2020)[15]

AMEAÇA INESPERADA

A prestação de serviços em Saúde e a inovação têm uma proximidade histórica na busca pelo aumento da capacidade dos profissionais (*augmented innovation*). Se voltarmos mais de 200 anos no tempo, em 1816, observaremos o exemplo do estetoscópio - dispositivo hoje corriqueiro, mas que revolucionou a ausculta de pacientes e permitiu maior precisão da aferição da frequência cardíaca, um dos principais sinais vitais utilizados na Medicina moderna.[16] E em se tratando de tecnologias mais sofisticadas, podem-se esperar impactos e desafios igualmente mais sofisticados.

Uma amostra vem de estudo que comparou o desempenho da versão 4 do LLM *ChatGPT*, da OpenAI, e 849 médicos residentes que prestaram exame para licença médica especializada em Israel, em 2022. A ferramenta obteve um resultado superior ao da maioria dos psiquiatras, esteve no mesmo nível que o médico mediano de cirurgia geral e clínica médica e foi inferior somente em Pediatria e Ginecologia/Obstetrícia. No cômputo geral, o levantamento mostra que o GPT-4 tem um desempenho superior "ao de uma fração considerável de médicos em exercício".[17] Ver mais na Tabela 24.1.

O que à primeira vista é um tanto assustador para qualquer profissional pode, em um segundo momento, agregar segurança ao desempenho das funções em um segmento tão regulamentado quanto o da Medicina, no qual a participação de um humano é fundamental para a assistência ao público.

Tabela 24.1 – Resultados dos exames de modelos transformadores generativos pré-treinados (GPTs) e Médicos*

	Médicos (N = 849)		GPT-4	
Disciplina	**Média ± Desvio Padrão (%)**	**Intervalo de Confiança de 95% da Média**	**Média ± Desvio Padrão (%)**	**Intervalo de Confiança de 95% da Média**
Clínica médica	67,9 a 12,6	66,7 a 69,1	71,5 a 2	71,2 a 71,9
Cirurgia geral	69,9 a 8,5	67,6 a 72,3	70,4 a 1,5	70,1 a 70,7
Pediatria	75,7 a 9,3	74,3 a 77,1	2,9 a 68,2	67,6 a 68,7
Psiquiatria	70,4 a 12,3	67,7 a 73,1	80,1 a 2,2	79,7 a 80,5
Obstetrícia e Ginecologia	69,87 a 8,9	68,3 a 71,4	63,9 a 2,6	63,5 a 64,4

* Os valores são apresentados como médias (±DP) e intervalos de confiança (ICs) para as pontuações dos testes do, GPT-4 e dos médicos. O desempenho dos modelos GPT é baseado em 120 testes repetidos.

Fonte: Adaptada de Katz U *et al*. GPT versus Resident Physicians – a benchmark based on official board scores. NEJM AI. 2024. Disponível na Internet: https://ai.nejm.org/doi/full/10.1056/AIdbp2300192?query=nejmaiarticle (29 abr. 2025). doi: 10.1056/AIdbp2300192.

E é nessa tranquilidade que reside um risco que já começa a ser discutido na literatura: o *deskiling* de profissionais de Saúde.[ii,18]

Segundo teoria econômica de Harry Bravermann[19] divulgada no livro *Trabalho Capital Monopolista: a Degradação do Trabalho no Século XX*, publicado na década de 1970, *deskilling* é um fenômeno que torna os indivíduos menos capacitados a partir da entrada de tecnologias em suas atividades. Sem aprofundar na visão ou nas contravisões sobre a teoria, a perda de habilidades é um processo natural do desenvolvimento tecnológico: à medida que o tempo passa, a sociedade abandona ferramentas, processos e saberes para dar lugar a novos e mais consistentes ou eficientes. Antes do desenvolvimento do raio X ou tomógrafos, por exemplo, médicos dependiam de processos mais rudimentares e aprendiam a ler sinais mais sutis, como padrões respiratórios, para diagnosticar doenças como pneumonia. A chegada do maquinário os fez prescindir dessa habilidade ao mesmo tempo que aumentou a segurança do paciente.[18] Não seria um grande problema, portanto, que a IA tivesse efeito parecido no dia a dia da assistência, correto? Não é isso o que defendem alguns pesquisadores a partir da análise de dois vieses - **técnico** e **moral** - do *deskilling* em Saúde.

---

ii A primeira vez que o termo *deskilling* foi utilizado oficialmente na literatura em referência ao setor de Saúde foi em 1970, com a adoção de tecnologias para medição do cuidado e prontuário eletrônico do paciente. As informações foram citadas por Duran em seu artigo *Deskilling of Medical Professionals: an Unintended Consequence of AI implementation?*, em referência ao artigo *Deskilling and Adaptation among Primary Care Physicians Using Two Work*, de T. Hoff.

HABILIDADES TÉCNICAS

A perda de **habilidades técnicas** ocorre quando profissionais têm menos oportunidades de exercerem habilidades particulares; caso a premissa seja a utilização de tecnologias de IA para apoio diagnóstico, médicos podem assumir que a tecnologia é sempre mais acurada e, portanto, mais confiável.[18]

> Apesar de a promessa de que aplicações de IA revolucionam a Saúde ter recentemente permeado o debate acadêmico e científico, é importante manter um olhar crítico. A Saúde é um campo complexo para se implementar qualquer inovação tecnológica e IA não funciona como mágica. (Duran, 2022)[18]

Esse "funcionamento mágico", quase místico, que envolve a IA merece, de fato, um olhar mais acurado. Qualquer modelo de linguagem precisa de uma base de conhecimento para operar. Em um setor hiperespecializado como o da Saúde, é indiscutível a necessidade de esse banco de informações ser de qualidade. Mas mesmo que se criem cercos sobre os referenciais e que se reduza a tendência à alucinação inerente aos modelos, ainda é preciso que os profissionais que utilizam as ferramentas entendam, minimamente, como elas funcionam – e, sobretudo, como elas erram.

Os equívocos cometidos pela IA – particularmente os LLMs – desconsideram a lógica humana.[20] Nossos erros podem ser categorizados: um engano em um cálculo matemático geralmente vem acompanhado de outros. Também se espera que os lapsos aumentem e diminuam de forma previsível, a depender de fatores como cansaço ou distração. Além disso, erros geralmente caminham junto da ignorância: se uma pessoa é ruim em História, ela provavelmente responderá "não sei" quando questionada sobre o assunto.

Já os erros da IA aparentam ser randômicos. No artigo, os especialistas afirmam que um modelo de linguagem está tão propenso a se enganar em uma operação matemática quanto afirmar que "repolhos comem cabras". Mas a grande armadilha vem do comportamento que acompanha o desconhecimento: diferentemente dos indivíduos, a IA aparenta confiança mesmo diante do equívoco. Para resolver a encruzilhada, os especialistas sugerem dois caminhos de pesquisa: o desenvolvimento de LLMs que cometam erros mais parecidos com os dos humanos ou, ainda, a construção de um sistema de correção que lide com tipos específicos de erros que a IA tende a cometer.

Enquanto esses campos de pesquisa não resultam em soluções práticas, médicos carregam o fardo de conferir informações trazidas por ferramentas de IA.[21] Os pesquisadores alegam que o uso de LLMs direciona aos médicos a responsabilidade por algo que eles não produziram e que os altos riscos de erros das tecnologias não é um assunto bem compreendido. Os autores questionam, ainda, a ausência de pesquisas sobre os benefícios do uso da IA no dia a dia e alegam que "a percepção de LLMs como humanos de alto desempenho pode levar a superestimar a capacidade dos modelos".

HABILIDADES MORAIS

No campo moral, o questionamento é sobre o papel que novas tecnologias desempenham nas relações interpessoais, muitas vezes se interpondo entre elas. A perda de habilidades morais (do inglês *moral deskilling*) é observada quando "um agente moral perde a habilidade de fazer julgamentos morais apropriados e perde a habilidade de tomada de decisões morais devido à excessiva dependência em desenvolvimentos tecnológicos".[18]

No campo da Medicina, consequências possíveis são, além da já apontada redução do conhecimento clínico, tendência à escolha por soluções padronizadas para problemas individualizados, menor confiança na tomada de decisões clínicas e erosão da confiança na relação médico-paciente.[22]

Mas a IA, como bem ponderou Duran,[18] não é mágica - e nem tampouco inteligente ou artificial:[23] não é artificial pois depende do conhecimento produzido pela humanidade - esta, naturalmente, composta por cérebros orgânicos; e não é inteligente, pois, segundo definição do matemático suíço Ronald Cicurel, essa é "uma propriedade dos organismos que surgiram para otimizar nossa chance de sobreviver em um mundo que está em contínuo fluxo", sendo, assim, "um dos fenômenos matemáticos não redutíveis a algoritmos".

Convém considerar que, ao deixar de desenvolver habilidades morais e pensamento crítico, o indivíduo está se valendo de preceitos de terceiros, utilizados na elaboração daqueles sistemas.

> Em cada etapa do treinamento e da implantação de um modelo de IA, valores humanos estão presentes. Os modelos de IA estão longe de ser imunes às mudanças e discrepâncias de valores entre pacientes individuais e sociedades. Utilidades passadas podem não ser mais relevantes ou até mesmo refletir vieses sociais prejudiciais. Nossa responsabilidade compartilhada é garantir que os modelos de IA que implantamos reflitam com precisão e de forma explícita os valores e objetivos dos pacientes.(Yu *et al*, 2024)[24]

UM ÚLTIMO PENSAMENTO

O trecho do ensaio escrito por Keynes,[1] em 1930, e citado no início deste artigo previa que em 100 anos - ou seja, nos dias atuais -, teríamos superado o que seria um temporário desemprego tecnológico e resolvido o que ele chamava de "problema econômico". Graças, entre outros itens, ao desenvolvimento científico-tecnológico, a sociedade conseguiria liquidar suas necessidades com 1 semana de trabalho de apenas 15 horas. Quinze horas. As acirradas discussões sobre a escala 6 x 1 no Brasil mostram que estamos muito mais do que 5 anos longe desse prognóstico.

No complexo entremeado digital de nossa sociedade, seria ingênuo afirmar que tecnologias são totalmente neutras - suas chegadas moldam nosso comportamento e fazem-nos repactuar códigos de conduta nos mais variados campos da vida. As mídias sociais são um exemplo tão potente quanto recente de reestruturação nas relações pessoais, hábitos de compra e criação e disseminação de informação. Por outro lado, é desmedido pensar que tecnologias são deterministas - seu uso depende, principalmente, da aceitação do público e da escolha que fazemos, como sociedade, sobre seu papel. Não tenho a audácia e muito menos a vontade de questionar a previsão de um dos principais economistas do século XX, então posso inferir que, se não vivemos com uma carga de trabalho semanal de 15 horas, colhemos os frutos de uma decisão social.

Resta-nos, então, o campo individual, sob o qual trago um último pensamento: conhecimento é poder, e é com esse poder que desenvolvemos autonomia para tomar decisões conscientes e tirar o melhor proveito de qualquer artefato que chegue até nós. Aplicações de IA podem ser grandes aliadas do ser humano nos mais variados campos - só não podemos, nunca, esquecer que ela trabalha para nós - e não o contrário.

Referências bibliográficas

1. Keynes JM. Essays in persuasion. New York: W.W. Norton & Co.; 1963:358-73.
2. Barreto P. Ipea desafios do desenvolvimento. 2009;6(52). Disponível na Internet: https://www.ipea.gov.br/desafios/index.php?option=com_content&view=article&id=2267:catid=28&Itemid= (29 abr. 2025).
3. Lima JCCO. A dinâmica de transição e o crescimento econômico em um modelo neoclássico com capital humano. Banco Nacional de Desenvolvimento Econômico; 2011a. Disponível na Internet: https://web.bndes.gov.br/bib/jspui/handle/1408/3122?&locale=pt_BR (29 abr. 2025).
4. Haenlein M, Kaplan A. A brief history of artificial intelligence: on the past, present, and future of artificial intelligence. Berkeley Haas. 2019a. Disponível na Internet: https://www.researchgate.net/publication/334539401_A_Brief_History_of_Artificial_Intelligence_On_the_Past_Present_and_Future_of_Artificial_Intelligence (29 abr. 2025). doi: 10.1177/0008125619864925.
5. Autor D, Chin C, Salomons A, Seemgmiller B. The origins and content of new work, 1940-2018. National Bureau of Economic Research, 2022a.
6. Disponível na Internet: https://www.nber.org/papers/w30389 (29 abr. 2025). doi: 10.3386/w30389.
7. Brynjolfsson E. The Turing trap: the promise & peril of human-like artificial intelligence. Daedalus. 2022;151(2):272-90. Disponível na Internet: https://direct.mit.edu/daed/article/151/2/272/110622/The-Turing-Trap-The-Promise-amp-Peril-of-Human (29 abr. 2025).
8. The World Economic Forum. Future of Jobs Report 2025. 2025a. Disponível na Internet: https://www.weforum.org/publications/the-future-of-jobs-report-2025/ (29 abr. 2025).
9. Cazzaniga M et al. Gen-AI: artificial intelligence and the future of work. IMF Staff Discussion, International Monetary Fund, 2024a. Disponível na Internet: https://www.imf.org/en/Publications/Staff-Discussion-Notes/Issues/2024/01/14/Gen-AI-Artificial-Intelligence-and-the-Future-of-Work-542379?cid=bl-com-SDNEA2024001 (29 abr. 2025).
10. Ministério da Ciência, Tecnologia e Inovações. Plano Brasileiro de Inteligência Artificial - PBIA (2024-2028), 2024a. Disponível na Internet: https://www.gov.br/lncc/pt-br/

assuntos/noticias/ultimas-noticias-1/plano-brasileiro-de-inteligencia-artificial-pbia-2024-2028 (29 abr. 2025).
11. World Health Organization. Global Strategy on Human Resources for Health: workforce 2030. 2015a. Disponível na Internet: https://www.who.int/news/item/02-06-2022-global-strategy-on-human-resources-for-health--workforce-2030 (29 abr. 2025).
12. Wahl B, Cossy-Gantner A, Germann S, Schwalbe NR. Artificial Intelligence (AI) and global health: how can ai contribute to health in resource-poor settings? BMJ Glob Health. 2018;3(4):e000798.
13. Rowe M, Nicholls DA, Shaw J. How to replace a physiotherapist: artificial intelligence and the redistribution of expertise. Physiother Theory Pract. 2022;38(13):2275-83. doi: 10.1080/09593985.2021.1934924.
14. Dilsizian SE, Siegel EL. Artificial intelligence in medicine and cardiac imaging: harnessing big data and advanced computing to provide personalized medical diagnosis and treatment. Curr Cardiol Rep. 2014;16:441.
15. Densen P. Challenges and opportunities facing medical education. Trans Am Clin Climatol Assoc. 2011;122:48-58.
16. Hazarika I. Artificial intelligence: opportunities and implications for the health workforce. Int Health. 2020;12(4):241-5. Disponível na Internet: https://pubmed.ncbi.nlm.nih.gov/32300794/ (29 abr. 2025). doi: 10.1093/inthealth/ihaa007.
17. Ferraz AP, Soares BS, Terra DAA, Lopes JA. A história do estetoscópio e da ausculta cardíaca. Rev Méd Minas Gerais, 2011a. Disponível na Internet: https://www.rmmg.org/artigo/detalhes/154 (29 abr. 2025).
18. Katz U et al. GPT versus resident physicians — a benchmark based on official board scores. NEJM AI. 2024. Disponível na Internet: https://ai.nejm.org/doi/full/10.1056/AIdbp2300192?query=nejmaiarticle (29 abr. 2025). doi: 10.1056/AIdbp2300192.
19. Duran LDD. Deskilling of medical professionals: an unintended consequence of AI implementation? Giornale di Filosofia. 2021;2(2):47-59. Disponível na Internet: https://mimesisjournals.com/ojs/index.php/giornale-filosofia/article/view/1691 (29 abr. 2025).
20. Braverman H. Labor and monopoly capital: the degradation of work in the twentieth century. 25. ed. New York: Monthly Review Press: 295,1998.
21. Schneider B, Sanders NE. AI mistakes are very different from human mistakes. IEEE Spectrum, 2025a. Disponível na Internet: https://spectrum.ieee.org/ai-mistakes-schneier (29 abr. 2025).
22. Ohde JW, Rost LM, Overgaard JD. The burden of reviewing llm-generated content. NEJM AI. 2024a. Disponível na Internet: https://ai.nejm.org/doi/full/10.1056/AIp2400979 (29 abr. 2025). doi: 10.1056/AIp2400979.
23. Hoff T. Deskilling and adaptation among primary care physicians using two work innovations. Health Care Manag Rev. 2011;36(4):338-48. doi: 10.1097/HMR.0b013e31821826a1.
24. Nicolelis M. Canal Livre, Jornal da Band. Entrevista concedida em 2024. Disponível na Internet: https://www.youtube.com/watch?v=N_pVRc0rx-U (29 abr. 2025).
25. Yu KH, Healey E, Leong TY, Kohane IS, Manrai AK. Medical artificial intelligence and human values. N Engl J Med. 2024;390:1895-904. doi: 10.1056/NEJMra2214183.

Índice Remissivo

A

Abordagem(ns)
    bottom-up, 115
    terapêuticas, 255
Absorção e metabolismo, 123
Aceleração
    da pesquisa farmacêutica, 150
    do diagnóstico, 79
Acessibilidade, 48
Acesso a diagnósticos em regiões remotas, 78
Acidente vascular cerebral isquêmico, 165
Acompanhamento e cuidados paliativos, 152
Acurácia, 16, 52
    diagnóstica, 52
Administração em saúde, 23
Adscrição populacional, 51
Agência Nacional de Saúde Suplementar (ANS), 46
Agendamentos, 49
Agente, 253

Ajustes e melhorias, 16
Algorithmic fairness, 311, 316
Algoritmos
de aprendizado
de máquina, 74, 128
profundo, 88, 148
de otimização, 14
genéticos, 129
preditivos, 149
Alocação de recursos, 298, 303
Ambiente(s)
inteligentes, 31
Weka, 130
Análise(s)
automática de manifestações do usuário, 24
avançadas e ML, 301
com precisão, 62
de agrupamento, 128
de ancestralidade local, 104
de componentes principais, 128
de comportamento de saúde, 298, 305
de exames laboratoriais, 80
de grandes
conjuntos de dados, 81
volumes de dados, 280
de imagens médicas, 148
de patologias, 78
de RES, 305
de sentimentos e percepção pública, 302
dos dados, 281
e interpretação aprimoradas de dados, 300
preditiva, 279
Analytics, 322
Anatomia patológica, 22
Ancestralidade genética, 105
Angiografia coronariana, 268
Angiotomografia computadorizada das artérias coronárias (ATC), 167
Aplicativos educacionais com base em IA, 227

Apoio a iniciativas de Saúde Pública de precisão, 301
Aprendizado
de máquina, 4, 7, 21, 75, 90, 100, 264, 322
e biomedicina, 7
não supervisionado, 4, 13, 75, 101, 322
por reforço, 4, 75
profundo, 2, 8, 76, 101
semissupervisionado, 14
supervisionado, 4, 75, 101, 128, 322
Aquisição de imagens, 88
Área
de superfície polar, 122
sob a curva, 206, 213
Area Under The Receiver Operating Characteristic (AUROC), 207, 266
Armazenamento dos dados, 280
Arquivo JSON, 126
Articuladores virtuais, 239
Árvore de decisão, 13, 129
Asma, 211, 221
Aspectos éticos e desafios na implementação da inteligência artificial em pediatria, 225
Assinaturas moleculares, 149
Assistente(s), 252
conversacionais, 259
inteligentes para oncologistas, 151
virtuais, 30, 196
Atenção primária
à saúde (APS), 39, 44
abrangente (CPHC), 41
de alta performance (HPPC), 41
seletiva (SPHC), 40
Atendimento intra-hospitalar, 178
Atividade(s)
administrativas, 320
terapêutica e tóxica, 120
Atributos
numéricos, 121
textuais, 123, 125
semiestruturados, 125

Atualização e supervisão contínuas, 254
Auditoria e monitoramento contínuos, 18
Autenticidade, 321
Autismo, 221
Autocuidado apoiado, 52
Autômato farmacológico, 116, 117, 120, 131
Autonomia humana, 344
Autorização prévia, 23
Auxílio
à tomada de decisão, 61
diagnóstico, 244
no diagnóstico de condições dermatológicas, 285
Avaliação
de eficiência de inteligências artificiais, 16
de programas e intervenções em Saúde Pública, 300
de risco cardiovascular, 170
Avanços no tratamento médico, 311

B

Backpropagation, 243
Bem-estar, 258, 260, 344
Big data, 7, 82, 99, 100, 243, 275, 276, 279, 283, 296
BigQuery, 282
Biofeedback, 199
Bioinformática, 104, 120, 124
Biologia
computacional de sistemas, 115, 116
estrutural, 124, 140
molecular, 138
sintética, 155
Biomarcadores, 30, 81, 149
para câncer, 81
para sepse, 81
preditivos, 81
Bioquímica, 124
10 Building Blocks, 41
Business intelligence, 322

C

Caixa-preta, 17
Camadas (*layers*), 14
Câncer, 81, 147, 213
  infantil, 213
Capacidade de doação e aceitação de ligações, 121
Caracterização molecular, 123
Cardiologia, 163, 164, 167, 211
  nuclear, 167
  pediátrica, 211
Carga
  energética, 335
  fisiológica, 122
Centralização na pessoa, 48
Cestas de serviços, 253
CHAI assurance standards guide, 343
Chatbots, 8, 94, 252
  de IA para suporte psicológico, 8
  de IA para saúde mental, 252
ChatGPT, 177, 244
Chats automatizados, 259
Ciência de dados, 49, 50, 53
Circuitos integrados, 335
Cirurgia
  assistida, 27
  maxilofacial, 240
Citômica, 115
Classes de compostos, 123
Classificação, 16
  da IA, 3
Coeficiente de determinação, 17
Colaboração homem-máquina, 157
Colecistite aguda, 179
Coleta e preparação dos dados, 15
Combate à solidão, 258
Complexidade das redes neurais, 17
Comportamentos da população, 310

Computação
biológica, 84
quântica, 154
Computer Aided
Impression (CAI), 236
Manufacturing (CAM), 239
Comunicação pública, 307
Concept shift, 310, 311
Conecte SUS, 45
Confiabilidade, 343, 344
e segurança (*reliability & safety*), 343
Confidencialidade, 321
Conhecimento *in silico*, 133
Controle
de desinformação, 298, 302, 303
de infecções nosocomiais, 328
Cooperação, 337
Coordenação, 48
Covariate shift, 309, 310
Covid-19, 8, 260, 334
Criação de novos medicamentos, 150
Cuidado(s)
em enfermagem, 59
paliativos, 152
remotos, 8
sustentado, 48
Curva ROC, 206

D

Dados, 43, 44, 321, 336
de dispositivos vestíveis, 305
de teste, 15
de treinamento, 15
estruturados, 12, 278
genômicos, 99
não estruturados, 12, 278
pré-clínicos, 284
semiestruturados, 126, 278
de rotas bioquímicas, 124

Databricks, 282
Dataset-shift, 309, 311
Deep learning, 14
Deepvariant, 102
Densidade assistencial, 52
Dermatologia, 22
  pediátrica, 204
Desafio
  da "caixa-preta" em IA, 17
  éticos e regulatórios, 83
  operacional, 105
Descoberta(s)
  de biomarcadores ("ômica"), 30
  de medicamentos, 141, 279
  farmacológicas, 139
Descrições e formas de dosagem, 123
Desempenho organizacional, 307
Desemprego tecnológico, 349
Desenvolvimento
  de contranarrativas e conteúdo educacional, 302
  de medicamentos, 133
  de novas moléculas terapêuticas, 29
  de novos alvos terapêuticos, 29
Design molecular, 150
Desigualdades em saúde, 300
Desinformação, 302, 303
Deskiling, 354
Desospitalização, 199
Detecção
  da retinopatia diabética de forma automatizada, 285
  de anomalias em faturamento, 24
  de câncer de mama, 78
  de nódulos nos pulmões radiografias, 284
  de retinopatia diabética, 8
  em tempo real de surtos de doenças, 299
  precoce de transtornos mentais, 224
Diagnóstico(s), 80, 83, 148, 243, 298
  4.0, 73

aprimorados, 279
assistido por
computador, 90, 236
IA, 186
automatizado, 7, 178
de transtornos mentais com IA, 254
e detecção precoce, 8, 148
e detecção precoce de doenças, 8
laboratorial, sinais vitais e biomarcadores, 80
médico, evolução do, 74
melhorados pela IA, 77
odontológico assistido por IA, 243
por imagem, 22
precoce de câncer infantil, 213
preditivos, 83
Digitalização dos prontuários eletrônicos, 28
Dimenisionalidade corresponde, 322
Disponibilidade, 321
Dispositivos
inteligentes, 187
vestíveis, 22, 81, 167, 168
Divisão dos dados, 15
DNA, 99
Docagem molecular, 140
Docking molecular, 140
Documentação de raciocínio, 18
Doença(s)
cardíacas, 163
cardiovasculares, 163
de Alzheimer, 137
genéticas e metabólicas, 215
pediátricas, 212
Dor crônica, 197

E

Ecocardiografia, 166
Eficácia, 344

Eficiência, 78, 280
operacional, 280
Eletrocardiografia, 164
Eletrocardiograma, 242
Embeddings, 144
Emergências médicas, 175, 183
Endodontia, 240
Enfermagem, 59, 61, 62
Engenharia de *prompt*, 18
Ensaios
in silico, 112, 113
in vitro, 112
Envelhecimento populacional, 41
Epigenômica, 136, 138
Epilepsia, 211
Equidade, 344, 345
algorítmica, 157
digital, 336
Equilíbrio, 258
Erro
absoluto médio, 17
quadrático médio, 17
Escalonamento, 253
Escores
genéticos, 105
poligênicos, 105
Especialização médica, 158
Estatística(s)
descritiva, 322
Estratégia(s)
de implementação, 325
do Sistema Único de Saúde (e-SUS), 44
Estratificação
de risco, 51
populacional, 33
Estudos
de associação ampla do genoma (GWAS), 105
in populo, 112
in vivo, 112

Ética
e responsabilidade na aplicação de IA em saúde mental, 260
no uso da IA na saúde, 54
Exoesqueletos controlados por IA, 193
Explicabilidade, 345

F

Falta de explicitação do raciocínio, 17
Fármaco modelado, 116
Farmacocinética, 124
Farmacodinâmica, 124
Farmacologia, 133
Farmacovigilância, 298, 306
Fase
de otimismo, 2, 3
IV (pós-mercado), 115
Faturamento automático, 24
Features, 91
Fisiatria, 186
Floresta aleatória (*random forest*), 13
Fonte de dados, 263
Fórmulas químicas, 123
Função de perda (*loss function*), 14
Futuro
da oncologia, 158
do trabalho médico com IA, 157

G

Gamificação, 191
GDPR (Regulamento Geral de Proteção de Dados - Europa), 226
Gêmeos digitais, ou *digital twins*, 198
General AI (IA geral), 3
Genome Analysis Toolkit (GATK), 102
Genômica, 30, 100, 136, 138
Genotipagem, 103
Geração de texto, 17
Gerenciamento
de fluxos de trabalho, 88
do estado de saúde, 62

Gestão
da dor, 153
da mudança, 341
de dados em saúde, 8
de saúde populacional, 33
do registro e da recuperação de informações de prontuários eletrônicos, 28
eficiente do estado da conversa, 253
hospitalar e administrativa em saúde, 319
Grad-CAM, 18
Grupos químicos e farmacológicos, 123

H

Habilidades
morais, 356
técnicas, 355
Hibridização fluorescente, 103
Hidrofobicidade, 121
HIV, 304

I

Identificação
das fontes e redes de desinformação, 302
de alvos terapêuticos, 283
de anomalias em tecidos, 284
de áreas e populações de alto risco, 299
de desigualdades em saúde, 300
de doenças em estágios iniciais, 80
de pacientes com risco cardíaco, 285
e prevenção de fatores de risco, 301
precoce e precisa de doenças, 73
Imagens médicas e IA, 87
Implantodontia, 240
Imputação genômica, 105
Imunodeficiências primárias, 210, 216
Inclusão, 343, 345
Índice de gravidade de emergência (ESI), 177
Infecções nosocomiais, 328
Infodemiologia, 34, 300

Informações de segurança, 124
Informática
em saúde, 111, 113
oncológica, 158
Infovigilância, 34, 300
Inovação experimental, 113
Inserções/deleções (InDels), 102
Integração, 48
com outras fontes de dados, 301
com tecnologias emergentes, 154
de histórico, 253
Integralidade, 48
Integridade, 321
Inteligência artificial
análise de grandes volumes de dados com, 280
aplicações na enfermagem, 60
aplicada
à genômica, 100
ao diagnóstico médico, 75
às abordagens terapêuticas, 255
na medicina física e de reabilitação, 185
autodirigida e autônoma, 154
classificação da, 3
como aliada da Saúde Pública, 295
como ferramenta de suporte, 352
desafios éticos e operacionais na implementação de, 180
desvenda o DNA, 99
diagnóstico(s)
de transtornos mentais com, 254
melhorados pela, 77
odontológico assistido por, 243
durante a pandemia de Covid-19, 8
e aplicação em pediatria, 203
e farmacologia, 133
e tecnologias para bem-estar, equilíbrio e combate à solidão, 258
em eletrocardiografia, 164
em emergências médicas, 175
em métodos de imagem cardiovascular, 165

em oncologia, 159
em pediatria, 206
    aspectos éticos e desafios na implementação da, 225
em radiologia, 88, 94
exoesqueletos controlados por, 193
explicável, 82
fases do desenvolvimento da, 2
fundamentos da, 11
generativa, 4, 28, 102, 290, 324
    e Saúde Pública, 307
imagens médicas e, 87
intervenção comportamental com, 222
marcos históricos no desenvolvimento da, 1
na área da saúde, 6
na atenção primária, 39
na avaliação de risco cardiovascular, 170
na educação e suporte familiar, 227
na genética cardiovascular, 169
na gestão
    da dor e da qualidade de vida, 153
    hospitalar, 319, 321
na identificação precoce e precisa de doenças, 73
na odontologia, 242
na pediatria, 204
na reabilitação, 200
na saúde
    contexto histórico da, 7
    desafios e limitações da, 333
    marcos da história, 7
    mental, 261
    principais aplicações, 8
    pública, 296
    tendências atuais e futuro, 9
na validação clínica, 289
nas emergências médicas, 175
no atendimento intra-hospitalar e no diagnóstico automatizado, 178
no combate ao câncer, 147, 148
no cotidiano da atenção primária à saúde, 47

no diagnóstico
e tratamento de doenças cardíacas, 163
médico, 74, 83
no monitoramento
hemodinâmico, 171
remoto de pacientes em reabilitação, 190
no pré-hospitalar, 176
no tratamento de dor crônica, 197
nos dispositivos vestíveis (*wearables*), 167
para classificação de gravidade, 177
perspectivas da, na enfermagem, 69
preditiva, 290
prevenção do suicídio com, 257
processamento neural de imagens por, 87
prontuários eletrônicos e, 263
próteses com, 194
reabilitação
auditiva e, 196
visual e, 196
responsiva e sustentável, 345
saúde mental e, 251
simbólica e sistemas especialistas, 2
terapias com células por, 155
tipos, 3
de técnicas para a criação, 13
tratamentos sob medida com, 111
Inteligibilidade, 344, 345
Interações
medicamentosas, 124
virtuais, 259
Interactoma, 138
Interesse público, 344
Interface cérebro-máquina, 192
Internet das coisas, 82, 187, 188
médicas, 187, 188
Interoperabilidade, 53, 337
Interpretabilidade e explicabilidade dos modelos, 106
Interpretação

de dados genômicos, 99
de imagens e relatórios, 90
Intervenção(ões)
comportamental, 222
de Saúde Pública, 310
personalizadas e adaptativas, 31
Intoxicação por chumbo, 304

J

Jornada do paciente, 199
Justiça, 343, 344

K

KEGG *pathway*, 116

L

Laboratórios de análise tridimensional da marcha e do movimento humano, 186
Learning health system (LHS), 54
Legislação, 342
Lei Geral de Proteção de Dados (LGPD), 225, 226
Limites de escopo, 253
LlamaIndex, 283
LLMs, 17
Local Interpretable Model-agnostic Explanations (LIME), 18
Lotes (*batches*), 14

M

Machine learning, 4, 322
Mamografias, 78
Manejo de condições crônicas, 52
Máquinas de vetores de suporte, 144, 179, 209
Marco(s)
de desenvolvimento, 218
regulatório da inteligência artificial no brasil, 345
Massa molecular média e monoisotópica, 122
Matriz de confusão, 17
Mecanismo de atenção, 144

Medicina
de precisão, 27, 111, 149
física e de reabilitação, 185
genômica, 107
participativa, 107
personalizada, 8, 107
preditiva, 107
preventiva, 107
Melhoria da qualidade dos registros clínicos, 327
Memória estruturada, 253
Mercado de trabalho em saúde, 349
MeSH (*Medical Subject Headings*), 51
Metabolômica, 30, 136, 138
Metodologia de *federated learning*, 157
Métodos
ensemble, 13
experimentais, 138
não supervisionados, 128
supervisionados, 127
Microarranjos, 99
Microchips, 335
Microsoft Responsible AI Standard, v2, 343
Mineração de dados, 128
Mitigação de vieses, 83
Modelagem
espacial, 298, 303
para intervenções direcionadas, 303
molecular, 143
preditiva, 297, 306
para alocação de recursos, 303
para previsão de surtos, 299
Modelo(s)
de classificação, 101
de inteligência artificial
na oncologia, 153
responsável e confiável, 342
de linguagem
grandes, 15, 28, 88, 265, 282
multimodais, 93

de regressão, 101
do neurônio booleano de McCulloch, 242
e arquiteturas híbridos, 18
fundacionais e multimodais, 153
generativos na descoberta de fármacos, 8
populacionais, 295
preditivos, 220, 281, 298
de IA na identificação de doenças em pediatria, 220
pré-treinados, 282
Módulos de reações, 116
Monitoramento
contínuo, 31
de mídias sociais, 302
de sinais vitais, 81
do desenvolvimento infantil, 216, 217
e análise de dados, 199
e prevenção de complicações, 63
e seguimento com base em IA, 182
em tempo real, 81, 82
hemodinâmico, 171
remoto de pacientes em reabilitação, 190
Multiômicas, 136
Multi-parameter intelligent monitoring for intensive care (MIMIC) *database*, 264

N

Nanossensores inteligentes, 155
Nanotecnologia inteligente, 155
Narrow AI (IA estreita), 3
Natureza evolutiva da desinformação, 303
Net Reclassification Improvement (NRI), 266
Neuroestimulação, 199
Neurônios artificiais, 14, 76
Novas moléculas terapêuticas, 29
Novos
alvos terapêuticos, 29
insights, 308
Número de ligações rotativas, 122

O

Odontologia
digital, 235
moderna, 233
tradicional, 234
Oftalmologia, 76
OMS Ethics and Governance of Artificial Intelligence for Health, 344
Oncologia, 93, 147
pediátrica, 214
Origem dos vieses, 83
Otimização
de logística, 25
de protocolos, 152
de recursos
durante emergências, 304
e de processos, 319
Otimizadores evolutivos, 129
Overfitting, 95

P

Paciente, 30, 341
Pandemia de Covid-19, 260, 334
Parceria com os pacientes, 48
Patologia, 76
digital, 148
Pediatria, 204
Pegada de carbono, 335
Percéptron, 242
Permeabilidade em células, 121
Personalização do tratamento, 84, 149
Pesquisa, 8, 28
básica, 112, 114
biomédica, 8
clínica, 112, 114
clínica e epidemiológica, 112
de fármacos e de medicamentos, 112
pré-clínica, 112, 114
Pessoas, 339

Planejamento de respostas, 298, 303
Planos de tratamento personalizados, 279
Point of care, 47
Polarizabilidade, 122
Polimorfismo de nucleotídeo único (SNP), 102, 169
Políticas de resposta, 253
Ponderação, 350
Ponto
  de fusão, 122
  isoelétrico, 122
Precisão, 16, 78
  da IA em mamografias, 78
  da IA na detecção de retinopatia diabética, 78
Predição
  de demanda e sazonalidade, 25
  de desfechos clínicos, 265
  de eventos e desfechos, 26
  de *no show*, 49
  de sepse, 268
  ou detecção precoce de surtos, 34
Prestação de contas, 345
Prevalências de doenças, 310
Prevenção
  de quedas em idosos, 188
  de saúde bucal, 244
  do suicídio com IA, 257
  e gestão de doenças, 219
Previsão
  de doenças, 298
  de eventos críticos com IA, 180
  de resposta e resistência, 149
  de risco, 298
  e prevenção de crises de dor, 199
Princípio(s)
  CIDA para informações em saúde, 321
  de aprendizado de Hebb, 242
Privacidade, 83, 95, 301, 338, 344
  dos dados, 83, 106, 168

e segurança, 343
Problema de caixa-preta, 18
Processamento
de linguagem natural, 5, 12, 24, 77, 88, 215, 290, 323
de registros de pacientes, 286
neural de imagens por IA, 87
Processo de *splicing*, 104
Profissional de saúde, 339
Programas personalizados, 244
Prontuário(s) eletrônico(s), 263
do cidadão (PEC), 44
Propriedade(s)
ácidas e básicas, 122
ADMET, 120
dos dados, 95
Proteômica, 30, 136, 138
Próteses
auditivas tradicionais, 197
com IA, 194
inteligentes, 195
mioelétricas dos membros superiores, 195
tradicionais, 195
Protocolos de aquisição, 88
Psicanálise, 255, 256
Psicoterapia, 255

Q

Qualidade
de vida, 153
e padronização dos dados, 301
Quantum de informação, 116, 117, 131
Queda em idosos, 188
Questões éticas emergentes, 156
Química
combinatória, 141
computacional, 143
farmacêutica, 140, 141
generativa, 141, 150

R

Raciocínio e representação de conhecimento, 6
Racismo em inteligência artificial na saúde populacional, 311
Radiogenomics (ou radiogenômica), 93
Radiografia(s), 87
  de tórax, 166, 179
Radiologia, 76, 87, 88, 96, 209
Radiomics (ou radiômica), 91
Raiz do erro quadrático médio, 17
Random forest, 209
Reabilitação(ões), 191, 196, 239, 240
  auditiva e IA, 196
  orais, 239, 240
  visual e IA, 196
Realidade
  aumentada, 191
  virtual, 191
Real-world
  data (RWD), 53
  evidence (RWE), 53
Reconhecimento e classificação de imagens médicas, 27
Reconstrução e qualidade das imagens, 89
Recrutamento de participantes para estudos clínicos, 29
Rede Nacional de Dados em Saúde (RNDS), 45
Redes
  generativas adversariais, 129
  neurais, 2, 14, 101
    artificiais, 76, 209
    convolucionais, 12, 90, 129, 139, 164, 209
    e ressurgimento do aprendizado de máquina, 2
    generativas, 4
    profundas, 12, 76, 129
    recorrentes, 12, 129
Redução
  de dimensionalidade, 128
  de erros, 79, 152
Refratividade, 122

Registros
  clínicos, 51, 327
  eletrônicos de saúde (RES), 297, 300
Regras regulatórias, 156
Regressão, 16
  linear, 129
  logística, 13
Regulação e questões éticas, 156
Relação estrutura-atividade quantitativa (QSAR), 123
Representatividade, 301
  dos dados, 105
Responsabilidade(s), 48, 343, 344, 345
  médico-legais, 95
Retinopatia diabética, 78, 285
Retropropagação (*backpropagation*), 14
Return-to-play em atletas profissionais, 189
Revolução
  digital na medicina, 21
  do *deep learning*, 8
Robô
  Dinsaw, 67, 68
  Moxi, 66
  Paro, 67
  Pepper, 67
  Robear, 66
Robótica, 6, 194
  na enfermagem, 64
  na reabilitação, 193
Rotas de eliminação, 124

S

Saúde
  de precisão, 111
  digital na APS, 46
  mental, 251, 255
  pública, 33, 295, 296, 308
  pública 3.0 e IA, 308
  suplementar, 46

Segmentação
de pacientes, 101
de populações, 33
Segurança, 301, 338, 344
dos dados, 301, 338
Seleção de *decoys*, 144
Sensores
biomédicos, 31
biométricos, 22
Sepse, 81
Sequenciamento de nova geração (NGS), 99
Serviços de saúde, 40
Shapley Additive Explanations (SHAP), 18, 106
Short tandem repeats (STRs), 102
Simplified Molecular Input Line Entry System (SMILES), 143
Simulações
computacionais, 150
moleculares, 154
Síndrome(s)
coronariana aguda, 180
gripais, 219, 220
Sinônimos, 124
Sistema(s)
CEREC, 236
computacionais, 120
de dados, 43
de saúde, 40
de suporte à decisão alimentados por IA, 304
especialistas, 7
ICM, 192
preditivos, 244
Smartwatches, 81
Sociedade da informação, 47
Solubilidade e coeficiente de partição, 122
Soluções para acompanhamento de desenvolvimento, 217
Sorts Intolerant from Tolerant (SIFT), 104
Subestruturas, 124
Super AI (superinteligência artificial), 3

Suporte
- à decisão clínica, 26, 151
- à decisão médica, 178
- familiar, 227

T

TDAH, 221
Teachable machine, 79
Técnica(s), 150
- de agrupamento ou *clustering*, 129
- de IA explicável, 18
- inteligentes para problemas biológicos complexos, 127
- para a criação de IA, 13

Tecnologia, 44, 334
Telemedicina, 8
Temor, 350
Terapia(s)
- cognitivo-comportamental (TCC), 199, 255, 256
- com células por IA, 155
- humanista, 257
- personalizadas, 111
- sistêmica, 257

Teste(s)
- de segurança, 254
- e validação, 16

Tomografia
- computadorizada por emissão de fóton único, 209
- por emissão de pósitrons, 209

Transcrição de documentos clínicos, 329
Transcriptômica, 30, 136, 138
Transformação dos dados na Saúde Pública, 308
Transformadores
- generativos pré-treinados (GPT), 17, 102
- para textos, 12

Transparência, 343, 344, 345
Transtornos
- de neurodesenvolvimento, 223
- mentais, 224

Tratamento(s)
e análise dos dados, 281
sob medida com IA, 111
Treinamento do modelo, 16
Triagem
automatizada, 176
de alto desempenho, 141
de pacientes, 101
Tuberculose, 304
Turing test, 242

U

Usabilidade, 344
Utilidade, 344

V

Vacinação, 309
Validação clínica, 254, 289
Valor, 100, 278
Variação no número de cópias (CNVS), 102
Variantes de nucleotídeo único (SNVS), 102
Variedade, 100, 277
Velocidade, 78, 100, 277
Ventilação mecânica prolongada, 266
Veracidade, 100, 278
Verificação de fatos e validação, 302
Vestíveis e sensores inteligentes, 152
Vetores de atributos de fármacos e medicamentos, 121
Vieses, 95, 301
algorítmicos, 83
Vigilância
e monitoramento de doenças, 300
em Saúde Pública, 297, 299
sindrômica, 299
Visão computacional, 5
Volume, 100, 277

X

XAI, 82

Este livro foi impresso nas oficinas gráficas da Editora Vozes Ltda.,
Rua Frei Luís, 100 – Petrópolis, RJ.